孔子研究院　中國孔子基金會／主辦

楊朝明／主編

孔子學刊

葉選平

第三輯

上海古籍出版社

目　錄

Contents

作 者 簡 介

（按文章先後排序）

成中英　祖籍湖北陽新，哲學博士，著名哲學家、管理哲學家，現爲美國夏威夷大學哲學系教授，第三代新儒家代表人物之一。

俞榮根　浙江諸暨人，當代中國法學名家，西南政法大學教授、博士生導師；重慶市人大常委會委員、市人大法制委員會主任委員，享受國務院特殊津貼專家，兼任孔子研究院高級研究員。

胡治洪　江西奉新人，哲學博士，武漢大學中國傳統文化中心研究中心教授、博士生導師。

張　巖　江蘇阜寧人，北京市藝術研究所副研究員。

鄧曦澤　四川瀘州人，哲學博士，四川大學政治學院副教授。

李若暉　湖南長沙人，哲學博士，復旦大學哲學學院教授。

張京華　北京市人，湖南科技學院濂溪研究所教授。

孔祥軍　江蘇揚州人，历史學博士，揚州大學副教授，碩士生導師。

孔德立　山東曲阜人，歷史學博士。北京交通大學人文學院副教授。

林素英　女，臺灣師範大學國文系教授。

陳　贇　安徽懷遠人，哲学博士，華東師範大學哲學系教授，博士生導師。

董衛國　山東東營人，北京師範大學哲學與社會學學院博士生。

安樂哲（Roger T. Ames）　加拿大多倫多人，美国夏威夷大學哲學系教授，夏威夷大學和美國東西方中心亞洲發展項目主任、《東西方哲學》主編、《國際中國書評》主編。

田辰山　旅居美國近 20 年。師從美國比較哲學家安樂哲和新儒家成中英。獲政治學碩士、哲學碩士、政治學博士。現爲北京外國語大學國際關係學院文教專家，任東西方關係中心主任。

方朝暉　安徽樅陽人,哲學博士,清華大學人文學院歷史系暨思想文化研究所教授、中國人民大學孔子研究院兼職研究員。

余治平　江蘇洪澤人,哲學博士,上海社會科學院哲學研究所研究員。

潘　斌　四川通江人,历史学博士,西南財經大學副教授。

楊　玲　重慶秀山人,成都師範學院圖書館助理研究員。

孫旭紅　安徽廬江人,歷史學博士,江蘇大學馬克思主義學院高級講師。

江求流　安徽壽縣人,華東師範大學哲学系博士生。

儒家倫理視野下的人性、普世性及本體學

——成中英先生訪談

陳金海 整理

整理者按: 2011 年中國(曲阜)第四屆世界儒學大會召開期間,本刊編輯在孔子研究院儒學會館拜訪了美國夏威夷大學哲學系、美籍華人學者成中英先生。先生學貫中西,被認爲是"第三代新儒家"的代表人物之一。令我們感動和敬重的是,先生不顧會前手臂的摔傷,依然從海外來到孔子故里參會。9 月的曲阜,綿雨時行,先生在下榻的館舍裏愉快地接受了我們的採訪。

一、人性"自然體現"及中西文化的分途

陳金海: 先生在這次大會提交的論文裏面提到,儒學的中心是倫理,倫理是指一個有價值内涵的文明世界,而這個文明世界的建立是基於一個基礎,您將其歸爲"人性的自然體現",請先生首先談一下您對"人性的自然體現"是怎麽看的?

成中英: 這個問題很有意義,人們對人性作了很多假設,包括對人性爲什麽有靈性及其原始意義何在。這裏我指出兩點:一是人性是在整個宇宙的進化或演化過程當中出現的一種具有提陞生命、發現價值的能力,那是自然發生的。這就意味著自然的宇宙其實有一種内在的價值内涵。也就是説,宇宙本身的創造力轉化爲人的創造力,體現在人性上面。這種人的創造力的發現,在所有生物裏面是最突出的。也許任何生命從一個物質的宇宙到一個有生命的宇宙,本身就是一種價值的演化或創造,但在人這方面,其所體現出來的創造能力是超越萬物的,這種能力不僅是指它能夠做什麽,而且是指它能夠自己決定做什麽。當然,這裏就假設一種自己或自體的概念,因

爲一個宇宙從一個分散的物質先後成爲一個具有內在性的生命個體或羣體,這本身就是一種價值的突創。因此,所謂價值就是存在或者實現一個存在物的表達方式,它是生物或存在的一種活動能力、實現自己的能力、改變環境的能力。總而言之,人性是人這個存在在自然的宇宙的創化或進化中所實現出來的存在層次或存在方式,利用這個方式,它會自覺成爲一種動力,會自覺成爲一種動力的來源,更會自覺成爲一個值得追求的目標,人性之有價值就在於此。當然我說的還是比較抽象的,基本上是說,所謂人性是人在宇宙中所成就的一種創造或發展能力。

陳金海: 人是宇宙的一部分,因此人性本身就含有自然的部分,其表現就是把人類社會和自然進行有機的結合,是這樣嗎?

成中英: 剛纔我特別指出了一點,人性是人類自然演化出來的一種能力,這種能力不僅表現在它能夠去充分發展這個存在的個體,尤其是能夠與其他的個體或同類的個體或其他人建立一種溝通和協調關係,而且能夠認識到哪些方式、規律(規則)能使人或人類發展得更好,使人和人的關係發展得更和諧。因之,人和人的關係是相互交往中創造文明的動力,有其內在的社會目標。由此,我們可以再將人性概括爲四點:第一,人性是自然發生的;第二,它是一種自覺的發展能力,有其可持續性;第三,這種發展能力體現在自我完善這方面;第四,進一步體現在建立一種羣體關係來達到認識羣體追求的目標。

陳金海: 人性可以實現這個羣體目標,實際上這就和儒學的倫理觀正好契合了起來,是這樣嗎?

成中英: 是的,這正好和儒學契合,儒學就是從這裏啓發出來的,儒學就是對人與社會的發展的一種深刻體驗,是一種生命內在價值觀的體現。我認爲生命及其價值就是這樣出來的。所以儒學並不是外在於人的發展或外在於人的自覺,指人所需要認識的一種價值,因爲"儒"即"人之需",表現爲《周易》所說的"需"卦。我們要把儒學看成屬於人的本體的東西,因爲儒學就是人的學問。從"儒"字來看,"需"就是一種淡定,它因爲有潛力,所以可以再發展,表明一種對發展的期待。儒學就是在這個意義上說的。但是,儒學之所以叫儒學,前人已經說了,人需要發展人的能力、潛力、精力、經歷社會、完善社會,這是人逐漸理想出來的,這種發展的研究我們或者就叫作人性學。因此,我說人性是最原始的基本經驗,一是因爲上述原因,二是因爲後來的這種習慣上的蒙蔽,或者說我們太重視現實的成果或利益,或當前的一些興趣,因之我們已經遺忘了人性。這裏我的意思是說,我們好像忘記人性是什麼了,我們只知道當前需要什麼,按照當前所需要的願望來說人性,但實際上人性最深刻的是指人之所以成爲人的那種能力與潛力,是需要深刻反省來實現的,因之需要修養與培育纔能充分地表現出來。

爲了將問題説得更深刻一點，我再談一下人的起源問題。關於人來自什麼地方，這裏的問題就更多了。我們可以一代代地往上追，追到我們老祖宗，問人類老祖宗是不是上帝造的，上帝又是什麼，最終的根源是什麼。上帝的創造把根源推向上帝，但上帝又來自何方呢？科學要在經驗中找原因。我們看到這個宇宙，應該有一個宇宙歷史。如從時間上看，大爆炸論説宇宙由大爆炸開始，由量子世界演進到物質或物理世界就已有十幾億光年的歷史，然後再進化到生物世界，最後到人類世界，這是宇宙進化論的認識。從哲學上説，無論上帝説或宇宙爆破起源論都涉及一個從無到有的創發過程。中國哲學认为從無到有是根本存在自身的力量與方式，因而產生一陰一陽之謂的理解，陰陽持續生發陰陽，生生不已，因而產生萬事萬物等，然後有人類與人類肯定的宇宙價值。地球上的原始民族都有原始的圖騰崇拜，象徵其所由來。例如雲南彝族的老虎，苗族的狗等。猶太人認爲他們來自上帝，佛教徒以爲生命來自於無冥。華夏民族作爲一個整體並沒有一個固定的生物圖騰，而是以天地爲父母，見之於《易經》裏面所説的天地之化或天地造化，顯示生命之道來自於一個具有無限生機、生生不息的太極。西方宗教卻是把人理想化、超越化，往上抽象，形成了無所不能的上帝，要維持人格的模式與姿態。其實上帝説應該有兩部分：一是不外於宇宙的創造力，創造了宇宙，另一部分是創造了人與人的價值。人的創造的意義在體現了求善與實現善的價值的自覺。用《周易》的話説是"繼之者善，成之者性"，所謂繼善成性，即是積成宇宙創造的價值，形成人之爲人的性，秉承天地的創造力，創造了人類文明。總之，人性是具有創造力的，《易經》是强調人性的創造力的，先客觀地創造了人，然後再發揮人的力量來創造文明，所謂"成己成人"是也。然後再通過文明創造與涵養的方式，再創造人自己，由此改進世界，變化自然。這就是人的一種發展方式。我認爲這種發展方式是有循環創生的意思在裏面，但它不是一種一般的循環，而是一種回饋，一種遞归。借用數學上的遞歸函數，可以説明人之存在有一個回歸再前進的發展方式，構成回顧反思歷史經驗以建立你的未來的創造力。即是，你的過去永遠推動和支持你的現在，而你的過去與現在卻又不斷地促使你創造你的未來。

劉文劍： 剛纔先生講到一個人的發展有一個從無到有的過程，請問您對這個"無"是怎麼理解的？

成中英： 對於"無"我們可以有多種理解。一種是絕對沒有，但我們無法想像什麼是絕對沒有，另一種是最初的沒有的有，但卻不是完全沒有（至少還有前於時空的"無而有"狀態等），也就是説"無"並不是絕對沒有到超越言辭，如此則問什麼是無的問題也不可以發生，而是説無沒有成爲一種形狀或任何形狀，然而卻可形成任何形狀。所以我們要追這個最根源的"無",是一個最不定的狀態,可以假定它是一種無極的、無限的、非現有存在的存在。我們只能用辯證的語言來回答它,或者用哲學的話語來回答,就要把"有"和"無"的關係說清楚,無要走向有,有要出自無。所以,它是一種非常動態的動力創發關係。我認爲相對其他傳統而言反而是中國哲學中的易學與道學對無生有而又有無相生的關係表述得更生動而更深刻。

陳金海: 人類對本原的追求,中國和西方可能都有這方面的追求,但正是在對同一方面不同的解釋當中,他們發展出了不同的文化:中國發展出了儒學,而西方發展出了希臘文化及後來的西方文化,您認爲這種區別是怎樣造成的呢?

成中英: 我在提交的大會論文中講了歷史文化形態的四種發展模式:一、古典的希臘重視外在性(外在的衝突與矛盾,理性與非理性的作用);二、古代的猶太教義的外在超越性(Abrahamic,宗教發展的多元矛盾及其後果);三、古代的印度重視的内在超越性(tetralemmaic,不斷否定的辯證法,佛學超悟以及當前印度教);四、古代的中國哲學昭示的心性内在性與自我超越(理氣的相互激發,導向根源的創造力與終極的融合力,可表明爲 taijiac 太極的思維方式)。由此,我提出了一種"文化生態開放形上學"的概念:即是我們生於一定的生態環境中,造成了我們所面對的這種文化,但這一文化的發生卻有一個無形的生態因素,所謂形而上之謂道者是。但道是生生不已的,包含著多樣的可能性,因之也就能說明多元文化發展的可能性。比如在希臘,泰勒斯認爲宇宙中的水是萬物之源,赫拉克里特說是火,德謨克里特提出了原子論,阿那克西曼德的"氣",Anaxagoras 提出不定實質論,自然是從不定實質中界定出來的,等等。無論如何,他們都偏向於一種外在的因素來決定;猶太人則認爲上帝造人,上帝創造這個世界。而中國與希臘不同的是,不是只說外面的力量,從外在的觀點來看宇宙怎麼發生,或只用一種"科學"的眼光來看世界。中國人卻要從一個綜合外在的觀點和我們自己體會的内在觀點來看待生命。我們是由内而外,把宇宙看作一個大的生命體,然後在裏面生發出來人的生命,這就是一種内外統一的發生論,而不只是外在的發生論,因之也不單純的以超越的上帝爲依歸。印度人乾脆就否定任何宇宙論發生的可能,認爲發生論只是一種幻覺,他們把宇宙看作只是一個宇宙精神或心靈的幻覺,人類不過只是其中的一部分,雖然我們以爲自己是其中的一部分,其實什麼都不是,這是一個消解存在的看法。中國從内在的生命力來強調宇宙的發生既是自然又是當然的,則是中國人的存在思想的灼見,不只是有其特色而已;在西方的猶太教與基督教強調從上而下的創造,古代希臘人用科學的方法來說明外在世界左右整個社會,世界是物質的力量造成的,當時並沒有什麼進化之説,到現代西方,這個科學宇宙的進化論就提出來了。我們從以上的分析與分類來看,人類文化的發生與發展不應是偶然的,因爲它有創造出文化與價值的含義。中國文化的重要價值也在此比較中凸顯出來。

陳金海:許多學者所講的內在超越與外在超越,大概就是指您在上面講的這些不同,對吧?

成中英:是的。這構成我的本體學詮釋學裏面的四個範疇:內在性與外在性、內在超越性(創化性)與外在超越性。我在此不再重複説明。

二、儒學具有普世價值抑或普遍價值?

陳金海:剛纔您從中西方的起源及其發展演化中,談了它們之間的一些不同,接下來我要請教的是,這次大會有一個議題是"儒學思想及其普世價值",是探討一種普世的東西,您認爲普世與普遍主義有什麼關係? 您對中西方文化的普世性是怎樣理解的?

成中英:巴西的代表把中文的"普世性"翻譯成"Universalism",其實指的是普遍性,其實"普世性"與"普遍性"兩者有些不一樣,普遍性假設它有抽象的普遍意義,但它並不一定適用於每一個地方,但它仍然是一種普遍的概念,每個人都可以去瞭解它。至於在中文表達的普世性卻强調它更能用於每個地方,如好壞,説謊就是惡,誠實就是善,是可以在具體的文化環境中體現出來的。人們或者有抽象的顏色概念,但如果你是色盲不能區分不同顏色,卻不必否定七色的存在,否定它的普遍性,所以普遍性是一種抽象的普遍,而普世性是一種具體的普遍,或者我們應該叫它爲"普適性"。但是,這個普遍性在自然科學如物理學來講的話,既是普遍又是普適。它是一個普遍概念,每個人都可以接受,如定律、差別、熱、能、運動,等等,大家都應學到用到,這是普適的,儘管學不學得到是你自己的事。道德有沒有這樣一個普適性,這是一種根本的問題,是不是所有道德都是普適的,你也可以説它只是普遍的。那麼普世或普適的道德到底是什麼,因爲你的道德命題和別人就不一樣,比如在中國,父母教訓子女,子女長大要孝順父母,這是合理的、普世的,但是事實上很多西方人不一定抱有這種概念,比如説大人打小孩,法律上是禁止的,法律認爲小孩有不受體罰的權利。其中,哪個是更真的道理? 至於小孩長大了是不是要教訓、孝親,理由何在? 這在中國人來説,"孝親乃人之本也",孝是最根本的價值,對於孝的概念我們都瞭解,具有普遍意義,它是普遍的,但它不一定是普世的,它不一定能用於每一個地方。我們可以更深刻地説,即使它不用,也應該成爲普適的,這就要講道理了。我們有沒有一個完整的理論來説孝是普適的,或者説是應該普適的。可以説,儒家倫理的建立是有規範性的,比如仁義禮智信,都有普適性或者説應該有普適性。那麼同樣西方不講這些,在德性倫理之外,他們講責任,講功利,甚至講權利,他們認爲他們講的是具有普適性的。可是這對中國人來講,卻也不能夠完全接受,比如西方像康德的形式主義的道德,我只要認爲人人都應該去做的就是道德的,康德的回答的是,這是由我的自由意志決定的,我爲自己立的法,但你立的法怎麼會適用於所有人呢! 你又没有問過所有人,所以他的理論也包含著極大程度上的主體主義,許多人很欣賞,但也會引起另一些人的反對。因此,我們講的普遍性或者 Universalism,將其當主義來講時,基本是一種强烈的道德命題。它是一個本體性的命題:第一,它有這樣一個普適的價值;第二,我們能認識這樣一個普適的價值;第三,這個普適價值應該是每一個人或每一種文化都接受的。這是我認爲一個普遍性有價值或對其負有責任所必須能夠滿足的三個條件。要接受及滿足這三個條件,並不是容易的。我們要允許我們從一個不同主體的運用來逐漸改變這個世界。否則它既然已經是普世的,我們所做的就只能去接受了,比如説美國的自由民主,它實踐的是美國的自由民主。當我們説他是普適的話,我們必須以他們作爲標準,來進行我們的一種建立、建構或建造。但是我們怎麼知道他們有没有毛病呢? 我們怎麼知道他所謂的普適性乃是一種先天的特殊條件之下的價值,也就是説這種價值是在一個非普遍性的條件之下,比如説美國的歷史、美國的社會教育造成這種普遍的價值的發展,所以所謂普遍性實際上一定建築在歷史性之上的存在。歷史性具有特殊性,它建築在理論性上,這種理論性可能不完全。在這種意義上講普世價值和普遍價值是比較天真的、簡單的。事實上,應該這樣説,如果普遍因素和一個特殊性是相應的,有這樣的普遍性就有這樣的特殊性,所以特殊性既然是特殊的,那這個普遍性也不可能是完全一致的。只有一種類比的相似,像維特根斯坦所説的家庭類似或類比。我們可以講普遍性,但一定要講在某些條件下的普遍性。如果説,你不講條件就講普遍性,那你就變成柏拉圖主義者,只談一個最抽象的理想世界,要大家都去認同。這個柏拉圖主義者還得去相信二元論的世界。近代很少人去用這樣一個超越的普遍存在的理由去界定,所以普遍性只是一種理想,是一種隨時可以發生的抽象理想,然而人們應該根據人的心願來實現實際的類比關係或過程,把普遍性轉化爲普適性。

陳金海: 我注意到先生剛纔所表達的一個意思,即對東方或西方所謂普世性的東西並不完全接受,這個不完全接受就是您所説的需要一種關係或過程(不斷地修訂、完善)用來自我表達。但是,在 1993 年芝加哥世界宗教大會上孔漢思提出了幾個所謂"道德金律",把類似孔子的"己所不欲,勿施於人"等作爲普世的信條,是不是就是指您剛纔所説的不完全接受但是又有所接受的東西？

　　成中英：我跟孔漢思認識，2008 年我到德國圖賓根大學去開會做演講的時候，他送給我一本書，那本書講的就是全球倫理。當時，我講的題目也是"全球倫理"，是一種動態而發展的全球倫理，當時我的評論是：我們不能單純地以世界宗教所統一的一些教條作爲整體的人類的普世倫理。我們還要深入地探討個別的、不同的、發展的情況。所以，全球倫理作爲理想的狀態，它本身就有開放性。當然，我們也不否定世界上其他宗教，比如基督教、儒教都有一些基本的仁愛倫理，一種"金律"或"銀律"的認識。但你真的仔細分析這件事，再進一步細分也有如何分辨"金律""銀律"的問題出現。孔子所説的"己所不欲勿施於人"和"己欲立而立人，己欲達而達人"，如果説前者爲"金律"，後者是"銀律"，那麼金律和銀律的分法是值得探討的。如果説更爲普遍的叫金律，像"己所不欲，勿施於人"，但也不盡然，還有很多人認爲後者如"己欲立而立人，己欲達而達人"也許更爲普遍。還有一種認爲金律是積極的，銀律是消極的，但這個説法還不太確定。不過，這樣説是有一定根據的，是就人對生存的體驗，基於人對其他人的一種同情的瞭解。我必須解釋，同情是一種接受及幫助他人存在的理由，也是一種原因或者方法。我們看到人有相似，比如説都有鼻子、眼睛，人的處境也相似，當我們做一些事情，是"己所不欲"的，那是不是把我也當成他人或把他人當作我，我不要的當然他人也不要。我們可以把人看成有兩樣東西：一是己所欲，一是己所不欲。己所欲的東西也就是人所欲的東西，己所不欲的東西也是人所不欲的東西，我們就把它列舉出來，什麼是所欲，什麼是所不欲。因此，就這點來説，儒家還可以再發展，要把人之所欲與人之所不欲説清楚。往往可能會出現這種情況，己所不欲往往正是人所欲。所以這兩個列舉，前者和後者不完全相等。比如，我不願意讓別人殺我，我也不願意殺人；傷害也是一樣；你不願意説謊，也不願意別人對你説謊，等等，這要看情況，是不是你所不欲的你就不去做，事實上己所不欲，你往往可能要施於人。如果當成一個事實來描寫的話，這就是一個經驗的描寫，同樣這是一個己所欲的東西。孔子説得很好，己所欲的東西，就是我所要的東西，"己欲立而立人"，我要去建立的東西我也要讓你建立起來，但要注意，你要建立的東西不一定就是別人要建立的事情，比如：父母與子女，前者當醫生，他要讓其兒子也當醫生嗎？他兒子也不一定要當醫生怎麼辦？所以孔子所説的最好的解釋是，我所要建立的東西，我要追求去建立，同時我也要幫助他人追求其所要建立的東西，就是説每個人都有自己想要建立的東西。我站在自己的立場，我希望你幫助我；我站在你的立場上，我希望別人幫助你。所以我認識到這一點，我説我要做什麼，按照我的所願，就應該幫助你，按照你的所願，來達到你的目標，這就是"己欲立而立人，己欲達而達人"的真實涵義。但是，按照基督教的説法,是己所欲要施於人,我要的東西,就要給别人,别人也要有。然而,情況並不完全如此,因爲你所要的並不是别人想要的。從一般意義上講,人們有些最基本的東西,可以説是普世的,但作爲一個價值系統,它有一個延伸性、多元性,是不是"己所不欲,勿施於人"或"己欲立而立人,己欲達而達人"等在所有的價值體系裏面都能夠實現,都一樣的要求,那就不一定。所以,所謂普世性在全球倫理大會所强調的只是一種抽象的泛泛的説法,如從以上説的普適性來分析,我們卻要加强對具體與多元情況的認識來談所謂全球倫理的普適性。

在全球化的市場裏面,往往有這樣的一個情況,我不要的東西其實是很好的,我不要的東西多了,就應該施捨給别人。你真的不要了,要施捨給别人,這怎麼能行! 可是往往又有這種情況,我不要的東西有剩餘了,應該幫助那些需要的人,然而在自由市場經濟發展過程中,我不要的東西我也不給人,卻把它毁掉,因爲給了别人會影響經濟發展或成長。這是就人的一般的生活的需要或者人的基本處境來説的。普遍價值從這個角度來講,我認爲是可以瞭解的,如不從這方面講,往往會造成一個把自己認爲是普遍的東西,强加給他人,所以今天我説西方有這方面的問題,甚至包括西方人的決定。所謂的佛教、基督教等幾大宗教,是否有一個共通的原理,我們並不一定知道。在中國人來看,三大宗教(猶太教、佛教和基督教)有很多地方不能共通,不然他們怎麼會衝突呢! 這就是個問題,佛教和基督教差别很大,與儒教差别也很大。但是,儒家好的是,它從人的立場,仁者人也,從一個最根本的人的認同來説,"己所不欲,勿施於人",那是最真實的,而不是從一個抽象的人的立場來規定的,這不是超越,只是一種基於信仰的規定。比如基督教教徒,每天早上要早起做禮拜,要念《聖經》,這不是基督教的最普遍的要求嗎? 所以他們第一個要求是相信神,這也許是與别人不同的。儒家的天並不必等同於西方人信仰中的上帝,不同於西方神或上帝的概念,必須承認其他文化傳統也有不同的對於終極存在的觀點。

陳金海:先生談了普適性與普遍性的有關問題,也談了孔漢思的全球倫理,可見他所説的"黄金律",在您看來也不一定是所謂"純金"。

成中英:我是這樣分析的,孔氏所講的普遍性很抽象,不具體,没有創造性的變化。當然,全球化還是要發展,各文化之間需要交往和對話,需要相互發現和相互溝通。目前,每種文化認爲自己營造了一種普遍性,或者認爲對方的宗教能夠説明我的普遍性,比如説孔漢思通過這次會議就提到了普遍性,但他所説普遍性不完全是儒家的,他是以他認同儒家和基督教的相同部分,他説基督教或天主教有一個普遍性,就照著普遍性去做,他還是基督教的或天主教的,我們許多人也不一定是基督教或天主教徒。但你説好了這些普遍的道德律,我們能夠不考慮具體條件去實施嗎? 如果我們能等同於西方,那我們就照著去做,然而如此我相信西方也不一定同意,這就是你不能脫離具體的歷史經驗來談問題,普世性或普適性的條件性就在這兒。一個普遍性的概念往往缺乏一個具有歷史背景和未來發展或現代交往的溝通過程,對內在條件的認識,就是意志條件、交往條件和未來發展的一些條件,等等的認識。這種認識的缺乏就是普適性或是普遍性的簡單化,必然會造成以己奪人的結果。就以中國的現狀來說,中國作為一新興大國或強國,我們往往不知道對方在想什麼,或者以為對方在想什麼,這樣就造成西方認為我們要把自以為是的普遍性強加給西方,對他們的具體考驗與文化處境及基本權益不清楚。在這種不瞭解的情況下,西方以為你還是在講你自己的,會對西方構成一種威脅,只是一種政治力量或者是一種強權。我們要避免這樣的推想,不能不把全球倫理的含義說透徹,要認識具體的情境來消除誤解與誤導。

三、善惡論及儒家倫理體系的形成

劉文劍: 有一位學者提到,人性之善並不是絕對的善。也就是說,人性不僅是善端的源泉,而且還是惡端的起源。接下來我想請教的是,判斷善惡的標準是什麼?它與儒家倫理體系的形成有什麼關係?它與您說的儒家倫理本體學又是什麼關係?

成中英: 人之成為人,在我看來,就是成為一個有自覺的生命,就開始有自由,自由的意思就是能夠自覺地做出選擇。自由是有程度的,低等生物有沒有自由呢? 他有低度自由,有生命就有一定程度的自由,比如說一個蟲(如蝸牛),它往這邊跑或往那邊跑,它本身有些決定,並不是有根繩子牽著走。他們都有一個生命的內在規則,像溫度、環境的物質成分、氣氛等都有關係,這些因素決定他的個體發展。然而,第一,它沒有意識;第二它沒有真正做出選擇,它永遠圍繞這些兜圈子。當生物進化得更高等時,它的自由程度就會更高。所以,我們可以完全相信一隻老虎或獅子,它要不要去傷害一個生物在於它的判斷,這值得去還是不值得去。於是,人們會說,你遇到熊或豹子就要裝死,這樣誤導它,它就會做出錯誤的判斷,只是它沒有這個知識,它就會這樣判斷而已;一些小動物見到它們就蜷作一團裝死,讓它做出錯誤判斷,那些兇猛的動物也就跑掉了,是同一個道理。就人而言,人的自由度更大,人的判斷能力、避免錯誤的能力會更強,但它不能全部避免,也不可能有絕對性的判斷。有一些事情是經驗之後纔更有信心去做。但這也有意外,沒有絕對性。所以在這個意義上講,它可以行善或作惡,但是不是說最後是上帝或某種東西決定的,也不是這個意思,我認爲自由是逐漸發展出來的。

我們首先要搞清楚什麽是善。善是對生命發展有一個促進的作用,即促進生命的繁榮或持續發展。這個生命與其他生命或一個羣體有了溝通、發展,比如建立社會、家庭的和諧等就是善。所謂惡,有兩種:一是他不知道是惡,以惡爲善;另一個是他認爲惡可以幫助他成爲善,即以善爲惡,這是他選擇上的一種可能性。所以如果要避免這一點,人們就要不斷地反思、修持,不斷地去"三省吾身",不斷地"學而時習之",不斷地去達到一種不以自己爲目的的境界(比如"人不知而不慍,不亦君子乎"),不斷地去欣賞一些美好的東西(比如説"有朋自遠方來,不亦悦乎")。

我在一篇文章中曾提到過,人通過一種自我反思,來實現一種更好的自由,在自由當中來選擇更好的善的目標,來避免以善爲惡或以惡爲善的錯誤(也就是説判斷善惡的標準在不斷地更新)。我認爲這是儒學形成倫理的一個重要因素,所以它跟別的倫理系統不同。所有倫理都跟善惡有關係,比如早期的宗教倫理就是上帝實踐的標準,所以宗教告訴你去聽神的話,但是現在神已不出現,當你修行到某種程度上帝就會告訴修行者,佛教就會説最好把慾望去掉,基督教是讓你找一個上帝來幫助你,不要迷惑於一時的衝動,人不要執著於一些自以爲是的慾望。在這個言論之間,儒家是通過自我的不斷創造和反思來實現自己,所以一個基本上走的是反躬而誠的路線,另一個是走超越信仰上帝的路線。因此,儒家是面對生命來實現善,它的善是以生命爲善,它不是如黑格爾所説最高的善是回到上帝,伊斯蘭教也是這樣的,或者説像佛教所説最高的善是能夠真空妙有,能夠實現一種超脱、非執著的境界;就像慧能所説的,無善無惡,超越善惡的一種境界;甚至陽明也説到這個層面,他説本來信仰没有善惡,所謂無善無惡之體,但他説的體是什麽體呢? 最後在某種意義上講,要回到無善無惡之體,就類於佛學了,此即四無論的表達。前部分是佛,後部分是儒。

我是堅持原始儒家的那種善惡論。但是,這裏你要允許一種判斷,所以在這裏孟子和荀子看到這並不一定對立,因爲荀子是以人的一種容易走向惡的一種行爲或經驗爲基礎來判斷,我們今天就有這種行爲;孟子是就反思之後的或者説在一種自然放鬆的狀態,這就是他的特點,這就是我剛纔説的人性。人性是指它是自然出來的一種善,如惻隱之心、禮讓之心、公正之心,等等,這就是善。所以儒家是一種很豐富的生命能力的實現方式,它是動態的、是不斷改善的,有過毋憚改,有過就應該改,君子之過如日月之食,等等。第一,你可以去改,而不是真正能夠改;第二,善是自我決定的,没有人能夠代替你説這個善那個善。我們教子女這個是惡,你就知道這個是惡;教他這個是善,你就知道這個是善。善最終是什麽意思? 它不應該是空洞的名詞,而是一個你自己能夠體驗到的,是對人的生命(或羣體的生命)、社會、國家乃至天下判斷出來的一種負責任的價值。在這些價值中，有些會衝突，如果出現該怎麼辦？這個時候，你就應該做一個判斷，那就是孟子所説的，魚和熊掌之間，要做出選擇；生與死之間也是一樣，殺身以成仁，捨生而取義，這就是判斷的問題。我們說它是善，是因爲它能夠保護別人，它能夠保護羣體與生命。在這個意義上講，蘇格拉底最後選擇說，我就服從法律的判決，飲鴆而死，這裏就體現了他的一種選擇；再如文天祥、史可法，他們讀聖賢書，所學何爲，所學何事，他們要"留取丹心照汗青"，是這樣一種選擇；有些作奸犯科的人就犧牲國家的利益，我們就明顯看到這在儒家看來，就不是善。所以儒家有一套善惡的標準。準此，儒家倫理纔會有生命力。

劉文劍：儒家不但有這樣一個標準，而且有類似這樣一個善惡的一種衝突會不斷地出現，不斷存在，正是因爲它的這個存在，纔會促進儒家的發展，先生說的是這個意思嗎？

成中英：是這個意思。最後一個問題，倫理離不開一個文化的形上學或生命的本體學。儒家一般倫理重視人與人的關係，像父慈子孝、君臣之間，父對子要慈，子對父要孝，君對臣要義，臣對君要忠。在有些不合常理的情況下，如歷史上的瞽瞍，作爲父親卻完全不照顧自己的兒子舜。不過，舜還是要盡他的孝，於此看出人在這個情況下做人還有一個根本原則，這不是在關係中你對我不好，我就對你不好。儒家講道義就是堅持獨立的道義原則。但當代中國，由於加強經濟發展，社會上甚至國家官僚體系中，往往有一種違反儒家公義的做法，就是每件事都要計算，有利的去做，無利的不做，根本不考慮公義。唯利主義是原則。過去中國人講讓，有謙讓之心。現在有幾個人講禮讓的？不是不能，而是不想也不願推己及人地思考問題。儒家倫理其實是很人性化的，而且易知易行，但人們就是視而不見，聽而不聞，知而不行。就是這個推己及人、要謙讓的道理，目前幾乎無人遵行。更難以要求人們思考人與人之間的道德關係，從大處著眼，從小處做起。但道義的原則不是不存在，只是它爲人們所揚棄。但我們做人卻仍然需要這個形而上學，即看不見的東西要有個道的或原理的認識，而不是把道或原理約化爲一種純粹的現實關係（比如利害、利益關係等）。這就是儒家倫理對世人最大的啓示。

另外，對國家也是一樣，但國家更現實一點，但是爲了現實，你也不能只關注自己的利益，而不顧國家的利益，或只顧國家的利益和個人的利益，而罔顧世界正義的原則與基本國際法原理，對此後兩者必須做出闡述，來合法地維護國家的利益，纔符合儒家哲學的道理。但在現實國際政治中，美國往往只顧自身的利益，而罔顧他者與國際法原理與世界正義，僅僅因爲它是一個世界最強勢的國家。因之，爲了稱霸，它絕對不相信他者，它只考慮自己的利益，符合我的利益我就行動，否則就阻撓。其次，它堅持先發制人的原則,先用力量置人於死地。打別人就是爲了符合自己的利益。這是極端自私主義的體現。面對此,我覺得儒家倫理主王道,反霸權,對世界走向正義有重大的意義。當然,儒家倫理具有形而上學的結構,一時難爲人所認知,但卻是基於世界正義與國際公法來説的,如果真得能夠實現的話,當然能夠導向社會和諧,導向世界的正義與世界和平。

德政、民本、容隱制及其他

——俞榮根先生筆談錄

宋立林 整理

編者按：俞榮根先生是我國當代著名的法學專家、儒學研究專家，幾十年來致力於以孔子、儒家法思想爲主的中華法系研究，創獲良多，著作等身，對儒學、法學研究及現代民主法制建設都作出重要貢獻。自 2007 年以來，先生幾乎每年都來曲阜參加世界儒學大會，然會議期間由於先生須主持會議或閉幕式，事務繁忙，我們不便叨擾，一直未能當面訪談。不過，幸運的是，2011 年第四屆儒學大會之後，由宋立林、陳以鳳擬定訪談提綱，然後我們通過電子郵件約請先生筆談，俞先生欣然接受，百忙之中認真詳細地回答了我們的問題。字裏行間閃現著先生對儒家法文化與現代民主和法制建設的獨到思考。現將此次筆談的稿子整理刊登於此，以饗讀者。

《孔子學刊》（以下簡稱"學刊"）：在當今學界您是研究儒家法文化的大家，上世紀八十年代初，您就發表了《孔子法律思想探微》、《應當怎樣認識和評價孔子的法律思想》等論文，隨後出版了《孔子的法律思想》、《儒家法思想通論》等專著，在國內外率先從法思想的角度系統研究孔子和儒家思想。您能否給我們講一下，在當時的時代背景下您是怎樣開始關注孔子和儒家的，我們知道，您與曲阜學人有著甚深的淵源，請您就此談一下對孔子故里學人的看法，對孔子其人其學是否有前後不同的認識？

俞榮根先生（以下簡稱"俞先生"）：我是"文化大革命"和"評法批儒"、"批林批孔"運動的親身經歷者之一。"文革"開始階段到處"破四舊"，當時我還是北大的學生，聽說 101 中等校中學生"紅衛兵"要來砸爛北大西校門外的石獅子，我們還趕去保護，頭腦中有那麼一點"那是文物"、"屬於歷史文化"的意識。後來聽說北師大譚厚蘭帶"紅衛兵"到曲阜砸了孔墓，覺得這樣的"革命"也低級了些，心存一點可惜和"有這個必要嗎"的懷疑。那時講"革命大方向"對不對，從理論上還是接受從"五四"以來"打倒孔家店"的文化路線的。"評法批儒"、"批林批孔"時,我已調到重慶中醫學校當政治課教師,除了給學生講哲學、政治經濟學基本常識外,還有每週一節時事課,那就得"評法批儒"、"批林批孔"。那套東西跟我在北大哲學系裏學的中國哲學史基本上是顛倒的。當時就有個十分時髦的説法,叫作"把顛倒的歷史重新顛倒過來"。二十世紀六十年代的北大,學術自由精神仍然受到推崇。記得校學生會學術部曾請關鋒來作過一次批孔的學術報告,不久後,哲學系學生會請出被關鋒點名的馮友蘭老先生作學術報告。馮先生那時已不講課了,在他的青年教師助手和研究生的協助下專事寫作《中國哲學史新編》。我在北大哲學系讀書期間也只聽過他這一次學術講座。可能由於在北大的這些訓練,要顛倒過來搞"評法批儒"總感到有點彆扭。加上當時的"批林批孔"中還含沙射影"批周公",這"周公"明是"姬旦",實指周恩來。所以稍有良知的人都反感。1979 年,我是帶著這些困惑去報考中國法律思想史的研究生的。

　　"文革"期間砸爛公檢法,停辦政法院校和法律系。坐落於重慶歌樂山腳下、白公館和渣滓洞旁邊的西南政法學院由於教師齊心"護校",撤而不走,解而不散,學校的主要領導成員、骨幹教師、圖書資料、主要教學設施都保存了下來。我經歷十年蹉跎歲月,回爐重煉,求知若渴,從尚未開架借閱的圖書館藏書庫中擔回兩大籮筐書籍,日夜攻讀,發現自上世紀初中國法律史學科創建以來,民國時期的前輩學者都肯定儒家思想是中華法系靈魂。尋究二十五史的《刑法志》,更可證明這個結論是正確的。但也發現,真正系統研究儒家思想如何指導和主導中國古代法的論著很少。有一本1930 年出版的《先秦法律思想》,只講了慎到、商鞅、韓非三個人物的法律思想,對儒家的法律思想完全没有論及。建國後寫的中國政治思想史、中國國家與法的歷史,包括"文革"後那幾年出的中國法制史、中國政治法律思想史、中國法律思想史的講義、教材,對孔子與儒家關於法的思想、觀點基本上是立足於批判和否定的。説到孔子和儒家,大致上是以三個小標題相概括:"'爲國以禮'的禮治"、"'爲政以德'的德治"、"'爲政在人'的人治",並一再指出他們反對法治、反對公佈成文法。甚至,"文革"的"批林批孔"時,説孔子堅持反動、反對革命,堅持倒退、反對進步,堅持復辟奴隸制、反對建立封建制等一些政治定性,在一些論著和教材中也還看得到。我的導師楊景凡先生是老地下黨員,青年時代讀革命書籍,也讀過儒家經典,國學底蘊深厚。他歷經磨難,意志堅韌,剛毅耿直,崇尚真理,思想解放。他提倡重新研究儒家,鼓勵和支持我探索儒家的法律思想。研究儒家自然得從研孔做起,就這樣,我選定以孔子的法律思想爲碩士論文題目,從此與孔學結緣,一發而不可收。幾十年來,與先哲對話,真有"仰之彌高,鑽之彌堅"之感,誠如子路之學,"升堂矣,未入於室也"。

　　我對孔子思想與中國古代法關係的研究一開始就得到匡亞明、張岱年、嚴北溟等前輩學術大師和曲阜孔學學人的悉心指導和誠摯幫助。當時没有手機,没有電腦和互聯網,不用短信和郵箱,都是致信請教。記得那時國內只有曲阜師院有個研孔學術機構,叫孔子研究室。我就給孔子研究室寫信,請教有關問題。很快收到駱承烈老師的回信,熱情鼓勵,毫無保留地提供學術信息和研究意見。1984 年 9 月,中國教育學會和曲阜師院孔子研究所主辦全國"孔子教育思想學術討論會",我有幸被邀參加,零距離地見到仰慕已久的匡亞明、金景芳、張岱年、嚴北溟等大師,同時也結識了曲阜孔學專家羣體,他們當中有曲阜師院的王先進老先生、劉蔚華先生、駱承烈先生、李啟謙先生、羅祖基先生等,還有曲阜文管所的孔繁銀先生、孔祥林先生等。曲阜孔學專家佔盡地利之便,研究各有特色,有長於制度、文字考釋的,有善於思想、文化分析的,有精於"三孔"歷史沿革、建築特色、禮儀、服飾研究的,有樂於對孔子文化進行大眾化、通俗化、文學藝術化、影視舞臺化創作的,有致力於從治國理政、教書育人、企業管理等角度轉化、創新孔學智慧的。曲阜孔學研究不僅成果豐碩,而且新銳輩出,後繼有人。當年的曲阜師院孔子研究室早已發展成爲曲阜師大孔子研究所、孔子文化學院。山東省又在曲阜成立孔子研究院。曲阜是中國文化和中華文明的"聖地",正打造成爲孔子研究的一個重要中心。我每次來曲阜參加孔學研究盛會,都能學到新知識、新觀點,都能分享到學界師友的新成果,都能與老朋友再聚首,又能結識新朋友。我願意來曲阜還有一個重要的深層次的心理驅動力,就是這裏有學術知音,有共同的學術事業、學術責任和學術道義。我曾在孔子講堂和曲阜師大孔子文化學院的學術講座中說過,我到曲阜來開會發言也好,學術交流也好,都是嚮曲阜的孔學專家彙報,因爲我在研孔中如果有點心得,是與你們的指導幫助分不開的,你們是我的老師,永遠的老師。

　　學刊:儒家重視德治,所謂"爲政以德,譬如北辰,居其所而衆星共之",而德治卻對執政者有著較高的要求,故而也容易產生"人存政舉,人亡政息"的現象。您如何看待儒家的德治思想? 在古代社會,德治更多的是一種理想嗎? 在現代社會,德治有没有實現或操作可能?

　　俞先生:孔子好像没有說過國家可以"德治"的話。"爲政以德"的主張,不應簡化爲"德治",而應簡化爲"德政",纔是確切的,符合孔子原意的。"德政",就是爲政者不但自己要有賢德,而且應對人民施仁道、佈德音,具體措施無非是制民之產、輕徭薄賦、濟困扶危、關愛生命、重視民生,實行利民、惠民、富民政策。古人的"治"是多義字,治國是"治",治身也是"治"。治國之"治"是"統治"、"管治"、"治理"的意思。治身之"治"是"修身"、"修德"的意思。前者是律他,後者是律己,不是一回事。我們現在把"依法治國"與"以德治國"並提,或者聯在一起講,在這樣的語境中,"治"只能理解爲"管治"、"管理"。"依法治國"是用法律管治人、管治事、管治國家，即通常説的法治。"以德治國"的"治"如也解讀爲"管治"，理解爲用道德去管治人、管治事、管治國家，説這樣就是"德治"，那就不對頭了。因爲道德不能管治別人，只能管治自己。即只能律己，不能律他。用道德去管治人，不但不可能，而且很危險，硬要搞道德管治，就會像"文革"中"鬥私批修"那樣，"狠鬥私字一閃念"，爲公權力侵入私生活大開方便之門，會使公民的私權備受侵害，隱私權蕩然無存。這是很可怕的。我以爲，孔子"爲政以德"的主張，還是歸結爲"德政"思想比較確當。

孔子説，在治國方法上，"導德齊禮"比"導政齊刑"好，"導德齊禮"可以使民"有恥且格"，"導政齊刑"只能使民"免而無恥"。這裏的"導德齊禮"也不好説是"德治"，而是講的"德教"、"德化"、"禮教"、"禮約"，即"約之於禮"。孔子認爲"導政齊刑"的做法不好，但他並不排斥"政"和"刑"。"德禮政刑"，或"禮樂政刑"，是儒家論治國的基調。孔子説："聽訟，吾猶人也。"聽訟必須依據法律。孔子不反對聽訟，當然也不反對法律。董仲舒去古不遠，他讚美孔子爲魯司寇時"依法聽訟，無有所阿"、"斷獄屯屯，與衆共之"，這不至於純屬虛言。所以，孔子的治國主張，不是只講"德政"，或只講"導德齊禮"，而是反對只講"政"和"刑"，反對嚴刑重罰。

搞"德政"，對爲政者的素質要求確實比較高。孔子講"舉直錯諸枉"，孟子講"俊傑在位"，都是主張"賢人政治"。"賢人政治"没有什麼不對。古今中外都要求從政者應比普通百姓有更高的道德素養，有的還將其法律化，如美國就有《從政道德法》。搞競選的國家，從制度設計上説，還是要選出優秀的人才來執政。認爲搞"依法治國"，就可以不注重從政者品質，甚至看成是與"賢人政治"相對立，是不對的。我看到過一則關於美國一所名校遴選校長的過程介紹，他們不但十分注重校長候選人的學術素養和道德品質，而且還要考察其夫人的人品。他們不會選舉一個假博士、文抄公當校長，也力求避免有一個熱衷於枕邊干政、貪名斂財的夫人的人當校長。從這個意義上，德與法從來是不可偏廢的，"德治"與法治是並行不悖的。這裏説的"德治"，是指爲政者以德治身，以德爲政，先正己而後正人，不令而教、不怒而威。

人治制度的邏輯結果是"人存政舉，人亡政息"。問題是中國歷史上有無與人治制度相對立的法治制度？我的回答是否定的。法家主張君主集權、個人獨裁，在刑事政策上實行嚴刑峻法、輕罪重刑，其實是典型的人治主義。儒、法兩家都是君主政治的擁護者，本質上都應歸結爲人治主義。秦始皇搞法家獨裁政治，唐太宗搞儒家民本政治，但都是這樣的結果：人亡政息。要避免這類悲劇，走出"人存政舉，人亡政息"的歷史循環，不是去選擇法家，或回歸儒家，而是超越儒和法，走向憲政和法治。這個憲政和法治，既不是搞法家的"以法治國"與儒家的"爲政以德"（也就是所謂的"以德治國”)的結合，也不照搬西方的政黨制度、議會制度和三權制度，而是遵循尊重人權、政黨政治、責任政府等人類政治文明主流，汲取包括儒、法思想在内的優秀文化成果，走出中國自己的憲政和法治之路。

歷史上的民主有橫向民主和縱向民主。橫向民主一人一票，少數服從多數，多數尊重少數，比較容易量化和制度化。這是西方民主的主要形式。縱向民主是自下而上、自上而下地集中民智、體現民意，形成決策。“民之所好，好之，民之所惡，惡之”，“國人皆曰賢，然後察之”，“國人皆曰不可，然後察之”，“國人皆曰可殺，然後察之”。儒家的這些縱向民主思想一直是中國政治的傳統。但縱向民主不好量化，難以制度化。民主是法治的前提和基礎。從這一點上説，儒家的縱向民主思想儘管並不成熟和系統，但蘊含著法治生長的可能。橫向民主和縱向民主應當很好地融合起來，並使之規範化、制度化。從這裏也許可以生長出有中國特色的民主憲政制度和法治制度。

學刊： 前幾年，在中國學界曾經對儒家“親親互隱”的原則進行過一番討論，現在余音猶在。從相關論文中可見，有學者認爲其包含著對人權的尊重與維護的因素，另有人則將之批判爲“腐敗之源”，或讚或彈，衆説不一。您如何看待這一原則的？

俞先生： 這個問題提得好。剛剛看到報道，《刑事訴訟法修正案（草案）》已提交全國人大常委會審議，有望在明年 3 月通過。修正稿改革證人出庭作證制度，其中規定，對於無正當理由拒絕出庭的可以強制出庭，但配偶、父母、子女除外。相關專家指出，這是對於證人作證方面較大的突破，是擬規定除嚴重危害國家安全、社會公共利益的案件外，一般案件中近親屬有拒絕作證的權利。但近親屬僅限父母、子女和配偶。如果此條得以通過，長期以來在我國大力提倡的“大義滅親”司法政策將被顛覆，這與世界部分國家的法律理念相契合。

有的媒體還回憶起以前的案例來説明近親屬拒證權的價值。有一個案例是這樣的：弟弟爲了籌集哥哥上大學的費用而偷竊了室友 4 萬元钱。在警方的動員下，哥哥將弟弟騙出，埋伏的警員將弟弟抓獲。哥哥的大義滅親之舉受到了社會的強烈譴責。還有一個案例是一位 12 歲的少年，在發現自己的親生父親有盜竊行爲後，毅然向公安機關舉報。父親被捕判刑後，少年的母親和親戚、鄰居都反感他，拒之門外，少年失去了生活來源，公安部門只好與當地政府協商，由政府提供他每月的生活費直至長大，成爲一個典型的悲劇。

我曾在《親屬權利之痛——兼論“親親相隱”的現代轉化》一文中説過：“人類社會自古及今，親情無價，和諧爲本，這些價值是普世的，永恒的。上個世紀 60 年代，美國最高法院大法官霍爾姆斯在投票贊成宣判米蘭達無罪時留下了一句名言：‘罪犯逃脱法網與官府的非法行爲相比，罪孽要小得多。’我們借其意而用之：爲了維護親屬特權而致罪犯逃脱法網與警官和法官以法律的名義撕裂人性、踐踏親屬權利相比,罪孽要小得多。"

尊重和保護人權,是我們的憲法原則,至高無上。人權之中有一種權利叫親屬權,或親屬特權,它因特殊的身份關係,如血緣關係、婚姻關係,以及特定的法律關係而獲得,如親生父母與子女、夫妻、養父母與養子女等。他們之間因而自然而然地衍生出法定的監護權、繼承權、教令權等,也相應地負有教育、撫養、贍養等義務。在日常生活中,父母、子女、丈夫、妻子一方有了傷病,往往成爲另一方請假的理由,一般情況下也是其所服務的單位、組織准假的依據。這實際上是在行使和認可親屬權。這種親屬權表現在訴訟方面,就是拒證權和沈默權等。

我在那篇文章中還寫道:"現代刑法學告訴我們,刑法的真正目的,在於通過懲罰犯罪而挽救罪犯,預防犯罪,最大限度地降低犯罪的社會危害。大部分罪犯在服刑期滿後,仍將回歸社會。如果法律强迫公民不分青紅皂白,必須'大義滅親',走上法庭指控他們親人有罪的話,那麼,對罪犯及其親人的人性的撕裂是難以彌補的,極其不利於罪犯的改造和重新做人,對罪犯回歸社會、回歸家庭帶來極大的阻隔。説得更遠一點,其對人類天性可能造成根本性的傷害。從刑罰的效果看,否認親屬特免權實際上並不能預防親屬間窩藏、包庇罪的發生。半個多世紀來刑事司法史上一而再、再而三地出現親屬窩藏罪、包庇罪的事實也反證親情不可違的天然合理性。對此,《漢書·宣帝紀》早就指出:'父子之親,夫婦之道,天性也。雖有禍患,猶蒙死而存之。'傳統的'親親相隱'立法正是本於這一'天性',成爲儒家刑法教育預防主義的一大傑作。這是傳統親情倫理立法與現代的家屬身份特免權立法的一個契合點,即基於親情天性來强化刑法的教育預防功能。這樣做,既照顧到了民衆的倫理感情底線,又沒有對國家和社會利益造成太大損害,從而達到法律和親情的平衡,避免國家刑罰權與人類親情的直接、正面衝突。這就是傳統'親親相隱'制度提供的智慧和啟迪。"

誠然,對"親屬"概念、對親屬權的使用或放棄的範圍和程式等都應有相當細緻、週密的法律規定。在現代發達的法律科學時代,這些都不難做到。

我個人認爲,我們這次刑訴法的修改,在尊重親屬權方面還是顯得有那麼一點保守,放得不夠開。另外,在刑事實體法的相關條款也應作相應修改。如刑法第三百零五條、第三百零七條第二款(幫助毀滅、僞造證據罪)、第三百一十條(窩藏、包庇罪)和第三百一十二條(窩藏、轉移、收購、銷售、掩飾、隱瞞贓物罪)之後應加上"但書"條款,對近親屬之間實施上述行爲予以一定的減輕或免責,以維繫這一基於人性的親屬權利。由於我們差不多一個世紀以來有三、四代人都生活在反傳統、批孝道、損親情、妖魔化儒家的政治和文化氛圍中,從意識形態、文化心理、法律認知等方方面面的矯治和校正還需相當時日,面對這樣的現實,也只好説一句無奈的老話:"慢慢來。"

我注意到了一些學者把"親親互隱"批判爲"腐敗之源"的文章,對他們用心揭示儒家學説和傳統文化中,包括中國民族國民性中存在的負面的努力,我是欽佩的。他們對歷史上和時下存在的腐敗深惡痛絶,表現了學者的良知。腐敗伴隨政治社會而來,古今中外都存在腐敗,消除腐敗是個世界性難題。産生腐敗的原因是多方面的、綜合性的。中國文化重血緣親情、講孝道、存在光宗耀祖情結,其負面作用顯而易見,也可能成爲腐敗的温床,但其積極面也不容否定。在歷史上,光耀門庭、孝道也成爲大家族立家規的原則,嚴訓子孫爲官必須清廉公明。像浙江浦江鄭氏、徽州鮑氏等等,幾代、十幾代出過幾十個官員,没有一個貪贓枉法的。把"親親互隱"説成是腐敗之源,至少有點把複雜的社會、政治問題簡單化的味道。具體的學術研析,我在《親屬權利之痛》等文章中有所討論。

學刊:在您的大作《正本清源　折中融西——重建新的中華法系》一文中,對關於中國古代法思想的陳説"儒家人治,法家法治"提出了自己的獨特看法,指出儒家是民本主義的君主政治。在此您能否再作一簡述,對於儒家的民本主義和孫中山先生的民權説的異同,我們應該如何認識?

俞先生:任何人羣或部族,只要進入國家狀態,就有以國家暴力爲後盾的、强制執行的規則,這就是法律。秦王朝有"密如凝脂"的法網,希特勒法西斯也有完整的法律與制度。所以,有法律、有法制,不等於有法治。我從1979年開始研究中國古代政治法律思想史以來,一直認爲"法家非法治"、"中國政治法律思想史上並不存在一條法治與人治相對立和鬥爭的主線,也不存在法治的事實"。30多年來一直堅持這一認識並不斷完善著它。我的主要觀點是:1. 評判中國古代某種思想是否係法治主義要有一定的評價標準。用當代以"人權"爲核心的法治思想作標準來評判古人,又會苛求古人。最恰當是用同樣在"軸心時代"産生的古希臘思想家的法治理論來作比較,具體地説是以亞里斯多德在《政治學》中闡述的法治要求作評價標準。亞氏特別强調,法治必須是"優良的法",必須有"普遍的服從","讓一個人來統治,這就在政治中混入了獸性的因素。"很顯然,商鞅、韓非的君主獨裁主張、秦始皇的個人獨裁制度,是反法治的典型的人治主義和人治制度。2. 中國思想史上並無與"人治"相對立的"法治"思想,甚至不曾有過"法治"、"人治"這對範疇。"法治"、"人治"概念的最早使用者是梁啟超,梁氏於1922年春在北京法政專門學校講授"先秦政治思想",比較系統地運用這些概念,將儒家説成"人治",判法家爲"法治",他同時説儒家是"仁治"、"德治"、"禮治",法家是"勢治"、"術治"、"物治"。這種説法類似於將多文字的漢語語句作個簡稱,有比附西方法治學説的意義,但難以定論爲科學的定義。不過,梁氏此舉影響深遠。從此,以"人治"、"法治"論析儒家法家幾成樣式。3. 法家主張君主"獨斷"、"獨聽"、"獨視"、"獨治"的君主獨裁專制,君主在法律之上,以嚴刑峻法治臣、治民、治國,而且是輕罪重刑,是典型的人治主義。"輕罪重刑"恰恰違背刑法法治原則。相比之下,儒家主張"罪刑相應"、"中刑中罰",以及提倡"慎刑"、"恤刑",倒更符合刑法科學,也比較人道和理性一些。4. 法家要求執行君主之法應"刑過不避大臣"、"法不阿貴",拋開其君主獨裁一面,在嚴於執法上有著積極意義。然由於其一味崇尚苛嚴,往往構成歷史上最黑暗的酷吏、虎胥"治獄"。這是與法治社會截然背離的。

　　我的看法是,法家與儒家有論爭,有分歧,但不是"法治"與"人治"的對立鬥爭,只是絕對君權與相對君權的差異,或者說,是君本位的君主政治與民本位的君主政治的差別。從思想的歷史文化價值上評價,民本思想所含的人類政治文明和人道精神來得更豐富些。民本思想還不是民主思想,也不能等同於孫中山的民權思想。用孫中山先生的話來說,民權思想是主張"民有、民治、民享"。儒家民本思想則是君有、君治,君與民共用,即孟子說的"與民同樂"。如果要勉強類比,民本思想與孫中山的民生主義比較相似。不過,儒家民本思想中孕育著權利思想的萌芽,"己所不欲,勿施於人",含有對人的人格、自由、佔有的尊重和維護。這是十分寶貴的思想元素。所以,我以爲,民本思想通過孫中山的民權、民生思想的轉接,能夠成爲現代民主思想的積極資源。我們當今的熱門政治話語,如"小康社會"、"和諧社會"、"關注民生",以及"情爲民所繫,權爲民所用,利爲民所謀"等等,都融會著民本的思想智慧。

　　學刊:儒家主張君主政治,也強調民本思想,是否可以說是開明專制呢? 有學者認爲中國傳統政治是一種尊君重民的體制,和您說的是一個道理嗎? 儒學與君主專制政治的關係到底如何?

　　俞先生:"開明專制"是梁啟超提出來的。1906 年初梁啟超寫《開明專制論》,提出"開明專制"作爲立憲政治的"過渡"和"預備"階段。這與孫中山"建國綱領"中以"訓政"階段作爲"憲政"的過渡是一個道理。其思想來源於 18 世紀下半葉歐洲一些國家封建專制君主執行的一種政策。當時,歐洲大陸諸國的封建制度日趨衰落,各國封建君主爲了鞏固其專制統治,接過了法國啟蒙學者要求改革的旗幟,實行"開明專制"政策。尤其是普魯士、奧地利和俄羅斯帝國皇帝,在"開明專制"名義下進行種種改革,如改革教會、興辦教育、編纂法典等,這些改革客觀上促進了資本主義的發展。尊君重民可以說是儒家民本主義君主制度的主要特點,那樣的君主必須是開明的、親民的,但與梁啟超說的"開明專制"還不是一回事。"開明專制"有特定的過渡性時限和改革內涵。再說,儒家的民本主義君主制在理論設計上也不是君主專制,而是聖君賢相順天意民情治國,相當於君相共治制。

我國近代史上已搞過"訓政"，清末也發生過類似於"開明專制"式的改革。我國現在實行的是民主共和制，這是憲法規定的，我們只能往前走，不斷完善發展，不能倒回去搞"訓政"、搞"開明專制"。

學刊：學界曾經對儒學是否應該爲近代中國的落後負責，是否應該對中國沒有產生科學理性而負責進行過討論研究，您如何看待呢？

俞先生：我覺得，我們幾十年來有一種思維定勢：把複雜的社會、政治問題歸結爲文化問題；把現實世界的社會、政治問題歸結爲歷史文化問題。讓儒學來背近代中國落後的罪責就屬於這樣的思維方式。這種思維方式也由來已久，明明是林彪出逃，卻要搞個"批林批孔"，硬把林彪説成是"孔老二"的"孝子賢孫"；明明是搞"大躍進"、"人民公社"，否定商品經濟，又在"文革"中大割"資本主義尾巴"、嚴打一切小商小販的"投機倒把"行爲，嚴重扼殺中華民族的財商和商商，卻硬要説成是儒家思想反對商品經濟。如此等等。一個人如果只有"啃老"、背父謗祖的本事，絕對是敗家的不孝子孫。一個民族，如果只會妖魔化自己的文化傳統，以爲繼續批臭孔子和儒家文化就可以實現騰飛，只能説明缺乏創造力，不但注定沒有出息，而且一定會被人瞧不起。自己背祖賣宗、敗家毀譽，還一味責怪祖宗沒有留給他萬世不絕的榮耀和財產，這種思維方式和文化反思確實不敢恭維，想想真是令人歎息。

中國有漢唐盛世，也有魏晉南北朝亂象，五代衰朽，兩宋屈辱，但不管如何曲折多難，這個民族、這個文化綿延不斷，這就夠了。近代以來，中國遭受百年欺凌，同時經歷了一個世紀反反復復的救亡興國探索，又迎來 30 多年的崛起發展。把興盛歸結儒學之功是片面的，説式微是儒學之過也是荒唐的。近代中國內憂外患，內憂不光是文化，而且主要不是文化。近代的落後的主因是外患，是侵略者、是殖民強盜。如，1937年日本大規模入侵前，中國已出現近現代化景象，是日寇入侵中斷了發展進程。説到科學理性思維，學者們對東西文化發展理路的不同作過詳細研究。文化是多元的，也是互補的。不同文化有不同的貢獻和價值。中國文化的太極思維、天地人系統整體思維，有獨特的優長。在這種思維和智慧的孕育下，也有自己的發明創造。陰曆曆法指導了千年的農業生產，中醫中藥護衛了一個世界上人口最多的民族。中國思維、中國智慧曾經互補過西方科學理性思維，如今在融會科學理性思維從而向科學進軍方面，不但一點也不比其他文化遜色，而且往往出奇制勝。

學刊：在近代，隨著西方文化的傳入，中國傳統文化受到了前所未有的衝擊，而以儒家思想爲基石的傳統法律體系也慢慢解體、分化。中華法系作爲世界重要法系之一，它在現代民主和法制建設中是否還有其重要的作用，您能具體談一下嗎？

俞先生：這是我和我的法史界師友們長期關注和思考的問題，也是一道理論難題,更是一道實踐難題。我首先要說,答案是肯定的。其次要申明,這個答案現在還不好說已經成熟、透徹,因爲還要研究,特別是法制和法律生活實踐還在發展之中。這裏只能談些粗淺的體會。

中華法系本質上是儒家之法,它的制度實體和理論體系已被解構了,但其法律文化精神和思維方式還在影響我們的法律生活,而且不乏積極的正面的價值。其中包括:法順天理、法應民情的觀念,是我們立法、司法、執法應注重與自然、與社會和諧一體的思想源泉之一,也是我們科學立法、民主立法的思想資源;提倡"禮樂刑政",或曰"德禮政刑"綜合爲治的治國方略,反對純用刑罰,主張"導德齊禮"、德主刑輔、先教後罰,對於我們確立社會綜合治理原則、制定寬嚴相濟、教育預防的刑事政策有歷史借鑒意義;據法聽訟、期於"無訟"、注重調解、反對纏訟的主張和由此形成的社會習尚,成爲我們建立和完善社會調解制度的重要文化資源和社會基礎;"爲政以德"、"政者正也"、正人先正己、"直道"司法、"不隱於親"、廉潔奉公等思想,至今仍是我們黨政官員、紀檢幹部、法官、檢察官、執法人員應當學習和力行的品德;反對"不教而殺"和輕罪重罰、主張"罪刑相應"和慎刑、恤刑,是現代法治必須汲取的原則。此外,儒家"己所不欲,勿施於人"的仁學人道精神,前述的以"孝"、"慈"爲基點的親屬之間有條件的相隱主張等,是與現代法治精神相通、暗合的,或終將被認定爲是相通和暗合的。

學刊: 近三十年,在中國出現如政治儒學、心性儒學、民間儒學、生活儒學、草根儒學等各種現代化儒學的詮釋,力圖將其應用到當下政治、社會生活之中。您在《天理、國法、人情的衝突與整合──儒家之法的内在精神及現代法治的傳統資源》就儒家之法在現代的化用,作了深入考察研究。從詮釋學的角度來看,傳統儒學的現代化前景如何? 這能否歸結爲一種中學爲體、西學爲用的路子?

俞先生: 儒學曾有二千多年的連續發展,已經溶入中華民族的文化血液,是我們民族文化生命的核心 DNA,將與我們這個民族共存。儒學肯定會有它的前景。但儒學的現代詮釋和轉化創新還剛剛開始,道路將是十分曲折漫長的,恐怕不是一兩代人所能完成,也許要經過五六代,甚至七八代人的不懈努力。現在還遠未到中華文化實現偉大復興、思想文化大師如羣星燦爛的時代。我們這一代人注定不是集大成的收穫者,而是辛勤的守望人,爲成就文化大成和成就思想大師的鋪路人。到了大成的那個時候,中國思想和文化的命名中還有沒有,或者說需要不需要掛帶"儒學"的字眼,叫"第四期儒學",或"當代新儒學",或"馬列儒學",也難說,得由後人去說。宋明儒學在當時就叫"道學"。

體用說、主輔說、道器說等都是傳統思維方式下的方法論。集大成的中華思想文化是中體西用還是西體中用,或中體西用與西體中用的雜糅,現在不好給個框框。譬如，前邊說到的橫向民主的思想與制度，移植到中國生根發展，似乎是西體中用；而縱向民主的設想與主張，加以可操作的規範化與制度化，又像是中體西用。再把這種橫向民主制度與縱向民主制度冶於一爐，既有西體中用又有中體西用，但成爲一個整體制度後是什麼體什麼用？真不好以體用說一說了之。美國的思想文化和政制法制，源自英國和歐陸，但沒有聽說有英體美用，或歐體美用之說。它就是美國的，是美之體，也是美之用。所以，我們走在中華思想文化復興路上的思考者、鋪路者，完全可以拋開體用說的框框。當今世界是個地球村，多元文化在同一時空廣泛交匯。不妨搞個多元爲體、多元爲用。而今後集大成之中國思想文化，既不姓西也不姓歐姓美，一定還姓中的，是中國五千年文明和文化發展的新階段。如果一定要以體用說來表達，那就是體也姓中、用也姓中的"中體中用"。

學刊：從上個世紀八十年代至今，學界興起文化熱、儒學熱、美學熱、國學熱等各種熱潮，其中也不乏經濟熱、法律熱（特別是司法考試）。就國學熱而言，有的學者冷靜反思，表現出一種擔憂；有的則很樂觀，樂此不疲地從事研究和普及活動。對此，您是怎樣看的？

俞先生：范仲淹說過："不以物喜，不以己悲。"既然抱定只是中國傳統文化和儒學精神的守望者，也就不必以國學熱而喜，以國學冷而悲了。股市有漲有跌，江潮有起有落。國學有熱也就有冷，不會一個勁熱下去。當然，趁著社會的熱乎勁，抓緊做些研究和普及工作，收效肯定比冷的時候好，這種努力是很值得去做的。前兩年中國孔子基金會組織編寫《儒家文化大衆讀本》，約我撰寫《儒家法文化》。我對寫通俗化的文字不在行，又雜事纏身，但感到有意義，硬著頭皮邊學邊寫了 10 萬字左右。有了這個體會，覺得做普及、通俗化工作的朋友很不容易。我所擔心的，是一些人借國學熱進行商業化操作，搞僞國學、假國學，如今社會上辦的某某國學班之類，難免魚龍混雜，而且魚多龍少。這樣的"熱"，還是趕快冷下來的好。作爲學者，我還是認爲，在國學熱中要有冷思考，盡職盡責做好一個守望者，爲迎接中華文化集大成和羣星燦爛的時代一寸一寸地往前鋪路。

新儒家研究與儒學發展之思考

——胡治洪先生訪談錄

王希孟 整理

編者按：胡治洪先生溫文爾雅，在儒學研究方面成績突出。編輯部同仁利用第四屆儒學大會之便，對胡先生進行了訪談。先生不辭辛勞，就近代的唐君毅、牟宗三、錢穆三位先生的學問以及儒學的前景侃侃而談。本刊特整理刊發，以饗讀者，同時對胡先生的支持表示感謝。

王希孟：武漢大學的現代新儒家研究較爲引人注目，唐君毅先生在新儒家中佔有重要地位，胡先生如何看待唐先生其人及其哲學體系的地位？

胡治洪：前幾年有這樣一個機緣，一家民間文化機構想做一套傳記叢書，初步設想中外各選 200 個人物，他們到武大來約稿，郭齊勇老師就把我們中哲專業的召集在一起，他指定我接手唐君毅的傳記。我用了半年時間收集資料，從香港法住書院獲取了唐先生的主要著作，扎扎實實讀下來。唐先生的書給我的感覺是不好讀，我覺得他的思想比他的文筆要快，思想與表達之間有很大的張力，有時不免疏於言表；還有就是他的行文不像大陸這邊使用助詞、標點很規範，有時他的句子斷得很奇怪，下面意思還沒完，就已經斷了句，每當讀到這種文句，我又不得不從頭讀過，去把握他的完整意思。雖然唐先生的書不太好讀，但他是把儒學落實到生命之中的大儒，悲天憫人，一生不忍看到痛苦和悲哀，他有天分、有夙慧。大概很多現當代儒者包括熊十力先生、郭齊勇老師等都有這樣的經歷：在年輕的時候排斥傳統，覺得傳統很沒有力量，怎麼不像西方那樣一往直前呢？我記得自己在 1980 年代中期讀研究生的時候，正值文化大討論，西化思潮當道，當時寫了一篇文稿，沒有發表，題爲《奴性的和諧》，當時我把儒家和諧觀看成是奴性的，現在看來何等淺薄！唐先生在年輕的時候也是反傳統的，他曾經因此與其父迪風公爭吵，迪風公說我死後你會覺悟！後來果然如其父親所料，唐先生在父親去世後有所反省與覺悟。唐君毅早期出過一本書叫《中西哲學思想之比較論文集》，基本上是以西衡中的路子，後來他否定這本著作，認爲裏面雖然有一些知識性的東西，但是很多説法不足爲訓。

在三十多歲，也就是 1930 年代末到 1940 年代初，唐先生就轉向了，變得親和傳統。抗戰期間，在四川重慶、樂山，他跟熊先生有很多交往。在那個時候，他寫了一組隨筆，其中一篇叫《古廟中一夜之所思》，用他那悲天憫人的仁心來看待現實世界。他覺得現實世界是非常冷酷無情的，進而追問自己爲何會有這種感受，認識到自己原來有一顆不冷漠不麻木的心靈；我既然有這顆心靈，那麼所有人應該都有這顆心靈，這就把仁心普遍推擴開來；那麼人人皆具的仁心是如何獲得的呢？他認爲這個仁心是天賦的，這個天賦的仁心也就是世界的本體。他後來反復説自己在三十歲的時候就已經見體了。唐先生見體之後，又在學術領域進行拓展，他不是只在哲學的高空翱翔，而是沈潛到人類文化世界，對中印西文化進行比較研究。他發現在這幾個大的文化系統中，都貫穿著對於現實的批判意識，以本心觀照批判現實。不論是中國的儒家、道教還是佛教，或者西方文化，都是如此。到了 1960 年代末，唐先生又回到體系建構，寫了《生命存在與心靈境界》這部煌煌大著，他把人類文化分爲九個層次，即萬物散殊境、依類成化境、功能序運境、感覺互攝境、觀照凌虛境、道德實踐境、歸向一神境、我法二空境、天德流行境，心體一步一步越來越朗現。這裏面當然包含了判教意識，把儒家放在最高層次，但他的觀點是有根據的，他認爲儒家把握心之本體最爲確切，把道德意識凸顯得最爲完美。通過這個體系，把人類各個層次的文化整合起來，代表了現代新儒家文化哲學的新成就。

説到現代新儒家，順便發揮幾句。對於其傳承來講，我還是遵從三代説。第一代包括梁漱溟、熊十力、馬一浮、張君勱、馮友蘭、錢穆、賀麟、方東美諸先生，其中熊先生是有哲學體系的；馮先生也有；賀麟先生有本體範疇，但没有完成體系；錢先生有很多義理，但他主要還是一個歷史學家；方先生雖然是學貫中西，但也没有形成體系。第二代牟宗三先生、唐君毅先生都有完整的哲學體系，徐復觀先生是思想史家，有歷史哲學體系，但没有形而上學體系。第三代劉述先先生、杜維明先生、余英時先生、成中英先生等，都還没有把體系完全做出來。這十幾位現代新儒家人物，有完整體系的不過三四人。馮先生的體系比較多地摻入了現代西方分析哲學的東西，雖然很精緻，很有邏輯性，但與中國傳統多少有點隔膜。熊先生的體系纔真正是我們中國的東西，從語言到思想，除了儒家就是中國化的佛家。新唯識論出來之後，熊先生往往據以評判中西古今一切學術思想文化，這有他的局限性，但是這個博大精深的體系是很值得我們去深究和闡發的。

2009 年 5 月在香港中文大學召開了唐先生百年冥誕紀念會，我提交了一篇文章

《從心之本體到心靈九境》。我認爲唐先生的體系是完整的,他從熊先生那裏得到很多啓發,包括心之本體,熊先生很早就談到這個東西,在《心書》裏就談到心之本體。唐先生的體系建構進路與熊先生的論説也有相符之處——我因爲對某個事情不滿,這就意味著肯定有個標準在起作用,這個標準就是超越現實之外的心之本體。唐先生也借鑒了很多西方哲學的資源來做他的本體論,用了很多邏輯的、分析的、推理的方式,一步一步推論出心之本體的存在,特別是他的心靈九境體系,很像黑格爾邏輯學裏的三段論。我在文章里加了一個注腳説,怎樣評價唐先生的體系還有待探討,本體論哲學不一定要用邏輯的、分析的、推理的方式來做,因爲熊先生特別反對這一點,熊先生認爲本體根本不能靠分析的方法把握,而一定要通過直覺、反求諸己來把握,一旦企圖運用分析把握本體,就只是"戲論"。但想必唐先生有他的考慮,因爲我們中國哲學往往被西方哲學家或研究西方哲學的中國學者指斥爲混沌、不清晰,所以唐先生要把他的體系做得一清二楚。指責中國哲學不清晰乃是誤解,比如熊先生的新唯識論就是很清晰的。熊先生總是把量智和性智明顯區分,把量智放在下位,量智可以分析,可以把握大千世界的萬事萬物,且梳理得井井有條,但決不能見體,一定要依賴性智,要反求諸己,要正慧,超脱理性思維亦即量智,纔能把握全體大用。

我很敬重唐先生,唐先生是把儒學當作自己的生命來加以護持的,而他的生命也體現著儒家的仁道,他對乞丐的悲憫,主持新亞書院時的苦口婆心,都是儒家的風範。唐先生不僅學問好,其生命本身也是一個榜樣。我們現在也有一些所謂的名家,其學術與生命是分離的,寫文章頭頭是道,做人真是不敢恭維。我願意像唐先生那樣,把儒學落實到生命之中,這當然有種種困難,不僅僅是在社會上人與人交往中不被人家所理解,甚至在課堂上對學生講這些東西的時候,學生都不一定能接受,再進一步説,連自己的親人也往往不理解。社會潮流對民衆的影響很大,西化思潮當道,我們要講中國古代的一些道理,他們不接受。但他們不接受是他們的事,我們要堅持做下去。如果十幾億或幾十億人都跟從一個大潮流,你也隨順這個潮流,那就沒有任何精彩。如果堅持自己的信念,堅持儒學中具有普遍性的大中至正之道,那就是很可貴的,終究會有人理解,而且理解的人會越來越多,我是這樣認爲的。

王希孟: 先生説唐先生有判教意識,除了唐先生,應該説牟宗三先生也具有這種意識。牟先生有一個良知坎陷説,主張自由無限心或曰道德理性坎陷出知性主體,藉以開出民主和科學,胡先生如何評價牟先生這一説法?

胡治洪: 這是個很有爭議的問題。前幾年我在《近20年我國大陸現代新儒家研究的回顧與展望》一文中,用一個注腳簡略地談過這個問題。記得2006年在復旦大學參加兩岸四地青年哲學家會議的時候,一位學者對我這個注腳提出質疑,引發我對此作了進一步思考。我的理解是，如果没有西學東漸和西力東侵這些外來的刺激和壓迫，我們完全可能遵照大學之道修齊治平的路子一直走下去。但在近代西方的猛烈衝擊下，我們不得不應對這樣一種三千年未有之大變局，由此發現了中國固有文化的某些不足。中國文化、特別是其主流的儒家文化，出發點和歸宿都是關注人的德性問題，做人的根本乃至最高境界就是道德，在這個體系中，以富强爲旨歸的知識論取向是相對薄弱的。應該説這是一種雖有缺失但卻很高級的文化。人類從森林中走出來，不再屬於獸類而成爲真正的人，決定性的衡量標準不就是道德嗎？如果不講道德，只講强力，奉行弱肉强食的信條，那就與叢林社會没有區別。西方文化恰恰就是强力文化，它無疑低於中國的道德文化。但道德文化遭遇强力文化，如同秀才遇見兵，驟然之間是難以招架的，連生存都成了問題。在這種情況下，我們就必須反思如何補足自己所欠缺的力的方面。近代以來多少仁人志士在這方面殫精竭慮，而牟先生提出的解決方案就是良知坎陷説，他的意思是，我們要把千百年來彌滿於整個自我意識之中的成聖成賢的思慮收縮一點，即所謂"讓開一步"，使我們的心智有足夠的空間來接納自然和社會知識，發展科學與民主，實現富强，從而應對西方的强力文化。不言而喻，牟先生雖然主張良知坎陷，但在他那裏，良知仍然是至上的、恒在的。

　　後來有些人、主要是西化派人物嘲笑良知坎陷説，説它是一種邏輯遊戲，完全没有現實意義。我説不對，是他們自己不能理解，良知坎陷説駁不倒。首先，良知坎陷説即使確實没有現實意義，也不必作爲理論家的詬病，理論家只對理論本身的週嚴性負責，而不包辦現實問題，古今中外概莫能外，而從週嚴性角度看，良知坎陷説是成立的；其次，良知坎陷説其實是具有操作可能的，這種可能取決於主體的選擇，如果主體自覺地將德性修養稍加平抑，而將制度安排和知性追求作爲階段性的中心關切，其良知的坎陷也就得以實現；其三，自 1840 年以來，中國的社會心理就是一個良知坎陷的過程，在傳統社會，中國人念茲在茲的是希聖希賢、成聖成賢，但從鴉片戰爭到洋務運動，中國人讓開一步，將器物問題作爲中心關切，從洋務運動到戊戌維新又讓開一步，將制度問題作爲中心關切，到了新文化運動又讓開一步，把西方的民主科學觀念也接納進來，這樣一步一步退讓，良知越來越被邊緣化，這就是坎陷。所以説牟先生的良知坎陷説是駁不倒的，它是由近代以來的歷史證明了的。

　　不過上面已經説了，牟先生的良知坎陷説是自覺的坎陷，是爲了抵禦西方的欺凌而暫置德性以究心富强，既是自覺坎陷，良知當然仍是恒在於中的，一旦可能便將復歸主位而成己成人成物的。但近代以來的良知坎陷卻是過度了，大家都一味坎陷，幾乎忘了還有良知，整個社會都按西方功利主義的方式來運轉，爲了金錢和權力不擇手段，見利忘義，道德水準已經到了一個非常低下的地步，這條路肯定走不長。在這種情況下,民間也好,上層也好,有識者都感到必須重建道德。爲什麼這些年儒學和傳統文化熱起來? 就是與此有關。我們要學習西方的好東西以與西方並駕齊驅,同時也要銘記我們的德性傳統並將這種傳統推擴到世界上去。杜維明先生在上世紀九十年代提出,中華民族的崛起是一個不爭的事實,中國人的經濟力量、軍事力量、政治力量都越來越有影響力,杜先生就追問,中華民族崛起的文化意蘊是什麼? 他的答案是:中華民族的崛起應該讓世界知道,現在列强已經不能夠魚肉中華民族了,中國甚至可以和西方分庭抗禮了,但是我們不要繼續走西方那條弱肉强食的道路,不要因爲一百多年來老是挨打,現在强大了,就要報復對方,反之我們要以仁道對待他們,要改變一百多年來甚至是從啓蒙運動以來那種弱肉强食的遊戲規則,以我們的仁道文化轉化世界。

王希孟:"五四"以後,稱呼過去兩千年爲"封建"社會,這很成問題,周代是封建社會没有問題,秦漢郡縣制以後,就没有實質意義上的封邦建國了。錢穆先生更進一步認爲稱呼秦漢以後爲"君主專制"社會也大有問題,他認爲有士人政府,有科舉競選,君主一個人也不能專制,胡先生是否認同錢先生的觀點?

胡治洪:錢穆先生在《中國歷史研究法》中談過這個問題,認爲中國不是所謂專制社會,甚至不是階級社會,而是士農工商四民社會,上下層的關係是和諧的。徐復觀先生對錢先生的觀點很反感,他寫過一篇《良知的迷惘——錢穆先生的史學》,認爲錢穆在美化和粉飾兩千年的專制,徐先生認爲從秦到清這兩千年是獨裁專制社會。徐先生與錢先生本來是好朋友,爲何對錢先生的觀點如此憤怒,以至於公開激烈批駁錢先生? 徐先生有他特殊的個人經歷,他曾經是國民黨機要圈子裏的人,擔負過不少重任,1948、1949年的時候,國民黨已經一團糟了,他提出要改組,蔣介石甚至要他負責這件事情,可見蔣很重視他,他也一度認爲蔣對他有知遇之恩。可是不久之後,徐先生察覺蔣是獨裁者,經常以個人好惡來做決斷,很情緒化,這樣一個人説了算的政體是很糟糕的。徐先生就尋根溯源,原來中國早就有這樣的傳統,他認爲從秦始皇一直到清代,有一個專制獨裁的傳統,主張批判這個專制傳統。但他並不認爲整個傳統是一團黑暗,他説在兩千多年的專制體制裏面,恰恰有一條光明的主線,這就是儒家真精神,是真儒在對抗專制,不顧自己的身家性命,還有很多隱逸高尚之士爲民請命,流血流淚,這纔是緩和專制的正面力量。他反對中國傳統非專制説有他的特殊經歷。

我很敬仰徐先生,曾經去他老家掃墓。我對錢先生同樣很敬仰,在臺灣訪學的時候,多次去東吳大學錢先生故居參謁。錢先生在香港初辦新亞書院的時候,因經費拮据,到臺灣去籌款,應邀在淡江學院講學,不幸被墜落的天花板砸破頭,險告不治,這是什麼精神? 他辦學時還對港英當局的打壓堅決抵制,很有骨氣。我對這兩位先生没有偏愛。但錢先生畢竟不是一個一般的人物,而是一個歷史學大家,從青年時代一直到生命的終結,數十年都在研究歷史,他不可能隨便下斷語,説中國沒有專制也不可能是不顧史實的亂説,他對中外古今史籍涉獵得那麽廣泛,研究得那麽透闢,難道他説的會沒有道理? 難道他没有仔細考慮過君權、相權和社會組織方式? 所以他提出這樣一種觀點,恐怕不是亂説。我的朋友侯旭東教授寫過一篇文章《中國古代專制説的知識考古》,仔細考察了"中國古代專制"這種説法怎樣由西方人和日本人提出來,又怎樣灌輸到中國人的頭腦裏。這叫作文化殖民。西方人到了非西方世界,如果能夠滅絶那裏的民族,一定毫不手軟,比如印第安人、澳大利亞土著等。對於具有深厚傳統和強大凝聚力的文明古國,他們無法滅絶,於是利用軍事、經濟、政治等手段加以打壓,同時通過文化殖民加以奴化。中國古代是專制社會這種觀點確實很牢固地佔據了國人的頭腦,以至於西方殖民者被趕出中國以後,它的影響依然存在。我們現在不假思索地説中國古代是專制社會,是不是合適呢? 侯旭東認爲這種觀念是西方人發明的,植入了中國人的頭腦。中國古代社會究竟是不是專制社會,需要大量的學者一個一個朝代一個一個皇帝仔細分析研究,纔能夠定性。我們可以舉出暴虐的君主,對臣民的控制比較嚴酷,但也可以舉出很多無爲而治的君主,對臣民很放任,不能輕易地説是專制還是不專制,起碼先要存疑,再作研究,最後下結論。我不是説錢先生説的一定對,徐先生説的一定錯,但反之亦然。更不是西方人給了我們一個標籤我們就認同了。我們的傳統文化在近代以來被摧殘以後,有大量正本清源的工作要做,判定中國古代是不是專制社會就是其中之一。我們現代的政治文化裏面的統治方式到底怎麽來的? 是不是都是從傳統裏面來的? 如實地説,很多東西我們是學蘇聯的,現在又學歐美。所以我們不要簡單地由現代政治文化去推斷古代政治文化,不要輕率地對錢穆等前輩的觀點加以評斷。

盧巧玲: 儒家在將來會以怎樣的形式存在和發展? 能否擔當起應對西方文明的重任?

胡治洪: 熊十力、唐君毅等很多前輩學者都説過,儒家並不是與諸子百家並列的一家,我是很贊同這個觀點的。實際上,由孔子正式創立的儒家是把華夏初民在幾萬年甚至十幾萬年的生存發展中自然形成的生活方式和風俗習慣加以理論化,成爲全面深刻反映華夏民族性格和先人獨特智慧、也就是所謂先王之道的經典,所以,儒家是對先王之道的全面繼承,而不是像諸子百家那樣只是"多得一察焉以自好"的"一曲之士",《莊子·天下》對此有所闡明。亦因此,儒家是中華民族的正統,儒學與中華民族心理高度耦合,整個中國傳統社會就是儒家社會,直到清朝終結爲止,至少兩千年間儒家存在于社會生活的方方面面、上上下下,也存在于中國人的思慮言行、精神氣質之中,以至於我們今天多少都保留著儒家文化的遺傳,有人說中國人天生就是儒家,這話是有道理的。

近代以來,面對西方強力文明的衝擊,儒家道德文明難以對抗,步步後退,在社會上,越來越多的人就覺得儒家不足以應付世事了。辛亥革命終結帝制建立民國,將儒家從政治體制中排除出去,1949 年建立的共和國進一步排斥儒家。新文化運動批判傳統鼓吹西化,力圖將儒家從觀念領域連根撥掉,這一趨勢到"文革"和 1980 年代的所謂"新啟蒙運動"達到登峰造極。現在看來,我們的社會結構、制度安排、意識形態中確實都沒有儒家的影子了,所有這些方面基本上都是學習蘇俄或歐美,這就是所謂現代化,一種與原有傳統相割裂的現代化,這種現代化當然也是有成效的,它也使我們獲得了強力,能夠抵禦外來強力。正是在能不能夠抵禦外來強力的比較中,多數國人認同與原有傳統相割裂的現代化,魯迅說如果要我們保存國粹,首先要國粹能夠保護我們,代表了這種認識。在這種情況下,與民族心理高度耦合的儒家雖然並不可能被根除,但也只能如列文森所說的成為中國人心底的嘆息而已,且大多是不自覺的,這也是一種存在方式。

儒家將來怎樣存在和發展? 我認為,必須在應合國家和世界大勢的前提下徐圖復興。我能夠同情地理解那種全面恢復儒家社會的主張,他們是希望以聖賢政治取代劣質民主,以王道取代霸道乃至獸道,他們懷著太平社會和大同世界的理想,高則高矣,但卻不現實。無論民主的品質如何,卻是當今人類世界的潮流,而霸道乃至獸道也是現代國際關係的實際,憤世嫉俗,恨不得馬上以儒家理想取而代之,於人於己都無益甚至有害,試想現在就推出儒家政體會是什麼局面? 所以我不贊成倉促謀求儒家在社會政治制度層面的存在,而主張儒家在轉化人心方面切實發揮作用,首先當然是轉化當代中國的人心,將國人潛意識中的儒家文化遺傳啟發出來,使越來越多的國人在希聖希賢、追求士君子人格的同時認同儒家;進一步就要轉化現代人類心理,特別是轉化那些崇尚強力的民族心理,使他們認識到協和萬邦、萬國咸寧、參贊化育、保合太和纔是人類共同的可大可久之道。基於以上認識,我認為在可以預見的未來,儒家應該存在於觀念領域,通過啟發人的道德自覺而發展。只有當越來越多的人認同儒家之後,儒家作為一種制度建構纔可能成為現實的選項。

至於儒家能否應對西方文明,現在看來還不可能。我正在做一個教育部課題,名稱是"中國現代思想中的'啟蒙反思'論說",隨著研究的進展,我深刻認識到西方文明——特指現代西方文明——存在著嚴重弊害。17 世紀西方啟蒙運動充分解放了人的身心,使人成為宇宙間的至上存在,這當然具有進步意義,但由於將一切宗教信仰和傳統觀念統統否定,人失去了必要的敬畏感和約束性,人性中的貪慾便無限膨脹起來,這種貪慾隨著啟蒙運動引發的現代化浪潮波及整個世界,導致人類生存的兩個基本條件惡化,其一是社會道德惡化,其二是自然生態惡化,人類還能生存多久,成了一個切近的問題。由此看來,追求君子人格、道德社會、萬物一體的儒家文化不正可以矯正現代西方文明的弊害嗎?但問題是有多少人認識到現代西方文明的弊害呢?事實是人類絕大多數都還將現代西方文明作爲美好的歸宿和追求的目標,杜維明先生將人類這種心理趨向稱爲"啟蒙心態",這種啟蒙心態真是太強大了,因爲它有物質利益支撐,能夠滿足人的物慾和享樂慾。相比之下,儒家嚮往的孔顏樂處、安貧樂道、存理滅慾、精神超陞,所有這些對於人的説服力就太微弱了,不免被看作是迂腐之見、落伍之論,前些時不就有人在傳媒上指斥安貧樂道是低級文化嗎?熊十力先生曾説人類如果不想毀滅,就必須回到儒家,但這是一個有條件的預言,如果人類就是要不顧一切地走毀滅之路,儒家又能怎麼辦呢?其實不止儒家,軸心文明傳統大多是重精神而輕物慾的,道家如此,佛教如此,猶太教、基督教也是如此,在人類中古時代,這些傳統都曾走向極端,對人性造成壓抑和扭曲,也存在著弊害,但卻不至於使人類與自然形成高度緊張,導致自然生態危機和人類生存危機。現代以來,人類又走向物慾膨脹的另一個極端,自然和人生危機迫在眉睫,而所有這些傳統也都無力挽回現代西方文明的大潮了。

不過,雖然儒家現在還不可能應對現代西方文明,但如同我上面所説儒家未來的發展取決於轉化人心一樣,儒家若能使越來越多的人認識到其天、地、物、人、我面面俱到的包容性人文主義優越於現代西方文明那種僅僅張揚人、進而僅僅張揚西方人、最終僅僅張揚西方個人的排斥性人文主義,其仁民愛物的仁道主義優越於現代西方文明那種戡天役物的人本主義,其致思於可大可久的德慧優越於現代西方文明那種寅吃卯糧的淺見,那麼就有可能逐漸轉化啟蒙心態而獲得應對現代西方文明的資格。這無疑是一個漫長而艱巨的過程,但想一想儒家曾用上千年時間終於轉化了佛教,所以我們應該對此抱有信心。杜先生接續牟宗三先生思路描述過儒家三期發展的圖景,第一期由洙泗私學發展爲中原正統,第二期由中原正統發展爲東亞文明,這兩期都已經實現了,第三期則將由東亞文明發展爲普世價值,我認爲這是有遠見卓識的。曾子曰:"士不可以不弘毅,任重而道遠。仁以爲己任,不亦重乎?死而後已,不亦遠乎?"我們大家當以此共勉。

古文《尚書》真僞與病態學術

——與房德鄰、姜廣輝、錢宗武三位先生商榷

張　巖

一、本文撰寫背景（上）

　　房德鄰先生在《清史研究》2011 年第 2 期發表題爲《駁張巖先生對〈尚書古文疏證〉的"甄別"》一文。笔者撰寫本文的直接原因，是要對房德鄰先生的反駁作出回應。這裏有必要做一些背景介紹，主要包括：什麼想法促使我對古文《尚書》真僞問題展開研究，本文標題中爲什麼要說"病態學術"，以及除了房德鄰先生之外爲什麼還要與姜廣輝先生和錢宗武先生商榷。

　　在我二十餘年治學中，對古文《尚書》的研究是一個不期而遇的"插曲"。我的主要研究方向包括彼此關聯的三個部分：（1）通過對部落社會宗教和制度的深入研究，重探人類社會的起源（從動物性羣體到人類社會的過渡環節）。① （2）考察中國古代文明在部落制度基礎上的形成以及禮樂制度的構成與功能。② （3）在《詩經·國風》中至少有三十餘首比雅、頌詩篇更早的祭祀樂歌，我的工作是借助部落社會和其他古代文明的祭祀儀式和遺俗的經驗線索重新認識這些詩篇的本義並證明其性質。③

　　上述第一項工作是嚴格意義上的人類學基礎研究，後兩項工作則需要對先秦兩漢文獻的反復閱讀和深入研究。在這個過程中，我注意到以往的疑古結論存在問題。

---

① 張巖：《文明起源：從原始羣到部落社會》，北京：科學出版社，2012 年。
② 張巖：《〈山海經〉與古代社會》，北京：文化藝術出版社，1999 年；《從部落文明到禮樂制度》，上海：上海三聯書店，2004 年。
③ 張巖：《簡論漢代以來〈詩經〉學中的誤解》，《文藝研究》1991 年第 1 期；《原始社會的收穫祭禮與〈詩經〉中有關篇章》，《文藝研究》1992 年第 6 期；《詩經國風祭詞研究》上中下三篇（《詩經學認知困境》、《祭祀儀式基本特徵》、《國風祭詞選釋》），將分三期刊載于高雄師範大學《經學研究集刊》。

真正重要的先秦文獻不足十部,其中非常重要的兩部被劃入另册。一部是《周禮》,另一部是《尚書》。清代學者將古文《尚書》二十五篇"定案"爲"僞書",民國以來的新疑古派又將《堯典》、《舜典》、《禹貢》等今古文《尚書》共有篇章"定案"爲戰國時的"贗品"。

在上述文獻中,制度性内容含量很高。故事容易編造,制度很難"作僞"。這是因爲制度性内容有其自在的嚴密性和維持政權存在、運轉以及權力實施的實用性。從這個角度考察,我感到以往的疑古結論似乎過於草率。清代閻若璩對古文《尚書》的"證僞"被認爲是"辨僞學"最重要的成果。那麽,一個並不堅實的結論何以"鐵案如山"?

於是,我對此事的來龍去脈產生濃厚興趣,決定改變計劃,拿出時間對古文《尚書》問題作更完整的文獻閱讀。閱讀結果是注意到三個問題:(1)在嚴格學理意義上,古文《尚書》的辨僞結論不成立。(2)古文《尚書》疑案的形成與兩漢間黨同伐異的今古文之爭有直接關係。(3)在古文《尚書》的辨僞工作中,貫穿著一種酷吏般强橫的氣勢,包含了過多的捕風捉影,真正缺少的恰恰是確鑿的證據。

古文《尚書》的文本質量遠好于今文《尚書》。當劉歆爭立古文經時,今文博士把持局面的學閥體制已經形成。劉歆的爭立雖有理有據,但他的失敗也是情勢使然。這是一場强弱懸殊的權勢、利禄之爭,是被當事者私慾所污染的病態學術局面。學者官僚化,學術官場化,是兩漢學術的主要弊端之一。如果没有今文博士對古文《尚書》及其傳人的長期排斥,在兩漢歷史中也就不會出現古文《尚書》篇目和流傳方面撲朔迷離的懸案。這種學術史中的惡劣學風似乎從未得到客觀的評論和反省。

閻若璩(1636—1704)的《尚書古文疏證》中存在大量無法成立的舉證,毛奇齡(1623—1713)《古文尚書冤詞》已經指出其中許多不合理處。紀昀(1724—1805)等四庫館臣旗幟鮮明地支持閻若璩,對毛奇齡的見解則一概否定:"閻若璩之所辨,毛奇齡百計不能勝。"[①]在閻毛之爭充其量是旗鼓相當的情況下,[②]四庫館臣爲什麽會有如此分明的評判? 此事頗有些唐突、費解。

究其原因,可以注意到如下事實。(1)乾隆的祖父康熙説過:"閻若璩學問甚

---

①　紀昀主編:《四庫全書總目提要》,北京:中華書局,1987 年。

②　杭大宗(世駿)謂:"閻氏書多微文刺譏時賢,如王士禎、魏禧、喬萊、朱彝尊、何焯,表表在藝林者,皆不能免,惟固陵毛氏爲古文《尚書》著《冤詞》,專以攻擊《疏證》,氣懾於其鋒焰,而不敢出聲,喙雖長而才怯也。"張宗泰《魯岩所學集》卷九《跋潛邱劄記》亦謂:"潛邱詆訶汪氏鈍翁,不留餘地。汪氏於所指駁處,輒改己從人,亦非真護前自是,何事逼人太甚。西河毛氏爲《冤詞》攻《疏證》,昌言排擊,不遺餘力,使移其詆汪者以禦毛,豈不足以伸其旗鼓相當之氣? 何以遇大敵則瑟縮不前,遇小敵則鼓勇直前也?"見錢穆:《中國近三百年學術史》,北京:商務印書館,1997 年,第 250 頁。

優。"①(2)乾隆之父雍正與閻若璩有特殊關係。雍正爲太子時,得知閻氏命其子跪迎康熙"懇請御書"②,寫信請他入京,設法代求御書。閻氏不顧年老病衰,趕赴京城,被雍正請進府邸,尊爲上賓,不日病重辭世。雍正"遣使經紀其喪",並"親製挽詩,……復爲文祭之",其祭文有:"下筆吐辭,天驚石破。讀書等身,一字無假。……孔思周情,旨深言大。"③其挽詩有:"一萬卷書維子讀,三千里路爲余來。"④

由於兩代滿清最高統治者對閻若璩的推崇、表彰,閻毛之爭的天平發生不可逆轉的傾斜。隨閻若璩繼續"證僞"古文《尚書》(包括孔《傳》)者趨之若鶩,如顧棟高(1679—1759)的《尚書質疑》,程廷祚(1691—1767)的《晚書訂疑》,惠棟(1697—1758)的《古文尚書考》,江聲(1721—1799)的《尚書集注音疏》,王鳴盛(1722—1797)的《尚書後案》,戴震(1723—1777)的《尚書今文古文考》,段玉裁(1724—1815)的《古文尚書撰異》,宋鑒(1727—1790)的《尚書考辨》,崔述(1740—1816)的《古文尚書辨僞》,孫星衍(1753—1818)的《尚書今古文注疏》,魏源(1794—1857)的《書古微》,丁晏(1794—1875)的《尚書餘論》等等。對閻若璩提出正面反駁者,一時之間後繼乏人。

四庫館臣是閻非毛的評判,是同一個過程的同一個結果。乾隆是編纂《四庫全書》最高主持者,其進程由他一手掌控。乾隆之父(雍正)和祖父(康熙)對閻若璩的表彰("學問甚優"、"一字無假")已經爲四庫館臣定下評判基調,他們別無選擇。在《四庫總目提要》(二十餘處提及此事)中存在一個協調一致的統一口徑,四庫館臣多次直接出面代閻若璩反駁毛奇齡。

《四庫全書·尚書考異》提要説:"國朝閻若璩撰《尚書古文疏證》出,條分縷析,益無疑義,論者不能復置一詞。"《四庫總目提要》在《尚書》類文獻總論部分説:"夫古文之辨,至閻若璩始明。"這是對古文《尚書》的"定案"。《四庫總目提要·廟制考議》徑稱"僞古文《尚書》"。崔述弟子陳履和爲崔氏《古文尚書辨僞》作《跋》提到:"伏思我朝《四庫全書總目提要》一書,皆奉高宗純皇帝欽定,刊佈海內,古文二十五篇之僞,朝廷早有定論,非草茅下士一人一家之私言也。"⑤

於是我們又一次看到學術之外的混濁成分污染進來,又是一場不清不楚的病態學術鬧劇。與此相呼應,上述學者的"辨僞"並沒有在閻若璩基礎上有什麼實質性進展,只是出現更多的捕風捉影。三百年來疑古之風一脈相承,閻若璩對古文《尚書》的

---

① 張穆:《閻潛邱先生若璩年譜》,臺北:臺灣商務印書館,1978年,第279頁。

② 同上,第280頁。

③ 同上,第290頁。

④ 同上,第292頁。

⑤ 陳履和:《古文尚書辨僞跋》,見顧頡剛編訂《崔東壁遺書》,上海:上海古籍出版社,1983年,第608頁。

"證偽"是這一過程的重要起點。此後,更多古文獻被判定爲"偽書",乃至整個中國歷史被"縮短"。

那麼,這些經典古文獻實際上是一個什麼"角色"呢? 從一個或然性起點上説,如果《堯典》、《舜典》、《禹貢》等《尚書》篇章是真史料,則這些篇章保留了中國文明形成期的一些重要歷史,記録了一個偉大文明開創者們極具創造性的、非凡的開創歷程,記録了之所以會有中國這個概念和這個實體的一些基本事實。如果《周禮》是西周王朝制訂並推行過的官制法典,則這部文獻在中國古史研究中便具有極爲重要的認識價值。古文《尚書》亦作如是觀。

疑古者爲自己規定的任務是分辨古代史料的真偽,"五四"新文化人的"整理國故"又與"打倒孔家店"的非學術性訴求有著不解之緣。這是又一個新的學術污染成分。這裏有必要強調,對學術研究只應該有一個評判標準,那就是方法是否有效、結論是否爲真。古史辨者由此開始對古文獻的大範圍證偽,正如徐旭生先生所説:"由於他們處理史料這樣地不審慎,手裏又拿著古人好造謡的法寶,所以所至皆破,無堅不摧!"[①]

基於上述讀書觀感,我認爲有必要對疑古學派的理論、方法、證據、證明步驟和主要結論進行一次嚴格意義上的重新甄別。所有這些"疑古"研究及其結論均以閻氏《尚書古文疏證》爲其釜底之薪,因此我決定對古文《尚書》做一番專題研究。我從2003年正面接觸古文《尚書》問題,包括閱讀相關文獻,考察先秦兩漢文獻對古文《尚書》的引文情況,對今古文《尚書》和一些參照文獻的字頻分析,輯録今古文《尚書》于漢唐之間流傳情況的相關史料。

這是一個"自繇證明"過程。我的基本態度是:古文《尚書》可能真,也可能偽,具體如何,要由文獻中的相關事實來決定。分析結論是:"作偽"難度達到不可能實現的程度。然後開始針對閻若璩《尚書古文疏證》的正面研究。先在國學網發表長文《閻若璩〈疏證〉偽證考》(2005),再將其擴充爲一部三十餘萬字的專著《審核古文〈尚書〉案》(中華書局,2006)。

二、本文撰寫背景(下)

在清代,也有一些學人對古文《尚書》"定案"持不同見解,其人數不多,但不絶如

---

① 徐旭生:《中國古史的傳説時代》,北京:文物出版社,1985年,第24頁。

縷。近些年來,已經有許多學者從不同角度對古文《尚書》的"定案"提出了質疑乃至否定。具體如:臺灣學者王保德先生的兩篇長文《〈古文尚書〉非僞作的新考證》和《再論〈古文尚書〉非僞作的新考證》,①黃肅先生的《梅賾〈尚書〉古文真僞管見》,②劉建國先生的《古文〈尚書〉僞書辨正》,楊善羣先生近年來發表的一系列文章《古文〈尚書〉與舊籍引語的比較研究》和《論古文〈尚書〉的學術價值》等,③離揚先生的長文《〈尚書〉輯佚辯證》④。楊朝明先生的《說說那部著名的僞書》,⑤鄭傑文先生的《〈墨子〉引〈書〉與歷代〈尚書〉傳本之比較——兼議"僞古文〈尚書〉"不僞》,⑥丁鼎先生的《"僞〈古文尚書〉案"平議》等。⑦

還有一些學者通過戰國時期出土文獻與古文《尚書》相關内容的對勘,提出了同樣見解。如郭沂先生依據簡本《緇衣》(《郭店楚墓竹簡》和《戰國楚竹書》)所引多條古文《尚書》的文字認爲:"這足以證明《古文尚書》不僞。"⑧呂紹綱先生則認爲:"郭店簡本《緇衣》徵引的《咸有一德》、《君牙》、《君陳》三篇四條古文《尚書》,從中多少能看出一點問題。至少,閻若璩的結論從此不是那麼板上釘釘,不可以討論了。……清人關於晚出古文《尚書》乃東晉人僞作的結論並非無懈可擊,仍可以再作討論。"⑨劉義峰先生在《也談郭店楚簡引〈書〉問題》一文中通過文獻對比,認爲:所謂古文《尚書》剽竊先秦引文成書的觀點是靠不住的,古文《尚書》來自先秦的可能性是非常大的。⑩

閻毛之爭原本是學人之間的討論,這很正常。史料甄別固然繁瑣艱深,但並不是一件非人力所能做好的工作。通過學人之間在學理範疇内的正常討論,通過彼此修正對方的見解,可以逐漸進入審慎、客觀和嚴謹的學術正道。什麼是捕風捉影,什麼

---

① 王保德:《〈古文尚書〉非僞作的新考證》,《文壇》124—129 期,1970 年 10 月—1971 年 3 月;《再論〈古文尚書〉非僞作的新考證》,《建設》26 卷 8 期—27 卷 3 期,1978 年 1—8 月。

② 黃肅:《梅賾〈尚書〉古文真僞管見》,《許昌師專學報》(社會科學版)1987 年第 3 期。

③ 離揚:《〈尚書〉輯佚辯證》,國學網。

④ 劉建國:《古文〈尚書〉僞書辨正》,見《先秦僞書辨正》,西安:陝西人民出版社,2004 年。

⑤ 楊朝明:《說說那部著名的僞書》,見《出土文獻與儒家學術研究》,臺北:臺灣古籍出版有限公司,2007 年。

⑥ 鄭傑文:《〈墨子〉引〈書〉與歷代〈尚書〉傳之比較——兼議"僞古文〈尚書〉"不僞》,《孔子研究》,2006 年第 1 期。

⑦ 丁鼎:《"僞〈古文尚書〉案"平議》,《古籍整理研究學刊》2010 年第 2 期。

⑧ 郭沂:《郭店竹簡與中國哲學論綱》,見《郭店楚簡國際學術研討會論文集》,武汉:湖北人民出版社,2000 年。

⑨ 呂紹綱:《〈郭店楚墓竹簡〉辨疑兩題》,見《紀念孔子誕辰 2550 周年國際學術討論會論文集》,北京:國際文化出版公司,2000 年。

⑩ 劉義峰:《也談郭店楚簡引〈書〉問題》,見《中國古代文明研究與學術史:李學勤教授伉儷七十壽慶紀念文集》,保定:河北大學出版社,2006 年,第 120—124 頁。

是有的放矢,什麼樣的工作足以支持一個堅實的結論,在什麼情況下只能後退一步,在存疑的同時留下探索餘地。學術進取需要一個純淨的空間。至少在閻毛之爭的當時,古文《尚書》真僞是一個開放的問題,是一項有可能被做好的研究工作。

但是,當"朝廷早有定論"的污染因素進入學術,原本尚屬正常的學術討論隨即改變狀態。在"打倒孔家店"的非學術性訴求支配下,"朝廷早有定論"的古文《尚書》證僞被喬裝爲具有大無畏學術勇氣的重大科學成就,被拿來作爲古史辨運動的主要理論支撐物。這樣的學術局面也就一發不可收拾。一片高分貝捕風捉影的吶喊很容易將許多人搞糊塗,由此引發矮人觀場的效應,還有世代相傳、揮之不去的思維惰性。

從這個意義上說,近年來一些學者重新提出古文《尚書》真僞問題,這是遲早總要發生的學術走向。它表明中國學者有能力發現並解決我們自己的學術問題。如果沒有發生,那纔是真正的悲劇。

既然討論已經開始,就有必要在嚴格的學理層面和學術規範中去推動研究的進展。令人遺憾的是,持相反見解的學者之間目前還缺少在關鍵問題上的正面討論。比如,我的文章《閻若璩〈疏證〉僞證考》於 2005 年初發在國學網的首頁,直到當年年底,纔看到一篇有些迂迴曲折的反駁文章。題目是《〈梅氏書平〉與丁若鏞〈尚書〉學》,署名錢宗武、劉緒義,是由清華大學舉辦的"首屆中國經學國際學術研討會"的會議論文。

我的文章是對《尚書古文疏證》主要舉證的甄別,結論是閻若璩的研究遠不足以支撐其結論。在錢宗武先生等的反駁文章中,有不足千字直接涉及我的文章。並在只涉及 90 字的情況下,否定我的全文(六萬餘字)。這在學術規範上很成問題。錢文主旨是"鞏固《疏證》的辨僞成就"。其論證思路:閻若璩的研究確有缺陷,朝鮮學者丁若鏞(1762—1836)的《梅氏書平》超越了《尚書古文疏證》並足以支持其結論。這是用丁若鏞的論證來反駁我的文章。

我很快寫出《回應〈尚書〉專家錢宗武》一文(三萬餘字),甄別錢文中提到丁若鏞的舉證,結論是其無一條確鑿有效。文章發在國學網首頁(2005 年 12 月)。本想與《尚書》學專家作些深入有益的討論,可是錢先生再無應對。最近又讀到錢先生一篇文章,題爲《孔〈傳〉或成於漢末晉初》。該文主要內容:(1) 充分肯定梅鷟和閻若璩等人在古文《尚書》辨僞方面"取得巨大的成就"。(2)"運用語言學方法……採取以斑窺豹的方法,通過《尚書》孔傳、《詩經》毛亨傳與鄭玄的箋對於範圍副詞'咸''胥'的訓解來論證《孔傳》之僞和僞《孔傳》的大致形成時代。"①

---

① 錢宗武:《孔〈傳〉或成於漢末晉初》,《南京師範大學文學院學報》2011 年第 1 期。

錢先生此文至少存在兩個問題：

（1）筆者在《審核古文〈尚書〉案》中也運用語言學方法，在今、古文《尚書》與其他先秦兩漢參照文獻之間進行字頻方面的統計和分析。我選出的《尚書》用字量特徵字羣是 108 個字，語料分析範圍是五十餘部文獻一千餘萬字。前者是錢文（"咸""胥"）的 50 倍左右，後者是其語料篇幅的 100 倍左右。錢先生用兩個字來"以斑窺豹"，是否可以得出有效結論？

（2）錢文中的三個主要語料之一（漢末《鄭箋》）用的是宋代乃至清代學者的輯佚本。錢先生是否考慮過如下問題：輯佚本與原本之間會有多大的失真程度？連一塊"豹斑"都"窺"不端詳就敢於下結論，勇氣十分可嘉。中國漢語文化研究會學術委員會主席、國際《尚書》學會會長錢宗武先生又給我們開了一個國際水準的學術玩笑。

最近剛讀到姜廣輝先生一篇文章，題爲《梅鷟〈尚書考異〉考辨方法的檢討——兼談考辨〈古文尚書〉的邏輯基點》。[①] 該文採用與錢先生相同的撰寫策略，錢先生用丁若鏞支持閻若璩，姜先生用梅鷟。錢先生充分肯定丁若鏞。姜先生則找到一個"邏輯基點"，並有限否定、充分肯定梅鷟的古文《尚書》結論。姜、錢兩位先生都是文章中的評判者，這是以逸代勞的辦法（不需要自行尋找任何新證據）。

近日又讀到一篇文章，題爲《丁若鏞考辨古文〈尚書〉的基本理路——〈梅氏書平〉的邏輯基點》。[②] "邏輯基點"的敍述創意又被該文借鑒到對丁若鏞的肯定。二百年前粗通經學的朝鮮學者丁老先生若是地下有知，想必已被反復利用搞得不勝其煩。如此陳陳相因、自言自語的疑古表態可以反復說下去，既無新意，也無助於問題的解決。

有必要強調，我在《回應〈尚書〉專家錢宗武》中已對《梅氏書平》主要舉證進行過甄別，在《審核古文〈尚書〉案》中已對《尚書古文疏證》作出全面甄別（涉及歷代古文《尚書》研究中全部主要問題）。錢先生和姜先生爲什麽不在這個平臺上討論問題？二位先生的"自言自語寫作方法"（幾年來有多篇此類文章）是否體現了當代疑古派傳人的底氣不足和退避三舍？就是在這個意義上，我對房德鄰先生非常敬重。房德鄰先生不同意我的見解，於是直截了當撰寫文章：《駁張巖先生對〈尚書古文疏證〉的"甄別"》。

---

① 姜廣輝：《梅鷟〈尚書考異〉考辨方法的檢討——兼談考辨〈古文尚書〉的邏輯基點》，《歷史研究》2007 年第 5 期。

② 崔冠華：《丁若鏞考辨古文〈尚書〉的基本理路——〈梅氏書平〉的邏輯基點》，《湖南大學學報（社會科學版）》2009 年第 3 期。

真正重要的科學創造往往是科學家獨立工作的結果，他們出類拔萃，其智慧在雲端飛翔，我們只能瞠乎其下。所幸，古文《尚書》的真僞問題還沒有複雜到這個程度。我們完全有條件在嚴格的學理範疇內通過討論乃至爭論去按部就班解決問題。當然，還需要盡最大可能排除與學術無關的污染成分。這是一個需要理性、內省和自重的場合。

以往辨僞學者常稱其工作爲審案，稱其結論爲定案。從這個意義上說，疑古學者辨僞工作的最大問題就是缺少質證和認證環節。在當代司法程式中，質證由控方辯方和法官三方參與，控辯雙方誰主張誰舉證，質證是對"證據能力"的甄別。認證是法官的職能：通過對控辯雙方舉證和質證的審查判斷最終決定具體證據的是否採信。未經質證的證據不得採信，這是程序正義的基本要求。

疑古學者在大多數情況下既是舉證者又是定案者，沒有質證者的制衡和採信者的仲裁。其必然結果就是舉證質量的每況愈下，所謂捕風捉影。如果由趙禹舉證、張湯定案，其效果可想而知。當年四庫館臣的是閻非毛即屬此類。張蔭麟先生在《僞古文〈尚書〉案之反控與再鞫》①一文中的法官角色存在同樣問題。姜廣輝先生在文章中也試圖充當客觀、中立的法官角色，不知是否考慮過程式正義問題。

房德鄰先生的文章由三個部分組成。第一部分題爲"孔安國《大序》之僞"，主要側重古文《尚書》文獻流傳方面的問題；第二部分題爲"孔安國《傳》之僞"，主要側重孔《傳》地名方面的問題；第三部分題爲"《尚書》古文二十五篇之僞"，主要側重引文方面的問題。我在《審核古文〈尚書〉案》一書中用三十餘萬字對《尚書古文疏證》的全部重要舉證作出完整甄別。房先生選擇其中不足六分之一的內容進行反駁，不及其餘。這些條目應該是房先生精選出來最有把握駁倒我的內容。

我注意到，房德鄰先生的反駁文章很講究謀篇佈局，也就是將其自認爲最強的舉證和論證放到文章的最前面，等而次之者降冪排列。這是房先生將"篇數不合"問題置於文章開篇的原因所在。對於引文方面的問題，姜廣輝先生指出："真正的問題並不在於發現了多少蹈襲雷同的證據，而是需要爲《古文尚書》辨僞確立一個有說服力的邏輯基點。"②姜先生的邏輯基點主要是指所謂"篇數不合"問題。

房德鄰、姜廣輝、錢宗武三位先生是當代經學研究中屈指可數的一流學者，其文章意圖都是"鞏固《疏證》的辨僞成就"，故撰此文向三位請教。

---

① 張蔭麟：《僞古文〈尚書〉案之反控與再鞫》，《燕京學報》1929 年第 5 期。
② 姜廣輝：《梅鷟〈尚書考異〉考辨方法的檢討——兼談考辨〈古文尚書〉的邏輯基點》，《歷史研究》2007 年第 5 期。

三、所謂"篇數不合"問題

這裏從房先生文章第一部分(題爲：孔安國《大序》之僞)的第一個問題(題爲：古文《尚書》多二十五篇問題)開始,逐條加以甄別。

下面是房先生對這個問題的背景交代(有所省略)。孔安國《大序》提到：孔壁本古文《尚書》比伏生本今文《尚書》多出二十五篇。"閻若璩就此揭發其僞指出：《漢書》之《儒林傳》、《藝文志》記孔安國所得孔壁出書比伏生所傳《尚書》二十八篇(或稱二十九篇)多十六篇。東漢馬融爲杜林所得的一卷漆書古文《尚書》作《書序》稱'逸十六篇'。這幾條記載説明兩漢人所見到的古文《尚書》是多十六篇。可是到了東晉元帝時豫章内史梅賾所獻《尚書》卻多出二十五篇,此二十五篇'無論其文辭格制迥然不類,而只此篇數之不合,僞爲可知也'。"①

房先生上文存在兩個問題：(1)《漢書·儒林傳》原文是"逸《書》得十餘篇",不是"十六篇"。(2)《漢書》中《儒林傳》、《藝文志》原文記伏生本今文《尚書》的篇幅都是"二十九卷"或"二十九篇",沒有房先生所謂"二十八篇"。此處閻若璩沒有錯,而是房先生搞錯了(這裏不討論搞錯的原因)。因此,閻若璩和房先生關於"十六篇"的主要證據來自《漢書·藝文志》。按《漢書·劉歆傳》也提到"十六篇"。

我的主要見解是：《漢書·藝文志》的"十六篇"實爲"十六卷"。這是史家敍事不嚴格的結果。房先生的主要反駁圍繞同一個問題。在《審核古文〈尚書〉案》一書(第三章第一節)中我引述了孔穎達《疏》一段話："以此二十四(篇)爲十六卷,以《九共》九篇共卷,除八篇,故爲十六(卷)。"引文括弧中的篇、卷是我所加。房先生的反駁由此入手。

房先生説："引文中的兩個括弧是張先生加上的,'在二十四'之後加一'篇'字,在'十六'之後加一'卷'字。於是張先生就算出了'24篇減去8篇等於16卷'的一道題。'篇'減'篇'等於'卷'! 張先生未免馬虎。其實孔穎達這段話講得很明白,他是説：鄭玄注逸書《書序》十六卷,一卷即一篇,故此十六卷又稱十六篇,但十六卷中有一卷(即有一篇)題爲《九共》,它分爲九篇,若將《九共》看作九篇,則總計爲二十四篇,若將《九共》看作一篇,則要除掉八篇,總計爲十六篇。"

實際上不存在我"馬虎"的問題。請房先生細讀孔《疏》上文：前面説的是"二十四

① 房德鄰：《駁張巖先生對〈尚書古文疏證〉的"甄別"》,《清史研究》2011年第2期。

爲十六卷”，後文是“故爲十六”。二十四是指“篇”而非“卷”，十六是指“卷”而非“篇”。在孔《疏》中還有一段具體説明“四十六卷”和“五十八篇”關係的文字：“五十八篇内有《太甲》、《盤庚》、《説命》、《泰誓》皆三篇共卷，減其八，又《大禹謨》、《皋陶謨》、《益稷》又三篇同序共卷，其《康誥》、《酒誥》、《梓材》亦三篇同序共卷，則又減四，通前十二，以五十八減十二，非四十六卷而何？”①

孔《疏》上文“五十八”是“篇”，“十二”也是“篇”；“五十八減十二”等於“四十六卷”。很明顯，這也是房先生所謂“‘篇’減‘篇’等於‘卷’”的一道算數應用題。將問題限定在漢唐之間今古文《尚書》的篇卷劃分範疇内，則《尚書》中有一篇爲一卷者，有多篇共卷者。故《尚書》的卷數是約簡其篇數的結果。這就是孔穎達《疏》中“‘篇’減‘篇’等於‘卷’”的計算原理。在孔穎達這裏篇卷分明，原本風平浪靜。

房先生文章這個部分一直在抹煞和弱化“卷”的概念，甚至使用所謂“篇題”來取代“卷”。房先生有必要澄清如下問題：（1）給“篇題”一個相對完整的“名詞解釋”。包括這一辭彙何時出現、具體含義、使用場合等等。（2）具體説明一定要引入一個新名詞“篇題”來取代“卷”的必要性。孔《疏》對《漢書·藝文志》“多十六篇”的具體説明是：“篇即卷也。”實際上，我與房先生似乎都不存在馬虎問題。因爲順著這個思路很容易將問題搞清楚：《漢書·藝文志》“多十六篇”實爲“十六卷”之誤。

我在《審核古文〈尚書〉案》（第三章第一節）中對這個問題的主要論證如下：《漢書·藝文志》于“《尚書》古文經四十六卷”下自注“爲五十七篇”，於伏生本今文《尚書》曰《經》二十九卷”。《藝文志》後文：“魯共王壞孔子宅，欲以廣其宫。而得古文《尚書》，……孔安國……悉得其書，以考二十九篇，得多十六篇。”此“二十九篇”就是《藝文志》上文所説“二十九卷”，故“得多十六篇”實爲十六卷。《漢書·劉歆傳》（《讓太常博士書》）“《書》十六篇”由此而來。這是史書敍事不夠嚴格的結果。

我原本認爲，講到這個程度足以説清楚。看來對房先生（包括姜廣輝先生和錢宗武先生）還須作更加具體的説明。這裏存在兩個問題：（1）十六篇還是十六卷的計數問題。（2）十六卷的由來。

先説第一個問題。劉向于西漢成帝時奉詔校理皇家秘府藏書經傳諸子詩賦，在此基礎上撰《別錄》。劉向之子劉歆在漢哀帝時奉詔“卒父業”，於是約減《別錄》而成《七略》。東漢初班固又删減《七略》寫成《漢書·藝文志》（“今删其要，以備篇籍”）。《漢書·藝文志》的《尚書》部分凡四百二十餘字，其基本内容來自劉向《別錄》。以往

---

① 孔穎達：《尚書正義》，李學勤主編：《十三經注疏》（標點本），北京：北京大學出版社，1999 年，第 16—17 頁。下文所引十三經均出自此版本。

學者對此無爭議。我們在這個範圍内考察十六篇還是十六卷的計數問題。

《漢書·藝文志》（《尚書》部分）提到兩個《尚書》版本。一是孔壁本古文《尚書》"經四十六卷"，二是伏生本今文《尚書》"經二十九卷"。班固于古文《尚書》"經四十六卷"下自注"爲五十七篇"。顔師古注《漢書》引證孔安國《大序》（有所省略）："凡五十九篇，爲四十六卷。承詔作傳，引《序》各冠其篇首，定五十八篇。"顔師古注又引鄭玄《敘讚》："後又亡其一篇"，以此説明班固自注"爲五十七篇"的由來（58－1＝57）。孔穎達《疏》提到："劉向《别録》云'五十八篇'"。

孔穎達時劉向的《别録》見在，佚於唐中晚期。因此，孔穎達《疏》引《别録》"五十八篇"是可靠史料（其内容並可與班固自注"五十七篇"和鄭玄《敘讚》"後又亡其一篇"相契合）。下面是閻若璩在《尚書古文疏證》中關於"篇數之不合"的主要證據。《漢書·藝文志》（《尚書》部分）："孔安國……悉得其書，以考二十九篇，得多十六篇。"按在《漢書·藝文志》（《尚書》部分）中，前文提到孔壁本古文《尚書》"經四十六卷。（班固自注）爲五十七篇"，還提到伏生本今文《尚書》"經二十九卷"。

研究者如果是在没有被"捉賊動機"搞亂方寸的情况下，可以平心靜氣對勘上文，由此不難得出兩個初步判斷。判斷一：在"以考二十九篇，得多十六篇"一語中使用了嚴格意義上的兩個"篇"字。判斷二：由於《漢書·藝文志》（《尚書》部分）前面文字中説的是"經二十九卷"，故"以考二十九篇，得多十六篇"的兩個"篇"字可能都是"卷"字誤寫。對此，需要通過進一步分析去檢驗兩個或然性判斷中哪個更加合理。閻若璩選擇判斷一。對判斷一的甄别焦點就是前面所説"十六篇還是十六卷的計數問題"。

依據閻若璩的判斷邏輯（使用了嚴格意義上的兩個"篇"字），這道"應用題"的減數應是孔壁本多出的"十六篇"，被減數則是《漢書·藝文志》（《尚書》部分四百二十餘字範圍内）前面文字中説的孔壁本"五十七（八）篇"。需要具體説明：依據孔《疏》引《别録》，劉向校書時實爲"五十八篇"。如果閻氏判斷合理，那麽用孔壁本篇數（58）減去孔壁本多出伏生本的篇數（16）就應該等於伏生本篇數（29）。實際情况是：58篇減去16篇等於42篇。於是出現13篇之差。這個誤差太大，得不到合理解釋。

有必要強調：閻若璩就是在《漢書·藝文志》（《尚書》部分）的四百二十餘字中找到此條"證據"。我在撰寫《審核古文〈尚書〉案》一書時從未低估閻若璩的智力和精明，房先生更不會。我與房先生一同檢驗此"證據"提出過程。閻氏很清楚42篇不等於29篇。换言之，這裏並不存在"篇數之不合"的有效證據。還有一種情况可以支持閻氏判斷：劉向、劉歆和班固都是糊塗人，不具備正確計算兩位數加減法的能力。於是出現58－16＝29的計算錯誤。那麽，這種情况是否可能發生？據此，判斷一没有合理性。

我們再來檢驗判斷二。對判斷二的甄別焦點就是前面所説"十六卷的由來"。依據判斷二,則準確的敍述應當是:"以考二十九卷,得多十六卷。"在這種情況下,這道題的減數應是孔壁本多出的十六卷,被減數則是《漢書·藝文志》(《尚書》部分)前面文字所説孔壁本的"經四十六卷"。如果判斷二合理,那麼用孔壁本卷數(46)減去其多出伏生本的卷數(16)就應該等於伏生本卷數(29)。實際情況是:46 卷減去 16 卷等於 30 卷。於是出現 1 卷之差。

下面具體考察十六卷的由來。《漢書·藝文志》(《尚書》部分)記兩漢秘府藏書共有兩個《尚書》版本(孔壁本和伏生本)。這裏有一個具體情況:在伏生本今文《尚書》"經二十九卷"與孔壁本古文《尚書》"經四十六卷"中各有一《泰誓》,二者題名相同但内容完全不同。二者都是上、中、下三篇,合爲一卷。爲便於區分,我們將伏生本中的《泰誓》稱爲《今文泰誓》,將孔壁本中的《泰誓》稱爲《古文泰誓》。前者已佚,後者即今傳本《尚書》中的《泰誓》三篇。

《漢書·藝文志》所記伏生本的"經二十九卷",原本是二十八卷。孔《疏》引劉向《別錄》提到:"武帝末,民有得《泰誓》書於壁内者,獻之。與博士使讀説之,數月皆起,傳以教人。"在《漢書·劉歆傳》的《移讓太常博士書》中,也提到同一件事:"《泰誓》後得,博士集而讀之。故詔書稱曰:'禮壞樂崩,書缺簡脱,朕甚閔焉。'時漢興(前 202)已七八十年,離于全經,固已遠矣。"

由《漢書·武帝紀》可知,劉歆《移讓太常博士書》提到"禮壞樂崩"的詔書發自漢武帝,具體時間在元朔五年(前 124)。因此,是漢武帝將民間所獻《今文泰誓》"與博士使讀説之",並在"博士集而讀之"的注釋工作完成(數月皆起)後,令博士學官將《今文泰誓》"傳以教人"。整個過程由漢武帝主持,包括將《今文泰誓》納入伏生本《尚書》。這是伏生本今文《尚書》"經二十九卷"的構成情況(28+1=29)。

前面提到,班固(于東漢初)撰《漢書·藝文志》的基本内容是來自劉歆《七略》(西漢哀帝時,前 7—前 1),並可進而上溯到劉向《別錄》(西漢成帝時,前 33—前 7)。劉向和劉歆父子典校中秘書的時間大約在漢成帝河平三年(前 26)到漢哀帝即位(前 7)後的二十餘年間。此時距離漢武帝將《今文泰誓》納入伏生本已有百年。在這百年之間,伏生本今文《尚書》"經二十九卷"一直是今文博士"傳以教人"的欽定《尚書》版本。

在這種情況下,當劉向、歆父子在《別錄》以及《七略》中交待兩個不同《尚書》版本的篇幅差異時,就會直接面對今、古文《泰誓》的取捨問題。在伏生本今文《尚書》"經二十九卷"中包含《今文泰誓》,在孔壁本古文《尚書》"經四十六卷"中包含《古文泰誓》(二者都是三篇合爲一卷)。前者是由漢武帝欽定的版本。後者"遭巫蠱事,未列於學官",被藏於秘府,束之高閣。

當時的今文博士權勢甚盛,把持官學,抱殘守缺,黨同伐異。因此,劉向和劉歆父子的選擇只能是:計伏生本"經二十九卷"中漢武帝欽定的《今文泰誓》,而不計孔壁本"經四十六卷"中的《古文泰誓》。四十六卷不計《古文泰誓》(一卷)是四十五卷。用孔壁本古文《尚書》的四十五卷(不計《古文泰誓》)減去伏生本今文《尚書》的二十九卷(計《今文泰誓》),正是孔壁本多出伏生本的十六卷。

這就是十六卷的由來。劉向、劉歆父子和班固絕對不會想到,其篇卷一字之誤,會在一千多年後導致這麼嚴重的後果。

四、孔安國獻書問題(上)

孔安國《大序》中相關內容:(1) 魯恭王壞孔子宅,得古文《尚書》、《論語》等先秦(古文)文獻,將其歸還孔子後人(悉以書還孔氏)。(2) 安國將所得古文《尚書》改寫爲"隸古定",並在竹簡上重新抄寫後"悉上送官,藏之書府"。(3) 安國"承詔爲五十九篇作傳",完成後"會國有巫蠱事,經籍道息,用不復以聞",於是只能"傳之子孫,以貽後代"。

閻若璩指控《大序》有關安國獻書內容是後人作僞。其理由:《史記》提到孔安國"蚤卒",但《漢書·藝文志》記此事作"安國獻之"。閻若璩認爲在兩段史料間存在矛盾:"安國獻書,遭巫蠱之難,計其年必高,與司馬遷所云'蚤卒'者不合。"爲此他引證《前漢紀·成帝紀》內容:"武帝時孔安國家獻之,會巫蠱事,未列於學官。"據此指出:《前漢紀》于"安國"下增一"家"字,可以彌補《漢書》的漏洞,表明此時孔安國已經過世,獻書者是其家人。閻氏結論:《大序》"作傳畢,會國有巫蠱"等內容不可能出自孔安國,故爲後人僞作。[1] 閻氏在此提出兩個著名"證據":一是"蚤卒",二是"家獻"。

我對第一個問題(蚤卒)的討論大致如下:[2](1) 針對閻氏的論證(《疏證》第十七:"以二十餘歲之博士,越三十五六年始獻《書》,即甫獻《書》而即死,其年已五十七八,且望六矣,安得爲'蚤卒'乎"),指出漢武帝用人不拘,超遷之事歷歷可數。他罷黜百家,獨尊儒術,孔子爲儒家宗師,安國爲孔子嫡孫,故超遷安國(18 至 20 歲)爲博士的可能性極高。(2) 閻氏在《疏證》另一處(第一百四),爲說明相反問題,引《莊子》"人上

---

[1]　閻若璩:《尚書古文疏證》第十七,見《四部要籍注疏叢刊·尚書》中冊,北京:中華書局,1998 年。本文引《尚書古文疏證》均出此版本。

[2]　張巖:《審核古文〈尚書〉案》,北京:中華書局,2006 年,第 15—18 頁。

壽百歲,中壽八十,下壽六十"。既然"下壽六十",那麼五十七八歲爲什麼不能説"蚤卒"?(3)概述蔣善國先生在《尚書綜述》中對同一個問題的四點論證(包括毛奇齡《古文尚書冤詞》的見解),蔣善國先生的結論:"足見孔安國獻《書》在天漢以後和遭'巫蠱之難,未及施行',均是事實。"

我對第二個問題(家獻)的討論內容大致如下:[①](1)《漢書·藝文志》記此事作"安國獻之",《漢書·劉歆傳》作"孔安國獻之",《後漢紀》作"安國獻之",只有荀悦(147—209)的《前漢紀》中多出一個"家"字。《後漢書·荀悦傳》記:漢獻帝"常以班固《漢書》文繁難省,乃令悦(荀悦)依《左氏傳》體以爲《漢紀》三十篇"。荀悦在《前漢紀·序》中提到,他撰寫編年體《前漢紀》是奉詔行事,是通過"抄撰"也就是縮編《漢書》(略舉其要)而成。由此可知《前漢紀》取材不出《漢書》範圍。(2)"孔安國家獻之"出自《前漢紀》講學術源流一段,其中24個"家"字含義均與學術有關。(3)《漢書·儒林傳》所謂"孔安國以今文字讀之",指孔安國爲古文《尚書》作章句訓詁,也就是撰寫孔《傳》;所謂"因以起其家",指的是"起"孔氏"《尚書》古文學"的"師説"、"家法"。因此,《前漢紀》"孔安國家獻之",實指孔安國完成以學名"家"的訓傳之後的第二次獻書。此即荀悦在《前漢紀》中增一"家"字的原因及其含義。

在房先生的反駁中,對前人(指毛奇齡和蔣善國先生)以及我關於"蚤卒"問題的討論未置一語。此種反駁不足效法。房先生認爲我的討論中存在一個重要失誤:"張先生發明了'兩次獻書'説,他説:'孔氏獻書共有兩次,前次只有經文,後次有經有傳。'此説源於前引《大序》,但有誤解。《大序》説孔安國只獻過一次書,即在初步整理古文《尚書》後獻上的'隸古定',至於第二次獻書則是欲獻而未獻,對此《大序》説:'奉詔爲五十九篇作傳……既畢,會國有巫蠱事,經籍道息,用不復以聞。傳之子孫,以貽後代。''用不復以聞'即未獻上,但是張先生把它解釋爲獻上了,所謂'後次有經有傳'。《大序》這一段話的語意甚明,一向無人誤解。如:閻若璩《尚書古文疏證》説:'是獻《書》者一時,作《傳》畢而欲獻者又一時也。'是第二次'欲獻'而未獻。孔穎達《疏》説得更明白:'然此本承詔而作,作畢當以上奏聞知俱會,值國家有巫蠱之事,好愛經籍之道滅息,假奏亦不能行用,爲此之故,不復以此《傳》奏聞,亦以既傳成不得聞上……以遺與後世之人使行之。'……張先生寫道:'毛奇齡《冤詞》已經指出:孔安國第二次獻書"遭巫蛊,未立於學官"一事,並非安國《書大序》自家所云,而是《漢書》、《前漢紀》等史書多處提到的內容。'這裏,張先生誤讀了《冤詞》。《冤詞》未説第二次獻上《書》和《傳》,而説'……及安國獻書,武帝命安國作傳,傳畢,將上之,而巫蠱事

---

① 張巖:《審核古文〈尚書〉案》,第18—20頁。

發,遂不得上',這裏明明説了'遂不得上',怎麼能説毛奇齡説過'孔安國第二次獻書'呢?"①

按房先生上面引文中存在一個小問題。"作畢當以上奏聞知俱會,值國家有巫蠱之事"引自李學勤先生主編的《十三經注疏‧尚書正義》(北京大學出版社,簡體横排版,第18頁)。原文是"作畢當以上奏聞知,俱會值國家有巫蠱之事"。中華書局1980年影印阮元本《十三經注疏》(第116頁)原文是(繁體無標點)"作畢當以上奏聞知俱會值國家有巫蠱之事"。考諸别本,"俱"是訛字,正字是"但"。當作"作畢當以上奏聞知,但會值國家有巫蠱之事"。李學勤本(以阮本《十三經注疏》爲基礎)未改訛字但點斷無誤,房先生引文同樣未改訛字且點斷有誤。

回到正題。我在《審核古文〈尚書〉案》一書中用較大篇幅討論孔安國第二次獻書時"遭巫蠱,未立於學官"一事,其中從未提到孔安國第二次獻書是"獻上了"。不僅如此,我在書中明確提到:"孔安國二次獻書未果。"②此处,"獻書未果"就是没有獻上。換言之,房先生用較大篇幅反駁乃至奚落的對象,實際上不是我的失誤,而是因爲房先生的誤解而産生的一個根本不存在的"假象"。

房先生文章指明是對拙書《審核古文〈尚書〉案》的反駁,但因爲讀書不細導致如此結果(這比斷章取義更加不妥)。房先生文章中指責我"對閻若璩的誤解實在是太深了",③回過頭去看,至少拙書行文中多了幾分不應有的火氣。這裏對行文風格作出調整,但仍有必要提醒房先生,這種對"假像"的反駁很容易引起對方的誤解(認爲是刻意所爲)。讀書(尤其是要撰文反駁的書)一定要仔細。

房先生認爲,在我對第二個問題(家獻)的討論當中"處處都是錯誤",並提出多條反駁。下面對房先生的反駁逐條給予回應。其一,房先生説:"《前漢紀》的'孔安國家獻之'的'家'字不是荀悦添加的,是他引劉向的。這一句見於《成帝紀》如下的一段中:'河平三年八月乙卯:光禄大夫劉向校中秘書,謁者陳農使使求遺書於天下,故典籍益博矣。劉向典校經傳,考集異同。云:《易》始自……《尚書》本自濟南伏生,爲秦博士,及秦焚書,乃壁藏其書……魯恭王壞孔子宅,以廣其宮,得古文《尚書》,多十六篇,及《論語》、《孝經》。武帝時孔安國家獻之,會巫蠱事,未列於學官……'從行文看,'孔安國家獻之'一事乃根據'劉向典校經傳,考集異同'中的内容寫成的,而不是荀悦添加了一個'家'字。清代朱彝尊《經義考》、宋鑒《尚書考辨》均説《漢紀》的'孔安國家

---

① 房德鄰:《駁張巖先生對〈尚書古文疏證〉的"甄别"》,《清史研究》2011年第2期。

② 張巖:《審核古文〈尚書〉案》,第13頁。

③ 房德鄰:《駁張巖先生對〈尚書古文疏證〉的"甄别"》,《清史研究》2011年第2期。

獻之’一語乃出自劉向,他們都肯定了劉向的這個説法,認爲古文《尚書》是‘安國已逝,而其家獻之’。”①

在房先生所引《前漢紀》上文中,存在一個字義理解和語句點斷方面的問題。如果採用房先生的點斷和字義理解,上文“云”是“曰”也就是“説”的意思,則這段内容的整體框架在“云”字之後共有七個部分(下面用序號和下劃線來表示):“光禄大夫劉向校中秘書,謁者陳農使使求遺書於天下,故典籍益博矣。劉向典校經傳,考集異同。云:‘(1)《易》,始自魯商瞿子木……(2)《尚書》,本自濟南伏生……(3)《詩》,始自魯申公作古訓……(4)《禮》,始於魯高堂生,傳士禮十八篇……(5)《樂》,自漢興,制氏以知雅樂聲律……(6)《春秋》,魯人穀梁赤、齊人公羊高……(7)及《論語》,有齊、魯之説,又有古文。凡經皆古文。’”(《前漢紀·成帝紀》)

如果採用房先生的字義理解和點斷,那麼“云”字之後七個部分都應在劉向所“云”範圍之内。只有在這種情況下,房先生纔有理由認定第二部分有關《尚書》的内容是荀悦“引劉向的”。實際情況是,在上述七個部分之内存在一些對劉向死後(如“平帝時”、“王莽時”)事的敍述。因此,房先生(包括清代朱彝尊和宋鑒)的判斷不成立。

房先生説:“從行文看,‘孔安國家獻之’一事乃根據‘劉向典校經傳,考集異同’中的内容寫成的。”②首先,這句話本身存在文法上的問題——“劉向典校經傳,考集異同”既不是一部書也不是一篇文章,房先生讓荀悦怎樣從其中尋找“内容”並寫進《前漢紀》? 其次,在房先生認爲是出自劉向所“云”的内容中存在不可能出自劉向筆下的内容。

因此,從行文看,這個“云”字只是一個位於句尾且沒有意義的助詞,其用法類似上面一句“故典籍益博矣”中的“矣”。這裏舉例説明。《漢書·刑法志》:“武帝平百粤,内增七校,外有樓船,皆歲時講肄,修武備云。”如果我們採用房先生的點斷和字義理解,就會將“云”字之後的内容説成是“乃根據‘武帝平百粤,内增七校,外有樓船,皆歲時講肄,修武備’中的内容寫成的”。有必要説明,房先生並非這一字義理解和語句點斷失誤的始作俑者,而是因錯就錯。請房先生閲讀《前漢紀·成帝紀》原文並細加思量。

如果細讀《前漢紀》,並將上述七個部分的内容與《漢書》中《儒林傳》和《藝文志》等相關内容進行對比,不難注意到《前漢紀》(上述七部分内容)主要來自荀悦對《漢

---

① 房德鄰:《駁張巖先生對〈尚書古文疏證〉的“甄別”》,《清史研究》2011 年第 2 期。
② 同上。

書》内容的"撮要舉凡,存其大體"。如果房先生的對比足夠細緻,不僅可以看到荀悦進行縮編的具體軌跡(縮編前後的對應語句),還可以看到《漢書》中的哪些語句在荀悦縮編後失去了原有的準確含義,以及由於對《漢書》語句的誤解和抄寫的筆誤而出現的錯誤。一旦房先生的學問做到這一步,也就有條件反思:在《漢書》與《前漢紀》之間,哪個在記史質量方面更加完整、準確,對《前漢紀》中多出一個"家"字大做文章是不是一種客觀、嚴謹的治學態度。

五、孔安國獻書問題(下)

其二,房先生説:"張先生引述《漢紀·成帝紀》一段中的'家'字,如'儒家'、'墨家'、'法家'、'公羊家'……施、孟、梁丘'此三家者',高氏、費氏'此二家者'等等,以説明這些'家'字與'孔安國家獻之'之'家'同義,是學派創始人的意思。其實,恰恰相反,所引這些'家'字都反證'孔安國家獻之'的'家'字不是'學以名家'的'家'。古人稱學派爲'家'時,並不以某人的全名來名家。古文獻中未見有稱'儒家'爲'孔丘家'、'墨家'爲'墨翟家'、'公羊家'爲'公羊高家'的例子。故因此不能把'儒家'、'墨家'之'家'套用到'孔安國家獻之'的'家'上,後者只是'家屬'的意思。"①

當我們對他人的見解提出反駁時,首先要搞清楚對方在説什麼。在沒有把握的情況下,最好將被反駁者的原文作相對完整的引述,然後對之加以反駁。我要明確提醒房先生,在我的書中,從未説過"孔安國家獻之"的"家"字"是學派創始人的意思"。在"孔安國家獻之"一語中,"孔安國家"並不是一個相對獨立的語義單元。知此,無須再辨。

其三,房先生説:"《漢書·儒林傳》'孔安國以今文讀之,因以起其家'是源自《史記·儒林傳》,它是説孔安國參考伏生的今文《尚書》來認讀古文《尚書》,而不是説參考今文《尚書》來作《傳》。"②下面是《史記·儒林傳》原文:"孔氏有古文《尚書》,而安國以今文讀之,因以起其家。"

或許我的分析有所不週詳。我們來看王國維先生對《史記》上文的理解:"起,興起也;家,家法也。漢世《尚書》多用今文,自孔氏治古文經,讀之説之,傳以教人,其後

---

① 房德鄰:《駁張巖先生對〈尚書古文疏證〉的"甄別"》,《清史研究》2011 年第 2 期。
② 同上。

遂有古文家。是古文家法自孔氏興起也,故曰‘因以起其家’。"①據此,"因以起其家"是指"起"孔氏"《尚書》古文學"的"師説"、"家法"。換言之,就是撰寫孔《傳》。要知道,没有"師説",不成"家法"。

其四,房先生説:"《大序》的欲獻而未獻之説雖然解決了於史無徵的矛盾,卻製造了如下一個更尖鋭的矛盾:《史記》中有大量的語句與孔《傳》相同或相近,如:《尚書·堯典》有‘欽若昊天’,《史記》引作‘敬順昊天’,孔《傳》也作‘敬順昊天’。《堯典》有‘績用弗成’,《史記》引作‘功用不成’……這些相同或相近的語句説明《史記》和孔《傳》之間有原創和襲用的關係。那麼誰爲原創,誰爲襲用呢? 按照《大序》的説法,孔《傳》欲獻而未獻,直到梅賾獻上纔爲世人知曉,既然如此,則司馬遷撰《史記》時就未見過孔《傳》,其所引《尚書》的語句是源於《尚書》而不是孔《傳》,……孔《傳》晚出,它採用《史記》的淺白語句來解釋《尚書》經文。因此《傳》乃託名孔安國。"②

我在《審核古文〈尚書〉案》第四章第一節中專門討論"《史記》多古文説"的問題。房先生上文提到《史記》與孔《傳》之間語句相同或相近的内容,就是抄自這一節中對相關資料的完整輯録。此前無人做過這方面的工作。不知房先生是否看懂我這樣説的用意。我在這一節用較大篇幅討論《史記》與孔《傳》相關内容"誰抄誰"的問題。其中提到最重要的證據來自《漢書·儒林傳》:"孔氏有古文《尚書》,孔安國以今文字讀之,因以起其家,……遭巫蠱,未立於學官。安國爲諫大夫,授都尉朝,而司馬遷亦從安國問故。遷書載《堯典》、《禹貢》、《洪範》、《微子》、《金縢》諸篇,多古文説。"

第一,孔安國在撰寫《大序》時没有義務一定要向房先生具體彙報司馬遷曾經向他請教過古文《尚書》方面的問題。第二,班固在《漢書·儒林傳》(上面所引内容中)明確提及此事,並清楚(不會引起任何誤解)地表明:"遷書載《堯典》……諸篇,多古文説"正是"司馬遷亦從安國問故"的結果。這是孔安國《傳》不僞的重要證據。房先生對此熟視無睹,其論證中不置一語。此乃十分不可取的反駁策略。

房先生認爲,孔安國《大序》所述第二次獻書是"欲獻而未獻"。我的見解與房先生略有不同。我所説"二次獻書未果"具體是指:有獻書的行動,但無獻上的結果。陸德明在《經典釋文·序録》中指出:"安國又受詔爲古文《尚書》傳,值武帝末巫蠱事起,經籍道息,不獲奏上,藏之私家。"陸德明對於《漢書·藝文志》相關内容的理解是:"安國獻《尚書》傳,遭巫蠱事,未列於學官。"(見《經典釋文·序録》)所謂"不獲奏上"是説:有上奏的行動,但没有得到(不獲)奏上的結果。毛奇齡在《古文尚書冤詞》中所説

---

① 王國維:《史記所謂古文説》,《觀堂集林》卷七,石家莊:河北教育出版社,2001 年。

② 房德鄰:《駁張巖先生對〈尚書古文疏證〉的"甄別"》,《清史研究》2011 年第 2 期。

的"遂不得上"也在表述類似的見解：作出努力,但没有成功。

孔安國《大序》"用不復以聞"中的"以聞"多見於《史記》、《漢書》,意思相當於上奏,"不復以聞"是不再上奏。進一步説是"不獲奏上"之後的不再上奏。故房先生"欲獻而未獻"不能成立。這是由於房先生讀書不細而出現的又一個"假象"。下面是房先生對這一"假象"的批判："《大序》……説什麽奉詔作《傳》卻欲獻而未獻,那就更加荒唐。孔安國奉詔作《傳》,卻又自作主張作畢而不上,竟敢不復命! 有此道理嗎? ……孔安國身歷武帝之世,他若奉詔作傳,則當撰畢即上,而不能靜心觀察是否'經籍道息'然後再決定是否復命。張先生發明第二次獻書獻傳説,也表明他不相信《大序》的欲獻而未獻説。"①

房先生上文最後一句話展示一種具有審美意味的弔詭情境。這裏存在兩個"假象"。假象一：我從未發明過"第二次獻書獻傳説"(具體指"獻上了")。假象二：《大序》中也根本不存在"欲獻而未獻説"。於是兩個"假象"在房先生行文中不期而遇。二者相互支持,成爲他信手拈來的反駁理由。此種"反駁"極其罕見。

爲搞清孔安國第二次獻書"不獲奏上"的原因,有必要大致瞭解當時的歷史背景,也就是巫蠱之禍。漢武帝劉徹晚年多病,疑爲他人巫蠱(巫術)所致。巫蠱之禍就是此種病態猜忌心理的爆發。漢武帝令江充"窮治其事"。征和元年(前92)冬,"大搜上林,閉長安城門索,十一日乃解。"(《漢書·武帝紀》)江充指使其屬下胡巫以各種栽贓手段陷人於罪,收捕之後再以酷刑逼供："燒鐵鉗灼,强服之。"(《漢書·江充傳》)於是"民轉相誣以巫蠱,吏輒劾以大逆亡道,坐而死者前後數萬人"。(《漢書·江充傳》)

次年,江充將栽贓的矛頭指向太子劉據及其母衛皇后。在找不到解脱機會的情況下,劉據被迫矯詔發兵捕殺江充。漢武帝隨即發兵鎮壓,雙方於長安城中"合戰五六日,死者數萬人,流血入溝中。"(《前漢紀·武帝紀》)劉據戰敗後於逃亡中自殺,衛皇后亦自殺。巫蠱之禍在江充被殺之後並没有停止,又有一大批皇族貴戚、文臣武將因太子事被以腰斬等方式誅殺或是滅族。漢武帝自始至終主導其事,他當時的狀態可用八個字來概括：喪心病狂,殘暴酷毒。巫蠱之禍波及天下,綿延數年。在此期間,國家重臣牽連而被殺者十有二三,居官爲政者人人自危,中央政權行政系統處在半癱瘓狀態。

這就是孔安國第二次獻書"不獲奏上"的歷史背景(遭巫蠱事)。在中國歷史中,類似巫蠱之禍的社會以及政權的破壞性大動盪並不多見。"文革"初期的情況與其多少有些相似。因此,經歷過"文革"初期的人可以更準確地理解此種社會大動盪中的

①　房德鄰：《駁張巖先生對〈尚書古文疏證〉的"甄別"》,《清史研究》2011年第2期。

狀態和局面。孔安國是奉詔作《傳》，此事至少用去其十餘年心血（研精覃思）。完成後他當然會上奏復命於漢武帝。但在當時的具體情況下，主事官員人人自危，任何與追查巫蠱無關的作爲都有可能激怒喪心病狂且殘暴酷毒的漢武帝劉徹，並引來殺身之禍。

於是上奏渠道發生堵塞。在作出許多努力但仍"不獲奏上"的情況下，孔安國只好於失望乃至絕望之中寫道："會國有巫蠱事，經籍道息，用不復以聞。"在當時的歷史背景下，上述過程盡在情理之中。由此反觀房先生對孔安國《大序》的斥責："説什麼奉詔作《傳》卻欲獻而未獻，那就更加荒唐。孔安國奉詔作《傳》，卻又自作主張作畢而不上，竟敢不復命！有此道理嗎？……孔安國身歷武帝之世，他若奉詔作傳，則當撰畢即上，而不能靜心觀察是否'經籍道息'然後再決定是否復命。"①

在房先生上述斥責中存在兩個空白，一是歷史知識的空白（巫蠱之禍），二是人生經驗的空白（"文革"初期）。房先生是北京大学年过花甲的资深历史学教授，这两个空白都不该有。

六、孔《傳》地名"金城"問題

下面進入房先生文章的第二部分（題爲：孔安國《傳》之僞）。

我在《審核古文〈尚書〉案》第五章第一節專門討論"金城"問題。② 下面是背景情況。孔《傳》注《尚書·禹貢》"浮于積石"曰："積石山在金城西南，河所經也。"閻若璩指出"金城"二字是作僞證據："考《漢昭帝紀》始元六年庚子……置金城郡。《地理志》金城郡，班固注並同。不覺訝孔安國爲武帝時博士，計其卒，當於元鼎末、元封初，方年不滿四十，故太史公謂其蚤卒。何前始元庚子三十載，輒知有金城郡名？傳《禹貢》曰積石山在金城西南耶？或曰：郡名安知不前有所因，如陳、魯、長沙之類。余曰：此獨不然。應劭曰：初築城得金，故名金城。臣瓚曰：稱金，取其堅固。……則始元庚子以前，此地並未有此名矣。而安國《傳》突有之，固《注》積石山在西南羌中，《傳》亦云在西南，宛出一口。殆安國當魏晉，忘卻身繫武帝時人耳。"③

《尚書古文疏證》後文又提出兩條"補充論證"。其一："《史記·大宛列傳》元狩二

① 房德鄰：《駁張巖先生對〈尚書古文疏證〉的"甄別"》，《清史研究》2011 年第 2 期。
② 張巖：《審核古文〈尚書〉案》，第 118—126 頁。
③ 閻若璩：《尚書古文疏證》第八十七。

年庚申'金城、河西,西並南山,至鹽澤',是時已有金城之名,然《通鑑》胡三省注:'金城郡,昭帝於始元六年方置,史追書也。'余亦謂騫(張騫)卒元鼎三年丁卯,尤先始元庚子三十三載,安得有金城郡乎? 果屬追書。"其二:"黄子鴻誤信偽孔《傳》者,向胡朏明(胡渭)難余曰:安知《傳》所謂金城非指金城縣而言乎? 朏明曰:不然。安國卒於武帝之世。昭帝始取天水、隴西、張掖郡各二縣,置金城郡。此六縣中不知有金城縣否。班《志》積石山繫河關縣下,而金城縣無之。觀'羌中塞外'四字,則積石山不可謂在金城郡界明矣,況縣乎? 且酈(道元)注所敘金城縣在郡治允吾縣東……即今臨洮府之蘭州也。與積石山相去懸絕。《傳》所謂金城,蓋指郡言,而郡非武帝時有。此豈身爲博士具見圖籍者之手筆與?"①

關於《史記》孔安國"蚤卒"問題,前面有簡要介紹。閻氏上文的主要證據:《漢書》記金城郡設於始元六年(前 81),此時安國已辭世。故孔《傳》是後人偽作。這裏存在一個問題:孔《傳》説的是"金城"而非"金城郡"。《史記·大宛列傳》元狩二年(前 121)記事提到:"金城、河西西並南山,至鹽澤。"這表明,金城縣在安國撰寫孔《傳》時已經存在。換言之,閻氏在提出證據後立刻面對一個無法回避的相反證據。於是,攻擊轉化爲防守。在"此獨不然"之後,他一直在試圖自圓其説。但都不能令人信服。

他第一個辯解的結論是:"則始元庚子以前,此地並未有此名矣。"第二個辯解的前提是承認"是時已有金城之名",這是對第一個辯解結論的自我否定。第二個辯解是依據是胡三省(1230—1302,宋元間史家)《資治通鑑》注釋。我在書中指出:胡氏注文犯了一個概念錯誤,將《通鑑》正文"金城"(本《史記》)誤解爲"金城郡",並據此認爲是後人的"追書"。閻氏因錯就錯,也説是"金城郡",是"追書"。

閻氏很清楚,如此狡辯無法自圓其説。於是引出第三個辯解(由胡渭提供)。胡渭(1633—1714)《禹貢錐指》(卷十)提及此事:"閻百詩據金城郡爲漢昭帝所置,以辨孔《傳》之偽。黄子鴻難之曰:'安知《傳》所謂金城非指金城縣而言乎?'百詩未有以應也。"我在書中(針對胡渭的辯解)指出:没人説金城鄰近積石山,二者間距離一直很遠,武帝時的確没有金城郡,這些理由無法構成"《傳》所謂金城,蓋指郡言"的有效依據。我的結論是:《史記》元狩二年已有金城地名,此時距巫蠱事起還有三十年,孔安國在世。因此,孔《傳》提到金城不存在作偽問題。

完整地説,《史記》和孔《傳》的"金城"都是指金城縣,《漢書·昭帝紀》"取天水、隴西、張掖郡各二縣置金城郡"的六個縣中便有金城縣,金城郡名因金城縣而來,金城郡設立以後金城縣爲其屬縣。《漢書·地理志》呼應並證實了上述情況。這個"證據鏈"

---

① 閻若璩:《尚書古文疏證》第八十七附錄按語。

提供的事實線索簡單明確,具有很高的可靠性。閻若璩、胡渭對此没有任何正面辯解餘地。

房先生就是在這種情況下提出"反駁",實際上仍屬辯解。房先生將問題限定在《史記·大宛列傳》的"金城"是縣還是郡:"認爲是金城郡而不是金城縣。"①由於閻若璩、胡渭的辯解無法自圓其説,故房先生只能另行提出新的舉證和論證。爲此,房先生提出一個比閻、胡更加大膽的證明標的:閻、胡只是認爲《大宛列傳》中"金城"地名是後人"追書",房先生則要徹底剥奪司馬遷對《大宛列傳》的著作權。

唐代學者司馬貞認爲《大宛列傳》出自褚少孫的補寫(《史記索隱》卷三十)。清末的崔適則認爲是後人對《漢書·張騫李廣利傳》的抄録(《史記探源》卷八)。由於他們並未拿出任何有效證據,故很少有學者認同其説法。房先生文章提到,司馬貞的説法因證據不足"不成定論",并指出:他本人關於"《大宛傳》的'金城'爲'金城郡'"的舉證和論證足以"證明了司馬貞的補寫説"。②

《史記·大宛列傳》開篇提到:"大宛之跡,見自張騫。"其結束部分:"太史公曰:《禹本紀》言'河出昆侖。昆侖其高二千五百餘里,日月所相避隱爲光明也。其上有醴泉、瑶池'。今自張騫使大夏之後也,窮河源,惡睹《本紀》所謂昆侖者乎?故言九州山川,《尚書》近之矣。至《禹本紀》、《山海經》所有怪物,余不敢言之也。"由上文可以看出,《大宛列傳》首尾呼應,表明其通篇出自太史公手筆。再者,褚少孫補寫《史記》一般都冠以"褚先生曰",他没有必要在這裏冒用"太史公曰"進行作僞。

在證據學中有一個重要概念,叫作證明力。在歷史學中,研究者爲尋找和確定歷史事實的真實情況,也會經常運用舉證和論證的研究方法。從"證明力"的角度看,歷史學研究中同樣存在證據的質量和資格問題:有强證據、弱證據,還有不是證據的所謂證據。其主要甄别標準是:客觀性(真實性)和相關性(關聯性)。如果在房先生的舉證和論證中包含高質量的"强證據",並果真足以"證明了司馬貞的補寫説",那麼他的此項研究就是一個重大科研成果。其效果是一箭雙雕:既證明了《史記·大宛列傳》是後人假冒司馬遷的僞作,同時也證明了孔《傳》是後人假冒孔安國的作僞。下面對房先生此項研究的主要論證進行甄别。

房先生説:"《史記》在《大宛傳》和《匈奴傳》中都記載了漢武帝元狩二年匈奴大規模退走事。"③下面是《史記》相關内容。(1)《大宛列傳》:"(元狩二年)渾邪王率其民

---

① 房德鄰:《駁張巖先生對〈尚書古文疏證〉的"甄别"》,《清史研究》2011年第2期。
② 同上。
③ 同上。

降漢。而金城、河西,西並南山,至鹽澤,空無匈奴。"(2)《匈奴列傳》:"(元狩二年)渾邪王殺休屠王,並將其衆降漢,……於是漢已得渾邪王,則隴西、北地、河西益少胡寇,徙關東貧民處所奪匈奴河南新秦中以實之,而減北地以西戍卒半。"

房先生指出二者(《大宛列傳》和《匈奴列傳》)間的不同之處(這是房先生對金城問題的主要舉證):"《匈奴傳》爲司馬遷所著,其敍述元狩元年和二年匈奴事詳於《大宛傳》,可見他詳知其事。《匈奴傳》所寫的匈奴退出的地區是'隴西、北地、河西',而不是《大宛傳》所寫的'金城、河西,西並南山,至鹽澤'。兩者最大的不同是起點不同,《匈奴傳》起於隴西,《大宛傳》起於金城。"[1]房先生後文又引述了《史記》中幾段內容,以此說明"武帝時匈奴曾南達於隴西(中部)"[2]。

房先生對起點不同的具體論證是:"既然司馬遷寫到匈奴南下侵擾曾達隴西,那麼他在寫匈奴退走的地區時也相應就從隴西寫起,前後呼應,所以隴西是司馬遷所寫。但是,是否也有可能司馬遷在《大宛傳》中又改寫爲'金城(縣)、河西,西並南山,至鹽澤'了呢? 不能。因爲如果這樣寫,則金城(縣)與河西四郡(武威、張掖、酒泉、敦煌)相連,如此,這個金城(縣)就在北地郡的西南,而不在隴西,它與匈奴南下的地區遠不能呼應。司馬遷當不會寫出兩個相距甚遠的起點。"[3]

在歷史地理方面,如果不是專家而研究相關問題,除了盡可能全面、細緻地查閱文獻,還有必要參照和借助歷史地理方面的工具書(歷史地圖)。後者是專家爲我們提供的研究結果,可以讓我們相對準確地瞭解西漢時期的具體政區劃分和郡縣位置。我在研究與孔《傳》有關的地名(金城、駒麗、河南等)問題之前,曾認真比較了幾種已出版的歷史地圖集,最終選定(水準最高也是公認最有權威性的)由譚其驤先生主編的《中國歷史地圖集》,[4]并在研究過程中對該圖集(具體是第二冊)進行了自認爲還算是細緻的查證。

如果房先生也能做到這一點,就會少一些草率。比如,由《中國歷史地圖集》(第二冊,第 33—34 頁)西漢時期"涼州刺史部"的圖示可知,金城縣的位置就在緊鄰隴西郡的正北方。這表明金城縣原屬隴西郡,在設立金城郡時將其從隴西郡劃分出來作爲組建金城郡的六個縣之一。在設立金城郡之前,金城縣是隴西郡最北端的一個縣,是匈奴南下侵入隴西郡的門户。在這種情況下,當司馬遷在寫匈奴退走的地區時,完全有可能以金城縣作爲一個表述區域範圍的起點。兩種表述無矛盾,且金城縣更加

① 房德鄰:《駁張巖先生對〈尚書古文疏證〉的"甄別"》,《清史研究》2011 年第 2 期。
② 同上。
③ 同上。
④ 譚其驤主編:《中國歷史地圖集》,北京:中國地圖出版社,1982 年。

準確。如果具體瞭解金城縣的位置,房先生在決定是否提出這一條反駁時一定會更加慎重。

房先生關於起點不同的論證中存在兩個問題。其一,如果房先生認真查看歷史地圖就很容易發現:您所説的"金城縣就在北地郡的西南"是將其實際位置向東南方向移動了至少 200 公里。其二,表述一個地區的起點,既可用郡(隴西),也可用縣(金城),只要兩種表述不存在實質性矛盾,房德鄰先生也就沒有道理强行要求兩千多年前的司馬遷必須採用由房先生指定的規範用語。

除"起點不同"問題外,房先生提出的另一個"規範"是只能郡與郡相連,不能縣與郡相連,並採用此"規範"作爲判定文獻真僞的尺度。具體説,房先生將《匈奴列傳》的"隴西、北地、河西"指定爲規範用語,並據此將《大宛列傳》的"金城、河西,西並南山,至鹽澤"認定爲後人作僞的破綻。這是對同一個證據資源的充分利用。

其具體論證如下:"無論誰寫匈奴退走的地區,也不會以一個縣爲起點,再去與河西四郡相連,而必然寫郡與郡相連的一片廣大的地區。所以'金城'必是金城郡,而不是金城縣。金城郡與河西四郡合稱爲'河西五郡',連成一片廣大的地區,與匈奴南下的地區相呼應。所以,《匈奴傳》是司馬遷寫的。《大宛傳》是昭帝始元六年設立金城郡之後的人追寫的。"[①]

同一件事在《史記》中被提到兩次(或更多次)的情況很多,其間往往會有或詳或略、遣詞用語等表述方式的各種不同。在這種情況下,二者之間的表述不同並不足以構成判定一方爲"司馬遷所寫"而另一方則不是的有效證據。如果我們的唯一目標只是將問題搞清楚,如果我們心中沒有一定要把問題説成"必是"如何的主觀預設,很容易想明白這個淺近道理。房先生則不然。

在《大宛列傳》"金城、河西,西並南山,至鹽澤"一語中,房先生否定"金城"是縣的主要理由是其後面的"河西"是郡,是"河西四郡(武威、張掖、酒泉、敦煌)"。"河西四郡"是房先生論證中最重要的核心證據。"河西"的含義有兩種可能,一是泛指黃河以西地區,二是確指河西四郡。若爲前者,房先生的理由也就不攻自破:不存在"必然寫郡與郡相連"的爭辯依據。

這裏存在如下四個問題。

第一,在兩種可能(泛指、確指)並存的情況下,將"河西"直接説成是"河西四郡"已有强詞奪理(偷換概念)之嫌。

第二,從語義分析的角度看,"金城、河西,西並南山,至鹽澤"是在描述一個具體

---

① 房德鄰:《駁張巖先生對〈尚書古文疏證〉的"甄别"》,《清史研究》2011 年第 2 期。

區域的範圍。金城縣是該區域南端的起點；河西是東面的起點(黃河以西)；"西並南山"指這一區域向西延伸包括了(並)南山(祁連山脈東段)，這裏具體指祁連山脈東段北面的河西走廊；"至鹽澤"指該區域繼續向西延伸，最西端到達鹽澤。房先生最好對照《中國歷史地圖集》(第二册)閱讀上述内容。

第三，如果"必然寫郡與郡相連"，那麼"南山"和"鹽澤"是不是也應該是"南山郡"和"鹽澤郡"呢？

第四，實際情況是：當時並不存在"河西四郡"。

從時間順序看，元狩元年(前122)漢武帝"遣驃騎破匈奴西域數萬人，至祁連山"，元狩二年(前121)"渾邪王率其民降漢"，其結果是《大宛列傳》所指一個既定區域内"空無匈奴"(《史記·大宛列傳》)。此後，漢帝國開始向這一地區移民、屯兵乃至陸續設立郡縣。由《漢書·地理志》可知，河西四郡的陸續設立過程開始於該地區"空無匈奴"的十餘年後："張掖郡，故匈奴昆邪王地，武帝太初元年(前104)開。"最終結束於三十餘年之後："敦煌郡，武帝后元年(前88)分酒泉置。"[1]也就是説，在"空無匈奴"這一時間位置上，河西四郡尚未設立。故《大宛列傳》的"河西"不是指"河西四郡"。

因此，房先生每强調一次"河西四郡"，都是在挖掘自我否定的陷阱，直到以"必然寫郡與郡相連"爲理由作出結論。於是房先生掉進坑中。到此，我們已經完成對這個問題的甄別，結論是：房先生的舉證和論證並不足以"證明了司馬貞的補寫説"。《大宛列傳》著作權仍然屬於司馬遷。這一重大科研成果不過是又一個"假象"而已。當一個歷史學家滿腦子都是"必是"如何的主觀預設時，這樣的結果無法避免。而這恰恰就是"辨僞學"羣體的基本特徵。

七、孔《傳》地名"駒驪"問題

下面是清代學者朱彝尊(1629—1709)提出"駒驪"問題的背景情況。《書序》："成王既伐東夷，肅慎來賀，……作《賄肅慎之命》。"孔《傳》對上文的注釋："海東諸夷，駒

---

① 按：自20世紀中期以後，一些現代學者(如張維華、黃文弼、勞幹、陳夢家和日本學者日比野丈夫等)對河西四郡的設立時間作過專題研究。下面是各家關於河西四郡設置年代的具體觀點(括弧中是各家關於設立河西四郡起始年代和結束年代的不同見解)：張維華(前115—前79)，黃文弼(前115—前103)，勞幹(前122—前78)，施之勉(前111—前87)，陳夢家(前111—前68)，日比野丈夫(前111—前78)。詳見沈頌金：《河西四郡設置年代討論綜述》，《中國史研究動態》1992年第3期。這些現代學者的代表性見解雖各有不同，但都不支持房先生關於"河西四郡"的舉證。

（句）麗（驪）、扶餘、馯貊之屬，武王克商，皆通道焉。成王即政而叛，王伐而服之，故肅慎氏來賀。"朱彝尊認爲孔安國不應提到"駒驪"，這是後人作僞的破綻。其具體論證："考《逸周書・王會》篇，北有稷慎、東則濊良而已，此時未必即有駒驪、扶餘之名，且駒驪主朱蒙以漢元帝建昭二年始建國號，載《東國史略》，安國承詔作《書傳》時，恐駒驪、扶餘之稱尚未通於上國，況武王克商之日乎?"①

我在《審核古文〈尚書〉案》一書中對朱彝尊舉證是否成立作了簡要的討論：《漢書・武帝紀》（元封三年）："朝鮮斬其王右渠降，以其地爲樂浪、臨屯、玄菟、真番郡。"《漢書・地理志》記"武帝元封四年"設玄菟郡，下屬三縣有高句驪縣。縣名由高句驪族而來，族名更要早於縣名。元封四年（前 107）距巫蠱事起（前 92）還有十六年，孔安國在世。因此，他注釋《書序》提到"駒驪"不存在作僞問題。②

房先生說："此論似表明張先生不清楚玄菟郡的沿革。"然後講述玄菟郡的沿革：《漢書・武帝紀》記元封四年設立樂浪、臨屯、玄菟、真番四郡，"在今朝鮮境內"，玄菟郡治所在沃沮。這是第一玄菟郡。《後漢書・東夷列傳》："至昭帝始元五年（前 82）罷臨屯、真番，以併樂浪、玄菟，玄菟復徙居句驪。自單單大領已東，沃沮、濊貊悉屬樂浪。"徙居後是第二玄菟郡。房先生在此強調《漢書・地理志》所記高駒驪等三縣屬第二玄菟郡。③

在上一節討論的"金城"問題中，當有人提出《大宛列傳》中的相反證據（金城）後，閻、胡二人的辯解是：《大宛列傳》的"金城"乃後人"追書"。由於他們的辯解無法自圓其說，房先生改變策略，乾脆將《大宛列傳》說成是後人的僞作。其主要論證方法是偷換概念（將"河西"直接說成"河西四郡"）和無中生有（當時還沒有設立"河西四郡"）。在這一節，房先生轉而爲朱彝尊的舉證漏洞展開辯解，其主要方法則是來自閻、胡二人的"追書"套路。

完整地說，歷史中的"高句驪"至少包含四個概念：高句驪族、高句驪縣、高句驪國、高句驪城。我在書中指出："縣名由高句驪族而來，族名更要早於縣名。"④這裏的主要問題是，只要四者（高句驪族、縣、國、城）之一在漢武帝時期已經存在，就可以排除朱彝尊舉證的合理性。房先生的辯護思路是在漢武帝時代結束點上劃一條線，然後證明此前沒有"高句驪"。進一步說，如果文獻中在此之前出現了"高句驪"，那麼房先生就必須設法證明這些"高句驪"不是"實書"，而是"追書"。這是房先生給自己出

---

① 朱彝尊：《經義考》，卷七十六，北京：中華書局，1998 年。
② 張巖：《審核古文〈尚書〉案》，第 128—129 頁。
③ 房德鄰：《駁張巖先生對〈尚書古文疏證〉的"甄別"》，《清史研究》2011 年第 2 期。
④ 張巖：《審核古文〈尚書〉案》，第 128 頁。

的一道世界級難題。

下面,我們來甄別房先生關於"追書"的舉證和論證方法。在《後漢書·東夷列傳》中提到:(1)"玄菟復徙居句驪",(2)"徙(玄菟)郡于高句驪西北"。房先生説:"依此,似朝鮮玄菟的居民徙居遼東居住時那裏已經有'句驪'或'高駒驪'這一地名了。而其實不然,'句驪'、'高駒驪'乃追書。"①這裏"高駒驪"的含義有四種可能(族、縣、國、城)。與上一節的情況如出一轍,在四種可能並存的情況下,房先生未作任何説明,直接將"高駒驪"説成地名,後文進而説成"高句驪城"。

房先生爲自己找到一個化複雜爲簡單的"捷徑",接下來的舉證和論證只需針對"高句驪城"。比如房先生引述《漢書·昭帝紀》内容後説:"既然元鳳六年(前75)始築玄菟城,則此處原無城,更不稱高句驪城。朝鮮境内玄菟居民内遷是在昭帝始元五年(前82),其時遼東尚無玄菟城,更何況高句驪城? 所以'玄菟復徙居句驪'的'句驪'乃是追書。"②

這裏的主要問題不在證據方面,而在邏輯方面。我們不妨舉個例子,具體向房先生展示一下偷换概念的論證軌跡。文獻原文説:這裏原來有一棵樹(句驪),房先生説這棵樹是闊葉樹(高句驪城),然後證明這裏没有闊葉樹(高句驪城),結論是:這裏根本没有樹(句驪)。且不論房先生的證據是否有效,關鍵問題是即使證據有效也不足以支持其最終結論。

房先生後面的論證採用同一個套路:"另一句'徙郡於高句驪西北'若爲實書,則在後來築玄菟城地方之東南已有高駒驪了。此高駒驪當指高駒驪的都城所在地,即今遼寧省桓仁縣五女山山城。但是五女山山城在朱蒙於漢元帝建昭二年(前37)建號高駒驪之前並不稱高駒驪,而稱'紇升骨城'。《魏書·高句麗傳》記朱蒙建國事説……'至紇升骨城遂居焉,號高句麗,因以爲氏焉'。……學者考定此地即'紇升骨城'。由此可知,稱紇升骨城一帶爲'高驪'當在漢元帝建昭二年以後。因此《東夷列傳》'徙郡於高句驪西北'的'高句驪'乃是追書。西漢在玄菟郡下設高句驪縣應當在朱蒙建號高句驪之後,而不會在此之前。"③

通過前面的舉例和説明,我想讀者應該可以看出上述論證的邏輯問題。《後漢書·東夷列傳》中這兩句話的語義明確:在第二玄菟郡設立之前,當地已有"高駒驪"(或簡稱"句驪")。這是房先生在爲朱彝尊的舉證漏洞展開辯護之前已經面對的無法

---

① 房德鄰:《駁張巖先生對〈尚書古文疏證〉的"甄别"》,《清史研究》2011 年第 2 期。

② 同上。

③ 同上。

克服的困境。實際上，在正史(《史記》、《漢書》、《後漢書》和《三國志》)中提到"高駒驪"(或"句驪")存在於漢武帝時代結束前的史料並非只有《後漢書·東夷列傳》的兩條。僅此兩條已經讓房先生捉襟見肘。

高句驪的早期歷史，是我國史學中一個老課題。到目前爲止，仍並存多種彼此矛盾的見解。我國正史中與高句驪早期情況有直接關係的史料不足十條。上述多種見解都是在這些史料之間取捨的結果。關於高句驪縣的具體設立時間，《後漢書·高句驪傳》提到："武帝滅朝鮮，以高句驪爲縣，使屬玄菟。"《漢書·地理志》："玄菟、樂浪，武帝時置，皆朝鮮、濊貉、句驪蠻夷。"所謂"句驪蠻夷"，指高句驪族；所謂"以高句驪爲縣"，指以高句驪族的所在地域作爲縣級政區的設置範圍。此縣就是《漢書·地理志》隸屬玄菟郡(武帝時置)的高句驪縣。上述史料彼此呼應，具有很强的合理性和可信度，因此至今爲止被多數學者所採信。

對於"玄菟郡的沿革"，目前也是處在三四種見解並存的局面。房先生説第一玄菟郡"在今朝鮮境內"是其中之一。至今爲多數學者所接受的另一種見解與之有較大區別："玄菟郡初置時面積廣大：東臨日本海。東北至今圖們江流域。西北包括今遼寧省新賓、清原二縣轄境，西南則約以今朝鮮境內昌城、熙川、寧遠、定平一線與遼東、樂浪二郡爲界。"①

在譚其驤先生主編的《中國歷史地圖集》(第二册)中，有一幅歷史地圖題爲"幽州刺史部"，②是對上述文字説明的直觀展示。其内容不支持房先生的辯解。在對高句驪早期歷史的研究中，雖然古今中外許多學者提出過許多彼此矛盾的見解，甚至基於民族和國家的不同立場把問題搞得比實際情況更加複雜，但所有這些學者都有一個基本共識，那就是高句驪族的存在要遠早於漢武帝時代。這是立在房先生面前穿不過去的一堵牆。

八、孔《傳》地名"河南"問題

我在《審核古文〈尚書〉案》第五章(史地篇)第二節(灄水、孟津、駒驪問題)第一部分專門討論這個問題。我將此稱爲"灄水問題"，房先生稱爲"河南"問題，後者更準確。故這一節標題定爲"孔《傳》地名河南問題"。下面是這個問題的背景情況。孔

① 譚其驤主編：《中國歷史地圖集·釋文彙編》(東北卷)，北京：中央民族學院出版社，1988年，第16頁。
② 譚其驤主編：《中國歷史地圖集》(第二册)，北京：中國地圖出版社，1982年，第27—28頁。

《傳》注《尚書·禹貢》提到:"伊出陸渾山,洛出上洛山,澗出䃂池山,瀍出河南北山,四水合流而入河。"

閻若璩認爲"河南"二字是作僞破綻:"《前漢·志》:'河南郡穀城縣。'注曰:'《禹貢》瀍水出晉亭北。'《後漢·志》:'河南尹,穀城縣,瀍水出。'注引《博物記》:'出潛亭山。'至晉省穀城入河南縣,故瀍水爲河南所有。作孔《傳》者亦云'瀍出河南北山',此豈身爲武帝博士者乎? 抑出魏晉間、魏已並二縣爲一乎? 實胡胐明(胡渭)教余云爾。或難余:河南安知其不指郡言? 余則證以上文'伊出陸渾山,洛出上洛山,澗出澠池山'皆縣也,何獨瀍出而郡乎?"①

閻若璩、胡渭(見《禹貢錐指》卷八)這一條舉證的要點:由於晉代"省穀城(縣)入河南縣",故瀍水在晉代"爲河南(縣)所有";由於"作孔《傳》者亦云瀍出河南北山",故其非武帝博士,而是魏晉間人。我在書中指出:"這裏存在一條不容忽視的相反證據。郭璞注《山海經》提到'穀城縣',表明穀城縣在郭璞的時代仍然存在。郭璞(276—324)生當西晉(265—316)、東晉(317—420)之交,楊守敬據此認爲'則晉猶有此縣(穀城縣),《晉志》脫',並進一步認爲穀城縣'併入河南'的時間'蓋在太康(280—289)後也'。(《水經注疏》卷十六)郭璞注《山海經》早於《晉書》成書二百餘年,故前者是更加可靠的史料。郭璞注《爾雅》引及古文《尚書》和孔《傳》。皇甫謐(215—282)撰《帝王世紀》多處引《古文尚書》和孔《傳》內容。太康之後皇甫謐已故去。也就是說,在'西晉省(穀城縣)併入河南'之前,孔傳古文《尚書》已經存在。因此,'作僞者'沒有'作案時間'。"②

我對閻、胡二人此條舉證的甄別結論是:如果孔《傳》"瀍出河南北山"一條不是"作僞"結果,還有兩種可能存在的情況:一是孔《傳》的注釋錯誤;二是孔《傳》"河南"指河南郡。這兩種情況均與文獻真僞無關。由於在邏輯上無法排除這兩種情況的存在可能,又由於存在不容忽視的相反證據,故這一條"證據"的或然性很高,不能構成確鑿的證僞依據。安國作孔《傳》當在臨淮太守任上,此時已沒有"具見圖籍"的條件,因此出現的注釋錯誤與文獻真僞無關。③

房先生就是在這種背景下提出"反駁"。下文表明,房先生很清楚,如果我提出的反證有效,就可以得出如下證明結果:"活動於西晉東晉之交的郭璞注《山海經》時尚有穀城縣,則穀城縣併入河南縣一定在郭璞注《山海經》之後,當在西晉太康後,而死

① 閻若璩:《尚書古文疏證》第九十六。
② 張巖:《審核古文〈尚書〉案》,第127頁。
③ 同上。

於太康前的皇甫謐在其所著的《帝王世紀》中已經引用過古文《尚書》和孔《傳》,因此孔《傳》中的'河南'必定不是合併了穀城縣的河南縣。"①

我在書中提到,閻、胡二人"精於地理之學",不可能未看到郭璞注的"穀城縣",但有意隱瞞,從而炮製出"河南縣"這一僞證。② 房先生同意我的見解:"他們不應該不對郭璞注中的'穀城縣'做出説明,不做説明就有隱瞞反證的嫌疑,其正面立論也就不能成立。"③閻、胡二人規避反證的原因,是無法找到足以自圓其説的辯解。房先生提出一個新的辯解理由(誤注):"郭璞注其實不是一條反證,因爲它是郭璞的誤注,誤將濟北國之穀城縣注爲河南郡之穀城縣了。"④

房先生在此又一次鋌而走險。其主要論證步驟如下:⑤

(1) 在東漢時期,有兩個(與本題有關的)穀城縣:"一在河南尹下(河南穀城縣),一在東郡下(濟北穀城縣)。"

(2) "至晉,據《晉書·地理志》記,濟北國下有穀城縣,而河南郡下無穀城縣,是晉已廢河南穀城縣。"郭璞《山海經》注中兩次提到穀城縣,都是濟北穀城縣,但誤注到河南境内去了。

(3) "第一次是注《山海經·中次六經》'縞羝山之首曰平逢之山,南望伊、洛,東望穀城之山'句,説:'在濟北穀城縣西,黃石公石在此山下,張良取以合葬爾。'郭璞夠糊塗的。平逢山即北邙山,在今河南洛陽北,它可以南望伊水和洛河,東望穀城山。此穀城山在西漢時屬河南郡穀城縣,在東漢時屬河南尹穀城縣。郭璞卻以爲這座與北邙山相連的穀城山就是濟北穀城縣的黃石山了。《山海經廣注》已注意到郭注的錯誤,特在郭注後加按語糾正説:'《一統志》穀城山在河南府西北五十里,連孟津縣界,舊名晉亭山,瀍水出此。'此穀城山即河南的晉亭山,它不是濟北的黃石山。"

(4) "第二次是郭注《山海經·中次六經》'穀水出焉而東流注於洛'句,説:'今穀水出穀陽谷東北,至穀城縣入洛河。'此未説明'穀城縣'是河南還是濟北,但可以斷定是濟北,因爲此注與前注都在《中次六經》一卷中,方位相同,前者注山,後者注水,前者有南望洛河,後者有流入洛河,前者爲首出,所以前面加'濟北',後者隨出,所以承前省略'濟北'。"

下面對房先生的舉證、論證進行甄別。這裏先要與房先生討論兩個邏輯方面的

---

① 房德鄰:《駁張巖先生對〈尚書古文疏證〉的"甄別"》,《清史研究》2011年第2期。

② 張巖:《審核古文〈尚書〉案》,第127—128頁。

③ 房德鄰:《駁張巖先生對〈尚書古文疏證〉的"甄別"》,《清史研究》2011年第2期。

④ 同上。

⑤ 同上。

小問題。當上述相反證據提出後,"晉已廢河南穀城縣"成爲一個本身有待證明的問題,將本身有待證明的結論放在論證的前提之中,這樣的論證在邏輯方面是否有些不大妥當? 再者,郭璞在一個地方出現注釋錯誤,是否可以構成他在另一個地方必定出錯的有效證據? 更不要説郭璞關於濟北穀城縣的注釋不一定是一個錯誤。此事與主要問題無關,這裏没有討論的必要。房先生的有效論證只存在於第四部分。

在第四部分,房先生承認郭璞的注釋(今穀水出穀陽谷東北,至穀城縣入洛河)中没有説明穀城縣"是河南還是濟北"。但他説:"可以斷定是濟北。"其理由即上文"因爲此注與前注都在……所以承前省略濟北"。表面看,這些理由好像很有道理。細加甄别,問題很大。我們要確定這個"穀城縣"的位置,首先要在郭璞的注釋内容(今穀水出穀陽谷東北,至穀城縣入洛河)中尋找認識線索。如果這裏没有足以搞清問題的線索,房先生纔有理由捨近求遠,兜一個大圈去旁敲側擊地猜測(不足以"斷定")"是河南還是濟北"。

在郭璞這一小段注釋中存在三個地理位置的判定條件:(1) 在這個穀城縣附近要有穀水。(2) 在這個穀城縣附近還要有洛河,即洛(雒)水。(3) 穀水在經過這個穀城縣附近之後匯入洛河。在三個條件中,濟北穀城縣一個條件都無法滿足。與之相反,河南穀城縣可以同時滿足這三個判定條件。到此,答案已經揭曉(而且没有任何辯解餘地):這個穀城縣就是河南穀城縣。

房先生後文説:"孔《傳》寫了魏晉時纔有的'河南縣',則孔《傳》的作者只能是魏晉時人。其僞作的時間可能早於皇甫謐和郭璞,所以這兩人的著作中能夠引孔《傳》和古文《尚書》,這在時間上並無矛盾。但是皇甫謐和郭璞的書中所引晚書也可能是後人竄入的,劉起釪先生等對此有詳辨,我贊成他們的觀點。如果皇甫謐和郭璞未見過孔《傳》和古文二十五篇,則孔《傳》作僞的時間可能晚一些,當在皇甫謐之後。"[1]

既然郭璞注指的是"河南穀城縣",則房先生上文"河南縣"(按孔《傳》原文是河南,不是河南縣)的"證據能力"等於零。房先生上文真正令人反感的是兩頭説都有理的蠻橫:如果皇甫謐和郭璞的確引用了古文《尚書》和孔《傳》内容,那麼"僞作的時間可能早於皇甫謐和郭璞"。如果"僞作的時間"晚於皇甫謐和郭璞,那麼"皇甫謐和郭璞的書中所引晚書也可能是後人竄入的"。

如果我没有理解錯,房先生的意思是:不管怎麼説,反正是僞作。證據有效是作僞結果,證據無效還是作僞結果。所謂"反復顛倒無所不可"。如此講道理,天下還有

---

[1]　房德鄰:《駁張巖先生對〈尚書古文疏證〉的"甄别"》,《清史研究》2011 年第 2 期。

道理可講嗎? 不知房先生是否注意到這是一種刀筆吏風格(有罪推定)。在皇甫謐《帝王世紀》和郭璞注《爾雅》、《山海經》中,至少有十餘處引用古文《尚書》和孔《傳》内容。請教房先生: 如何"詳辯"纔足以構成"後人竄入"的有效證據?

九、引文、用文問題

房先生文章由三部分組成。到此,本文已經完成對前兩個部分的正面甄別。第三部分主要側重引文和用文方面的問題。下面簡要分析對引文和用文現象進行"辨偽"操作必須具備的兩個基本前提。第一個前提是此項操作的方法論前提。

我在《審核古文〈尚書〉案》一書中的基本見解: 古文《尚書》證偽者主要方法之一,是在文獻中尋找古文篇章引文和用文例證,將其用爲作偽證據。具體思路是魏晉間某人遍查羣書,廣泛收集引文、用文的文獻内容,在此基礎上連貫字句、拼湊偽造"二十五篇"。這裏的問題是,古文篇章引文、用文種種情況於今文篇章中同樣存在。在今文篇章,人們知道這是原文和引文、用文的關係,這一現象恰可證明原文的存在和影響;同樣的現象對古文篇章也應具有相同的證明意義。相同的素材和思路不應得出相反結論。這一證偽途徑存在明顯邏輯錯誤,不能構成有效的證偽依據。《尚書古文疏證》約有一半内容走此一路,深文週納,強詞奪理。①

房先生反駁説:"張先生沒搞清楚辨偽方法的要點。誠然,今文《尚書》和古文《尚書》同樣都有與舊籍對應的語句,但卻不能説這種現象對於今、古文《尚書》具有相同的證明意義,因爲兩者與舊籍的對應關係是很不相同的。比較今文《尚書》與舊籍的對應語句,可以看到,兩者之間或許有文字的不同,但無文意的不同,這説明今文《尚書》和舊籍的引語兩者來源相同,都來自真經,兩者的文字不同是在傳寫的過程中形成的。而古文《尚書》與舊籍的對應語句之間不僅有文字的不同,而且有文意的不同,之所以有文意的不同,是因爲古文《尚書》在襲用舊籍引文時爲屈就己意而進行了修改。"②

不難看出,"文意的不同"是房先生文章第三部分"辨偽"操作的方法論前提,即房先生所謂"辨偽方法的要點"。如果存在相反情況(指今文篇章與舊籍的對應語句之間也有"文意的不同"),這個前提也就不攻自破。這種情況當然存在。兹舉一例如

---

① 張巖:《審核古文〈尚書〉案》,第 28 頁。
② 房德鄰:《駁張巖先生對〈尚書古文疏證〉的"甄別"》,《清史研究》2011 年第 2 期。

下。《荀子·君子》："聖王在上,分義行乎下,則士大夫無流淫之行,百吏官人無怠慢之事,衆庶百姓無奸怪之俗,……世曉然皆知夫爲奸則雖隱竄逃亡之由不足以免也,故莫不服罪而請。《書》云:'凡人自得罪'。此之謂也。"

上文"《書》云"引自《尚書·康誥》(今文),原文是:"凡民自得罪,寇攘奸宄,殺越人於貨。"唐人楊倞對《荀子》引《書》"凡人自得罪"的注釋:"言人人自得其罪,不敢隱也。與今《康誥》義不同,或斷章取義歟?"這裏既有"文字的不同",同時還有"文意的不同"。也就是説,房先生文章第三部分的全部"辨僞"操作已經失去其方法論前提的合理性。有必要説明:上文"今文篇章"具體指今傳本古文《尚書》中"今文古文皆有"的篇章。

第二個前提來自姜廣輝先生文章中的"邏輯基點"。姜先生認爲,在針對引文和用文現象進行"辨僞"的過程中,存在"究竟'誰抄誰'的循環論證":"真正的問題並不在於發現了多少蹈襲雷同的證據,而是需要爲《古文尚書》辨僞確立一個有説服力的邏輯基點。"①姜先生的"邏輯基點"就是閻若璩對"篇數不合"的舉證。姜先生強調指出:"有了這一邏輯基點,梅鷟等人所抉發的蹈襲雷同之跡纔可避免究竟'誰抄誰'的循環論證。而只有有了這一邏輯基點,所謂'作僞舉證'方顯示其應有的價值。"②

假如我的理解未發生誤差,那麽姜廣輝先生的意思是:如果没有這個前提(邏輯基點),也就無法解決"究竟'誰抄誰'的循環論證"問題,進而此類"作僞舉證"也就因此失去"應有的價值"。姜先生説:"清代閻若璩之《古文尚書》考辨,其邏輯基點正是認同劉向、劉歆、班固所記述之《古文尚書》十六篇爲真,而東晉梅賾所上之《古文尚書》二十五篇爲假。閻氏考辨《古文尚書》的成就之所以高於梅鷟,正在於他把兩部《古文尚書》的'來歷'問題作爲一個基點性的問題來考察。"③在錢宗武先生文章中,也著重強調了閻若璩的同一個舉證。④

前面提到,房先生的反駁文章很講究謀篇佈局,也就是將自認爲最強的舉證和論證放到文章最前面,等而次之者降冪排列。這是房先生將"篇數不合"問題置於文章開篇的原因所在。閻若璩也將同一個論證置於《尚書古文疏證》開篇(第一)。閻氏自謂這是他撰寫《尚書古文疏證》全書的"根柢"(等同於姜廣輝先生的邏輯基點)。在張

---

① 姜廣輝:《梅鷟〈尚書考異〉考辨方法的檢討——兼談考辨〈古文尚書〉的邏輯基點》,《歷史研究》2007年第5期。

② 同上。

③ 同上。

④ 錢宗武:《孔〈傳〉或成於漢末晉初》,《南京師範大學文學院學報》2011年第1期。

蔭麟先生《僞古文〈尚書〉案之反控與再鞫》一文中，這是他强調的第一個"中心問題"。① 在四庫館臣支持閻若璩的論證中，同樣强調了閻氏的"根柢"，且其强調的行文與姜廣輝先生關於"篇數不合"的具體論證大同小異。②

本文開篇跟隨房先生討論同一個問題，進一步論證了我的原有結論：《漢書·藝文志》中的"十六篇"實爲"十六卷"之誤。因此，房德鄰、姜廣輝、錢宗武三位先生似乎需要另行尋找古文《尚書》"辨僞"的所謂"邏輯基點"。這是針對古文《尚書》與舊籍引語進行"辨僞"操作是否具有合理性的第二個前提。綜上所述，房先生文章第三部分對引語現象進行"辨僞"操作的兩個基本前提都不成立。據此，本文對房文這部分內容無須再作具體甄別。

結　　語

在《審核古文〈尚書〉案》一書中，我選擇閻若璩《尚書古文疏證》爲甄別對象的主要原因如下：（1）歷代學者（紀昀等四庫館臣、江藩、梁啓超、胡適、顧頡剛等）公認他是"定案"古文《尚書》問題的主角。比如胡適説《尚書古文疏證》"遂定了僞古文《尚書》的鐵案"。（2）閻氏《尚書古文疏證》對清代學術走向具有極大影響；直接推動漢學的形成；開三百年來疑古之風，由疑諸子傳注進而疑經。（3）《尚書古文疏證》被認爲是"《尚書》學史上集辨僞之大成的著作"。此後的相關著述，十有八九是對該書論證的變相重複。張蔭麟先生的《僞古文〈尚書〉案之反控與再鞫》被認爲是現代學者對"僞古文《尚書》案"的又一次"定案"。有鑒於此，我對張蔭麟先生的文章也作了比較完整的證據甄別。③ 上述兩項甄別的結論相同：他們的舉證和論證遠遠不足以支撐其結論。

房德鄰先生的反駁文章試圖重建古文《尚書》"辨僞"的證據鏈。本文的甄別（質證）結論是：此次嘗試很不成功。如果房德鄰、姜廣輝、錢宗武三位先生仍然堅持承擔"鞏固《疏證》辨僞成就"的歷史任務，還需要重振旗鼓、繼續努力。通過本文的質證，我們對房先生的舉證質量已經有了一個清楚的瞭解。因此，有理由向房先生提出一

①　張蔭麟：《僞古文〈尚書〉案之反控與再鞫》，《燕京學報》1929 年第 5 期。

②　可對照《四庫全書總目提要·古文尚書冤詞》與《梅鷟〈尚書考異〉考辨方法的檢討》第二節"歷史文獻關於《古文尚書》記載真實性的再審查"中的具體內容。這裏提示姜廣輝先生：是否應該考慮對四庫館臣（直接出面代閻若璩反駁毛奇齡）的工作給予尊重。

③　張巖：《審核古文〈尚書〉案》，第 301—311 頁。

些善意的建議。

對於古文《尚書》的真僞問題,我本人至少用了一年的時間完成"自向證明",包括閱讀相關文獻,考察先秦兩漢文獻對古文《尚書》的引文和用文情況,對今古文《尚書》和一些參照文獻的字頻分析,輯錄今古文《尚書》於漢唐之間流傳情況的相關史料等等。房先生似乎也應該做一些這樣的工作:在不抱任何主觀偏見的情況下,靜下心來,通過一次足夠全面、細緻和嚴謹的獨立研究,重新定位學術見解。否則,很難擺脫今天這樣一個勉爲其難、捉襟見肘的舉證狀態。此建議適用於所有當代疑古派傳人。

古文《尚書》問題貫穿兩漢以來的中國學術史。其中有許多需要反省的病態學術現象。這裏有三個方面的學術史評價標準:一是學者內在的學術良知;二是規範一個學術社會良性運轉的基本規則;三是支持學術從業者獲得正確結論的研究方法。今天是過去的延續,我們反省歷史不是對古人的苛責,而是要爲今天相關學科的學術社會和學者們找到一面自我認識和評價的鏡子。我們的每一個學術行爲隨時都在定義著我們這個民族的學術能力。

中國人腦後的辮子已經剪掉整整一個世紀,這場滿清"朝廷早有定論"的學術鬧劇該收場了。

【附錄】

簡要甄別清華簡《尹誥》的證據資格

本文完成後,看到《北京日報》(2012 年 1 月 6 日)《清華簡證實:古文〈尚書〉確係"僞書"》一文。文中援引劉國忠先生的話:"從清華簡提供的這些證據來看,傳世兩千多年的古文《尚書》確實是一部僞書。"讀後頗感慨。劉先生所謂"傳世兩千多年"不知從何説起?我一直關注清華簡的整理和研究動態。在已發表的兩册《清華大學藏戰國竹簡》中,我沒有看到足以證僞古文《尚書》的有效證據。劉國忠先生所説"證據"指《尹誥》和《傅説之命》。後者尚未發表,無從置評。這裏擇其大端對清華簡《尹誥》的證據資格作簡要甄別。

從判斷起點上説,有四支清華簡記載一篇無名短文。其整理和研究步驟包括:隸定、訓字、句讀以及對照其他文獻去擬定篇題和考察其性質。展開這些工作的判斷前提有三種選擇:(1) 無條件接受閻若璩等人的傳統疑古結論(古文《尚書》是僞書);(2) 採用近年來一些學者的研究結論(很可能不僞);(3) 再退一步,採用更加嚴謹的中立態度(可能真,也可能偽)。

下面是這篇短文的内容:惟尹既及湯咸有一德。尹念天之敗西邑夏,曰:"夏自絕其有民,亦惟厥衆,非民亡與守邑。厥辟作怨於民,民復之用離心。我捷滅夏,今后胡不監?"摯告湯曰:"我克協我友。今惟民遠邦歸志。"湯曰:"嗚呼! 吾何祚於民,俾我衆勿違朕言?"摯曰:"后其賚之,其有夏之金玉實邑,舍之吉言。"乃致衆於亳中邑。①

下面是主要相關文獻及其内容:古文《尚書》的《咸有一德》"惟尹躬暨湯咸有一德"和《太甲》"惟尹躬先見於西邑夏,自周有終,相亦惟終"。《禮記·緇衣》兩段《尹吉》引文:"惟尹躬及湯咸有一德"和"惟尹躬天(先)見於西邑夏,自周有終,相亦惟終。"郭店簡和上博簡《緇衣》引《尹誥》"惟尹允及湯咸有一德"。按黃懷信先生讀作"惟尹躬暨湯咸有一德"。②

目前有三種針對清華簡《尹誥》的代表性見解,一是清華簡整理者李學勤先生③(包括劉國忠和廖名春先生④等)的見解:清華簡《尹誥》就是《緇衣》所引《尹吉(誥)》,是真《咸有一德》,其内容與孔傳本《咸有一德》"全然不同",由此證明後者"係後世偽作"。⑤ 二是黃懷信先生的相反見解:"還不能證明簡書《尹誥》就是《緇衣》所引之《尹誥》,更不能證明簡書《尹誥》就是真《咸有一德》。"⑥三是房德鄰先生認爲是今人偽作(限於篇幅,這裏暫不討論)。⑦ 在這篇無名短文的整理和研究中,存在一些相互糾纏的複雜現象。在這種情況下,研究者有必要秉持審慎、客觀和嚴謹的科學態度,在作出結論之前,有必要對每一個不可忽略的重要事實給予充分論證。

黃懷信先生的文章比較客觀、平實,先從解讀文意和文獻對勘開始,然後對閻若璩《咸有一德》晚出之證作逐條甄別:"其證據皆不能成立。"通過將這篇短文與其他文獻相對照,黃先生提到《禮記·緇衣》中非常重要的相關内容(《尹吉》曰 17 字):"惟尹躬天(先)見於西邑夏,自周有終,相亦惟終。"鄭玄注"尹吉"爲"尹誥"。黃先生指出此語原出《太甲》;在《太甲》中,此語與前後文構成一段完整且具有内在關聯的"有機文

① 清華大學出土文獻研究與保護中心編、李學勤主編:《清華大學藏戰國竹簡(壹)》,上海:中西書局,2010年,第 133 頁。
② 黃懷信:《由清華簡〈尹誥〉看〈古文尚書·咸有一德〉》,簡帛網,2011 年 3 月 25 日。
③ 李學勤:《清華簡與〈尚書〉〈逸周書〉的研究》,《史學史研究》2011 年第 2 期;《清華簡九篇綜述》,《文物》2010 年第 5 期。
④ 廖名春:《清華簡與〈尚書〉研究》,《文史哲》2010 年第 6 期。
⑤ 清華大學出土文獻研究與保護中心編、李學勤主編:《清華大學藏戰國竹簡(壹)》,中西書局,2010 年,第 132 頁。
⑥ 黃懷信:《由清華簡〈尹誥〉看〈古文尚書·咸有一德〉》,簡帛網,2011 年 3 月 25 日。
⑦ 房德鄰:《〈清華大學藏戰國竹簡(壹)〉收錄的〈尹誥〉是一篇偽作》,北京大學歷史系網站,2011 年 3 月 10 日。

字"。故"鄭玄作《尹誥》當是誤書"。① 這是黃先生得出相反結論的重要依據。

李學勤先生擬定短文篇題和確定其性質的主要論證:"'惟尹躬及湯咸有壹德'這一句,郭店、上博簡作'惟尹允及湯(上博簡作康)咸有一德'。清華簡《尹誥》這乃是首句,作'惟尹既及湯咸有一德',説明簡文即是《尹誥》。"李學勤先生選擇上述第一種判斷前提:"《孔傳》本《尚書》的《咸有一德》是後人偽作,自宋代以來歷經學者討論,已成定讞。"②按李先生"是後人偽作"的所指範圍實際上囊括古文《尚書》25 篇:"東晉的偽古文《尚書》。"③對於《禮記·緇衣》引語(17 字)的後 8 字(自周有終,相亦惟終),李先生指出"或許是後來闌入"。其理由是此 8 字"注疏都講不通"。④

這裏存在五個問題。

(1) 在李學勤先生的研究中存在雙重循環論證。其一,古文《尚書》原有《咸有一德》,其内容睿智、典雅,是一篇垂範百世的道德文章。清華簡這篇無名短文的文意粗淺、敷衍成篇,其文章質量與前者不可同日而語。李先生以傳統疑古結論(已成定讞)爲依據,將這篇無名短文判定爲"真"的《咸有一德》。然後使其反客爲主作爲證據與古文《尚書》原有的《咸有一德》相比照,依據二者内容的不同證明後者"係後世偽作"。不難看出,其前提(是偽書)與結論(還是偽書)完全相同。

其二,在擬定短文篇題和確定其性質時,必須考慮古文《太甲》與《禮記·緇衣》的對應内容(這是非常重要的相反證據:清華簡所謂《尹誥》無此文,卻存在於古文《尚書》中)。李先生這裏的大前提:古文《尚書》"是後人偽作……已成定讞",其最終結論:"清華簡足以説明東晉以後的古文《尚書》没有歷史根據。"⑤不難看出,其前提與結論還是相同。循環論證的判別標準:一是論證的前提就是論證的結論,二是用來證明結論的論據本身的真實性要依靠結論來證明。論據的真實性不能依賴於結論的真實性,這是邏輯論證基本規則,違反此規則的論據不具有作爲證據的資格。

(2) 李先生認爲,《禮記·緇衣》引《尹吉》語 17 字的後 8 字(自周有終,相亦惟終)"或許是後來闌入"("闌入"指別處的文字攙雜進去)。廖名春先生持同一見解:"《禮記·緇衣》篇所引《尹誥》,其'自周有終,相亦惟終'8 字不見於清華簡《尹誥》篇,頗爲

---

① 黃懷信:《由清華簡〈尹誥〉看〈古文尚書·咸有一德〉》,簡帛網,2011 年 3 月 25 日。
② 李學勤:《清華簡九篇綜述》,《文物》2010 年第 5 期。
③ 李學勤:《清華簡與〈尚書〉〈逸周書〉的研究》,《史學史研究》2011 年第 2 期。
④ 李學勤:《清華簡九篇綜述》,《文物》2010 年第 5 期。
⑤ 李學勤:《清華簡與〈尚書〉〈逸周書〉的研究》,《史學史研究》2011 年第 2 期。

難解。筆者懷疑此8字……因錯簡混入《尹誥》篇引文……之後。"①在李先生局部論證的論據(注疏都講不通)與結論(後來闌入)之間不存在必然聯繫,廖先生的"頗爲難解"更加無法構成其"混入"的理由。由于理由十分牽强,李學勤先生和廖名春先生只能提出一个或然性判斷(李是或許、廖是怀疑)。依据一个或然性判斷,不可能得到一个有价值的证據。

(3)《禮記·緇衣》這一章②由兩部分構成,一是孔子對慎言守德主題的論述,二是引《尚書》四段内容(兩段《太甲》、一段《兑命》和一段《尹吉》)呼應孔子論述。如"自周有終,相亦惟終"是"後來闌入"、"混入",則剩下的"惟尹躬天見於西邑夏"乃是半句話。這半句話放在《緇衣》此章中毫無來由(與慎言守德主題無關)。

(4)李學勤先生判斷的理由(注疏都講不通)不成立。首先,在《太甲》③原文中,《禮記·緇衣》所引内容與前後文構成一段完整的"有機文字"(據《太甲》可知《緇衣》誤先爲天)。李先生不提《太甲》内容仍有隱瞞相反證據之嫌。其次,對照《太甲》原文和《緇衣》引文,這17字語義明朗,兩處注釋均比較合理、分明。在孔安國傳(周,忠信也。言身先見夏君臣用忠信有終)與鄭玄注(見夏之先君臣皆忠信以自終)之間,並無實質性矛盾。鄭注中一個失誤由孔疏加以訂正(此語中"先"非指"伊尹之先祖")。因此,並不存在"注疏都講不通"的情況。

(5)上述相反證據的邏輯指向是:古文《尚書》很可能不僞。細讀《禮記·緇衣》這一章内容可知,與另外三段《尚書》引文的情況相同,完整的《尹吉》引文是對孔子論述慎言守德主題的恰當、合理的呼應。元代學者陳澔據此指出:"凡四引《書》,皆明不可不慎之意。"(《陳氏禮記集説》卷九)再加上相同内容存在於古文《尚書》中的《太甲》篇及其在《太甲》中是一段"有機文字"的組成部分,這些現象構成古文《尚書》不僞的重要證據。這些證據的指向性非常明確。即使採用更加嚴謹的中立態度考察問題,這些證據仍然頑强地指向古文《尚書》不僞的結論。

---

① 廖名春:《清華簡〈尹誥〉研究》,《史學史研究》2011年第2期。
② 《禮記·緇衣》(第十六章)子曰:"小人溺於水,君子溺於口,大人溺於民,皆在其所褻也。夫水近於人而溺人,德易狎而難親也,易以溺人。口費而煩,易出難悔,易以溺人。夫民閉于人而有鄙心,可敬不可慢,易以溺人。故君子不可以不慎也。"《大甲》曰:"毋越厥命以自覆也。""若虞機張,往省括于厥度則釋。"《兑命》曰:"惟口起羞,惟甲胄起兵,惟衣裳在笥,惟干戈省厥躬。"《大甲》曰:"天作孽,可違也;自作孽,不可以逭。"《尹吉》曰:"惟尹躬天(先)見於西邑夏,自周有終,相亦惟終。"
③ 《尚書·太甲上》(古文)相關内容:"惟嗣王不惠于阿衡。伊尹作書曰:'先王顧諟天之明命,以承上下神祇。社稷宗廟,罔不祗肅。天監厥德,用集大命,撫綏萬方。惟尹躬,克左右厥辟,宅師。肆嗣王丕承基緒。惟尹躬先見於西邑夏,自周有終,相亦惟終。其後嗣王,罔克有終,相亦罔終。嗣王戒哉,只爾厥辟,辟不辟,忝厥祖。'"

　　這裏可以得出結論：清華簡所謂《尹誥》(整理者關於其篇題和性質的論證過於牽強、武斷，結論無法成立)没有證據資格，其證明力等於零。實際情況是：上述相反證據表明，古文《尚書》很可能不偽。至於這篇短文的具體撰寫年代及其性質，仍然是一個有待於深入探究的問題。

問題、方法與經典

——《論六家之要指》的啟示之二①

鄧曦澤

人類文明已經積累了浩瀚的典籍，其中有些被認爲是經典，有些則不被認爲是經典。對經典與非經典的區分，在中國古代早就開始了，並形成了完整的經典系統。那麽，一些文本是如何被古人認爲是經典的呢？"如何"這種發問探尋的是行爲方式，也就是方法問題，而方法需要具有一定的操作性纔能是有效的方法。如果能給出一些較有操作性的條件，問題就容易解決。因此，剛纔的問題也可以這樣發問：古人根據什麽條件來判斷一個文本是或不是經典？這乃是從條件的角度追問"經典是什麽"。本文通過解讀司馬談的《論六家之要指》，提取出一種可名爲"問題與方法"的經典觀，從而回答"經典是什麽"這一問題。

一、中國古代通行的一種經典觀

春秋以前，是王官學時代。春秋以降，至漢代的注經傳統形成以前，屬於諸子百

① 《論六家之要指》作爲經典，尚有諸多意蘊值得解讀，值得發掘。無論自覺與否，司馬談在評論時都運用了"問題＋方法＋效用"的思路，從其評論可以揭示生存活動的基本結構並提取一種方法論，由此形成啟示之一。同時，司馬談對六家的評論是對經典與文獻的評論，他在評論時肯定運用了一定的經典觀與文獻觀，所以，從其評論可以提取出"問題與方法"的經典觀與文獻觀，由此形成啟示之二與啟示之三。通過歷史考察，還可以發現，《論六家之要指》的經典觀流行於古代與現今，據之可以清理出中國的經典體系，由此形成啟示之四。並且，司馬談的評論還是對六家的比較，他一定運用了某種比較方法，所以，從其評論還可以提取出"問題與方法"的比較法，由此形成啟示之五。羅列這幾篇啟示如下：《面對問題本身：問題、方法與效用——〈論六家之要指〉的啟示之一》、《問題、方法與經典——〈論六家之要指〉的啟示之二》、《問題、方法與文獻——〈論六家之要指〉的啟示之三》、《問題、方法與經典體系——〈論六家之要指〉的啟示之四》、《問題與方法：比較研究的可能性——〈論六家之要指〉的啟示之五》。《論六家之要指》對我的啟示還在繼續。本文是啟示之二。

家原創經典的時期。隨著漢武帝時期大一統的建立,經學時代正式確立,以儒家與道家爲主,整合了此前的諸子之學,子學式微。春秋以降至經學確立以前,人們也在解讀經典。此期對經典的解讀,章句訓詁很少,對經典的宏觀論述卻很多。不過,若要提取古人的經典觀,宏觀論述比章句訓詁更直截了當。

漢初,司馬談對先秦諸子百家中的六家進行了總括性的宏觀評論。諸子百家爲數甚多,但司馬談只評論了六家(《漢書·藝文志》選評了十家),他的取捨說明了他已經把六家作爲經典了。本文對經典觀的思考就是來自《論六家之要指》的啟示,而《論六家之要指》的特徵異常鮮明,很容易提取出蘊含於其中的經典觀。將司馬談的評論與先秦其他關於經典的評論相比較,還可以發現,司馬談的經典觀其實是比較普遍的經典觀,由於他的表述規整,使其經典觀極具代表性。

在《史記·太史公自序》中,司馬談《論六家之要指》曰:"《易大傳》:'天下一致而百慮,同歸而殊塗。'夫陰陽、儒、墨、名、法、道德,此務爲治者也,直所從言之異路,有省不省耳。"這是司馬談對六家非常宏觀、概括的解讀,也是評論。雖然司馬談並没有直接以"經典是什麼"或"經典的條件"爲問題,直接闡發其經典觀,而是針對具體的經典羣①作宏觀評論,但是,不管他是否自覺認識到,也不管他是否明確表達出,在評論中,司馬談都一定運用了特定的解讀方法,而他的經典觀也已呈現在評論中了。我們若能提取司馬談的解讀方法,就能描述他的經典觀。

理解司馬談對經典的解讀,需要區分兩者:一是理解司馬談對六家經典的內容的具體解讀,二是理解司馬談在解讀六家時所運用的方法。方法雖然實現在對內容的解讀中,但不等於對內容的解讀。這裏考察的是後者。

司馬談採取了什麼方法解讀經典的呢?我將之提取爲"問題+方法+效用"。諸子百家的目的都是共同的,就是治國平天下("務爲治"),但是,在如何治國、平天下這個方法的問題上,各家提供的答案並不相同("異路"),並且各家方法的效用也不一樣("有省不省")。司馬談對六家的評論,分爲三層,上面這個概括的評論是第一層,以下兩層,他更具體地評論了六家,而他的每次評論都貫徹了"問題+方法+效用"的思路。②

司馬談以"問題+方法+效用"的方法理解經典,據此,可以提取出他的經典觀,概括爲"問題與方法"的經典觀,並暫且表述爲:一部經典需要面對一定的問題,並且

---

① 司馬談的評論是對可以歸類爲一家的一系列經典作總體評論,不考慮各個具體經典的差異。被歸爲一家的經典,乃是經典羣,所以,司馬談評論的是經典羣。

② 鄧曦澤:《面對問題本身:問題、方法與效用——〈論六家之要指〉的啟示之一》,見鄧曦澤《文化復興論——公共儒學的進路》附錄1,北京:人民出版社,2009年,第420—430頁。

爲問題提供一定的解決方法(較爲準確的表述將在下文給出)。以儒家爲例,司馬談在後面兩層分別如此解讀:"儒者博而寡要,勞而少功,是以其事難盡從;然其序君臣父子之禮,列夫婦長幼之別,不可易也。""夫儒者以六藝爲法。六藝經傳以千萬數,累世不能通其學,當年不能究其禮,故曰'博而寡要,勞而少功'。若夫列君臣父子之禮,序夫婦長幼之別,雖百家弗能易也。"在這兩層解讀中,因爲儒家的問題是不言而喻的,故司馬談隱去了。他概括了儒家治國之方法,指出了其效用之利弊。司馬談的經典觀在先秦是常見的,只不過他的表述非常規整,把他的經典觀非常清晰、準確、集中地體現出來了,因而具有代表性。

在司馬談之前,已有許多賢哲表達了"問題與方法"的經典觀。

(1)孔子在《繫辭》中對《周易》的解讀就體現了這種經典觀(姑且認爲孔子作十翼)。"作《易》者,其有憂患乎",這就明確指出了《周易》作爲經典是面對問題的。"夫《易》何爲者也? 夫《易》開物成務,冒天下之道,如斯而已者也",也是説明《周易》的問題的。而"日中爲市,致天下之貨,交易而退,各得其所,蓋取諸《噬嗑》……"之類的解讀,是在效用角度的解讀,就是説《周易》爲問題提供了一定的解決方法,並具有一定的效用。

(2)《禮記·經解》也體現了孔子的經典觀。孔子認爲,經典有益於治國平天下,這完全是在效用上理解經典的。孔子曰:"入其國,其教可知也。"此言是説,通過觀察民風民俗,可以考察經典的教育效果。孔子還談論了具體經典的特定效用,例如,他對《詩》評論道:"其爲人也,温柔敦厚,《詩》教也……故《詩》之失愚……其爲人也,温柔敦厚而不愚,則深於《詩》者也",一個人受《詩》的教化薰陶,其利是温柔敦厚,其弊是愚鈍;至於善學而深諳於《詩》者,則温柔敦厚而不愚鈍。很明顯,《經解》解經的方法與《論六家之要指》是一樣的(或司馬談與《經解》是一樣的)。

(3)《莊子·天下》曰:"天下之治方術者多矣,皆以其有爲不可加矣。"但是,各家其實是"多得一察焉以自好"。這仍然是從治平角度理解經典的。接下來,莊子評論諸家,指出各家之得失,也使用了"問題+方法+效用"的方法,只不過沒有司馬談那麼明晰。

(4)《荀子·非十二子》曰:"假今之世,飾邪説,文奸言,以梟亂天下,矞宇嵬瑣,使天下混然不知是非治亂之所在者,有人矣。"荀子同樣不離治亂來考察經典。例如,他指出它囂、魏牟的理論"縱情性,安恣睢,禽獸行,不足以合文通治",就是説該理論在效用上無法治國平天下,但荀子同時也肯定它囂、魏牟持之有故,言之成理。荀子理解經典的方法與司馬談也是一樣的。

(5)《韓非子·顯學》講儒墨之分歧:"墨者之葬也,冬日冬服,夏日夏服,桐棺三寸,服喪三月,世主以爲儉而禮之。儒者破家而葬,服喪三年,大毀扶杖,世主以爲孝而禮之。夫是墨子之儉,將非孔子之侈也;是孔子之孝,將非墨子之戾也。"韓非子指出儒墨兩家不相容,仍然是從兩家理論提供的治平方法的效用來看的。

司馬談的經典觀,在後世仍然流行。

(6)《漢書·藝文志》總評六藝曰:"六藝之文:《樂》以和神,仁之表也;《詩》以正言,義之用也;《禮》以明體,明者著見,故無訓也;《書》以廣聽,知之術也;《春秋》以斷事,信之符也。五者,蓋五常之道,相須而備,而《易》爲之原。故曰'《易》不可見,則乾坤或幾乎息矣',言與天地爲終始也。至於五學,世有變改,猶五行之更用事焉。古之學者耕且養,三年而通一藝,存其大體,玩經文而已,是故用日少而畜德多,三十而五經立也。後世經傳既已乖離,博學者又不思多聞闕疑之義,而務碎義逃難,便辭巧説,破壞形體;説五字之文,至於二三萬言。後進彌以馳逐,故幼童而守一藝,白首而後能言;安其所習,毀所不見,終以自蔽。此學者之大患也。"這個評論前面部分所蘊含的經典觀,與司馬談相類。後面批評後世瑣碎的章句訓詁,則是批評另一種經典觀,這種經典觀脱離生活而言經典,而這種批評本身卻是以前面部分表達的經典觀爲根據的。《藝文志》在分論經典時,也經常運用"問題+方法+效用"的方法。例如,它在論樂時引用孔子的話説"安上治民,莫善於禮;移風易俗,莫善於樂",就運用了這個方法;它在分論諸子與總論諸子,也運用了這個方法。《藝文志》在《諸子略》中對諸子的評價方法,與《論六家之要指》完全相同。

(7)《漢書》之後,《隋書·經籍志》評論經部曰:"夫經籍也者,機神之妙旨,聖哲之能事,所以經天地,緯陰陽,正紀綱,弘道德,顯仁足以利物,藏用足以獨善。學之者將殖焉,不學者將落焉。大業崇之,則成欽明之德;匹夫克念,則有王公之重。其王者之所以樹風聲,流顯號,美教化,移風俗,何莫由乎斯道?"很明顯,《經籍志》與《藝文志》的經典觀是同一經典觀的不同表達。《經籍志》正式奠定了經史子集四部分類法,對後世影響巨大,其經典觀很有代表性。

二、"問題與方法"的經典觀及其基礎性

由此觀之,司馬談的"問題與方法"的經典觀是古代常見的經典觀。需要思考的是,這種經典觀是否蘊含了什麼東西,使得它必然是常見的經典觀? 答曰:"問題與方法"的經典觀,是從問題、方法、效用的角度來考察經典的,它切中、展露了人的生存活動的基本結構(元結構),所以必定是具有基礎性地位的經典觀。

在《論六家之要指》中,司馬談與經典(六家)一樣,關注的都是治國平天下這樣的具體的問題,但他評論時所採用的"問題＋方法＋效用"這個思路中的"問題"並不限於具體問題,可以泛指一切問題。人要生存,就必定要無休無止地面對種種生存問題;有問題就要尋找解決方法,不管所採取的方法是否有效,這是無需討論的。人的生存活動的結構,就是"問題＋方法＋效用"。人在尋找方法解決生存問題的過程中,形成了特定的觀念體系,並在此觀念體系中省思自己的生存活動尤其是那些可能爲自己以及後人的生活提供經驗的生存活動,把自己的問題與解決方法記錄下來,形成文本,流傳下去,成爲生存經驗的積累或者文化積澱。

任何文本都是生存活動的產物。如果一個文本沒有問題,它就沒有書寫的目的,也就不知道想對讀者説些什麼,所以,它就不可能被認爲是對人們有重要價值的經典。因此,文本必須面對問題,這是一個文本能被認爲是經典的必要條件,不管其問題是老的還是新的。

如果一個文本有了問題而不給出一個解決方法,那麼,它不是一個完整的文本。即便是專門提問題的文本,它也需要對它的問題爲什麼足以成爲一個問題而作説明。如果一個文本只是重提了老問題而不給出解決方法,則它對人們毫無意義,也就不可能成爲經典。對於處理老問題的文本,它對於人們的意義在於它提出了獨特的解決方法,並且其方法還必須至少是局部有效的(包括完全有效或局部有效)。如果提出的新方法完全無效,則該文本仍然毫無意義。

人們(對於後來的讀者就是前人)將其生存活動與經驗記錄成文本,目的是幫助以後的生存活動,更好地解決問題。後人閱讀文本,也是要從中獲得生存經驗,解決問題。因此,一個文本要對人們有意義,它必須或者在問題上,或者在方法上爲讀者提供有價值的信息。而司馬談的"問題與方法"的經典觀,抓住了經典的問題與方法,這就切中了生存活動的問題與方法,從而引導讀者比較自覺地在問題或方法上尋找經典可能蘊含的生存經驗。因此,司馬談的經典觀就因其切中、展露了生存活動的基本結構而具有基礎性。

例如,在問題上,《論語》關注的是如何修身、如何成仁、如何爲政等問題,《孟子》關注的是如何行王道、如何養心等問題,這些問題都是人們所關注的。《純粹理性批判》關注的是先天綜合判斷如何可能、人的認識能力是如何構成的等問題,這些問題也是人們所關注的。《紅樓夢》關注的是如何擺脱情感紛擾、生死糾纏等問題,而這樣的問題是每個人都要面對的。因此,我們可以説,一個有意義的文本必定具有自己的問題,而且其問題也是許多人面對的,這是一個文本構成經典的必要條件。在方法上,上面列舉的這些文本都給出了自己的解決方法,並且都是局部有效的。

　　判定文本給出的解決方法是否有效的評價者有兩個,一是文本(實乃作者自己),二是讀者。文本常常認爲自己的方法是有效的或部分有效的,正如《莊子》所言,學者們"多得一察焉以自好","各爲其所欲焉以自爲方","皆以其有爲不可加矣。"(《莊子·天下》)而讀者的評價又有兩層。第一層,讀者對文本給出的方法是否能解決文本的問題作出評價,讀者的評價與文本可能不同。例如,司馬談認爲除了道家,其餘諸家之法都利弊交織。又如,康德認爲他解決了先天綜合判斷如何可能的問題,解決了普遍倫理規則的問題,但後人卻認爲他沒有解決。第二層,讀者對文本的問題或方法對於解決讀者的問題是否有價值作出評價。有的讀者認爲文本對於解決他的問題有幫助,有的則認爲沒有。

　　那麼,是否有自己的問題與解決方法的文本就是經典呢? 顯然不是,否則經典的範圍就太寬泛。我們尚需對文本的問題與方法做進一步限定。

　　在問題上,文本面對的問題未必都有意義,或者未必很有意義。如果文本的問題被認爲是具有獨特價值的問題,則該文本可以視作好的文本。獨特價值,這是一個模糊的説法。任何問題都是一種探尋,特定的問題可以把人們引向特定的領域,而獨特的問題可以把人們引向未知的領域,開啟新的視野。所以,一個文本有了好的或獨特的問題,就有了獨特的價值。例如,林放問禮之本,就被孔子稱讚爲善問(《論語·八佾》);如何成聖人或成君子,這個問題一直引導著儒家的思考;康德的先天綜合判斷如何可能這個問題極大地影響了其後的哲學。在問題的角度,對一個文本是不是經典,可以作比較嚴格的表述:只有當一個文本的問題獨特,該文本纔可能因其問題而被認爲是經典。

　　在方法上,如果一個文本對問題提出了獨特的並且至少局部有效的解決方法,則該文本可以視作好的文本。諸子百家的獨特價值不在於他們的問題,而在於各自提出了一套解決方法。同樣,在方法的角度,對一個文本是不是經典,也可以作比較嚴格的表述:只有當一個文本的方法獨特,該文本纔可能因其方法而被認爲是經典。

　　效用蘊含於方法之中,如果限定了方法,也就確定了效用。在效用上,一個文本必須至少局部有效地解決問題,否則它沒有價值。在司馬談看來,雖然道家之外其餘五家的方法都不能完全解決問題,但至少局部有效。

　　一個文本要被視作經典,必須有獨特的問題或獨特的方法,但並不要求問題與方法都是獨特的。獨特有時間的意味,即首創性。按照問題與方法的獨特性,一個文本有四種可能:老問題老方法、新問題老方法、老問題新方法、新問題新方法。問題與方法是相互構成的,二者相輔,對問題作出或有效或無效或局部有效的解決。在有效性上,老問題老方法停留在以前的效用上,沒有任何推進,因此是無效的。後三者都可能是有效的、無效的,或局部有效的。如果後三者都是完全無效的,那麼,即便文本在問題或方法上有創新,也不能視作經典。如果後三者至少是局部有效的,則可能(但不一定)是經典。在因果關係上看,後三者局部有效作爲結果,其原因是問題與方法這兩個變數的改變,即在問題或方法上至少有一個發生改變,是導致問題有效解決或局部有效解決的必要條件(未必是充分條件)。

文本要被視作經典,僅僅具備獨特的問題或方法是不夠的,還必須具備一個必要條件,即:文本的問題或方法必須對讀者(後人)有所幫助。這是爲了避免這兩種情況:如果文本的問題在後世不存在了,則其問題不能啟示後世讀者,因而對後世讀者並無價值;同時,文本給出的方法只能適用於解決它自身的問題,而不能給讀者提供幫助,因而其方法對讀者也沒有價值。因此,儘管文本的方法對於解決它自身的問題也許是局部有效的,但是,其問題與方法對於讀者都無價值,這種文本肯定不能視作經典。

因此,我們可以在問題與方法的角度,對經典的構成條件(或特徵)作更準確的限定,這個限定是對經典的條件定義:在一定的觀念體系中,一個文本,或者提出了獨特問題,或者提出了獨特方法,並且無論哪種情況,該文本的方法都至少是局部有效的,並且該文本或者因獨特問題或者因獨特方法對後人解決問題具有幫助,則該文本近似於經典。①

這個條件定義是受司馬談的啟示而引申出來。分析司馬談的方法,能夠確定司馬談已經意識到了經典的問題、方法與效用這三個要素以及三者的獨特性問題。司馬談對獨特性的意識,體現在"異路"之"異"上,還體現在對諸家優點使用的"不可失

---

① 這個條件定義在自然語言中顯得比較複雜,也容易產生理解上的混亂,用邏輯來表示,則非常清楚。用 A 表示獨特問題,¬A 表示普通問題,B 表示獨特方法,¬B 表示普通方法,C 表示對問題的解決至少是局部有效的(包括完全有效與局部有效),D 表示文本的問題對後人有幫助,E 表示文本的方法對後人有幫助,F 表示經典。由於滿足這個限定的文本並非一定是經典,而只能說近似於經典,故用 ≈ 表示近似。如果[條件句]一個文本因其問題而成爲經典,必須同時滿足問題獨特(A)與問題對後人有幫助(D)兩個條件;而如果一個文本的問題獨特(A)但該問題對後人沒有幫助(¬D),該文本也不可能因其問題而成爲經典。此即:A 與 D 並存,是一個文本因其問題而成爲經典的必要條件。同理,B 與 E 並存,是一個文本因其方法而成爲經典的必要條件。而 ¬A 與 D 一定不能並存,因爲沒有獨特的問題的文本在問題上對後人一定沒有什麼幫助,同理,¬B 與 E 一定不能並存。經過排除,最後剩下 3 種:(1) $A \land C \land D \approx F$,(2) $B \land C \land E \approx F$,(3) $A \land B \land C \land D \land E \approx F$。對(1),在自然語言中可以這樣解釋:一個文本,如果它有獨特問題,並且它對問題的解決是局部有效的,並且它的獨特問題對後人有幫助,那麼,該文本近似於經典。其餘兩種情況的解釋可以類推。當且僅當一個文本滿足這 3 種情況之一,該文本就近似於經典。另外,王中江以早期儒家經典的形成爲例,討論了經典的條件(參見王中江《經典的條件:以早期儒家經典的形成爲例》,載劉小楓、陳少明主編《經典與解釋的張力》,上海:上海三聯書店,2003 年,第 1—2 頁)。

也"、"不可易也"、"不可廢也"、"不可不察也"這些用語上。因此,這個描述是符合司馬談的本旨的。

這個經典觀的關鍵在於:從問題與方法的角度找出了一個文本可能被視爲經典的幾個條件,並且這幾個條件可以用"問題"、"方法"、"效用"與"獨特"這幾個關鍵字來表達。這幾個關鍵字都是常用的熟悉的生存語言,容易理解,因此,這幾個關鍵字使經典的條件或特徵更加明確,從而使對經典的描述更加嚴格、準確、清楚,並使對經典的判定更加準確,增强了判定的操作性。經典與非經典的區分,就在於問題或方法的獨特程度。但是,這並不意味著這個描述就很準確了,這個限定仍然只給出了經典的必要條件。根據這個必要條件,較爲可靠的是,那些問題與方法的獨特性都很低的文本,顯然不可能被判定爲經典。但這並不意味著在問題或方法上有創新並且至少能局部有效地解決問題的文本就一定是經典,因爲對文本的問題或方法的獨特程度的判定不僅依賴於文本本身,而且依賴於讀者所關注的問題與採取的閱讀方法,而讀者的問題與方法的差異(或主體性差異)是很大的。我們或許可以大致判定帶著特定問題與方法的讀者對特定文本會作出一個什麼樣的評價,但是,我們很難統計讀者的問題與方法的類型,各種類型的讀者的大概數量,也很難知道同一讀者的問題或方法的可能變化以及由此導致的各種類型的讀者數量分佈的變化,以及這些變化在過去與未來的可能情況,因此,很難給出一個可靠的、具有操作性的有效方法來準確判定某個歷史時期的某個人羣會如何評價一個文本的問題或方法的獨特程度,也就很難判定某個文本在某個歷史時期是不是經典。本文總是强調在一定的觀念體系中,就是要盡可能減少讀者的差異,增加對某個文本的評價的一致性或公共認可程度(詳見下文)。

"問題與方法"的經典觀是從司馬談的評論提取出來的,這裏只不過對之作了更嚴格、準確、清楚的表述,但是,司馬談的經典觀是否正確呢? 答曰:"問題與方法"的經典觀直接切中並展露了生存活動的基本結構,只要承認這個生存結構,該經典觀就可以從其前提演繹出來。通過演繹,不但可以證明該經典觀的正確性,還可以證明其基礎性。"問題與方法"這種經典觀的前提有二:第一,任何生存活動都有"問題+方法+效用"這個基本結構。第二,任何文獻(含經典)都是人們對自己生存活動的省思結果,並且這個結果用可以理解並可以保存的方式保存下來了。文獻的所指是非常寬泛的,不局限於用文字書寫的東西。由於第一個前提是真實存在的,甚至是絕對的,第二個前提是基於第一個前提而進行的反思性的生存活動,也是真實的,那麼,這兩個前提都是真實的,因此,"問題與方法"的經典觀就可以從這兩個前提演繹出來,並且使之具有基礎性。至於經典構成條件的幾種情況,則是對問題與方法在文本與讀者那裏的所有情況的完全列舉。而要説明這種經典觀具有基礎性,只需要回到它的前提,因爲它展示了時時處處在生存中運行的最基本的生存結構,也就是面對問題,尋找方法解決問題("問題＋方法＋效用")。人的一切活動都是在爲問題尋找方法的過程中展開的,或者説人的一切活動就是發現問題並爲問題尋找方法。

　　這個經典觀與古代把經典視作常道的載體的經典觀完全相容,兩者只是表述不同而已,不過前者更準確。在古代,"經典"連用,首見於《漢書·孫寶傳》:"周公上聖,召公大賢,尚猶有不相説,著於經典,兩不相損。"此"經典"乃"經"與"典"之合用,其含義是對"經"或"典"的强調。單講"經"與"典",二者均有今天所言的經典的含義。經是織布時的縱絲,緯是横絲(《説文解字》)。就經緯在紡織中的作用看,經爲紡織固定最基本的位置,比緯更重要,而經緯都起著確定紡織的佈局的作用。從經線、緯線的固定作用,引申出動詞含義的經緯。所謂經天緯地,就是對天地萬物進行人爲的理解與固定,建立一套秩序,使之爲人服務。經邦緯國,也是指把社會納入一定的秩序,加以確立。經緯作爲絲線不是一般的絲線,作爲動作也不是一般的動作,而是規定其他絲線的絲線或規定其他動作的動作。因此,當"經"被用來指稱一些文本時,這些文本不是一般的文本,而是更重要的、對其他文本起著規定或指導作用的文本。所以,經被認爲是記載"常道"的文本。① 與經的本義指縱絲不同,典的本義就是指書籍,而且指極其重要的"五帝之書"(《説文解字》)。在後世的使用中,被稱爲典的文本都是十分重要的。概言之,經典就是指記載常道的文本。②

　　一定的觀念體系(以及由這觀念體系支配的社會秩序)一定有其常道,即有一些支配其他觀念的觀念。這裏的問題是:憑什麽説一個文本記載了常道? 或者這樣發問:文本究竟須具備什麽特徵或條件,纔算記載了常道? 這實際上是换一種提問方式來理解經典的條件。人們自覺地創作、積累、傳承文本(這是傳承文明的一種重要途徑),乃是爲了自己的生活。生活總是要面對問題的,而有了問題就要解決。如果一個文本既不面對問題,或只是面對一個老問題,也沒有提出一個略有效果的解決方

① 《白虎通·五經》:"經所以有五何? 經,常也。有五常之道,故曰五經。"《文心雕龍·宗經》曰:"三極彝訓,其書言經。經也者,恒久之至道,不刊之鴻教也。"這是將經理解爲常道。王陽明也直接釋經爲"常道"。(參見王陽明《王陽明全集》(上册),上海:上海古籍出版社,1992 年,第 254 頁)另外,這裏對"經典"一詞的考察,略去了許多文獻,可參見《故訓匯纂》提供的例證。

② 經典在今天並不僅指用文字書寫的文本,各種文化形式都有其經典,如音樂經典、繪畫經典,但經典的基本含義卻大體是一致的,即在一定觀念體系下因其問題或方法的獨特而對其他文本具有規定和指導作用的文本。另外,文本的外延也可大可小。就廣義言,一切記載人類文明的東西都是文本。就狹義言,用文字書寫的東西纔是文本。但本文並不側重在外延上理解文本或作爲經典的文本,而是在内涵上理解。

法,那麼,它就很難觸動人的生存結構,我們就很難想像它對人們的價值,它也就無法被認爲是經典。例如,《周易》之所以作爲經典,正如《四庫全書總目·易類小序》所説:"又《易》道廣大,無所不包,旁及天文、地理、樂律、兵法、韻學、算術,以逮方外之爐火,皆可援《易》以爲説。""援《易》以爲説",正是《周易》作爲經典爲後人提供思想源的方式。同樣,《論語》之所以被認爲是經典,就因爲它提出了一些獨特的問題,並給出了一些獨特的解決方法,後人能從中汲取思想源,指導自己的生活,援《論語》以爲説。更普遍地説,援引經典以爲説,正是經典爲人們的生活提供理論根據、價值依託與意義支撐的方式。

這種經典觀完全支持關於經典的建構性與歷史性的觀點。建構性與歷史性相互蘊含,即可以互推。凡是建構的都是歷史的,反之亦然,二者都是非先驗的。由於後人面對的問題與選擇的解決方法不斷變化,使後人在閲讀、解釋文本時,從中獲得了或多或少的思想源,從而使後人對文本產生各種評價,並把一些文本(被後人認爲是更有價值的文本)與另一些文本(被後人認爲是具有較少價值的文本)區別開來,並形成了經典與非經典的區分。這樣,經典就在人的生存活動的歷史中被建構起來了。

在前面,我幾次使用了"在一定的觀念體系中"這一限定,這個限定是必要的。因爲人類有許多觀念體系,一個主體(如一個民族、一個羣體或一個人)可以有不同的觀念體系。當然,這裏的觀念體系也是非常模糊的概念,判定其邊界的尺度難以確定,其邊界常常是在具體的討論中被限定的,關鍵是要明確誰與誰進行區分。當討論百家爭鳴時,我們可以把先秦時期的諸子百家視作不同的觀念體系;當討論佛學東漸時,我們就可以把諸子百家看作一個體系,把佛學看作另一個體系;當討論西學東漸時,我們可以把儒道佛都看作一個體系,把西學看作另一個體系。限定在一定的觀念體系中理解經典,是因爲在甲觀念體系中的經典、問題、方法可能並不被乙觀念體系認可。最明顯的例子是科學並不認可宗教中的修煉、感應。在小尺度上看,先秦道家並不將孔子的學説視作經典。在中尺度看,後世儒家也不將佛教的經典視作自己的經典。在大尺度看,伊斯蘭教的觀念體系可以不認可基督教的觀念體系,相互不會把對方的經典視作自己的經典。同樣,在鴉片戰爭以前,中國人雖對西學有所吸納,但不會將之視作經典。而不同觀念體系的經典的相互認可問題,實際上來自於他們對問題與方法的相同或不同理解。甲體系中的問題可能在乙體系中根本不是問題,甲體系解決問題的某些方法在乙體系中也可能根本不會被採用。例如,在鴉片戰爭以前,中國人根本不會進基督教教堂舉行結婚儀式。但是,觀念體系是可以變更的,也是可以相容的。一個主體可以放棄一種觀念體系而接受另一種觀念體系,也可以同時有幾種互不相同的觀念體系。例如,科學家中有伊斯蘭教徒、佛教徒、基督教徒、道教徒、儒教徒等,這就意味著,作爲宗教徒的這一主體身上就至少存在兩種觀念體系。鴉片戰爭以後,中國人逐漸接受了西來的觀念體系,並且這套體系在今天主導著中國人的觀念與生活。

三、"問題與方法"的閱讀法

上文所討論的"問題與方法"的經典觀,乃是根據司馬談對六家的解讀而提取出來的,也就是説,該經典觀乃是根據司馬談所採用的閱讀法提取出來的。這就意味著,我們可以反過來,根據"問題與方法"的經典觀而引申出一種可名爲"問題與方法"的閱讀法。

任何一種思想甚至任何一句完整而有意義的話,都有三個方面:它要説什麼(問題),它如何説(方法)與它實際説了什麼(效用)。因此,文本(包括經典)就有問題、表達方法與實際表達的思想内容(説了什麼)三個方面。同樣,讀者的閱讀也有三個方面:讀者關注的問題、讀者的閱讀方法與讀者的閱讀結果。二者的關係可能一致,也可能不一致。由"問題與方法"的經典觀可以引申出一種閱讀法——"問題與方法"的閱讀法,因爲"問題+方法+效用"既是古人也是今人的生存結構,還是經典的結構,如果按照"問題與方法"的閱讀法,就會理解經典的結構,繼而理解古人的生存結構,爲後人的生活提供幫助。

如何閱讀呢?例如,作爲讀者,司馬談在解讀六家時,他的思路完全是順應著文本(六家)的思路的。他考察的問題與六家面對的問題是一樣的;六家各自提出治平之策,司馬談也是在方法上考察六家的;最後,在效用上,六家都認爲自己的策略是最好的,而司馬談也是在效用上評價六家的。

但是,讀者關注的問題與文本關注的問題、讀者的閱讀方法與文本的表達方法、讀者的閱讀結果與文本的思想内容常常不一致。例如,《論語》中經常談到"仁"。"樊遲……問仁。曰:'仁者先難而後獲,可謂仁矣。'"(《論語·雍也》)"顏淵問仁。子曰:'克己復禮爲仁。一日克己復禮,天下歸仁焉。爲仁由己,而由人乎哉?'"(《論語·顏淵》)非常明顯,弟子問仁,問的都是"如何行仁",孔子也是在"如何"上回答的。如果我們也關注如何行仁,在如何採取行動上闡發孔子的話,那就是順著文本的問題來閱讀與闡發的。但是,如果我們不關注如何行仁,而關注孔子與弟子的問題方式時,則會得出:孔子師徒不關心"仁是什麼"的問題,而關心"如何行仁"的問題。同樣,如果我們對"德性是什麼"作出具體的回答,我們的問題與蘇格拉底就是一樣的。如果我們在發問方式的角度説蘇格拉底的問題方式是"這是什麼"時,我們的問題與蘇格拉底就不一樣。

　　在方法上,讀者與文本也可以不一致。孔子説克己復禮是行仁之道,他意指的是具體的、實踐的克己復禮。訓詁家解釋克己復禮時,他們的問題不再是"如何行仁",而是"克己復禮是什麼含義",因而他們用的是訓詁的方法而非孔子那樣的行動指示。在閱讀結果上,訓詁家得到的也是克己復禮是某某含義,而不是行動指示。讀者的問題與方法決定了閱讀結果。

　　按照文本與讀者的問題的異同,閱讀可以分爲兩種。第一種,當讀者的問題與文本的問題相同時,這種閱讀是基本閱讀,是"我注六經"(或我注六經式的閱讀),用邏輯的術語來表達,則是一階閱讀。第二種,當讀者的問題與文本的問題不同時,這種閱讀是次級閱讀,是"六經注我"(或六經注我式的閱讀),用邏輯的術語來表達,則是二階閱讀。這裏使用"一階"與"二階"這樣的術語,是爲了使區分更明確。兩種閱讀的區分標準是讀者與文本的問題的異同。

　　爲什麼不以方法或者兼以問題與方法爲標準區分兩種閱讀呢? 在"問題＋方法＋效用"這個結構中,首先確定的不變數是問題而不是方法,方法是爲解決問題服務的,解決同一問題可以採取多種方法,因此,如果以方法爲標準,則標準難以具有確定性。因此,無論單以方法爲標準還是兼以方法與問題爲標準,都難以具有確定性。不過,如果讀者與文本的問題與方法都相同,則可稱爲嚴格的一階閱讀(或嚴格的基本閱讀、嚴格的我注六經);而讀者與文本只有問題相同,則可稱爲不嚴格的一階閱讀。例如,司馬談解讀六家,就是嚴格的一階閱讀。再如,《莊子·齊物論》最後講了莊周夢蝶的故事。莊子懷疑自己究竟生活在夢中還是現實中,他以化蝶的故事來説明夢境與現實的無法區分。如果讀者順著莊子的問題,順著莊子的方法,考察夢境與現實究竟能否區分,則屬於嚴格的一階閱讀。如果讀者順著莊子的問題,放棄莊子的方法,採用邏輯的方法證明夢境與現實不可區分(這是可證的),則屬於不嚴格的一階閱讀。嚴格的一階閱讀是最能準確理解文本的。

　　當讀者的問題與文本不同時,則屬於二階閱讀。由於問題這個最基本的量都變了,方法這個量更不穩定,所以,整個閱讀都變了,也就没有必要再在其中區分嚴格的二階閱讀與不嚴格的二階閱讀。例如,本文對《論六家要旨》的閱讀就屬於二階閱讀。再如,如果我們不關注如何行仁,而關注孔子與弟子的問題方式;如果不關注"德性是什麼",而關注蘇格拉底的問題方式,這樣的閱讀都是二階閱讀。

　　二階閱讀必須以一階閱讀爲基礎(或必要條件),或者"六經注我"必須以"我注六經"爲基礎;更準確地説,二階閱讀必須以嚴格的一階閱讀爲基礎。如果没有一階閱讀就進行二階閱讀,就只是讀者在展示自己的問題與方法,而文本對於讀者完全可有可無,無關緊要,因此完全是亂讀、臆讀,甚至根本不是閱讀。這種閱讀,毋寧說讀者實際上是作爲作者在創作而不是在閱讀。嚴格的一階閱讀就是像司馬談那樣,理解文本的問題、方法及其效用。這種閱讀首先不是說文本說了什麼,而是首先明確文本面對的問題,然後在問題中理解文本說了什麼,說出的東西是否解決了問題。明確文本的問題,可以爲閱讀指示方向,閱讀纔可能不是盲人摸象,各執一端。讀者有了這種基本閱讀,明確了文本的問題與方法,如果他還需要帶著特定問題與方法去閱讀,他纔能把自己的問題與方法和文本的問題與方法區分開來,纔能既爲我所用地利用文本的思想源,又不會把自己與文本相互混淆。

在這裏,我把"我注六經"視作基本閱讀,即一階閱讀,把"六經注我"視作次級閱讀,即二階閱讀,這個理解是否有道理? 是否就是上面所批評的根本没有一階閱讀的虛假二階閱讀,而實爲亂讀? 答曰:"我注六經",就是讀者去理解文本,而且儘量真切地理解文本,儘量不要摻入己見。既然不要摻入己見,就意味著要理解文本所蘊含的基本生存結構,也就是要理解文本的問題、方法與效用。因此,"我注六經"就是一階閱讀;反之亦然。嚴格的"我注六經"就是嚴格的一階閱讀;反之亦然。而"六經注我"則是讀者先有不同於文本的問題,然後在文本中尋找方法解決問題。但是,即便"六經注我",也首先要進行"我注六經"的工作。考察宋代關於"我注六經"與"六經注我"的爭論,其意思大概如此。本文使用"一階"與"二階",只是用含義更確定且更規範的概念來表達"我注六經"與"六經注我"而已。

正是讀者的問題與方法的多樣,纔使經典的解讀具有豐富的可能。例如,在漢代的董仲舒那裏,他的目的是要建立大一統,所以,就強調《春秋》的尊王思想。而在宋代的胡安國那裏,由於國家面對異族的威脅,所以,他就強調《春秋》的攘夷思想。再如,《孟子·盡心上》中舜"竊負而逃"這個故事,在近代以前,古人把這個文本解讀爲遵紀守法的典範。焦循就讀出了"奉法承天,政不可枉,大孝榮父,遺棄天下"(焦循:《孟子正義》),他顯然希望從這個故事中讀出有助於政治清明的思想。到了近代,維新派人士也將這個文本中的事例解讀爲守法之模範,不過,維新派的問題並不是爲了發掘文本的正面價值,而是藉以引進西方的民主法治觀念和相應的制度建構。在這種現代性訴求之下,這個文本(以及其他文本)就獲得了熊十力所言的現代解讀(主要是二階閱讀)。熊十力說:"清末,西學輸入漸盛。維新派之思想,初尚依經義,以援引西學。如《易傳》之尚名與制器尚象,及《荀子》之制天思想,資以吸收科學。《周官》有許多大義,用以比附當時所期望之憲政。而《孟子》有民貴之論。又言舜爲天子,其父殺人,只有竊負而逃,不得以天子之父而枉法。又言民治,必始於民有恒產,而後有恒心。甚多精闢之論,足與遠西學説相融會。"①而近來一些反傳統人士卻將舜"竊負而逃"解讀爲權力腐敗。故事是同一個故事,解讀卻大相徑庭,原因何在? 就是因爲讀者與文本的問題與方法不同,讀者與讀者之間的問題與方法也不同。

由於讀者的問題與方法和經典的問題與方法可能不一致,更甚者,讀者的觀念體系與經典的觀念體系可能不一致,則可能導致舊有經典的變更。這一點,中國人是最深切地感受到了。在中國古代被絶大多數人視作天經地義的許多經典(如四書五經),在近代以降不再被許多現代中國人視作經典了。爲什麽會發生這種情況呢? 首先是歷史情勢發生了巨大改變,西力東侵,中國節節敗退。面對失敗,許多國人試圖仍舊運用本有思想來戰勝西方,因爲古代曾成功接納佛教並使之與本有文化和諧相處,也曾成功地讓滿族接受漢文化而使漢人亡國而未亡天下。但是,面對鴉片戰爭以來西方的挑戰,中國在軍事、政治、經濟上均節節敗退,文化上也根本没有取得對西方的優越性,反而覺得西方文化更高明,自己的文化不高明。國人認爲,西方挑戰引發的問題是古代經典所未曾面對的(三千年未有之變局),並且古代經典無法提供解決當時困局的有效方法,所以,在問題與方法上,古代經典都喪失了爲近代中國人提供思想源的功能,也就是對問題的解決完全無效(或近乎完全無效),所以,許多國人就對古代經典失望,不再從中尋找思想源,②因此,古代經典就喪失了作爲經典應該爲人們的生活提供理論根據、價值依託與意義支撑的效用,也就不再被認爲是經典了。於是,國人轉向西方,主要向西方尋找思想源,並主要以西方的經典爲經典。這就是近代中國轉向中的經典變更。經典變更完全可以在"問題與方法"的經典觀中得到解釋。脱離具體的例子,還可以對經典變更作普遍化的表述:如果舊有的經典被後人認爲在問題與方法上都無法爲其生活提供思想源,那麽,該經典就會變更,不再被視作經典。③

---

① 蕭萐父主編:《熊十力全集》第三卷,武漢:湖北教育出版社,2001年,第558—559頁。

② 這裏只是描述清末民初許多國人是如何看待古代經典以及古代文化的,而不是評價其看法。他們的看法是有問題的,又當別論。

③ 關於古代經典體系的破裂與現代經典體系的建立,我在《問題與方法:經典體系之建立與統緒——〈論六家之要指〉的啓示之四》(載徐鼎一主編《藝衡》第二輯,北京:國家圖書館出版社,2009年)中有專門討論。

順陰陽　明教化

——《漢志》儒家小序引述《堯典》發微

李若暉

《漢書》卷三十《藝文志》乃本於西漢劉向、劉歆父子之《別錄》、《七略》。① 其要以天下學術歸本於六藝,至於諸子,乃有所謂"諸子出於王官"之論。嘗試檢儒家小序,則言:"蓋出於司徒之官,助人君順陰陽明教化者也。"此當本於《尚書·虞夏書·堯典》舜命契之辭:"契,百姓不親,五品不遜,汝作司徒,敬敷五教,在寬。"

五品,孔《傳》:"五品,五常。"《史記》卷一《五帝本紀》裴駰《集解》引鄭玄曰:"五品,父母兄弟子也。"復引王肅曰:"五品,五常也。"孔《疏》則彌縫兩端:"一家之內,尊卑之差,即父母兄弟子是也。教之義慈友恭孝,此事可常行,乃爲五常耳。"金景芳以爲"鄭説是,王説非。鄭説應據於《左傳》文公十八年'舉八元,使布五教於四方,父義母慈兄友弟恭子孝'。"② 按,《詩·大雅·生民》孔《疏》引鄭玄《堯典注》云:"舉八元使布五教"③,金説是。《左傳》之外,《孟子·滕文公》亦云:"使契爲司徒,教以人倫,父子有親,君臣有義,夫婦有別,長幼有序,朋友有信。"④可證。"明教化"即順五品,布五教,甚爲顯明。《尚書》孔《傳》:"遜,順也。"⑤是則《諸子略》儒家小序"順陰陽"之"順"即本於《堯典》"五品不遜"之"遜"。由此可見,儒家小序"順陰陽"與"明教化"並非並列結構,而應該理解成以"順陰陽"爲手段達到"明教化"的目的⑥。

---

① 參余嘉錫《目錄學發微》,臺北:藝文印書館,1987 年,第 59—61 頁。

② 金景芳《〈尚書·虞夏書〉新解》,瀋陽:遼寧古籍出版社,1996 年,第 161 頁。

③ 參陳品卿《尚書鄭氏學》,臺北:嘉新水泥公司文化基金會,1977 年,第 176 頁。

④ 李振興《王肅之經學》云:"王氏好攻鄭氏,其所云'五品,五常也。'當指《孟子》五倫而言也。"按五常爲仁義禮智信,非五倫,其説非。臺北:嘉新水泥公司文化基金會,1980 年,第 175 頁。

⑤ 參段玉裁《古文尚書撰異》,載《四部要籍注疏叢刊·尚書》,北京:中華書局,1998 年,中冊,第1813 頁。

⑥ 馬曉斌《漢書藝文志序譯注》標點及翻譯皆以"助人君"、"順陰陽"、"明教化"三者並列,誤。鄭州:中州古籍出版社,1990 年,第 37—38 頁。

　　然則其詳維何？

　　細繹《堯典》本文及儒家小序，可以發現二者所述略有歧異。《堯典》"五品不遜"之"遜"固然訓爲"順"，結合下文"五教"來看，五品之順乃是其自身"父子有親，君臣有義，夫婦有別，長幼有序，朋友有信"，而非別有一"陰陽"來使五品得順。是則以"順陰陽"從而"明教化"，非《書》學正脈，當是向歆父子旁採異説以釋儒經的結果。

　　以"順陰陽"治天下的學説，無疑首先令人想起鄒衍的陰陽家。《史記》卷一百三十《太史公自序列傳》載其父司馬談《論六家要旨》曰："陰陽之術，大祥而衆忌諱，使人拘而多所畏。然其序四時之大順，不可失也。"《漢志》陰陽家小序曰："陰陽家者流，蓋出於羲和之官，敬順昊天，歷象日月星辰，敬授民時，此其所長也。及拘者爲之，則牽於禁忌，泥於小數，捨人事而任鬼神。"兩家所言皆爲時令之説，但其論在後世的影響遠不如五德終始説顯赫，只有殘篇斷簡被偶爾引用而得以存世。《周禮·夏官·司爟》"四時變國火"，鄭注："鄭司農説以鄒子曰，春取榆柳之火，夏取棗杏之火，季夏取桑柘之火，秋取柞楢之火，冬取槐檀之火。"檢《論語·陽貨》"鑽燧改火"皇侃《義疏》，改火依季節選用不同的樹種，依據的也是陰陽五行，如："榆柳色青，春是木，木色青，故春用榆柳也。"不過《論語》此句下《集解》錄馬融注引《周官·月令》"更火"之文，略同於鄒衍之説，唐賈公彥《周禮正義》也説"鄒子説出於《周書》，其義是一"，那麼鄒衍當是將舊時禮制用陰陽五行説予以解釋。最爲系統的"順陰陽"之治國論，當推《吕氏春秋》。徐復觀嘗謂："《吕氏春秋》有《序意》一篇，不綴於全書之後，而綴於《十二紀》之末；且自名其書爲《春秋》，正係綜括《十二紀》以立名；則在吕氏及其門客的心目中，此書的骨幹，是《十二紀》而不是《八覽》、《六論》，至爲明顯。"[①]田鳳台進而論曰："十二紀者，吕書思建立其政治之最高原則，而申論其行政綱領者也。此最高原則爲何？即順天，此政治綱領爲何？即順天之春生、夏長、秋收、冬藏之理，而言治國之四大經，養、教、管、衛者也。……《吕氏春秋》作者，師承陰陽家順天之最高原則，以五德終始，時令配合，災異祥瑞爲架構，而以儒者尚德爲施政原則，而到達墨家以愛利人民爲施政之目的。其十二紀篇首之旨，將國家一切政令，無不納入時令，無論天上之星象風露之變，地上蟲魚動植之化、人事、居處、服食、器用、行事之宜，皆應順此時令而行。此一周密設計政令與時令之

① 　徐復觀：《〈吕氏春秋〉及其對漢代學術與政治的影響》，載徐復觀《兩漢思想史》，上海：華東師範大學出版社，2001年，第二卷，第2—3頁。

配合,可稱之爲政府或帝王之年行事曆。"①

暴秦絕學,專任法律。及漢興,尚黄老之治,吕氏之學復振。徐復觀《〈吕氏春秋〉及其對漢代學術與政治的影響》一文詳細排比分析了漢代史料,指出《吕氏春秋》十二紀之紀首(即相當於《禮記·月令》的部分)對漢代政治有著深遠的影響。如《漢書》卷七十四《魏相傳》:

> 臣愚以爲陰陽者,王事之本,羣生之命,自古賢聖未有不繇者也。天子之義必純,取法天地,而觀於先聖。高皇帝所述書,《天子所服》第八曰:"大謁者臣章受詔長樂宫,曰,令羣臣議天子所服,以安治天下。相國臣何、御史大夫臣昌,謹與將軍臣陵、太子太傅臣通等議,春夏秋冬,天子所服,當法天地之數,中得人和。故自天子王侯有土之君,下及兆民,能法天地,順四時,以治國家,身亡禍殃,年壽永究,是奉宗廟、安天下之大禮也。臣請法之。中謁者趙堯舉春,李舜舉夏,兒湯舉秋,貢禹舉冬,四人各職一時。大謁者襄章奏。"制曰:"可。"

《史記》卷五十六《陳丞相世家》:

> 孝文皇帝既益明習國家事,朝而問右丞相勃曰:"天下一歲決獄幾何?"勃謝曰:"不知。"問:"天下一歲錢穀出入幾何?"勃又謝不知,汗出沾背,愧不能對。於是上亦問左丞相平,平曰:"有主者。"上曰:"主者謂誰?"平曰:"陛下即問決獄,責廷尉;問錢穀,責治粟内史。"上曰:"苟各有主者,而君所主者何事也?"平謝曰:"主臣!陛下不知其駑下,使待罪宰相。宰相者,上佐天子理陰陽,順四時,下育萬物之宜,外鎮撫四夷諸侯,内親附百姓,使卿大夫各得任其職焉。"孝文帝乃稱善。

《漢書》卷七十四《丙吉傳》:

> 吉又嘗出,逢清道,羣鬬者死傷横道,吉過之不問,掾史獨怪之。吉前行,逢人逐牛,牛喘,吐舌。吉止駐,使騎吏問逐牛行幾里矣。掾史獨謂丞相前後失問,或以譏吉,吉曰:"民鬬相殺傷,長安令、京兆尹職所當禁備逐捕,歲竟丞相課其殿最,奏行賞罰而已。宰相不親小事,非所當於道路問也。方春少陽用事,未可大熱,恐牛近行,用暑故喘,此時氣失節,恐有所傷害也。三公典調和陰陽,職當憂,是以問之。"掾史乃服,以吉知大體。

---

① 田鳳臺:《吕氏春秋探微》,臺北:臺灣學生書局,1986年,第168頁。

徐氏曰："丙吉的觀念，與陳平完全相同。若不瞭解《十二紀》的思想背景，簡直是無法使人理解。"①

如果仔細考察漢代思想史，説丙吉受陳平影響無可置疑，然而要説二人觀念"完全相同"，則期期以爲不可。

從陳平與丙吉的個人和時代思想背景來看，漢初的治國理念是黃老之學，陳平"少好讀書，治黃帝、老子之術"；（《漢書》卷四十《陳平傳》）宣帝時早已罷黜百家，獨尊儒術，丙吉"本起獄法小吏，後學《詩》《禮》，皆通大義"。（《漢書》卷七十四《丙吉傳》）可見陳平之"上佐天子理陰陽，順四時"，乃是承襲陰陽家——《吕氏春秋》一脈的觀念；而丙吉之"三公典調和陰陽"，則是漢代吸收了陰陽家學説的儒學觀念。

兹説蓋本於董生。《春秋繁露・基義》："陰者陽之合，妻者夫之合，子者父之合，臣者君之合。物莫無合，而合各有陰陽。陽兼於陰，陰兼於陽；夫兼於妻，妻兼於夫；父兼於子，子兼於父；君兼於臣，臣兼於君。君臣、父子、夫婦之義，皆取諸陰陽之道。君爲陽，臣爲陰；父爲陽，子爲陰；夫爲陽，妻爲陰。……陰陽二物，終歲各壹出。壹其出，遠近同度而不同意。陽之出也，常縣於前而任事；陰之出也，常縣於後而守空處。而見天之親陽而疏陰，任德而不任刑也。是故仁義制度之數，盡取之天。天爲君而覆露之，地爲臣而持載之；陽爲夫而生之，陰爲婦而助之；春爲父而生之，夏爲子而養之；秋爲死而棺之，冬爲痛而喪之。王道之三綱，可求於天。天出陽爲暖以生之，地出陰爲清以成之。不暖不生，不清不成。然而計其多少之分，則暖暑居百，而清寒居一。德教其與刑罰，猶此也。故聖人多其愛而少其嚴，厚其德而簡其刑，以此配天。"董生所舉之倫雖不同於鄭君，然順陰陽以明倫常之意則頗清晰，故劉氏持以釋《書》而論儒。董生造論，固有取於陰陽家。② 且其意蓋師諸《易》之《序卦》："有天地然後有萬物，有萬物然後有男女，有男女然後有夫婦，有夫婦然後有父子，有父子然後有君臣，有君臣然後有上下，有上下然後禮義有所錯。"《易傳》則爲援陰陽以入儒之肇始，③其以陰陽貫通天人，允爲董生之先路。④

綜上所述，"順陰陽"以治國本爲陰陽家觀念，而爲《吕氏春秋》系統化。漢初崇尚黃老，陳平等即以此施政。至武帝時，董仲舒發皇《易》説，援陰陽之説入儒，以陰陽條

---

① 徐復觀：《〈吕氏春秋〉及其對漢代學術與政治的影響》，載徐復觀《兩漢思想史》，上海：華東師範大學出版社，2001年，第二卷，第39—48頁。

② 參黃樸民《天人合一——董仲舒與漢代儒學思潮》，長沙：岳麓書社，1999年，第57—63頁。

③ 參黃克劍《〈周易〉"經"、"傳"與儒、道、陰陽家學緣探要》，載《中國文化》第十二期，1995年，第64—68頁。

④ 參韋政通《董仲舒》，臺北：東大圖書公司，1996年再版，第77—78頁。

理五倫。於是丙吉依之論政，向歆用以釋《書》。

　　徐復觀先生又以爲僞古文《周官》"論三公之職爲'論道經邦，燮理陰陽'的觀念，必然是《吕氏春秋》以後，在西漢所發展的觀念。"[①]其實也應當是向、歆父子以董生説釋《書》以後《書》學之士所造作的僞古文文本。至若《隋書》卷三十四《經籍志》三《子部》儒家類小序乃謂"儒者所以助人君明教化者也"，獨删"順陰陽"三字，亦可略窺時移世變。

---

①　徐復觀：《〈吕氏春秋〉及其對漢代學術與政治的影響》，載徐復觀《兩漢思想史》，上海：華東師範大學出版社，2001 年，第二卷，第 40 頁。

四庫提要總敍劄記

——兼讀《四庫提要敍講疏》

張京華

滿清以純簡之風，承數千載之文教，上循天命，下盡人事，其開國有法，其建國有序，其學術淩越前代，蓋自知夷狄，尤能自勉，後世雖有議者，而不及遠甚，故其《欽定四庫全書總目提要》迄今仍有崇仰之價值。

《四庫全書》之宗旨在營建官學，提升經史，貶抑子集。經學在三代爲真經，真，故無名。孔子已不敢復古，漢以後只是"理想藍圖"之學。然此亦足以開國立國，其價值在此。民國處亂世，學者鮮知治天下之義，故多不識真經。

《四庫全書凡例》固已有云："聖賢之學主於明體達用，凡不可見諸實事者，皆屬卮言。儒生著書，務爲高論。陰陽、太極累牘連篇，斯已不切人事矣，至於論九河則欲修禹迹，考六典則欲復周官，封建、井田動稱三代，而不揆時勢之不可行。"予則謂三代必不可復，而三代之精神祈向必不可無，故作《總敍》劄記。

經 部 總 敍

經稟聖裁，垂型萬世，删定之旨，如日中天，無所容其贊述。所論次者，詁經之説而已。

自漢京以後，垂二千年，儒者沿波，學凡六變。

其初專門授受，遞稟師承。非惟詁訓相傳，莫敢同異，即篇章字句，亦恪守所聞。其學篤實謹嚴，及其弊也拘。

王弼、王肅，稍持異議，流風所扇，或信或疑。越孔、賈、啖、趙，以及北宋孫復、劉敞等，各自論説，不相統攝，及其弊也雜。

洛閩繼起，道學大昌，擺落漢唐，獨研義理。凡經師舊説，俱排斥以爲不足信。其學務別是非，及其弊也悍。（如王柏、吳澄攻駁經文，動輒刪改之類。）

學脈旁分，攀緣日衆，驅除異己，務定一尊。自宋末以逮明初，其學見異不遷，及其弊也黨。（如《論語集注》誤引包咸夏瑚商璉之説，張存中《四書通證》即闕此一條以諱其誤；又如王柏刪《國風》三十二篇，許謙疑之，吳師道反以爲非之類。）

主持太過，勢有所偏，材辨聰明，激而橫決。自明正德、嘉靖以後，其學各抒心得，及其弊也肆。（如王守仁之末派皆以狂禪解經之類。）

空談臆斷，考證必疎，於是博雅之儒，引古義以抵其隙。國初諸家，其學徵實不誣，及其弊也瑣。（如一字音訓動辨數百言之類。）

要其歸宿，則不過漢學、宋學兩家互爲勝負。夫漢學具有根柢，講學者以淺陋輕之，不足服漢儒也；宋學具有精微，讀書者以空疎薄之，亦不足服宋儒也。消融門户之見而各取所長，則私心祛而公理出，公理出而經義明矣。蓋經者非他，即天下之公理而已。

今參稽衆説，務取持平，各明去取之故，分爲十類。曰《易》，曰《書》，曰《詩》，曰《禮》，曰《春秋》，曰《孝經》，曰《五經》總義，曰《四書》，曰樂，曰小學。

（以上據中華書局影印浙江本，酌分段落，下同。）

【校注】

按《四庫全書提要》之《敘》，先有江標刊刻《欽定四庫全書總目提要四部類敘》於光緒二十二年，後有劉咸炘刊刻《四庫全書提要類敘》於民國十年，始單行。民國十五年周雲青撰《四庫全書提要敘箋注》（上海醫學書局出版，下稱《箋注》），始有注本。1947 年張舜徽先生撰成《四庫提要敘講疏》（下稱《講疏》），始有評本。《講疏》至 1988 年收入《舊學輯存》，由齊魯書社出版（下稱齊魯本）。2002 年臺灣學生書局出版單行本（下稱臺灣本），2005 年雲南人民出版社重刊（下稱雲南本），2008 年華中師範大學出版社收入《張舜徽集·舊學輯存》（下稱華中本）。茲皆略加核校。

"獨研義理"，張舜徽《講疏》"獨"誤作"讀"。（齊魯本 P1650、華中本 P958 不誤，雲南本 P2、臺灣本 P3 同誤。）上海商務印書館鉛印本《四庫全書總目提要》（P1）、周雲青《箋注》（P2）不誤。

《四庫提要》先總敘，後小序。《講疏》雲南本書眉統標"經部總敘"四字，此下史部、子部、集部皆同，誤。臺灣本書眉只標"經部"二字，以下依次史、子、集部，不誤。

又《講疏》雲南本全書雙引號用"『』"，單引號用"「」"，誤。臺灣本不誤。

【劄記】

《經部總敘》張舜徽引章實齋“辨章學術，考鏡源流”一語解之。辨章即辨明，考鏡即考明。源流二分，源是學術之本，流是學術之變。然而源難知而流易見，源必待流而可明，故須兼而論之。源流已明，即學術之本體可知矣。要之，源意味本質，流則往往意味異化。然大略言之，亦可謂歷史即本質。人類文明苟不求諸於歷史，他處何以求證之？

張舜徽引龔定盦(自珍)之説謂江藩《漢學師承記》有“十不安”，以爲江氏不逮龔氏。按“十不安”皆爲通理，天下學術皆可以此通之，然不可謂天下學術皆相雷同，遂無特質。江氏所言本爲特指，即使於辭語名謂有所不通，而所指斥則今文家學，人所共知。龔定盦其人即今文家，疑古疑經亦甚，與江藩豈相通者？後顧頡剛自謂亦爲“釋古派”，以通理逃乎特指，意欲溷迹於共名，遁天之刑，亦猶此也。張氏駁“漢學”、“宋學”之名而引龔氏，今按，欲正名實，豈易言哉？天下名物不實不符者十之八九，而獨辨此，何用？治絲益棼，徒增其亂。知漢宋爲特指可矣。

自兩漢已有《五經雜議》、《五經異義》，而《四庫全書》編次“《五經》總義類”在“《孝經》類”之後，又歎其“正名若是之亂也”。自唐已有《史通》，而《四庫全書》編次“史評類”於史部十五類最後。集部“詩文評類”推本劉勰、鍾嶸，然亦編次別集、總集之後，且謂“《唐書》以下則並以集部之末別立此門”。而子部並“總義”、“評騭”之類亦無。按古人未有“經學史”、“經學概論”之名，亦不得遂謂之無經學。

“經稟”至“贊述”一節：張舜徽一論尊，二論删。其説云：“此昔人尊經崇孔之説也。”“儒者莫不言孔子删《詩》《書》，定《禮》《樂》，然無徵於《論語》。”按孔子之於《六經》，《詩》《書》删篇數，《春秋經》删首尾，《易》《禮》有傳述，如何不曰删定？

“所論次者”一句：張舜徽云：“《四庫總目》……第其高下，評其得失，而歸於辨章學術，考鏡源流。”按此爲張氏予《四庫總目》之讚語，初未究論《總敘》所言之文意。

“其初專門授受”至“及其弊也拘”一節：張舜徽云：“此言漢世五經博士之學流於拘隘之弊也。……專固已甚，流弊日滋，故論者病之。”按《經部總敘》兼論利弊，而張氏專論其弊。此下五節皆同。六變各有一弊，《總敘》只用一字論之，此承《經解》而來。張氏大段鋪衍之，此即有三事有待申明者：其一，所謂“經”者，不在傳記講章名謂，而在歸本其義。其二，經史子集四部以經爲首而不並列。其三，六變皆出於不得已。

“要其歸宿”至“亦不足服宋儒也”一節：此節爲《總敘》平論漢宋兩家，而張氏引《毛奇齡〈孝經問〉提要》斥王柏宋學語，下節又云“《提要》……仍多揚漢抑宋之辭”。

按如引《孝經問》提要斥王柏，當置在《總敍》上節王柏注之後。習尚移人，民國學者多以駁難《四庫提要》相尚，此語以爲張氏自解可也。

又如張舜徽不信《周禮》，經部《禮類小敍》云：“蓋六國時人雜採當時各國政制編纂而成，猶後世之《官制彙編》耳。”“《周禮》標題，實取周備無所不包之義。”（齊魯本P1677、雲南本P21—22、華中本P976、臺灣本P31—32。）此即民國疑古之說。

經部《樂類小敍》張舜徽云：“如但一意尊古卑今……則違於事物進化之理。”（齊魯本P1699、雲南本P38、華中本P991、臺灣本P55。）

史部《紀事本末類小敍》張舜徽注駁章學誠《文史通義·書教下》“斯真《尚書》之遺也”，云：“禮以義起，爲用尤弘，何必遠攀三古，謂爲《尚書》之遺教乎！”（齊魯本P1724、雲南本P56、臺灣本P81。）

史部《載記類小敍》張舜徽云：“今之治史者，宜泯夷夏之見，不設中外之防，貴能知己知彼以博求之。”（齊魯本P1742、雲南本P69、華中本P1019—1020、臺灣本P100。）按昔日讀書人多作此等言論，奈言之易行之難何！試看今日夷夏平等如何？中外博求安在？古人立言務求防微杜漸，有見哉！

凡此所言辨僞、進化、夷夏、平等諸說，皆當時風氣使然。人非至人，“夫孰能不波！”

【今按】

《欽定四庫全書》，“欽定”二字不可省，王官書也。遜清以後，“續修”之事不可爲，王官書也。（光緒中王懿榮請續修《四庫全書》，猶之可也。民初東莞倫明（字哲如）有《續修四庫全書芻議》舊稿，北平人文科學研究所編纂《續修四庫全書總目提要》，均以“續修”爲名。）雖爲官書，而政學已分，故四庫典籍皆以學術待之，而《經部總序》惟論六變，絶不言佐治。《易類小序》亦惟論教化，“聖人覺世牖民，大抵因事以寓教，《詩》寓於風謠，《禮》寓於節文，《尚書》、《春秋》寓於史，而《易》則寓於卜筮”云云，而不言治道。故實齋當日極言“政典”、“掌故”也。

《經部總敍》所說有二義。

（一）論經之可言與不可言：經“即天下之公理”，可言也。“經稟聖裁”、“無所容其贊述”，不可言也。極致，故不可言。三代四代，政學合一，經學有其實而無其名，此所以爲極致，漢以下可望不可及也。

（二）論經學六變與其六弊，所謂“拘雜悍黨肆瑣”是也。“及其弊也”云云，張舜徽謂“遠規劉向《別錄》之例”。按《漢志·六藝略》（出於《別錄》）云：“六藝之文……後世經傳既已乖離，博學者又不思多聞闕疑之義……安其所習，毀所不見，終以自蔽。此學者之大患也。”而《禮記·經解》亦云：“故《詩》之失愚，《書》之失誣，《樂》之失奢，

《易》之失賊，《禮》之失煩，《春秋》之失亂。"《淮南子·泰族訓》承之云："故《易》之失也卦，《書》之失也敷，《樂》之失也淫，《詩》之失也辟，《禮》之失也責，《春秋》之失也刺。"又云："故《易》之失鬼，《樂》之失淫，《詩》之失愚，《書》之失拘，《禮》之失忮，《春秋》之失訾。"《總敘》筆法尤近《經解》。又《莊子·天下篇》云："皆有所長，時有所用。"此雖論諸子，命意則同。

四篇《總敘》，經部最佳。"漢學具有根柢"、"宋學具有精微"，二語括盡學者之能事。

但六變中又有不同：一變之漢儒爲官學、司徒之學；此後五變爲諸子之學，又爲儒家之私學。

又自孔子以前，上古經學亦有三變：夏禹、伯益《山海經》，《連山》《歸藏》二種《古易經》，神農《本草經》，黃帝《內經》，甘石《星經》，桑欽《水經》之類，遠溯唐虞，一變也。《夏書·禹貢》、箕子《洪範》，夏殷之學，二變也。文王《卦辭》、周公《周禮》，西周之學，三變也。至孔子刪訂六藝，已爲四變矣。

江瑔《經學講義》云："古之經學，有古代之《六經》，有孔子刪訂之《六經》，有孔子刪訂外之諸經。"謂《六經》在孔子之前皆各有淵源。劉師培《經學教科書》論《古代之六經》，馬宗霍《中國經學史》論《古之六經》，皆可取。

史 部 總 敘

史之爲道，撰述欲其簡，考證則欲其詳。莫簡於《春秋》，莫詳於《左傳》。魯史所錄，具載一事之始末，聖人觀其始末，得其是非，而後能定以一字之褒貶，此作史之資考證也。丘明錄以爲《傳》，後人觀其始末，得其是非，而後能知一字之所以褒貶，此讀史之資考證也。苟無事蹟，雖聖人不能作《春秋》；苟不知其事蹟，雖以聖人讀《春秋》不知所以褒貶。儒者好爲大言，動曰舍《傳》以求《經》，此其說必不通。其或通者，則必私求諸《傳》，詐稱舍《傳》云爾。

司馬光《通鑑》，世稱絕作，不知其先爲《長編》，後爲《考異》。高似孫《緯略》載其《與宋敏求書》，稱到洛八年，始了晉、宋、齊、梁、陳、隋六代，唐文字尤多，依年月編次爲草卷，以四丈爲一卷，計不減六七百卷。又稱光作《通鑑》，一事用三四出處纂成，用雜史諸書凡二百二十二家。李燾《巽岩集》亦稱張新甫見洛陽有《資治通鑑》草槀盈兩屋。（案燾《集》今已佚，此據馬端臨

《文獻通考》述其父廷鸞之言。)今觀其書,如淖方成"禍水"之語則採及《飛燕外傳》,張彖"冰山"之語則採及《開元天寶遺事》,並小説亦不遺之。然則古來著錄,於正史之外,兼收博採,列目分編,其必有故矣。

今總括羣書,分十五類。首曰正史,大綱也。次曰編年,曰別史,曰雜史,曰詔令奏議,曰傳記,曰史鈔,曰載記,皆參考紀傳者也。曰時令,曰地理,曰職官,曰政書,曰目錄,皆參考諸志者也。曰史評,參考論贊者也。舊有譜牒一門,然自唐以後譜學殆絶,玉牒既不頒於外,家乘亦不上於官,徒存虛目,故從删焉。

考私家記載,惟宋、明二代爲多。蓋宋、明人皆好議論,議論異則門户分,門户分則朋黨立,朋黨立則恩怨結。恩怨既結,得志則排擠於朝廷,不得志則以筆墨相報復。其中是非顛倒,頗亦熒聽。然雖有疑獄,合衆證而質之,必得其情;雖有虛詞,參衆説而核之,亦必得其情。張師棣《南遷錄》之妄,鄰國之事無質也,趙與時《賓退錄》證以金國官制而知之。《碧雲騢》一書誣謗文彥博、范仲淹諸人,晁公武以爲真出梅堯臣,王銍以爲出自魏泰,邵博又證其真出堯臣,可謂聚訟,李燾卒參互而辨定之,至今遂無異説。此亦考證欲詳之一驗。然則史部諸書,自鄙倍冗雜、灼然無可採錄外,其有裨於正史者,固均宜擇而存之矣。

【校注】

"宋明二代",商務印書館鉛印本同。張舜徽《講疏》作"兩代"。(齊魯本 P1708、雲南本 P44、華中本 P997、臺灣本 P64 均同。)周雲青《箋注》亦作"兩代"。

【劄記】

《通鑑》先定"長曆"、"叢目",次爲"長編",次爲定稿,最後附爲"考異"。張舜徽喻爲"工廠造器",叢目爲原料,長編爲粗製品。按"粗製品"當由"原料"中來,而其實叢目只是目錄,繫以長曆,長編乃又依長曆分別插編錄入,非長編由叢目中剪輯而出。至於定稿由長編中來,始可喻爲"粗製品"與"原料"。

張舜徽又謂"史傳"非空言,經學"不可以空言定也",《總敘》"深斥空言説經之非"。按"空言"者,當謂諸子百家之言,經傳皆與"空言"無涉。《史部總敘》首言《春秋》《左傳》,意謂史出於經。《正史類小敘》云:"正史體尊,義與經配",是也。又,經、傳皆經也,張氏此言"史傳",義亦不明。

張舜徽於《通鑑》之編纂,皆詳補始末,此即史家綱目之法。

又按:古人具有本末,述作爲本,編纂、評騭爲末。民國學者以述作爲"史料",以編纂、評騭爲本體,故近世之著作其實皆編纂也,皆評騭也,可以當述作者罕如鳳毛。古史無史料,而今世無史。上古之史皆官書,皆史職所爲,亦有職守之分、體例之別而已,自日曆、起居注、實錄、編年以下皆爲著作。至於後世,乃有私乘、野史分派別出。今日史學皆闡釋也,皆史觀也,求其有一語合於古人"良史"、"實錄"之標準而不能也。不能爲一日之編年,不能出一字之褒貶,不能無北面而尚道也。故曰今世無史,無史即無文明也。

"蓋宋、明人皆好議論,議論異則門户分,門户分則朋黨立"下,張舜徽《講疏》有云:"宋仁宗時范仲淹貶饒州,歐陽修以直仲淹見逐,目之曰黨人,自是朋黨之論遂起。元祐時,蘇軾、程頤等分黨相爭,至有洛、蜀、朔三黨之目。徽宗時,蔡京爲相,於端禮門外立黨人碑,言司馬光以下一百二十人皆爲奸黨。凡不附己者,悉以黨事陷之。"(齊魯本P1708、雲南本P44—45、華中本P997、臺灣本P64。)按此節已見周雲青《箋注》(P29—30),無一字之異而未指明出處。(參見彭丹華《周雲青〈四庫全書提要敘箋注〉初探》。)

【今按】

《提要》四總敘,《史部總敘》最差。紀昀意淺,張舜徽先生所講亦疏,首大段即未有詳解。

《史部總敘》只言"撰述""考證"一事,亦惟推演《資治通鑑》一例。

"莫簡於《春秋》,莫詳於《左傳》",而《春秋》非撰述,《左傳》非考證,二書亦非"作史"與"讀史"。《春秋》、《左傳》實互爲綱目,同出魯史。以"撰述""考證"論之,所比不倫。至於《公羊》、《穀梁》乃確爲孔子所講,弟子所記,重在微言大義,今文家之學,真所謂"傳"也。經傳是一事,綱目是一事,撰述與考證又是一事,必有分別。

司馬光《資治通鑑》非當代載筆之史,實後世編纂之史。其編纂體例最爲周備,後世如欲有所編纂,無出其外,故《總敘》舉爲楷模。然《通鑑》非原史,司馬光非世職世守之史官。

《通鑑》之先,史官逐日修起居注,逐代修實錄,逐朝修正史。上古史官世職世守:一得與聞朝政,親聞見之;二得作史,據天道而持中公,大小史、内外史、左右史皆是也,百官諸侯皆在焉;三得依例成文而褒貶之;四得依例分别綱目。凡史皆當有綱目,綱有文而重在誦,目可誦而重在文。(口耳之今文與科斗之古文並行,而合稱之爲"文獻"也。)

《通鑑》叢目是綱,長編是目。(其後朱子修《通鑑綱目》,一書之中又自爲綱目。)然《通鑑》只是編纂,非是原史。孔子刪削,亦爲編纂,非原史。

編纂重在裁決,史官、原史則須寓同文之義,寓人文、文明、教化之義,寓政道合一之義。有文字,有義例,有褒貶,有制度,是爲原史。《通鑑》蓋只是纂而鑒之而已。

子 部 總 敍

自六經以外,立説者皆子書也。

其初亦相淆,自《七略》區而列之,名品乃定。其初亦相軋,自董仲舒別而白之,醇駁乃分。

其中或佚不傳,或傳而後莫爲繼,或古無其目而今增,古各爲類而今合。

大都篇帙繁富,可以自爲部分者,儒家之外,有兵家,有法家,有農家,有醫家,有天文演算法,有術數,有藝術,有譜錄,有雜家,有類書,有小説家。其別教則有釋家,有道家。敍而次之,凡十四類。

儒家尚矣。

有文事者有武備,故次之以兵家。兵、刑類也,唐虞無皋陶則寇賊奸宄無所禁,必不能風動時雍,故次以法家。民,國之本也;穀,民之天也,故次以農家。本草經方,技術之事也,而生死繫焉,神農、黃帝以聖人爲天子尚親治之,故次以醫家。重民事者先授時,授時本測候,測候本積數,故次以天文演算法。以上六家,皆治世者所有事也。

百家方技或有益,或無益,而其説久行,理難竟廢,故次以術數。遊藝亦學問之餘事,一技入神,器或寓道,故次以藝術。以上二家,皆小道之可觀者也。

《詩》取多識,《易》稱制器,博聞有取,利用攸資,故次以譜錄。羣言歧出,不名一類,總爲薈粹,皆可採擷菁英,故次以雜家。隸事分類,亦雜言也,舊附於子部,今從其例,故次以類書。稗官所述,其事末矣,用廣見聞,愈於博弈,故次以小説家。以上四家,皆旁資參考者也。

二氏,外學也,故次以釋家、道家終焉。

夫學者研理於經,可以正天下之是非;徵事於史,可以明古今之成敗,餘皆雜學也。然儒家本六藝之支流,雖其間依草附木,不能免門户之私,而數大儒明道立言,炳然具在,要可與經史旁參。其餘雖真僞相雜,醇疵互見,然凡能自名一家者,必有一節之足以自立。即其不合於聖人者,存之亦可爲鑒戒。雖有絲麻,無棄菅蒯,狂夫之言,聖人擇焉,在博收而慎取之爾。

【校注】

"區而列之",商務印書館鉛印本、周雲青《箋注》同,張舜徽《講疏》作"別之"(齊魯本 P1760、雲南本 P82、華中本 P1033、臺灣本 P120 均同)。

"古各爲類而今合",商務印書館鉛印本、周雲青《箋注》、張舜徽《講疏》各本均同。今按:句前疑當有"或"字。

"大都",猶"大抵"。

"兵、刑類也",謂兵與刑相類,故相次。張舜徽《講疏》標點作"兵,刑類也",誤。(齊魯本 P1762、雲南本 P84、華中本 P1033、臺灣本 P121 均同。)若兵在刑類之中,尚須序兵家而次以法家乎?

"故次以天文演算法",商務印書館鉛印本、周雲青《箋注》同。張舜徽《講疏》"次"下有"之"字。(齊魯本 P1762、雲南本 P84、華中本 P1034、臺灣本 P122 均同。)

"羣言岐出",商務印書館鉛印本、周雲青《箋注》、張舜徽《講疏》(齊魯本 P1763、雲南本 P84、華中本 P1034、臺灣本 P122)"岐"均作"歧"。

"總爲薈粹",周雲青《箋注》同。商務印書館鉛印本、張舜徽《講疏》"粹"作"萃"。(齊魯本 P1763、雲南本 P84、華中本 P1034、臺灣本 P122。)

"即其不合於聖人者",商務印書館鉛印本、周雲青《箋注》同。張舜徽《講疏》"即其"作"其有"。(齊魯本 P1764、雲南本 P85、華中本 P1034、臺灣本 P123 均同。)

《講疏》下文小序亦有訛誤處,如雜家類"大軍專家","專"當作"事"字(雲南本 P113、臺灣本 P164。齊魯本 P1802、華中本 P1060 不誤)。道家類講疏引《五雜俎》:"使結繩之治,可復原以用世,而非以長生也。"(齊魯本 P1821、雲南本 P126、華中本 P1072、臺灣本 P184 均同。)斷句誤,當作:"使結繩之治可復,原以用世,而非以長生也。"

【劄記】

張舜徽《講疏》謂:天地間文字"不外三大類:抒情一也,紀實二也,説理三也"。(齊魯本 P1760、雲南本 P82、華中本 P1032、臺灣本 P119。)大意又見《講疏·集部總敘》。(齊魯本 P1823、雲南本 P128、華中本 P1074、臺灣本 P188。)此襲文章、考據、義理三途之説,亦猶文史哲三科之説,近人之意見也。

張氏又謂《詩經》爲抒情,《書經》、《春秋經》爲紀實,《易經》爲説理;又謂六藝皆爲説理"亦無不可"。前者分剝之,後者混淆之,而卒自蹈矛盾。

張氏先離析六經,茲復約束諸子,稱"不皆親自撰述"(齊魯本 P1760、雲南本 P82、華中本 P1032、臺灣本 P119),亦不得大體矣。言理之書,則當以理求之。上古學術重在傳承,是否誰氏手著,無關宏旨。今人重在版權專利,故斷斷言之,從而定其可信與否,所謂"弱喪而不知歸者"也。

《總敘》言諸子"要可與經史旁參",論子部而言經史,蓋以經史貶諸子也。張舜徽乃引《御定子史精華提要》而言"子史",未得其旨也。

民初江瑔最推崇道家,又擅解雜家,所著《讀子巵言》以爲雜家別有一貫之宗旨,非駁雜不純。張舜徽推介江瑔(見張氏《初學求書簡目》)而不從其説,於《四庫總目》之"合名、墨、縱橫於雜家"從容言之,無所剖辨,似於雜家所見不明。

張氏於下文《雜家類小敘》,引"雜學"、"雜考"爲佐證,又論周秦本無雜家之名,亦無深義。而解"雜"字曰:"考周秦諸子,未嘗有雜家之名。惟《荀子》言:'雜能旁魄而無用',楊倞注以'雜能'爲'多異術',或即指雜家之徒言之。然當時所言學派究無此名,而爲此學者亦未嘗標雜家之目。"及下文謂雜家之名始於劉歆、班固一節(齊魯本P1804、雲南本P114—115、華中本P1061、臺灣本P165),全用《讀子巵言》語而隱江瑔之名。江瑔《讀子巵言》,民國六年出版,其第十五章云:"竊以爲雜家之學,名雖爲'雜',實則一貫。考周秦諸子之書,未嘗有'雜家'之名,惟《荀子》言:'雜能旁魄而無用',楊注以'雜能'爲'多異術',或即指雜家之徒言之。然當時所言學派究無此名,而爲此學者亦未嘗標'雜家'之目以自號。且儒家者流可稱'儒學',墨家者流可稱'墨學',雜家而稱'雜學'則不詞。是不特'雜'不可以稱家,且不可以言學。司馬談《論六家要指》亦無雜家,疑雜家之名實起於漢代,而古無之。班、劉二子纂輯藝文,究以書分,非以人分,其於兼括諸家之書,不能分隸於諸家下者,盡歸雜家。"

又張氏於下文《道家類小敘》云:"道家包蘊本廣,諸子多得其一體。"(齊魯本P1817、雲南本P123—124、華中本P1070、臺灣本P180。)此亦本於江氏《讀子巵言》,其第十章云:"道家之學,無所不賅,徹上徹下,亦實亦虛,學之者不得其全,遂分爲數派。"下有詳論,即此意。而張氏未能申論,其《周秦道論發微》九種著述專究帝王南面術,則所見亦不能深遠矣。

【今按】

"自六經以外,立説者皆子書也",此語最可味。

"立説"猶言"論理"。(昭明太子《文選序》:"老莊之作,管孟之流,蓋以立意爲宗。""立説"即"立意"也。)

"六經以外",意謂六經亦立説也;而同爲立説,六經、諸子不得並列相混也。此亦有故,是即官學、私學之大別。惜紀昀於經、子之際,推論未詳。

經多流變,子多參差。"夫學者研理於經,可以正天下之是非;徵事於史,可以明古今之成敗。餘皆雜學也。"此語最善。此語非論經史,蓋只是要貶損諸子也。天下學術,經史爲大,子集爲小。

紀昀混道家於釋迦曰"別教",合名家、墨家、縱橫家於雜家,此甚不倫,而變古亦最甚。蓋由不以淵源論,惟以當世之用論故也。然其貶損諸子、集部而推崇經史則是也,民國學者反是而爲,故其世局即不能不一亂到底。

集 部 總 敘

集部之目,楚辭最古,別集次之,總集次之,詩文評又晚出,詞曲則其閏餘也。

古人不以文章名,故秦以前書無稱屈原、宋玉工賦者。洎乎漢代,始有詞人,迹其著作,率由追錄。故武帝命所忠求相如遺書,魏文帝亦詔天下上孔融文章。至於六朝,始自編次。唐末,又刊版印行。(事見貫休《禪月集序》。)夫自編則多所愛惜,刊版則易於流傳。四部之書,別集最雜,茲其故歟! 然典冊高文,清辭麗句,亦未嘗不高標獨秀,挺出鄧林。此在翦刈厄言,別裁僞體,不必以猥濫病也。

總集之作,多由論定。而蘭亭、金谷,悉觴詠於一時。下及漢上題襟,松陵倡和,《丹陽集》惟錄鄉人,《篋中集》則附登乃弟。雖去取僉乎衆議,而履霜有漸,已爲詩社標榜之先驅。其聲氣攀援,甚於別集。要之浮華易歇,公論終明,巋然而獨存者,《文選》、《玉臺新咏》以下數十家耳。

詩文評之作,著於齊梁。觀同一八病四聲也,鍾嶸以求譽不遂,巧致譏排;劉勰以知遇獨深,繼爲推闡。詞場恩怨,亘古如斯。冷齋曲附乎豫章,石林隱排乎元祐,黨人餘釁,報及文章,又其已事矣。固宜別白存之,各核其實。

至於倚聲末技,分派詩歌,其間周、柳、蘇、辛亦遞爭軌轍。然其得其失,不足重輕,姑附存以備一格而已。

大抵門户構爭之見,莫甚於講學,而論文次之。講學者聚黨分朋,往往禍延宗社。操觚之士,筆舌相攻,則未有亂及國事者。蓋講學者必辨是非,辨是非必及時政,其事與權勢相連,故其患大。文人詞翰,所爭者名譽而已,與朝廷無預,故其患小也。然如艾南英以排斥王、李之故,至以嚴嵩爲察相,而以殺楊繼盛爲稍過當,豈其捫心清夜,果自謂然? 亦朋黨既分,勢不兩立,故決裂名教而不辭耳。至錢謙益《列朝詩集》,更顛倒賢奸,彝良泯絶,其貽害人心風俗者,又豈尠哉!

今掃除畛域，一準至公。明以來諸派之中，各取其所長，而不回護其所短。蓋有世道之防焉，不僅爲文體計也。

【校注】

"禪月集序"，商務印書館鉛印本、周雲青《箋注》同。張舜徽《講疏》作"禪月集"，脱漏"序"字。（齊魯本 P1825、雲南本 P129、華中本 P1075、臺灣本 P189 均同。）按曇域《禪月集序》署款大蜀乾德五年癸未，内有"乃雕刻成部，題號《禪月集》"等語，《提要》正謂此也。

"事見貫休禪月集序"：張舜徽《講疏》二種單行本句前漏"原注"二字（雲南本 P129、臺灣本 P189），當依例補。

經部《五經總義類小敘》"語見沈廷芳所刻何焯點校《經解目錄》中"一句（雲南本 P30、臺灣本 P45），亦當依例補"原注"二字。

"夫自編則多所愛惜，刊版則易於流傳。四部之書，別集最雜，兹其故歟。"張舜徽《講疏》雲南本（P129）誤排小字。

經部《五經總義類小敘》"蓋正名若是之難也"一句，雲南本（P30）亦誤排小字。

全書當補"原注"二字及誤排小字處尚多。又按雲南本《重刊弁言》謂臺灣本"顯據"齊魯本"重排而略有校正"，"但遺憾的是""新出現的誤字則不下二十處"，"今參酌二本，正訛補闕"云云，今見齊魯本不誤而臺灣本誤排處，往往雲南本亦同誤，則知雲南本亦"顯據"臺灣本而重排也。

"翦刈"，商務印書館鉛印本同。周雲青《箋注》、張舜徽《講疏》作"剪刈"。（齊魯本 P1825、雲南本 P130、華中本 P1076、臺灣本 P190。）

《講疏》"《四庫總目》卷一百七十二人《滄溟集提要》"云云，衍"人"字。（齊魯本 P1832、華中本 P1080 不誤，雲南本 P135、臺灣本 P197 同誤。）

【劄記】

張舜徽《講疏》論古人作文，"或抒情，或紀實，或説理"（説已見前《講疏·子部總敘》），是於文章之學，最有體會。其《初學求書簡目》以"識字"、"讀文"居前，以"經傳"、"史籍"、"百家言"居後，略可見其治學次第。

張氏《講疏》論周、柳、蘇、辛，云：

"柳永實長調之開山，以其多作慢詞，恢張詞體，勢必求諧音律，不能無所拘制，而内容又多側重於兒女之情，以取悅於當世。"

"蘇軾乃以豪放傑出之才，一洗綺羅香澤之態，擺脱綢繆宛轉之度，使人登高望遠，昂首高歌，浩氣逸懷，超出塵表，遂爲詞壇別開宗派，以入於解放之途矣。"

"周邦彦以健筆寫柔情,論者謂其音律與詞情並美,實集詞學之大成,後世多奉爲正宗。"

"南渡後,邦國式微,一蹶不振,豪傑之士,忠憤滿腔,乃借慷慨激烈之心聲,一泄抑塞磊落之奇氣,悲歌當哭,鬱勃蒼涼。以迄宋亡,作者不絕,而辛棄疾實爲之魁。"(以上四節見齊魯本 P1829—1830、雲南本 P133、華中本 P1078、臺灣本 P194。)

按張氏此章所論甚美。其推重周、柳、蘇、辛,雖非《總敘》本旨,而文詞曲致,論理精當,爲全書最具聲色處。然此章全由龍沐勳(龍榆生)《中國韻文史》隱括而來。龍氏《中國韻文史》民國二十三年出版,其下篇第九章云:

"自柳永多作慢詞,恢張詞體,疆域日廣,其所容納之資料,遂亦日見豐富。惟在永爲應教坊樂工之要求,倚曲製詞,勢必求諧音律,不能無所拘制;且爲迎合羣衆心理,不得不側重於兒女之情,'觖觳從俗',以取悦於當世。"

"於是内容之擴大,相挾促進詞體,以入於解放之途;而蘇軾以橫放傑出之才,遂爲詞壇別開宗派。……胡寅嘗稱:'……及眉山蘇氏,一洗綺羅香澤之態,擺脱綢繆宛轉之度,使人登高望遠,舉首高歌,而逸懷浩氣,超然乎塵垢之外。'"

"周邦彦……其詞以健筆寫柔情……音律與詞情兼美,清真實集詞學之大成,宜後世之奉爲正宗也。"

"自金兵南侵……一蹶而不可復興。志士仁人,内蔽於國賊,外迫於强寇,滿腔忠憤,無所發抒;於是乃借'橫放傑出'之歌詞,以一泄其抑塞磊落不平之氣,悲歌當哭,鬱勃蒼涼。自南渡以迄於宋亡,此一系之作者,綿綿不絕。……南渡初期作家……並有關懷家國,表現民族精神之作品,而辛棄疾爲之魁。"

【今按】

"楚辭最古"一節云云,其言最爲有識,又切中今人之弊。今人廢天理而泛濫於人慾,廢經學而泛濫於文集,以小説、影視爲主潮,且謬謂合於進化,百年以來習焉不察,而《集部總敘》之義亦淹没不顯。豈其然哉?

此節"古""晚"云云,即雅俗,即進退。《總敘》首而申明集部之退化,思有以溯源而求其典雅,有識哉!

集部以楚辭最古,而《毛詩》不與焉。《毛詩》,三代之經也,故不可與同日語。今人恒謂《詩經》爲"總集"(胡適謂《詩經》"確實是一部古代歌謠的總集",日本人亦有此説),全失本體,語亦不倫,其不知源流次第,故不覺其謬以千里。

"楚辭最古",始乎戰國。"別集次之",始乎"兩漢"。"總集次之",始乎兩晉。"詩文評晚出",始乎南朝。"詞曲則其閏餘也",始乎宋元。此其早晚之迹,即其雅俗進退之遞變也。魏了翁嘗言:"先王禮樂刑政,始變於厲宣幽平,浸微於春秋,浸滅於戰國,大壞於秦，不能復於漢，而盡亡於五胡之亂。"（《鶴山集・答巴州郭通判書》）命義頗同。今人動輒言"小説"、"戲劇"、"俗文學"，陋極矣，皆不當在著錄之列。

《集部總敍》之宗旨，殆貶集部。

"古人不以文章名"，一貶。"決裂名教而不辭"，二貶。下文《楚辭類小敍》又云"錯簡説經之術，蔓延及於詞賦"、"杜竄亂古書之漸也"，三貶。

《總敍》痛斥"講學"，二氏無講學之事，此論講學之弊即理學之弊，即書院之弊。講學則有講章，《提要》最病講章，遍見所論羣籍，一則曰"高頭講章"，二則曰"村塾講章"，三則曰"坊本講章"。集部本論詩文，而言講學、講章何義？蓋講章之書，經非經，子非子，集非集，最無根柢，且亂是非也。

《楚辭》實總集而不稱總集，蓋專指，不可以空名究之。

以實義而論，亦可謂《毛詩》爲經，《屈騷》爲子。

《詞曲類小敍》云："《三百篇》變而古詩，古詩變而近體，近體變而詞，詞變而曲，層累而降。"亦申集部之退化。古人論學，最重源流遞變、雅俗遞降，深察其迹象，嚴爲戒備而慎守之。今人忽倡言進化，進化則厚今蔑古，惟我獨尊，其實皆名利也，皆物慾也，道德文章一墜於地，實則自蹈於文明滅絶之途也，何進之有？

學問之道，其初以文體判，其次以淵源判，最後以王官私學判。公私之分，義利之別，華夷之辨，皆本於是，至矣。

顧炎武、閻若璩"經解"八種提要

孔祥軍

緣起與凡例

一　經學爲萬學之源、儒教之根,上古菁華莫不網羅,百家文史從其翼生,故我中華雖歷經困厄、屢臨危境,然肇經之風不替,綿延婉轉、漸起漸振,至有清一代而臻其極致,遂有煌煌正續經解之編定。民國以來,西風競煽,經學遽遭冷遇,學科不列其目,幾至少人問津之暮路。當此不絕如縷之時,兩岸海外學人扼腕之餘皆奮起而振之,大陸《中國經學》、臺島《中國文哲集刊》皆應運而生也。然竊以爲今日之要務,在於充分繼承前人解經成果,非惟助益今日國學傳統之研討,且可藉此以瞭我中華文化之淵深造極也。清人正續經解著述總凡三百八十九種,自爲首當其衝、亟待消化者,然其卷帙浩繁,常人難以終卷,遑論消化利用之,故提要之編纂蓋爲學術界充分利用正續經解提供津梁之助也。

一　緣此宗旨,提要所重者有二,曰集萃精華以見各書之學術價值;曰歸納手法以明諸作之肇經路徑。

一　除特別標明者外,提要所據正續經解版本皆爲 2005 年鳳凰出版社影印本,引文上標之頁碼即爲是書頁碼。此版《清經解》爲直行重印本;《清經解續編》爲九頁縮印本。援據此本,爲其易得,且可逕加批註,以便綜匯,非如各種善本之珍且惜也。未以初刻本爲據,職此之故,尚祈見諒。

一　除單篇及節選之作外,皆於提要文末略述該作版本情況,以資讀者取閱檢核。

《左傳杜解補正》

《左傳杜解補正》,顧炎武撰,全篇三卷,條目體,先標經傳文句,后列按語。據顧氏自序："吳之先達邵氏實有《左觿》百五十餘條,又陸氏粲有《左傳附注》,傅氏遜本之爲《辨誤》一書,今多取之,參以鄙見,名曰《補正》凡三卷。若經文大義左氏不能盡得而公、穀得之,公、穀不能盡得而啖趙及宋儒得之者,則別記之於書,而此不具也。"[1]據此,顧氏是書多引邵、陸、傅三家之説,徵之本文,信然也。此外,顧氏又於唐宋以來諸家之説頗有引及,如劉炫、蘇子瞻、毛晃、王應麟、王若虛、劉用熙、朱鶴齡輩,非限此三家也。

縱觀全書,顧氏於杜預《集解》尤所致力者有二,曰正,曰補,以正爲主,以補爲輔,深恰書名也。所謂正,舉凡杜注所及經義、史事、禮制、曆法、故邑地理、人物姓名,均有所駁正。而其考辨手法,亦復多途。

其一,引前説以駁。卷一"諸侯用六"條,顧氏云:"解曰六六三十六人。《東坡志林》引'《宋書・樂志》文帝元嘉十五年①給彭城王義康舞伎三十六人,太常傅隆以爲《左傳》"諸侯用六"杜預以爲三十六人,非是。舞所以節八音,故必以八人爲列,自天子至士降殺以兩,兩者減其二列爾。若如預言,至士止有四人,豈復成樂? 服虔注《左傳》與隆同。'襄十一年晉悼公納鄭女樂二八,以一八賜魏絳,此樂以八人爲列之證,隆言是也。"[1]顧氏既引蘇氏所據傅隆之説,又復引《左傳》以證之,杜注之謬,明矣。

其二,據常例以駁。卷一"十三年及齊侯宋公衛侯燕人戰齊師宋師衛師燕師敗績"條,顧氏云:"解又云'衛宣公未葬,惠公稱侯以接鄰國,非禮也。'案:《春秋》諸侯踰年即位則得稱君,如宣十一年楚子陳侯鄭伯盟於辰陵,是時靈公被弑,賊未討,君未葬,已稱陳侯,是踰年稱君,古之常例也。"[2]顧氏融通全經,故能深曉春秋史事通例,所駁甚是。

其三,援《毛詩》以正。卷一"山嶽則配天"條,顧氏云:"解:得太嶽之權,則有配天之大功。改云:《詩》曰'崧高維嶽,駿極于天',言天之高大,惟山嶽足以配之。"[2]以《毛詩》詩義釋解《左傳》之文,直湊其理,豁然明晰,顧氏真通經之人也。

其四,通本經以駁。卷一"城小穀爲管仲也"條,顧氏云:"小穀不繫齊,疑《左氏》誤。范寧解《穀梁傳》曰:小穀,魯邑。《春秋發微》曰:曲阜西北有故小穀城。按:《史記》漢高帝以魯公禮葬項王穀城,當即此地。杜解以此小穀爲齊邑,濟北穀城縣城中有管仲井,劉昭《郡國志》②、酈道元《水經注》皆同。按《春秋》有言穀,不言小者。莊二十三年公及齊侯遇於穀、僖二十六年公以楚師伐齊取穀、文十七年公及齊侯盟於穀、

---

① "十五年",今檢《宋書・樂志》作"十三年",《商刻東坡志林》卷七亦作"十三年"(《全宋筆記》第一編第九冊,鄭州:大象出版社,2003年,第158頁),顧氏此書各種版本皆爲"十五年",顯誤。

② 《續漢書・郡國志》爲西晉司馬彪所撰,南朝梁劉昭補注,非其所撰也。

成五年叔孫僑如會晉荀首於穀，四書穀，而一書小穀，別於穀也。又昭十一年傳曰：齊桓公城穀而寘管仲焉，至於今賴之。則知《春秋》四書之穀及管仲所封在濟北穀城，而此之小穀自爲魯邑爾，況其時齊桓始霸，管仲之功尚未見於天下，豈遽勤諸侯以成其私邑哉?"莊公三十二年經文云："春城小穀"，杜注："小穀，齊邑，濟北穀城縣城中有管仲。大都以名通者，則不繫國。"杜注云云乃據傳文而言，本年傳文云："春城小穀，爲管仲也"，而顧氏則認爲小穀本不繫齊，"疑《左氏》誤"，并從《春秋》本經出發，詳細梳理了穀與小穀在全經出現的情況，以爲《春秋》"四書穀，而一書小穀，別於穀也"，"《春秋》四書之穀及管仲所封在濟北穀城，而此之小穀自爲魯邑爾"，又輔證以范寧《春秋穀梁注》以及孫復《春秋發微》，故穀與小穀誠各有別，當別屬齊魯。江永亦云："經：城小穀。傳：爲管仲也。杜注：小穀，齊邑。濟北穀城縣城中有管仲井。《穀梁傳》范寧注：小穀，魯邑。《彙纂》：程氏迥曰：齊地別有穀在濟北，有管仲井，非小穀也。今按：齊之穀，今爲東阿縣，見莊七年夫人姜氏會齊侯於穀。又莊二十三年公及齊侯遇於穀，僖二十八年公以楚師伐齊取穀，文十七年公會齊侯盟於穀，成五年叔孫僑如會晉荀首於穀，哀二十七年傳齊師違穀七里，皆齊穀。若此年小穀，自是魯地，曲阜西北有故小穀城，項羽嘗爲魯公，漢高帝以魯公禮葬項王穀城，是也。昭十一年，楚申無宇①曰齊桓公城穀而置管仲，趙氏鵬飛曰此年偶有城小穀之事，《左傳》遂取無宇之言合之，杜氏因以小穀爲穀城，其説是。"②顧江二人可謂不謀而合，江氏雖後出，然補出《春秋》莊七年夫人姜氏會齊侯於穀，顧氏所謂《春秋》"四書穀，而一書小穀"，微誤矣。阮元《十三經注疏校勘記·左傳校勘記》卷九"小穀"條又深究此疑雲："'春城小穀爲管仲也'，顧炎武《日知錄》據范寧《穀梁解》以小穀爲魯邑而疑左氏之誤，孫志祖云：春秋之言穀者，除炎武所引外尚有宣十四年公孫歸父會齊侯于穀，襄十九年晉士匄侵齊至穀，又成十七年傳齊國殺慶克以穀叛，則齊地之名穀而不名小穀灼然矣。小穀應屬魯邑，《左氏》不應謬誤若此，後讀《公羊疏》云：二傳作小穀，與《左氏》異。始悟《左氏》經本作'城穀'，此與申無宇所言齊桓公城穀而置管仲焉語正合，故杜注以爲齊邑，又引濟北穀城縣中有管仲井以實之，今經傳及注俱作'小穀'者，乃後人據二傳之文而誤加之《左氏》也。惜杜氏手定本已亡，無從是正。"[7494]阮氏引孫志祖語以補顧氏所列《春秋》諸穀之不足，甚是。又從《公羊注疏》所言逆推唐時《左氏》作"穀"而非"小穀"，本不誤。

---

① 原作"楚申無字"，顯誤，今改之。

② 江永《春秋地理考實》莊公三十二年"小穀"條，《春秋戰國史研究文獻叢刊》（北京：國家圖書館出版社，2009 年）影印道光九年學海堂刊《皇清經解》本，第 45 頁。

其五，依《史記》以正。卷一"太伯不從"條，顧氏云："不從者，謂太伯不在太王之側爾。《史記》述此文曰：太伯、虞仲，太王之子也，太伯亡去是以不嗣。以亡去爲不從，其義甚明。杜氏誤以不從父命爲解，而後儒遂傅合《魯頌》之文，謂太王有翦商之志，太伯不從，此與秦檜之言莫須有者，何以異哉？"3僖公五年傳云："大伯、虞仲，大王之昭也，大伯不從，是以不嗣"，揆諸本文，此不從確無不從父命之義，其不得嗣當因未能身隨謹從大王也，顧氏據《史記》以駁杜注之誤，是也。又同卷"六年後出同走罪也"條，顧氏云："《史記》述冀芮之言曰：重耳已在矣，今往晉，必移兵伐翟，翟畏晉，禍且及。《左氏》文簡，非此數語，不明。杜解非。"3僖公五年重耳已奔翟，六年夷吾方爲賈華所破而欲奔翟，故冀芮云"重耳已在矣，今往晉，必移兵伐翟，翟畏晉，禍且及"，此即所謂"後出同走"實自罹其罪也，杜預以爲"嫌於重耳同謀而相隨"顯謬矣，顧氏依照《史記》細繹史實，所駁甚是。

其六，繹傳文以正。卷一"先君之敗德及可數乎史蘇是占勿從何益"條，顧氏云："解以數爲象數之數，恐非。言先君之敗德及今，言之，其可悉數乎。雖有史蘇之占，而獻公心志昏亂，不從其言，亦何益也。是則敗亡之禍，人實爲之矣。"4顧氏細繹傳文，串講文義，以數爲可數之義，較之杜氏以象數解數之說，遠勝也。

其七，考史實以駁。卷一"十八年狄師還"條，顧氏云："解云：邢留距衛，非也。狄強而邢弱，邢從於狄而伐者也，言狄師還，則邢可知矣。下年衛人伐邢，盖憚狄之強，不敢伐，而獨用師於邢也。解云邢不速退，所以獨見伐，亦非。"4入春秋以來，邢國屢爲狄人所伐，顛沛流離，遷徙數地，爾後遂爲狄人所制而共攻衛國，狄人既退，邢人無得獨抗衛人，顧氏所云深契史實，杜注純屬想當然耳，駁之是也。

其八，揭《春秋》筆法以駁。卷一"三十三年晉人及姜戎敗秦師于殽"條，顧氏云："解云不同陳故言及。非也。及者，殊夷狄之辭。"5顧氏以爲此"及"乃夫子特筆以別華夷，《公羊傳》云："其言及姜戎何？姜戎微也"，顧說或自公羊也。又卷二"十四年秋七月有星孛入于北斗"，顧氏云："解既見而後入北斗。非也。改云：有者，非常之辭。孛，妖星之有光芒者也。如帚者則謂之彗。劉向以爲君臣亂於朝，政令虧於下，則上濁三光之精，五星贏縮，變色逆行，甚則爲孛。北斗，人君象；孛星，亂臣象；篡弒之表也。于大辰、于東方皆不言入，此其言入何？穀梁子曰：斗有環域也。"7《公羊傳》云："孛者何？彗星也。其言入于北斗何？北斗有中也。何以書，記異也"，顧說似亦自公羊也。

其八，辨故邑地理以駁。如卷三"遷實沈于大夏"條，顧氏云："解大夏今晉陽縣；定四年命以唐誥而封於夏虛，解夏虛大夏今太原晉陽也。按：晉之始見《春秋》，其都在翼，今平陽府翼城縣也。《括地志》故唐城在絳州翼城縣西二十里，堯裔子所封，所謂成王滅唐而封大叔者也。北距晉陽七百餘里，即後世遷國，亦不相及。況自霍山以北，皆戎狄之地，自悼公以後始開縣邑，而前此不見於傳。又《史記·晉世家》曰：成王封叔虞於唐，唐在河汾之東方百里。翼城正在二水之東，而晉陽在汾水之西，又不相合。竊疑唐叔之封以至侯緡之滅，並在於翼。《史記》屢言禹鑿龍門通大夏，《正義》引《括地志》云大夏今并州晉陽及汾絳等州是。然則杜氏專指晉陽者，非也。《吕氏春秋》言龍門未闢，吕梁未鑿，河出孟門之上。則所謂大夏者，正今晉絳吉隰之間也。《封禪書》齊桓公西伐大夏，考之於傳，則曰至高梁而還，高梁在今臨汾縣。"[12]顧氏從晉國世系入手，結合其時相關史事，以及諸多文獻所載，以爲大夏囊括地域甚廣，非專指晉陽也。今人任偉通過出土器物研究以及考古勘查報告得出古唐國在平陽、翼城一帶的結論①，則大夏當以此爲中心，顧氏所駁不誣也。

顧氏所補，包羅甚廣，精要者亦有數端。

其一，據《毛詩》以釋地。卷一"二年立戴公以廬于曹"條，顧氏曰："補云：曹，《詩》作漕，鄭志答張逸曰：漕邑在河南，今大名府滑縣南二十里有白馬故城是也。"[3]《清華大學藏戰國竹簡（貳）》所錄《繫年》簡一九、簡二〇釋文云："（衛）人乃東涉河，䙴（遷）于曹"②，則《左傳》作"曹"應爲古文。顧氏引《毛詩》以釋此曹，甚是。江永《春秋地理考實》閔公二年"曹"條"傳：立戴公以廬于曹。杜注：衛下邑。疏：當在河東近楚丘。今按：《詩》作'漕'，《通典》滑州白馬縣，衛漕邑，戴公廬於曹，即此。今在河南衛輝府滑縣南二十里白馬城是也。"[3]又補引《通典》云云，則戴公所廬之漕在白馬，無可疑也。

其二，由釋字而解經。卷一"一夫不可狃況國乎"條，顧氏云："《廣韻》：狃相狎也。言一夫尚不可狃，況以吾晉國之衆乎？"[4]又同卷"三十年行李之往來"條，顧氏謂："古者謂行人爲行李，亦曰行理。此與襄八年亦不使一介行李告於寡君並作李，昭十三年行理之命無日不至作理。《國語》周之秩官有之，曰敵國賓至，關尹以告行理，以節逆之。賈逵曰：理，吏也，小行人也。漢《李翕析里橋郙閣頌》：'行理咨嗟'。"[5]經義黯晦殆由字義不明，顧氏由深辨字義進而詮釋經傳，實開有清樸學之一大法門也。

其三，釐正經傳本文。卷一"二十四年晉侯夷吾卒"，顧氏云："疑此錯簡當在二十三年之冬。傳曰九月晉惠公卒，晉之九月，周之冬也。"[4]此據曆法指陳錯簡。又卷三"二十八年盂丙爲盂大夫"條，顧氏云："今本作盂丙者，非。《漢書·地理志》云：盂，晉

---

① 任偉著《西周封國考疑》，北京：社會科學文獻出版社，2004年，第96—102頁。

② 清华大学出土文献研究与保护中心编·李學勤主編：《清華大學藏戰國竹簡（貳）》，上海：中西書局，2011年，第144頁。

③ 《春秋地理考實》，第47頁。

大夫孟丙邑。以其爲孟大夫而謂之孟丙，猶魏大夫之爲魏壽餘，閻大夫之爲閻嘉，邯鄲大夫之爲邯鄲午也。”[15]此據文獻所載及古人因邑得名之制，推斷‘孟’當作‘盂’，是也。

其四，補釋春秋禮制。卷三“十五年將禘于武公”條，顧氏云：“按：此乃時禘記所謂春禘秋嘗之禘，而非五年大祭追遠之禘也。二十五年將禘於襄公、定八年禘於僖公，並同。惟是閔二年吉禘於莊公，解云三年喪畢，致新死者之主於廟，廟之遠主當遷入祧，因是大祭，以審昭穆，謂之禘。”[14]雖同名禘禮，實爲異制，顧氏細繹其別，又引杜説爲證，所補甚備。

顧氏非僅糾補杜注之謬闕，亦能揭發杜注之的見，如卷二“八年如匪行邁謀是用不得於道”條，顧氏云：“《詩箋》云：不行而坐圖遠近，故不得於道路也。此解曰：匪，彼也，行邁謀，謀於路人也，不得於道，衆無適從。按：《詩》上文云：謀夫孔多，是用不集，發言盈庭，誰敢執其咎。則此解爲長，古人有以匪字作彼字用者，二十七年引《詩》‘彼交匪敖’，作‘匪交匪敖’。”[9]鄭箋望文生義，不明經旨，顧氏由此及彼，由《左傳》以證匪、彼互通，又由彼及此，據《毛詩》以明《左傳》引詩之義，可謂相得益彰，杜解之真確亦得以明也。

顧説亦有前後矛盾者，卷一“莊元年三月夫人孫于齊”條“補云次年有會禚之文，則不久而復還於魯，其不書還，蓋夫子削之。”[2]據此，夫人不書還非史策舊文，乃夫子削之也。而“二年夫人姜氏會齊侯于禚”條顧氏又云：“解夫人行不以禮，故還皆不書。非也。夫人之禮降於君，故書行，不書還，史之舊文。”[2]此處，顧氏又以爲夫人不書還爲春秋史策舊法，非夫子所削。前後抵牾若此，莫衷一是，蓋顧氏於史策舊文、夫子筆法亦復混沌含糊也。今檢文公九年經云：“夫人姜氏如齊”杜注“無傳，歸寧”，經又云：“三月，夫人姜氏至自齊”杜注“無傳告於廟”，則夫人還亦得書，顧氏云“夫人之禮降於君，故書行，不書還，史之舊文”顯悖史實，毫無依據，《正義》曰“蘇氏云夫人歸寧書至唯有此耳，餘不書者，或禮儀不備、或淫縱不告廟也”，此正如杜解所云“夫人行不以禮，故還皆不書，不告廟也”，若行還有禮且告於祖廟，史策循例而書，若文公十年經文所記也。通檢《春秋》經文，記夫人之事，無外有三：其一，夫人卒；其二，新婦至自某，又文公九年、十年經文所書夫人姜氏行、還；皆爲史策舊文，均非夫子特筆。而莊公二年“夫人姜氏會齊侯于禚”則確爲夫子鞭撻之筆，以見姜氏淫行也，即傳文所謂“書姦”之意，其後大凡夫人出淫，夫子皆歷歷具書，此正爲其三矣。

是書偶有雙行小注，或正或補顧氏正文之説，如卷三“民食于他”條，顧氏云：“民生於三而君食之，今昭公不能養民，而民食於三家，不知有君。”小注則云：“按昭二十五年子家子曰：政自之出久矣，隱民多取食焉。正所謂‘民食於他’也。”[13]此處依經釋經顯勝顧解也。又如卷三"十三年圍固城克息舟城而居之"條,顧氏云:"竊意固城、息舟城乃二城之名。"小注云:"按:傳書克邑,未有書克某邑之城者。固城、息舟皆二字地名,'城而居之'別爲一句,言築城而守之也。"[14]顧氏望文生義,於《左傳》行文之法頗有茫昧,小注所駁甚是。而此小注首見者,又有"末按"云云[2],重慶沈楠兄云:"此人應是潘末,全祖望給顧作的神道表説顧死後'高弟吴江潘末收其遺書,序而行之,又別輯《亭林詩文集》十卷,而《日知錄》最盛傳',現在能見到的康熙年間的《補正》是《亭林遺書》本,即潘末編刊。"則此補注者,或爲潘末。

是書常見版本有文淵閣《四庫全書》本,《亭林遺書》本,《指海》本,均爲三卷。

《音　論》

《音論》位列顧炎武《音學五書》之首,本爲三卷,《經解》斬頭去尾,惟採卷中一截,凡六篇,其末則附《答李子德書》一通,并爲七矣。

據顧氏《音學五書·敘》:"乃列古今音之變,而究其所不同,爲《音論》三卷。"[①]《后敘》:"然此書爲三百篇而作也,先之以《音論》,何也?曰:審音學之原流也。"[②]則是書之作乃因撰《詩本音》而敘述古今音變源流也,惜乎《經解》本割裂原本太甚,難以盡窺其識見矣。兹僅就所錄七條,略述其意也。

首二條"古人韻緩不煩改字"、"古詩無叶音",顧氏多引前人若陳振孫、徐蕆、楊慎、陳第輩之説,以爲古詩正音不紊,自有其韻,後人率以叶音讀之,甚或改原文以就押韻,失之遠甚。然顧氏於陳第古無叶音之見,又有補説:"(陳氏)其辨古音非叶,極爲精當。然愚以古詩中,間有一二與正音不合者,如:興,蒸之屬也;而《小戎》末章與音爲韻,《大明》七章與林、心爲韻。戎,東之屬也;而《常棣》四章與務爲韻,《常武》首章與祖、父爲韻。又如箕子《洪範》則以平與偏爲韻。孔子繫《易》於屯、於比、於恒,則以禽與窮、中、終、容、凶、功爲韻;於蒙、於泰,則以實與順、巽、願、亂爲韻。此或出於方音之不同,今之讀者,不得不改其本音而合之。雖謂之叶,亦可,然特百中之一二耳。"[20]顧氏所云正可見其研治音學之法,大率以經典文句押韻之字爲據,參乎異同,互證發明也。

"四聲之始"條,則見顧氏史學文學之功,其博考史傳,按之文體,以爲:"今考江左

---

①　《音學五書》,中華書局 1982 年影印觀稼樓仿刻本,第 3 頁。

②　同上,第 4 頁。

之文，自梁天監以前，多以去入二聲同用。以後，則若有界限，絕不相通。是知四聲之論，起於永明，而定於梁陳之間也。”[21]四聲既起自齊梁，此前究竟如何，顧氏又有説也。其“古人四聲一貫”條首句便云：“然古人之詩已自有遲疾輕重之分，故平多韻平，仄多韻仄；亦有不盡然者，而上或轉爲平，去或轉爲平、上，入或轉爲平、上、去，則在歌者之抑揚高下而已，故四聲可以並用。”[21]所謂“歌者之抑揚高下”者，顧氏又細繹爲兩端：其一，“夫一字而可以疾呼、徐呼，此一字兩音、三音之所緣昉已”，遂引《公羊》以爲證：“平上去入之名漢時未有，然《公羊》莊二十八年傳曰：《春秋》伐者爲客，伐者爲主。何休註於‘伐者爲客’下曰：伐人者，爲客，讀伐，長言之，齊人語也；於‘伐者爲主’下曰：見伐者爲主，讀伐，短言之，齊人語也。長言，則今之平上去聲也，短言，則今之入聲也。”[21]顧氏深通經學，援《公羊》傳注以明“伐”字疾呼、徐呼爲義之異，堪稱精審矣。其二，“四聲同用，則歌者以上爲平，而不以平爲上；以入爲去，而不以去爲入；何則？歌之爲言也，長言之也。平音最長，上去次之，入則詘然而止，無餘音矣。凡歌者，貴其有餘音也，以無餘從有餘，樂之倫也。”[22]此從歌者發聲之法言之，甚符樂理之實際也。

“入爲閏聲”、“近代入聲之誤”二條，皆析古人入轉三聲之理。

要之，其宗旨大率惟以古音舒緩，自有其則，不當以後世之聲律以繩之也。即《答李子德書》所云：“學者讀聖人之經，古人之作，而不能通其音，不知今人之音不同乎古也，而改古人之文以就之，可不謂之大惑乎！”[24]

《易　音》

《易音》三卷，顧炎武所撰《音學五書》之一，是書依次將《周易》彖辭、爻辭、象傳、繫辭、文言、説卦、雜卦文本句末涉及押韻者逐一拈出，各附小注標明所屬唐韻韻部，以見各章古音押韻之狀。

顧氏未將各句句末之辭悉數檢出，其云：“《易》文不具，何也？曰：不皆音也。”[①]故顧氏本不以《易》爲皆韻之書，即所謂“此所以然者，《易》之體不同於《詩》，必欲連比象占、牽合上下以就其音，則聖人之意荒矣，故但取其屬辭之切者”[25]。不止於此，顧氏又云：“問此隔三爻而與二五爲音，可乎？曰初二言龍，三言人事，至四而言或躍在淵，不言龍而其義則龍也，其不言龍者何？承初二也。承其義，則亦承其音也。”[25]此承其義則承其音之説；又云：“按真、諄、臻不與耕、清、青相通，然古人於耕、清、青韻中字往

---

① 《音學五書》，北京：中華書局，1982 年影印觀稼樓仿刻本，第 4 頁。

往讀入真、諄、臻韻者,當緣方音之不同,未可以爲據也……今吳人讀耕、清、青皆作真音,以此知五方之音雖聖人有不能改者。"[28]此方音入經之説;以上三點皆顧氏有以解《易》文多有不合音韻之因也。

篇中小注除細標諸字韻部之外,頗有注明經傳文字所謂古音者,而注古音之處又往往援《詩》以證,如:卷一"屯六二:屯《十八諄》;如遭《二仙》;如乘馬班《二十七山》;如匪寇古音苦故反,見《詩·桑柔》;婚媾古音故,見《詩·候人》"[25],通檢全篇,凡三十例;徵之出土文獻,頗有信據。如卷一"離九三,日昃之離古音羅,見《詩·新臺》。"[26]《馬王堆漢墓帛書〈六十四卦〉》正作"日襖之羅"①,則"離"之讀"羅",無可以疑也。又同卷"上九爻辭'鴻漸于陸',先儒並讀如字,范諤昌改爲'逵',朱子《本義》從之,謂合韻,非也。古人讀儀爲俄,不與逵爲韻,虞翻以九三爲陸,朱震曰上所往進也,所反亦進也,漸至九五極矣。是以上反而之三,當以陸爲正。"[26]今檢《馬王堆漢墓帛書〈六十四卦〉》作"陸"②,《上海博物館藏戰國楚竹書三·周易》作"陸"③,皆不作"逵",則顧氏所云是也。除引《詩》證外,顧氏又偶引《左傳》、《楚辭》、《史記》、《漢書》等以證《易》文之古音,於此,可概見顧氏操觚之法也。

《清經解》將《易音》列於《詩本音》之前,雅失顧炎武編次之舊,檢《音學五書》以《音論》、《詩本音》、《易音》、《唐韻正》、《古音表》爲先後之序,文淵閣《四庫全書》亦同。且《詩本音》卷一"關關雎鳩"下注"十八尤。言十八尤者,此字在唐韻之十八尤部也,餘倣此。"[37]而《易音》於卷一"蒙初筮告"直注"二沃"[25],並無説明,顯承前書之例,則《清經解》編排之失可見也。

是書常見版本有文淵閣《四庫全書》本,《音學五書》本,均爲三卷。

《詩本音》

《詩本音》十卷,顧炎武《音學五書》第二種,顧氏謂:"(《音學五書》)此書爲三百篇而作也"④,則此篇爲顧氏精力萃集、最所究心者也。

是書於毛詩各篇章句落韻處,皆標明所屬韻部,如《詩本音》卷一"關關雎鳩"下注

---

① 圖版見《馬王堆漢墓文物》,武漢:湖北出版社,1992年,第114頁。釋文見《張政烺論易叢稿》,北京:中華書局,2011年,第117頁。

② 圖版見《馬王堆漢墓文物》,第116頁。釋文見《張政烺論易叢稿》,第122頁。

③ 《上海博物館藏戰國楚竹書三》,上海:上海古籍出版社,2003年,第244頁。

④ 《音學五書·後敘》,北京:中華書局,1982年影印觀稼樓仿刻本,第4頁。

"十八尤。言十八尤者,此字在唐韻之十八尤部也,餘做此。"[37]又能於細微之處,明辨異同,卷三"匪東方則明,月出之光"下注"按:鳴、明二字,今人混爲一音。不知鳴彌平反,明彌郎反,截然二音而不可互讀也。今若此詩用鳴字則以盈、聲二字爲韻,而他詩之用鳴者,莫不以平、生、成、征諸字從之;用明字則以昌、光二字爲韻,而他詩之用明者,莫不以方、王、將、良諸字從之;何其密也。謂三百五篇即古人之音書,豈不信夫?後之混爲一音者,其亦未嘗學詩耳矣。"[47]此依韻字不同,反推古音纖異也。如此,則三百篇大抵可讀。① 此外,顧氏頗能博考文獻,揭明所謂古音者,如卷一"痞寐思服"下注:"古音蒲北反,與愊同。考服字《詩》凡一十七見,《易》三見,《儀禮》三見,《禮記》二見,《爾雅》一見,《楚辭》六見,並同;諸子、先秦兩漢之書,皆然。後人誤入一屋韻。詳見《唐韻正》,後凡言古音者,做此。"[37]顧氏在此處已經非常嫻熟地運用了文獻歸納法,將先秦經典文獻中與"服"字相關的入韻情況聯繫起來加以排比考察,并將此作爲其推斷"服"字古音的重要憑證,可謂理據具足也。諸如此類之例,於《詩本音》中隨處皆有,頗見顧氏搜羅翻檢用功之勤也。通觀全書,顧氏考辨古音、揭櫫詩例莫不以此法爲要。故,或可謂顧氏此書之主要成績即爲驗證此法之切實有效也。然又遠不止於此也,茲縷述之。

揭明毛詩韻法。卷一"不可方思"下注:"學者當知古人之詩無處無韻,不必兩句一韻,如後人五言之法也。"[37]古詩既"無處無韻",然其音例究屬爲何,顧氏則又細繹爲數端。

其一,古詩有定音不可統以叶音讀之。卷四"方何爲期胡然我念之"下注:"此章以平去入通爲一韻,中字不入韻。《集傳》'叶諸仍反',非。古人之字必有定音,非盡音而可叶也。若中字止有竹冲、竹仲二反,或通爲仲字,自古及今,惟此三音而已。《集傳》於《桑中》之篇則曰'叶諸良反',於《小戎》之篇則曰'叶諸仍反',何中字之多音哉!"[51]古今音轉流變,後人不識於此,遂起叶韻之説,朱子《詩集傳》即爲代表,遂至無音不可叶也。顧氏"一掃前人叶韻之説"②,闕功甚巨矣。

其二,古人音寬用密,卷二"垂帶悸兮"下注"此章亦可以平去通爲一韻。古人音部雖寬,而用之則密。故同一部而有親疏,如此章支、觸、知、平與平爲韻,遂、悸、去與去爲韻,而合之則通爲一也;《干旄》二章,旟、都、平與平爲韻,組、五、予、上與上爲韻,而合之則通爲一也;《木瓜》二章,桃、瑤、平與平爲韻,報、好、去與去爲韻,而合之則通

---

① 於不可知之處,顧氏亦非强不知以爲知,而是付之闕如,卷十"曾孫篤之"下注:"此章或可以命、純、收、篤爲韻,凡周頌之詩,多若韻若不韻者,意古人之歌,必自有音節,而今不可考矣。"
② 周祖謨《音學五書·前言》,第1頁。

爲一也。同一聲而有親疏，如秦詩《黃鳥》之首章、棘、息、特爲韻，穴、慄爲韻，而合之則通爲一也。分之而不亂，合之而不乖，可以知其用音之密矣。"[43]同部、同聲皆有親疏之分，一旦顧氏拈出，則豁然可了。

其三，後章韻前章，卷一"于嗟乎騶虞"下注"或曰：如《騶虞》、《權輿》之詩，若斷其第二章歌之，則其韻何所承乎？曰：古人歌詩如宗廟朝會之樂，皆用全篇，春秋列國卿大夫賦詩，始有斷章。如《騶虞》、《權輿》之詩，必無去其首章、但斷二章之理。且古人之詩有義同而必二章三章者，非故爲是重疊之辭也。取其被之管弦，音長而節舒，若一章而止則短促不成節奏，必合二三章爲一闋，故可以後章韻前章也"[39]。又卷二"送我乎淇之上矣"下注"合前章首章，唐、鄉、姜爲一韻，中、宮爲一韻，而上字仍協首句；二章麥、北、弋爲一韻，中宮爲一韻；三章葑、東、庸、中、宮共爲一韻，而上字仍協首章；所謂後章韻前章者也"[42]。此後章韻前章之説，乃顧氏由古人奏樂之法而推斷此論也。

其四，章、句兼有兩韻，卷五"示我周行"下注："苹字從平，笙字從生。徧考三代秦漢之書，凡鳴、平、生字，無入陽、唐韻者，知此章自'吹笙鼓簧'以下別爲一韻，《烈祖》之詩亦然，自'黃耇無疆'以下別爲一韻，《集傳》叶音皆非。"[55]又同卷"助我舉柴"下注："此章首尾爲一韻，中二句爲一韻，蓋詩之變體。《周頌》'思文后稷，克配彼天，立我烝民，莫匪爾極'，稷與極爲韻，天與民爲韻；《儀禮·士昏禮》'往迎爾相，承我宗事，勗帥以敬，先妣之嗣，若則有常'，相與常爲韻，事與嗣爲韻；《楚辭·天問》'雄虺九首，儵忽焉在，何所不死，長人何守'，首與守爲韻，在與死爲韻；宋玉《風賦》'被麗披離，衝孔動楗，眴煥粲爛，離散轉移'，離與移爲韻，楗與爛爲韻；漢《安世房中歌》'安其所，樂終産，樂終産，世繼緒'，所與緒爲韻，二産爲韻，皆同此例。"[58]此一章之中兼有兩韻例。卷四"季女斯飢"下注："詩有一句之中而兼用二韻，如其虛其邪是也。此章則薈、蔚自爲一韻，婉、孌自爲一韻，而隮、飢又自爲一韻。古人屬辭之工，比音之密如此，所謂天籟之鳴，自然應律而合節者也。"[53]此一句之中兼有二韻例。

其五，語助押韻之例，卷一"寤寐求之"下注："凡詩中語助之辭，皆以上文一字爲韻。如兮、也、之、只、矣、而、哉、止、思、焉、我、斯、且、忌、猗之類，皆不入韻。又有二字不入韻者，著之、乎而是也。若特用其一，則遂以入韻，其君也哉、誰昔然矣、人之爲言、胡得焉是也。"[37]顧氏明確提出語助一字二字皆不入韻，然又非盡如此，且有特例，卷二"天實爲之，謂之何哉"下注"按哉、之以語助爲韻，詩中亦或有之"[41]是也。此即句之餘也，又有所謂章之餘。同卷"于嗟麟兮"下注："古人之詩言盡而意長，歌止而音不絕也。故有句之餘，有章之餘。句之餘，若上篇所謂一字二字之語助是也。章之餘如于嗟麟兮，其樂只且、文王烝哉之類是也。《記》曰：言之不足，故長言之，長言之不足，故嗟歎之。凡章之餘，皆嗟歎之辭，可以不入韻。然合三數章而歌之，則章之末句，未嘗不自爲韻也。"[38]

凡此種種,顧氏皆以歸納推衍之法抽繹而得,可謂信而有徵也。顧氏既明毛詩古音,遂進而發明詩例、釐正其文、重訂句讀、駁正誤説,可謂又一境界也。卷九"倉兄填兮"下注:"凡詩人之句,如意盡而文不足,則加一兮字,此章'倉兄填兮'之類是也;意盡而文有餘,則去一兮字,《葛生》'予美亡此','誰與獨旦'之類是也;其他語助之辭皆然。"[71]發明毛詩字例也。卷二"卜云其吉,終然(允臧)"下注"今本作'終焉',唐石經作'終然'。按:漢光和六年《白石神君碑》其銘曰'卜云其吉,終然允臧',今從之。張衡《東京賦》'卜徵考祥,終然允淑'用此文"[42],釐正毛詩文字也。卷三"緇衣三章章六句"下云:"舊作'三章章四句'。今詳敝字當作一句,還字當作一句,難屬下文,當作三章章六句"[46],重訂毛詩句讀也。卷二"揚且之皙"下注"二十三錫。《集傳》叶征例反,似因《易》大傳有'明辨哲也'而誤。按《易》傳之'哲'從折從日,音制,明也。與陳詩'明星哲哲'之'哲'同,亦作晰。此章之'皙'從析從白,音析,白也。與《論語》曾皙之'皙',《左傳》子皙、白皙之'皙'同。今依石經正之"[42],駁正朱子之誤也。[1]此短短數語,分別從字形、字音、文獻所記、金石所載出發,言之鑿鑿地辨析了"哲"、"皙"之異,藉此可見顧炎武考辨功力之深厚。

是書常見版本有文淵閣《四庫全書》本,《音學五書》本,均爲十卷。

《日知錄》

《日知錄》二卷,乃經解編者截取《日知錄集釋》卷一至卷七也,揣度其意,或因諸卷條目與解經直接相關而收錄之也,故切不可視此爲《日知錄》之全篇也,此下如閻若璩《潛丘劄記》等筆記條辨性質之作,一同此例,皆抽其與釋經相關者以入經解也。

顧氏隨讀隨錄,日知其所無而謹記之也,故通篇爲條目體,後人往往視之爲所謂學術筆記也。縱觀諸條,舉凡經義、體例、訓詁、典章、制度、地理、天文,顧氏幾無所不及,或淺嘗即止,或長篇泛論,或反復考究,或一言以盡,精義疊見,異彩紛呈,顧氏謂平生志業一萃於此,信也。[2]

---

[1]　卷六"爰(其適歸)"下注:"今本作奚,古本並作爰。左氏宣十二年傳引此亦作爰,杜氏註'爰於也',言禍亂憂病,於何所歸乎。朱子依《家語》改作奚"(P62),今檢《四部叢刊三編》影印靜嘉文庫藏宋本《詩集傳》作"爰"不作"奚",則顧氏所見非善本,所駁非盡是也。

[2]　顧氏此篇亦有偶誤之處,如"朱子周易本義"條,其謂:"秦以焚書而五經亡,本朝以取士而五經亡"(P80),始皇焚書卜筮之書不燒,故《易》經獨全,顧氏謂"五經亡",顯非也。

顧氏既覩明末心性空疏，遂於"樂章"條顯加批評："七月流火，天文也；相其陰陽，地理也；四矢反兮，射也；兩驂如舞，御也；止戈爲武，皿蟲爲蠱，書也；千乘三去，亥有二首六身，數也。古之時人人知之，而今日遂爲絶學，且曰：'藝而已矣，不知之無害也。'此近代之儒所以自文其空疏也！"[134] 故其於格物之學，尤爲注目，"觀先朝嘉靖之事，至於入廟稱宗，而後知聖人制禮別嫌明微之至也。永叔博聞之儒，而未見及此，學者所以貴乎格物。"（"爲人後者爲其父母"條）[141] 落實於經解，則特以小學爲首，"古之教人必先小學，小學之書，聲音文字是也。《顔氏家訓》曰：夫文字者，墳籍根本，世之學徒多不曉字，讀五經者是徐邈而非許慎，習賦誦者信褚詮而忽吕忱，明史記者專皮鄒而廢篆籀，學漢書者悦應蘇而略蒼雅，不知書音是其枝葉，小學乃其宗系，吾有取乎其言。"（"昌歜"）[128] 顧氏又身體力行之，如詳考"辯"義："《鄉飲酒禮》、《鄉射禮》其於旅酬皆言辯，注云：辯，衆賓之在下者。此辯，非辨察之辨。古字'辯'與'徧'通，經文言辯者非一。《燕禮》注：今文辯皆作徧是也；《曲禮》主人延客食蔵然後辯殽；《内則》子師辯告諸婦諸母名宰辯告諸舅名；《玉藻》先飯辯嘗羞飲而俟；《樂記》其治辯者其禮具；《左傳》定公八年子言辯舍爵於季氏之廟而出；《史記·禮書》瑞應辯至。"（"辯"）[136] 此明辯字古義也。顧氏非止於此，又能明古字字義源流，如"《春秋》自僖文以後，而執政之卿始稱子；其後，則匹夫而爲學者所宗亦得稱子，老子、孔子是也；又其後，則門人亦得稱之，樂正子、公都子之流是也。故《論語》之稱子者，皆弟子之於師；《孟子》之稱子者，皆師之於弟子；亦世變之所從來矣。"（"大夫稱字"）[136] 此皆以作撥亂反正之功，開清人鋭意實學風氣之先也。

若論顧氏考究方法，則率以兩端爲夥。一曰：排比羅列。顧氏欲明一義，往往盡數羅列相關條文，無需贅言而有一目瞭然之效，如"占法之多"條，顧氏云："以日占事者，《史記·天官書》甲乙四海之外日月不占，丙丁江淮海岱，戊己中州河濟，庚辛華山以西，壬癸恒山以北是也；以時占事者，《越絶書》公孫聖今日壬午時加南方，《史記·賈誼傳》庚子日斜鵩集予舍是也；又有以月行所在爲占，《史記·龜策傳》今昔壬子宿在牽牛，《漢書》翼奉言白鶴館以月宿亢災，《後漢書》蘇竟言白虹見時月入於畢是也。"[126] 古人占法之詳，於此可知。又"城小穀"條，顧氏云："城小穀，爲管仲也。據經文小穀不繫於齊，疑左氏之誤。范寧解《穀梁傳》曰：小穀，魯邑。《春秋發微》曰：曲阜西北有故小穀城。按：《史記》漢高帝以魯公禮葬項王穀城，當即此地。杜氏以此小穀爲齊邑，濟北穀城縣城中有管仲井。劉昭《郡國志》①、酈道元《水經注》皆同。按：《春秋》有言穀，不言小者，莊公二十三年公及齊侯遇於穀，僖公二十六年公以楚師伐

_____

① 《續漢書·郡國志》爲西晉司馬彪所撰，南朝梁劉昭補注，非其所撰也。

齊取穀,文公十七年公及齊侯盟於穀,成公五年公孫僑如會晉荀首於穀,四書穀,而一書小穀,別於穀也。又昭公十一年傳曰齊桓公城穀而寘管仲焉,至於今賴之,則知春秋四書之穀及管仲所封在濟北穀城,而此之小穀自爲魯邑爾。況其時齊桓公始霸,管仲之功尚未見於天下,豈遽勤諸侯以城其私邑哉?"[124]顧氏詳列《春秋》經傳所見穀、小穀,一字之差,顯爲二地,江永《春秋地理考實》莊公三十二年"小穀"條亦云:"經:城小穀。傳:爲管仲也。杜注:小穀,齊邑。濟北穀城縣城中有管仲井。《穀梁傳》范寧注:小穀,魯邑。《彙纂》:程氏迥曰:齊地別有穀在濟北,有管仲井,非小穀也。今按:齊之穀,今爲東阿縣,見莊七年夫人姜氏會齊侯於穀。又莊二十三年公及齊侯遇於穀,僖二十八年公以楚師伐齊取穀,文十七年公會齊侯盟於穀,成五年叔孫僑如會晉荀首於穀,哀二十七年傳齊師違穀七里,皆齊穀。若此年小穀,自是魯地,曲阜西北有故小穀城,項羽嘗爲魯公,漢高帝以魯公禮葬項王穀城,是也。昭十一年,楚申無宇曰齊桓公城穀而寘管仲,趙氏鵬飛曰此年偶有城小穀之事,《左傳》遂取無宇之言合之,杜氏因以小穀爲穀城,其說是。"①顧江二人可謂不謀而合,江氏雖後出,然補出《春秋》莊七年夫人姜氏會齊侯於穀,顧氏所謂《春秋》"四書穀,而一書小穀",誤矣。阮元《十三經注疏校勘記·左傳校勘記》卷九"小穀"條又深究此疑雲:"'春城小穀爲管仲也',顧炎武《日知錄》據范寧《穀梁解》以小穀爲魯邑而疑左氏之誤,孫志祖云:春秋之言穀者,除炎武所引外尚有宣十四年公孫歸父會齊侯於穀,襄十九年晉士匄侵齊至穀,又成十七年傳齊國殺慶克以穀叛,則齊地之名穀而不名小穀灼然矣。小穀應屬魯邑,《左氏》不應謬誤若此,後讀《公羊疏》云:二傳作小穀,與《左氏》異。始悟《左氏》經本作'城穀',此與申無宇所言齊桓公城穀而寘管仲焉語正合,故杜注以爲齊邑,又引濟北穀城縣中有管仲井以實之,今經傳及注俱作'小穀'者,乃後人據二傳之文而誤加之《左氏》也。惜杜氏手定本已亡,無從是正。"[7494]阮氏引孫志祖語以補顧氏所列《春秋》諸穀之不足,甚是。又從《公羊注疏》所言逆推唐時《左氏》作"穀"而非"小穀",本不誤。阮元寥寥數語,其考據力量之效果甚或超過顧氏、江氏所辨也,然若無顧、江二說在前,定無孫、阮二說在後,學術考究之遞進遞明,於此可概見之也。

一曰:以經證經。顧氏爲學,標榜仰山鑄銅,故於諸經無不沈研融通,其釋經解疑率援他經以證本經,實爲開清人掌經考據之另一法門也。如其解《易》則引《毛詩》、《左傳》以證:"山之高峻,雲雨時在其中間,而不能至其巔也,故《詩》曰:殷其靁,在南山之側。或高或下,在山之側而不必至其巔,所以爲小過也。"("山上有雷小過"條)[85]

---

① 《春秋戰國史研究文獻叢刊》,北京:國家圖書館出版社,2009 年影印道光九年學海堂刊《皇清經解》本,第 45 頁。

"《左傳》僖十五年,戰於韓,卜徒父筮之曰:吉,其卦遇蠱,曰:千乘三去,三去之餘,獲其雄狐。成十六年,戰於鄢陵,公筮之,史曰:吉,其卦遇復,曰:南國蹙,射其元王中厥目。此皆不用《周易》而別有引據之辭,即所謂三易之法也,而傳不言《易》。"("三易"條)[79]其訂《尚書》篇次則引《左傳》爲證:"竊疑古時有《堯典》無《舜典》,有《夏書》無《虞書》,而《堯典》亦《夏書》也……《左氏傳》莊公八年,引皋陶邁種德;僖公二十四年,引地平天成;二十七年,引賦納以言;文公七年,引戒之用休;襄公五年,引成允成功;二十一年、二十三年,兩引念茲在茲;二十六年,引與其殺不辜寧失不經;哀公六年,引允出茲在茲;十八年,引官占惟先蔽志向……而皆謂之《夏書》,則後之目爲《虞書》者贅矣。"("古文尚書"條)[101—102]又以《春秋》明《毛詩》篇次之義:"《詩》之次序,猶《春秋》之年月。夫子因其舊文,述而不作也。頌者,美盛德之形容,以告宗廟。魯之頌,頌其君而已,而列之周頌之後者,魯人謂之頌也。世儒謂夫子尊魯而進之爲頌,是不然,魯人謂之頌,夫子安得不謂之頌乎?爲下不倍也。《春秋》書公、書郊禘,亦同此義。《孟子》曰'其文則史',不獨《春秋》也,雖六經皆然!今人以爲聖人作書,必有驚世絕俗之見,此是以私心待聖人。世人讀書,如王介甫纔入貢院,而一院之事皆欲紛更,此最學者之大病也!"("魯頌商頌"條)[112]顧氏於此條藉《春秋》史文之義以正魯頌爲次之義,且言"六經皆然",已先章實齋而發也。此外,顧氏頗能由已知求未知,與由彼經達此經有異曲同工之妙也。如其辨《毛詩》"太原"所在:"'薄伐獫狁,至于大原'毛鄭皆不詳其地,其以爲今太原陽曲縣者,始於朱子,而愚未敢信也。古之言大原者,多矣。若此詩,則必先求涇陽所在,而後大原可得而明也。《漢書·地理志》安定郡有涇陽縣,幵頭山在西,《禹貢》涇水所出,《後漢書·靈帝紀》'段熲破先零羌於涇陽'注:涇陽縣屬安定在原州,《郡縣志》:原州平涼縣,本漢涇陽縣地,今縣西四十里涇陽故城是也。然則大原當即今之平涼,而後魏立爲原州,亦是取古大原之名爾。計周人之禦獫狁,必在涇原之間,若晉陽之太原在大河之東,距周京千五百里,豈有寇從西來兵乃東出者乎?故曰'天子命我,城彼朔方',而《國語》宣王料民於大原,亦以其地近邊而爲禦戎之備,必不料於晉國也。又按:《漢書》賈捐之言秦地南不過閩越,北不過大原,而天下潰畔。亦是平涼而非晉陽也,若《書·禹貢》'既修大原,至于岳陽'、《春秋》晉荀吳帥師敗狄於大原,及子產對叔向宣汾洮障大澤以處大原,則是今之晉陽,而豈可以晉之大原爲周之大原乎?"[108]太原一詞本爲數地之名,顧氏未斤斤於辨析此爲何地彼爲何地,而是獨闢蹊徑,由涇陽以求太原,涇陽既明,太原則豁然可知,顧氏有輔證以地望,徵之以文獻,則晉、周太原之異,判然明了也。

是書雖著力研討經義,然顧氏亦潛藏故國之思於篇中,偶獲一見也。"楚吳書君書大夫"條,其謂:"《春秋》之於吳楚,斤斤焉不欲以其名與之也。楚之見於經也,始於

莊之十年，曰'荆'而已；二十三年，於其來聘而'人'之；二十八年復稱'荆'，而不與其
人也；僖之元年，始稱'楚人'；四年，盟於召陵，始有大夫；二十一年，會於盂①，始②書
'楚子'。然使宜申來獻捷者楚子也，而不書'君'；圍宋者，子玉，救衛者，子玉，戰城濮
者，子玉也，而不書'帥'，聖人之意，使之不得遽同於中夏也。吳之見於經也，始於成
之七年，曰'吳'而已；襄之五年，會於戚，於其來聽諸侯之好而'人'之；十年、十四年，
復稱'吳'，殊會而不與其'人'也；二十五年，門于巢卒，始書'吳子'；二十九年，使札來
聘，始有大夫。然滅州來、戰長岸、敗雞父、滅巢、滅徐、伐越、入郢、敗檇李、伐陳、會
柤、會鄫、伐我、伐齊、救陳、戰艾陵、會橐皋並稱'吳'而不與其'人'；會黃池，書晉侯及
吳子，而殊其會，終《春秋》之文，無書'帥'者，使蠻夷之君，不得主盟也。是知書'君'、
書'大夫'，《春秋》之不得已也，政交於中國矣，以後世之事言之，如劉石十六國之輩，
略之而已，至魏齊周，則不得不成之爲國，而列之於史，遼金亦然。此夫子所以錄楚吳
也，然於備書之中，而寓抑之之意，聖人之心蓋可見矣。"[119] 顧炎武歷數《春秋》於吳楚
稱謂之變，以明夫子深嚴華夷之防，所謂"寓抑之之意"也，而揣度顧氏旨意，似在深痛
當世華夏爲蠻夷所據，天地倒懸，情難自已也。故四庫館臣在抄錄此段文字時，將末
一句改寫爲"聖人錄之而後人必以爲外之，似非春秋之深旨矣"，不特強以己義加之夫
子，亦與顧氏原志相反，館臣之"功"正見於此也！

《四書釋地》

《四書釋地》一卷，并《釋地續》、《又續》、《三續》凡四卷，③閻若璩撰，其自道撰述主
旨曰："孟子謂讀其書者當論其世，余則謂并當論其地。苟地之不知而謂能知其人身
之所處、心志之所寄焉者，吾不信也。"[179] 其將考訂地理視爲學者知人論世不可或缺之

---

① "會于盂"原作"會于盂"，文淵閣《四庫全書》本《日知錄》作"會于盂"，道光十四年重刊定本《日知錄集釋》
卷四亦作"會于盂"（上海古籍出版社影印本，1985 年版），今檢《中華再造善本》影印國家圖書館藏南宋慶
元六年紹興府刻宋元遞修本《春秋左傳正義》卷一二僖公二十一年《春秋》經作"會于盂"（北京圖書館出
版社，2003 年版）；影印本宋刻宋元遞修本《經典釋文·左傳》僖公經二十一年錄"于盂"小注"音于"（上海
古籍出版社，1985 年版。第 921 頁）。據此，經解本作"會于盂"，顯誤，故改之。
② "始"原作"姑"，文淵閣《四庫全書》本《日知錄》作"始"，道光十四年重刊定本《日知錄集釋》卷四亦作
"始"，據上下文可知作"姑"顯誤，故改之。
③ 文淵閣《四庫全書》本《四書釋地》一卷、《釋地續》一卷、《又續》上下兩卷、《三續》上中下三卷，凡七卷。據
《釋地又續》"江漢"條："胡朏明客京師，余時以書求助於朏明，久之方肯草數條以應，中有余百思所不到
者，悉載於此"[200]，則《又續》闌入胡渭考辨若干，今已難分彼此。又《釋地三續》幾乎未曾涉及地理考證，
僅有兩條"禹貢"、"行其無所事也"，均轉述胡渭《禹貢錐指》之説。

前提，可謂獨具隻眼。朱子《四書章句集注》爲場屋圭臬，學子無人不讀，閻氏却對其釋地之不足尤有微詞："地志之書，宋人漸多傅會，不似唐所以。朱子注《四書》、傳《詩》每僅云'邑名'、'地名'，不詳其所在……蓋其慎也，然亦畢竟屬討便宜。"[170] 故《四書釋地》即著力對《論語》、《孟子》所涉地名進行條辨式考證，内容雖頗爲雜糅，其精要卓見亦往往有之。而自《釋地續》則"因牽連而及人名凡八十條，[①]後因地理、人名而及物類、訓詁、典制得一百六十三條，謂之《又續》，其他解釋經義者又得一百二十六條，謂之《三續》，總以'釋地'爲名從其朔也。"[②]

　　旁搜博取，廣徵文獻，以尋繹古地所在，閻氏於此多有考辨，如"康"條："《康誥》，《大學》引者四，《孟子》引者二，皆未及康字何義，孔安國《書》傳雖晚出，却以《康誥》之康爲圻内國名，遠勝鄭康成作謚號解者。嘗證以二事：一、定四年'命以《康誥》而封于殷虚'，當既有誥文輒有篇名，豈待身後之謚取以冠其篇乎？二、《史記·衛世家》'康叔卒，子康伯代立'，父謚康，子亦謚康，將兩代同一易名之典乎？故《世本》宋忠注曰：封從畿内之康，徙封衛。衛即殷墟，畿内之康不知所在也。初以爲良然，後讀《括地志》云：故康城在許州陽翟縣西北三十五里。陽翟，今禹州，正周畿内地，因再四慨嘆，前世之事無不可考者，特學者觀書少而未見耳！"[187] 閻氏從文獻記載出發，拈出二則，以駁鄭玄"康"爲謚號之説，信而有據。又自《括地志》考訂康地所在，輔證以宋忠《世本》注所謂"畿内康地"之説，諸證湊泊，隨其所用，展現出閻氏嫻熟文獻、運用自如之深厚功力。

　　由道里遠近以考訂古地，爲閻氏常用之法。如"莘"條"'耕于有莘之野'，《集注》：莘，國名。未指其所在，余謂《元和郡縣志》：故莘城在汴州陳留縣東北三十五里，古莘國地。計其去湯都南亳，不過四百里，所以湯使可三往聘。若太姒所產之莘國，則在今西安府郃陽縣南二十里，道遙遠矣。"[171] 從與商都距離之遠近，判斷莘地所在，確爲有效辦法。又"羿有窮之君"條："朱子注《騷經》'夕歸次于窮石兮'云：窮石，山名，在張掖，即後羿之國。則去夏都三千里遠，在西北天一隅，縱恃其射，豈能及夏？朱子蓋見王逸引《淮南》言弱水出於窮石入於流沙，遂傅會此窮石爲後羿所遷，不知當别有窮石爲國名者，但不可考。《論語集注》'羿有窮之君'與孔安國注同，只渾淪言之，得之矣。窮石即羿國，洪興祖已然，《晉地記》云：河南有窮谷，蓋本有窮氏所遷。"[179] 後羿之國絕不可能遠在河西，此爲常識之見。洪興祖《楚辭補注·離騷》"夕歸次于窮石"

---

① 閻氏釋地連及人名之由，據《四書釋地又續》"益"條："余釋地間釋及人，以人爲地之所生，猶不離母"（P197）。

② 文淵閣《四庫全書》本《四書釋地提要》。

句注："補曰：郭璞注《山海經》云：弱水出自窮石。窮石，今之西郡删丹，蓋其別流之原。《淮南子》注云：窮石，山名，在張掖也。《左傳》曰：後羿自鉏遷于窮石。"①朱子蓋承洪氏而致誤也。

閻氏深通經學，"積學者古，於漢唐諸儒注疏類能鈎穴，口誦如瀾翻。"②其所考辨能在融通諸經的基礎上推斷古地所在，可謂閻氏釋地之特色。如"南陽"條："《左傳》'晉于是始啓南陽'杜注在晉，山南河北故曰南陽。余謂即今太行山之南，河內濟源、修武温縣地。《孟子》'遂有南陽'趙注：山南曰陽，岱山之南，謂之南陽也。余謂史稱泰山之陽則魯，其陰則齊，南陽屬齊，必齊之地，深插入魯界中者，魯故欲一戰有之，二南陽所指各不同。《公羊傳》齊桓使高子將南陽之甲立僖公而城魯，注：南陽，齊下邑。"171閻氏意在推求《孟子》"遂有南陽"之南陽所在，故先辨明此非《左傳》晉地之南陽，以防混淆。繼而從趙注入手，推斷其地在岱山之南，乃"深插入魯界中者"，故"魯故欲一戰有之"，分析極見精彩，又輔證以《公羊》何休注，知此南陽確爲齊地非魯地，其時史事之實遂由此而見發覆。又如"明堂趙注"條："明堂趙氏注謂泰山下明堂，本周天子東巡狩、朝諸侯之處也，齊侵地而得有之。《集注》以'漢時遺址尚在'，易去'齊侵地而得有之'，以合《封禪書》、《郊祀志》，不知趙氏此句特妙也。蓋《左傳》隱八年'鄭伯使宛來歸祊不祀泰山也'注云：鄭桓公封鄭，有助祭泰山湯沐邑在祊，祊在琅邪國費縣東南，鄭以天子不能復巡狩，故欲以祊易於魯，以從魯所宜。③計爾時距東遷五十六年，泰山下湯沐邑，鄭尚能世守之，則明堂仍爲周天子所有，齊焉敢侵，不知幾何時而爲齊得，又至宣王時不復東巡狩者四百四十年矣，人咸遂謂齊毀明堂，無王愈可知。趙氏此一句，不可以觀世變哉？"193—194閻氏由杜注《左傳》"鄭魯易祊"而牽連趙注《孟子》"問毀明堂"，趙注之"齊侵地而得有之"内蘊皆由杜注之"鄭以天子不能復巡狩"而得申發，經注互證，闡發明了，閻氏可謂真通經學之人也。

以親歷目驗定是非，反映出閻氏客觀嚴謹的研究精神，這一實事求是的科學態度在是書中多有體現。如"東山"條："《集注》：東山，蓋魯城東之高山。蓋，疑辭，朱子生平足未至曲阜故作此言。其實曲阜縣東二十里有防山，孔子父母合葬處，《世家》所謂防山在魯東，絕不高也。"172又"温泉"條："曲阜亦有温泉，但在縣南七里，流入於沂，非沂水有温泉也。朱子只緣足未親至，傅會爲一。"173閻氏所駁朱子所注地理訛誤，均以

①　洪興祖《楚辭補注》，北京：中華書局，2002重印修訂版，第32頁。

②　程鉴《四書釋地序》，《續修四庫全書》第170册，第1—2頁。

③　"以從魯所宜"，今檢《左傳》隱公八年杜注："各從本國所近之宜。"

實地考察爲據，甚是。於水脈所經，閻氏往往尋波討源，以駁故説之誤。如“淮”條：
“吾家自高高祖，由晉之汾水遷楚之淮水，所以二水之源及流，皆曾窮歷之。因怪蔡氏
《書傳》於‘導淮自桐柏’引《水經》云：淮水出南陽平氏縣胎簪山，禹只自桐柏導之。按
胎簪山在今桐柏縣西北三十里，去縣東一里之桐柏山三十里余耳，禹當日豈惜此三十
里之勞乎？又‘導渭自鳥鼠同穴’引酈道元云：渭水出南穀山，在鳥鼠山西北，禹只自
鳥鼠同穴導之。按：南穀山在今渭源縣西二十五里，鳥鼠同穴山則在縣西二十里，剛
少五里，禹豈惜此五里之勞也者？道破真堪噴飯！此非酈注本文，蔡增出耳。① 余嘗
譬蔡氏宛如今童子作小題時文，翻剔字眼以爲新，曾何當於經學。”192蔡沈篡改文獻，
以作新説，閻氏糾之，一點即破，所駁甚是。閻氏復能將文獻與目驗相結合，從而坐實
考證，如“虞虢”條：“虞、虢二國，杜注：虞國在河東大陽縣，余謂山西之平陸縣也；虢，
西虢國，弘農陝縣東南有虢城，余謂河南之陝州也。名雖二省，而界相連。莫妙於裴
駰引賈逵注曰：虞在晉南，虢在虞南。② 一言之下而形勢了然，爾時爲晉，獻公十九年
正都於絳，絳在太平縣之南，絳州之北，土人至今呼故晉城，遺址宛然。余嘗往觀，因
怪杜長於地志之學者，於莊二十六年‘士蔿城絳’注：絳，今平陽絳邑縣；成六年‘不如
新田’又注：新田，今平陽絳邑縣。竟爲一地乎，果爲一地，不應將遷新田之時名獻公
所都曰故絳矣。新田，《括地志》在絳州曲沃縣南二里，余亦往，土呼王官城，距故晉城
五十里。曾告之黃儀子鴻，子鴻曰：於書亦有徵乎？余曰：《明一統志》平陽府‘古迹’
載：晉城在太平縣南二十五里，晉士蔿所築，獻公都焉者。余蓋不獨以目驗而知之
矣。”175閻氏親身走訪，晉城遺址與王官遺址自爲兩地，又輔以文獻之證，杜預含糊二
地均注一縣，其疏闊明矣。

　　閻氏往往越出考訂地理之範疇，由釋地進而解經，如“石門”條：“地有鑿然指實有
助於經學不小者，‘子路宿于石門’是也。或曰石門齊地，隱公三年齊、鄭會處即此。
非也。讀《太平寰宇記》：古魯城凡有七門，次南第二門名‘石門’，案《論語》‘子路宿于
石門’注云：魯城外門③。蓋郭門也。”石門既爲魯城郭門，閻氏遂據此而有種種推斷：

―――――――――――

① 《水經注》卷三十經文：“淮水出南陽平氏縣胎簪山，東北過桐柏山。”又《水經注》卷十七：“渭水出首陽縣
　　首陽山渭首亭南穀，山在鳥鼠山西北。”據此，蔡沈所增明矣。
② 此爲《史記·晉世家》“假道于虞，虞假道，遂伐虢”句裴駰《史記集解》所引。
③ 《寰宇記》注石門爲“魯城門外”，今檢《四部叢刊》初編日本正平活字本《論語集解》未見此注。又檢文淵
　　閣《四庫全書》本皇侃《論語集解義疏》卷七：“‘子路宿’至‘者與’，云‘子路宿于石門者’，石門，地名也。
　　子路行住石門宿也，一云石門者魯城門外也。”而日本京都大學藏鈔本《論語義疏·憲問》：“石門，地名
　　也。子路行住石門宿。云石門者，魯城門外。”四庫本所謂“一云”之“一”，鈔本爲分隔符號“/”，又《釋地
　　又續》“石門”條：“《蔡邕傳》‘釋誨曰石門守晨’章懷太子賢引《論語》鄭康成注云：石門魯城外門也”
　　（P201），則《論語義疏》、《寰宇記》所引或即爲鄭玄注。

“因悟孔子轍環四方，又使子路歸魯，視其家。甫抵城而門已闔，只得宿於外之郭門，次日晨興，伺門入。掌啓門者訝其太蚤，曰：汝何從來乎？若城門既大啓後，往來如織，焉得盡執人而問之？此可想見一。‘自孔氏’言自孔氏處來也，夫不曰‘孔某’而曰‘孔氏’，以孔子爲魯城中人，舉其氏輒可識，不必如答長沮之問爲孔某，此可想見二。‘是知其不可而爲之者與’分明是孔子正栖栖皇皇歷聘於外，若已息駕乎洙泗之上，不必作是語，此可想見三。總從‘魯郭門’三字悟出情踪，誰謂地理不有助於經學與？”[170]閻氏所解堪稱精妙，三點推斷層層遞進，闡及精微，揭發内藴。與此同時，閻氏所申發逐條，亦可反證石門當爲魯門，可謂史、地互證，相得益彰。四庫館臣謂“若璩博極羣書，又精於考證，百年以來自顧炎武以外，罕能與之抗行者。觀是書與《尚書古文疏證》可以見其大概矣”，[1]誠非虛譽。

　　於乏考之地，閻氏寧闕疑而辨之。如“靈丘”條：“靈丘亦屬齊邊邑，《趙世家》敬侯二年敗齊於靈丘，《六國表》敬侯九年，魏武侯九年，韓文侯九年因齊喪，共伐之至靈丘。又《趙世家》惠文王十四年樂毅將趙秦韓魏燕攻齊取靈丘，明年燕獨深入取臨菑。加以蚳蛙去王遠，無以箴王闕，特辭靈丘，請士師，足徵爲邊邑，但實不知其所在。爾時趙別有靈丘，以葬武靈王得名，即今靈丘縣。孝成王以靈丘封黃歇，絳侯擊破陳豨於靈丘，皆其地。注《史記》者以此之靈丘爲齊之靈丘[2]，無論齊境不得至代北，而敬侯時安得國有靈丘？胡三省注齊靈丘又以漢清河郡之靈縣當之，抑出臆度，毋寧闕疑。”[174]閻氏從地名學角度，揭示代地之靈丘乃因趙武靈王葬地而得名，前此史事豈能有此靈丘之稱。又代趙境隔絕遠，裴氏注齊之靈丘在此代北之地，不識甚矣，閻氏所辨殊爲卓見，而其乏考闕疑之精神，尤可謂難能可貴也。

　　然閻氏所考所駁亦間有訛誤，如“漯滄浪”條：“《集注》：漯，水名。亦不核，當云：漯者，河之枝流也，出東郡東武陽，東北至千乘入海。不然，止云水名，安知非《漢地理志》高唐之漯水乎？《集注》：滄浪，水名。殊非。蓋地名也，當云：武當縣西北四十里漢水中有洲名曰滄浪，漢水流經此地，遂得名滄浪之水云。善乎宋葉夢得言，大抵《禹貢》水之正名可以單舉者，若漢、若濟之類是；不可單舉者，則以水足之，若黑水、弱水之類是；非水之正名，而因以爲名，則以水別之，若滄浪之水者是。‘滄浪之水’四字成文，未可直曰‘滄浪’，似預爲朱子正其訛誤者。”[171]今檢《中國歷史地圖集·秦漢圖組》，閻氏所謂“漯者，河之枝流也，出東郡東武陽，東北至千乘入

---

①　文淵閣《四庫全書》本《四書釋地提要》。
②　《史記·趙世家》“(敬侯)二年敗齊于靈丘”裴駰《集解》云：“《地理志》代郡有靈丘縣”，此處所謂“注《史記》者”似指裴氏。

海", 流經高唐縣南, 亦即《漢志》高唐之漯, 閻氏謬分爲二, 實昧於地理之言。又檢宋葉夢得《避暑錄話·卷下》:"滄浪地名, 非水名也……大抵《禹貢》水之正名而不可單舉者, 則以水足之, 黑水、弱水、澧水之類是也; 非水之正名, 而因以爲名, 則以水別之, 滄浪之水是也。"① 與此處閻氏所引多有出入, 不知所據何本, 而"滄浪地名"之説, 葉氏已爲先聲矣。閻氏一旦發現既往之誤, 也並不諱言, 顯出了一個真正學者的寬廣胸懷:"余向從元《王氏句解家語》本'顏繇孔子始教於闕里而受學焉'證此書出於王肅, 以其有'闕里'字面, 及近讀《北史》, 宋板王肅注本《七十二弟子解》曰'顏繇, 回父, 字季路, 孔子始教於閭里而受學, 少孔子六歲', 乃是'閭'字, 非'闕'字②, 不覺自失悔冤却子雍……學須博, 書須善本, 又須參前後之所見, 以歸於一定, 學者慎無易由言爾!"195

　　有鑒於是書所釋非必的論, 嘉慶年間山陰樊廷枚遂有《四書釋地補》、《續補》、《又續補》、《三續補》之作, 據汪廷珍爲是書作序云:"山陰樊生讀其書而善之, 又以爲未盡也, 乃上衷聖制, 旁採羣書, 益以己見, 作《釋地補》。於閻氏書或申之, 或裨之, 或匡之。"③ 樊氏所補, 其要有二, 一隨文出校, 可謂之注; 一另附考辨, 可稱爲補。就樊氏所補而言, 所謂申之者, 如:"武城"條樊氏補云:"《左傳》稱武城者, 一晉地, 文八年秦人伐晉取武城是; 一楚地, 僖六年蔡穆侯將許僖公以見楚子于武城, 成十六年鄭子駟從楚子盟于武城, 襄九年秦伐晉楚子師于武城以爲秦援是; 一魯地, 襄十九年城武城, 昭二十三年公孫鉏欲自武城還, 哀八年拘者導之以伐武城, 十一年冉有以武城人三百爲己徒卒是。按此與論孟所稱, 并南武城, 即《後漢志》泰山郡南城。"④ 閻氏辨魯武城, 樊氏則通覽《春秋》經傳而將武城悉數輯出, 分地部居, 一目瞭然。所謂裨之者, 如:"平陸"條樊氏補云:"平陸屬齊西竟,《史記·封禪書》、《漢書·郊祀志》并云蚩尤在東平陸監鄉, 齊之西竟是。但平陸爲古厥國, 中都屬須昌故須句國, 非即平陸。《郡國志》東平國須昌故屬東郡, 有致密城, 古中都, 有陽穀城。《水經注》汶水又西南徑東平陸縣故城北, 應劭曰古厥國也, 今有厥亭, 又西南徑致密城南,《郡國志》曰須昌縣有致密

---

① （宋）葉夢得《避暑錄話·卷下》, 鄭州: 大象出版社, 2006 年版《全宋筆記·第二編》本, 第 317—318 頁。

② 今檢四部叢刊初編本明翻宋刻本《孔子家語》卷九《弟子解》作"闕里", 文淵閣《四庫全書》本《孔子家語》作"閭里", 今檢《天禄琳琅書目後編》卷五宋版子部《家語》條提要稱:"其似咸淳年刻"、"明内府秘書", 且有"文淵閣"印, 上海: 上海古籍出版社, 2007 年, 第 487 頁。又據《四庫全書總目》,《四庫全書》本《家語》底本爲内府藏本, 此内府藏本或即爲《天禄琳琅》藏本, 則此南宋槧本與閻氏所見宋本皆作"閭里"也。

③ 《四書釋地補·序》,《續修四庫全書》第 170 册影印清嘉慶二十一年梅陽海涵堂刻本, 第 3 頁。

④ 《四書釋地補》,《續修四庫全書》第 170 册, 第 11 頁。

城古中都也,即夫子所宰之邑矣。據此,則東平陸爲厥國,須昌爲中都,其地相近,後省平陸入須昌①,始合爲一爾。"②閻若璩謂"(東平陸)漢屬東平國爲古厥國,孔子時爲魯中都邑地",實有混二爲一之嫌,樊氏援據文獻,細繹二地之別,庶幾可稱閻説之裨益。所謂匡之者,如:"漯滄浪"條樊氏補云:"按《地理今釋》漯水本出高唐至千乘入海,自禹導河至大伾始分,河之一支東北流,首經武陽至高唐合漯水,自合漯水則高唐以南,武陽以北之河,皆被以漯名矣。故《漢志》於平原郡高唐注則云'漯水所出',於東郡東武陽則云'禹治漯水東北至千乘入海',疏解漯水,固自瞭然。閻氏不以漯屬高唐何與?"③閻氏之誤,上文已揭,樊氏匡之甚是。而樊氏於所補之文每每稱引乾隆御製詩文,不倫不類,嫌於諂媚,此種做法在清人先秦地理考據著述中是絶無僅有的特例異類。其時,宋翔鳳又撰《四書釋地辨證》以補是書闕誤,同可謂閻書之功臣也。道光時,王鎏編《四書地理考》彙聚文獻、綰合衆説,總成十五卷,清人四書地理考證至此而蔚然大觀也。

是書常見版本有文淵閣《四庫全書》本七卷;又太原眷西堂本,同經解本,爲四卷。

《孟子生卒年月考》

《孟子生卒年月考》一卷,閻若璩撰,泛論隨劄,篇幅甚短,其自序云:"按孔子生卒出處年月具見《史記・孔子世家》,而孟子獨略。於是,説者紛紜,余嘗以七篇爲主,參以《史記》等書,然後歷歷可考。"247據此,則本篇大抵討論孟子生卒出處年月也,然令人殊不可曉者,通觀前後文字幾無涉及孟子生卒年月考訂之語,而津津於鄒地何在、去齊年月、孟子俸祿諸如此類之事,既有乖於閻氏自序,又與篇名大不相符,今檢傳世各本如眷西堂刊本者,莫不如此,亦甚怪之事也。

本篇雖以考訂行文,然閻氏亦著長思世事之語,"總之,有聖人出得志大行,雖以江漢極南之國,猶風俗茂美比於諸華。否則,世衰教泯,雖以二王之後,有終行夷禮而不克自拔者矣。夫何常之有,學者得是説而通之,則於古今天下局勢,亦思過半

---

① 今檢《續漢書・郡國志》《宋書・州郡志》《魏書・地形志》《晉書・地理志》《元和郡縣志》均未見東平陸省入須昌之説,而《宋書・州郡志》云:"《起居注》元嘉十一年以南兗州東平之平陸併范,壽張併朝陽;平原之濟岷、晉寧併營城,高唐併茌平;按此五縣元嘉十一年所省。"則至南朝宋元嘉十一年,東平陸方省入范縣,而非須昌。樊氏所云,不知何據。
② 《四書釋地補》,《續修四庫全書》第170册,第22頁。
③ 同上,第12頁。

矣。"[247]細揣此語，閻氏頗能與時俱進，教人須識時務也。

《潛丘劄記》

《潛丘劄記》，閻若璩撰，是書本爲閻氏筆記雜錄之荟集，非閻氏自定成書，故有所謂眷西堂家刻本，又有所謂吳玉搢删定本，其後又有四庫館臣六卷重訂本，而此經解本竟又剌取部分條目合爲兩卷，其編選旨歸既不可知，所取諸條又雜陳紛然，真可謂面目全非也。

閻氏雖以辨僞著稱，實自謂"篤信經文"[252]，且於漢宋之爭，立場堅決，如其《答萬公擇》書有云："最賞趙岐《孟子注》，於坐而言，曰危坐；於坐我明語子，單曰坐。蓋危坐者，客跪而言，留孟子之言迫不聽，然後變色而起，孟子於是命之以安坐，以聽我語，此兩坐字煞不同，而《孟子》文字止於前後著兩坐字，中間絶不叙客起立之狀，而起立自見，此文章家草蛇灰線之法。趙岐注則於勿敢見下，先補一筆曰：言而遂起退欲去請絶也，爲下文坐字張本，漢注精妙至此，宋儒不能及也。"[265]則閻氏誠深慕漢學之精湛，藉此以爲考辨也。

僅就經解所錄而言，亦大抵可見閻氏考索功力之深厚，論辯識見之犀利。如其辨《春秋》經傳用曆之異云："或問：'傳記九月壬戌戰韓原，經書十一月壬戌戰於韓，杜氏以九月壬戌爲月之十三日，十一月壬戌爲月之十四日，事在前而書於後者，從赴也。經之從赴而書者衆矣，何獨此？而疑其爲夏正耶？'"閻氏以或問引出問題，此爲其反復辯駁之慣用手法，疑問如是，閻氏進而釋疑云："余曰：'蓋從前後之文而決其爲夏正也。當秦伯伐晉，卜徒父筮之吉，曰：歲云秋矣，我落其實而取其材，所以克也。按《禮》：季秋之月，草木黄落，草木零落，然後入山林，則所謂落實取材，正夏之季秋之事，豈孟秋乎！已而，果九月獲晉侯於韓，則占者之言，驗矣。"夏曆以建寅爲歲首，周曆以建子爲歲首，則周之正月爲夏之十一月，周之十一月爲夏之九月，而此經、傳所記事同而分繫于十一月、九月，正符周、夏曆法之異也，閻氏直斷云"決其爲夏正"，甚是。而閻氏所據爲傳文所載卜筮伐晉之事，其援《禮》以明時，落實取材既在季秋，季秋爲夏曆九月，而晉侯見獲傳在九月，故以時證曆，傳用夏曆，明矣，閻氏深通經義於此可見也。此非孤證，閻氏又云："晉獻公筮嫁伯姬於秦，史蘇占之曰：不吉，姪其從姑，六年其逋逃，歸其國而棄其家，明年其死於高梁之虛。夫曰'六年逋明年死'則是逃歸之明年而死，乃圉以二十二年秋逃歸，二十四年二月始殺於高梁，則其言似不驗，不知晉用夏正，圉歸於二十二年秋者，實歸於晉惠十三年之夏也；懷殺於二十四年二月者，實殺於晉惠十四年之十二月也;其事之相去正隔一歲,則占者之言又合矣。此俱傳文用夏正之明驗也,大抵《春秋》經文爲聖人所筆削,純用周正,傳則旁採諸國之史而爲之,故其間有雜以夏正而不能盡革者,讀者猶可以其意得之也。"經此考索,經傳用曆之法遂爲閻氏深所揭明也。而閻氏又非止于此,"或曰:'子以傳之九月爲即經之十一月,則傳之十一月爲即經之明年正月,可知矣。其甲子可得而合乎?'余曰:'何不合之有?自九月十四日壬戌數至明年正月朔爲戊申,隕石於宋五,此即晉侯歸之月也;自戊申朔數至正月晦爲丁丑,六鶂退飛過宋都,此即殺慶鄭而後入之日也。'或曰:'晉侯之歸既應在明春,而經不見其事,何與?'余曰:'經從告,告則書,晉侯之歸不告,亦猶晉重耳之入不告,經固不得而書也。'或曰:'經既不書而傳記之,亦應列其事於明春,而傳繫之於去年之末者,何與?'余曰:'此傳之例也,傳固有或先經以始事者,或後經以終義者,如此傳本記韓原之戰而必追叙晉侯之入,是先經以始事也;此傳本記晉侯之獲,並叙及晉侯之歸,是後經以終義也;只此一傳,而春秋之例亦可類推矣。'"[252] 月曆既知,而或又疑甲子之不合,閻氏又援僖公十六年經春王正月戊申朔,正爲夏曆之十一月,據僖公十五年傳文十一月晉侯歸;又十六年經"是月,六鶂退飛過宋都",據《公羊傳》"是月者何? 僅逮是月也,何以不日,晦日也",則爲周曆之正月晦日,朔日既爲戊申,則晦日當爲丁丑,而十五年傳文載:"十一月,晉侯歸,丁丑,殺慶鄭而後入",則"六鶂退飛過宋都"即"殺慶鄭而後入之日也",經、傳甲子正兩兩相配。而傳所載此事,經皆不載,故或有疑,閻氏釋之以不告不書之例;或又疑傳當隨經載此事於十六年,不當載於十五年年末,閻氏又以傳文體例"固有或先經以始事者,或後經以終義者"以解之,所謂層層遞進、步步爲營、輾轉考辨、滴水不漏,其閻氏之謂歟。

《潛丘劄記》所錄諸條中有相當部分涉及先秦地理,如其辨千畝所在,"顧氏《肇域記》:《左傳》桓二年其弟以千畝之戰生,杜注以爲西河介休縣南有地名千畝,非也,穆侯時晉境不得至介休,當以《趙世家》注引《括地志》岳陽縣北九十里有千畝原爲是。余謂當日千畝之戰或在岳陽或在介休,誠不敢定,但謂晉境不得至介休,則有辨。《晉世家》叔虞封於唐,方百里,其子爕改曰晉,曾孫成侯徙曲沃,八世孫穆侯徙絳,不言何代徙都翼,則徙翼當在昭侯前、穆侯徙絳之後中間可知。入春秋六年,晉逆翼侯納諸鄂,謂之鄂侯,鄂《索隱》曰:今在大夏,大夏者,吾鄉太原縣也。又後十三年,曲沃滅翼,王立哀侯之弟緡於晉,晉亦太原縣,太原至翼城六百五十里,中道必由介休,當日盡屬晉,方得兩侯分立,《肇域記》非是。余於是獨歎晉啟封百里,逮成侯時何啻五倍,王綱不振,兼國侵小,不待入春秋而已然矣,可不懼哉。又按《周語》宣王即位,不藉千畝,虢文公諫王,弗聽。此千畝乃周之藉田,離鎬京應不甚遠,末云:三十九年戰於千畝,王師敗績於姜氏之戎。《左傳》繫此事,絕有深意。蓋自元年至今,將四十載,天子既不躬耕,百姓又不敢耕,竟久成舄鹵不毛之地,惟堪作戰場,故王及戎戰於此。因悟《趙世家》周宣王時伐戎及千畝戰奄父脱王,正此地,《括地志》以晉州岳陽縣北千畝原當之,不應去鎬京如是其遠,殆非也。噫!安得盡舉經傳子史注地理誤者一一釐正之哉。"[256]閻氏此辨,博引文獻,馳騁古邑,以駁顧氏之説,頗有自得之意也,然細繹之,則疑竇叢生也,閻氏謂大夏爲太原縣不知所據,錢穆據《括地志》、《隋書·地理志》以爲鄂地近山西鄉寧縣,[①]近是。故鄂至翼城,中道不必由介休,當日何能必盡屬晉。《清華大學藏戰國竹簡(貳)》所録《繫年》簡一釋文有云:"昔周武王監觀商王之不龏(恭)帝(上帝),禋祀不盅(寅),乃乍(作)帝饮(籍),以(登)祀帝(上帝)天神,名之曰千畾(畝),以克反商邑",據此,則千畝即所謂帝籍者,簡四釋文又云:"洹(宣)王是司(始)弃(棄)帝饮(籍)弗畋(田)"[②],則帝籍即籍田也,《史記·周本紀》云:"宣王不修籍于千畝……三十九年,戰于千畝,王氏敗績于姜氏之戎。"《史記正義》引應劭曰:"古者天子耕籍田千畝,爲天下先。"前一千畝顯非地名,爲耕籍之田,當近鎬京,後一千畝方爲周宣王伐戎之地,閻氏混淆二千畝爲一地,而謂"天子既不躬耕,百姓又不敢耕,竟久成舄鹵不毛之地",真彌縫之際不擇荒唐之語也,且執此遽斷《括地志》岳陽之説爲太遠,允非的論也,則閻氏於地理或大段不甚了了,其竟謂"安得盡舉經傳子史注地理誤者一一釐正之哉",真有癡人説夢之嫌!

---

① 錢穆《史記地名考》,北京:商務印書館,2001年,第492頁。
② 《清華大學藏戰國竹簡(貳)》,第136頁。

先秦諸子起源説平議

孔德立

　　春秋戰國時期諸子學的興起,極大地豐富了中國"精神覺醒時期"的思想内涵。從《莊子·天下》篇的"道術將爲天下裂"到司馬談的"論六家之要指",再到劉歆的"諸子出於王官説",無不在對先秦諸子學進行反思與總結。這些反思與總結首先面臨的問題是以何種形式歸納先秦諸子的學術思想。如果按照諸子相同或相近的思想學説,把他們歸爲一個學派,那麼,這個學派的最初創始人的思想又是如何産生的。對這些問題的追問,即構成了先秦諸子起源説。

　　在歷史上有多種諸子起源的説法,其中,最有影響的兩種説法是"諸子出於王官説"及其否定的説法。對這兩種諸子起源説予以梳理,我們會發現,主張"諸子出於王官説"及其否定説法都不是絶對的。考察先秦諸子的起源,必須兼顧諸子時代的文化資源與其生存的現實境域等因素,只有如此,我們纔可能接近歷史的真實。

一、兩種諸子起源説及其他

　　在先秦诸子时代,就有思想家开始關注到諸子起源問題。早期文獻涉及諸子學的文本中,《莊子·天下》、《荀子·非十二子》按照諸子共同的思想旨趣,對其分别加以評論。《韓非子·顯學》比《莊子》、《荀子》又前進一步,不但指出了儒家與墨家學派的創始人,還歸納了其後學的分支流派。由於戰國時期諸子時代尚未結束,所以,《莊子》、《荀子》、《韓非子》等文獻對於諸子學的總結還不夠完善,真正從學術史上全面總結先秦諸子學術始於漢代。

　　最早以學派歸納先秦諸子學的是司馬談。《論六家之要指》把先秦諸子歸爲陰陽、儒、墨、道、法、名六家。其後,劉向、劉歆父子整理古代圖書時,把"六家"擴展爲

“九流十家”。這種分類法保存在班固的《漢書·藝文志》中。對《漢志》所載的“九流十家”説，有論者認爲，先秦諸子本來不分“家”，只論“子”，所以，將“六家”、“九流十家”作爲討論先秦秦漢思想史的基礎話語，思想原型的狀況有必要做出改變。① 這種對古代傳統質疑的學術精神，有助於進一步反思先秦諸子的思想内涵及其源流，但是，目前學術界尚未建立一種新的研究先秦諸子的分類歸納法，而《漢志》的分類並不是如論者所言“造成對先秦學術思想史的誤解”，而是帶來了很多便利，如果我們現在拋棄“六家”、“九流十家”概念，反而會引起表述上的混亂。因此，爲了敘述與研究的方便，我們不妨暫且沿用《漢志》“九流十家”之説。

《漢書·藝文志》不僅是中國現存最早的目錄學著作，而且在“辨章學術”、“考鏡源流”方面亦堪稱後世學術著作之楷模。《漢志》記述了劉歆的“諸子出於王官説”，其曰：“儒家者流，蓋出於司徒之官。道家者流，蓋出於史官。陰陽家者流，蓋出於羲和之官。法家者流，蓋出於理官。名家者流，蓋出於禮官。墨家者流，蓋出於清廟之守。縱橫家者流，蓋出於行人之官。雜家者流，蓋出於議官。農家者流，蓋出於農稷之官。小説家者流，蓋出於稗官。”(《漢書·藝文志》)長期以來，《漢志》的這個説法在學者心目中是毋容置疑的先秦諸子起源論。

但是，《漢志》的“一家之言”在近代卻遭到了嚴峻挑戰。清代中後期，在國外資本主義勢力的入侵下，傳統中國與西方先進的資本主義文明發生了激烈碰撞，由此，中國社會進入了一個新的轉型期。與春秋戰國之際相比，這一轉型期被賦予了更多的外來文化内涵。中國傳統社會與西方資本主義之間的差距，激發起具有民族文化自覺的學人的反思。在這種社會思潮下，許多中國古代的不易之論紛紛被質疑，尤其是以“疑古學派”對古史與古書的反思最具代表。對傳統學術的檢討與批判無疑是近代史上最重要的文化現象，其進步意義也是不言而喻的。但是，近代中國面臨的主要問題是政治革命與民族解放運動，這種時代特徵深刻影響了當時的學術研究。在新舊社會的交匯時期，一方面，新的思潮與研究方法以其迅猛的方式衝擊著古代學術傳統，力圖把舊的傳統打翻在地。另一方面，受舊學薰陶較深的學者在極力維護著古代學術與傳統。這樣，近代中國的學術思想史就不可避免地劃分爲兩個陣營。一個是堅持舊説，一個是力倡新學。一般來説，接受過西式教育或西方思想的學者多提倡新學，或主張以新方法研究舊學。但亦有學者受傳統文化暈染較深，雖遊歷泰西或东瀛，仍然固守舊學，堅守古代傳統，辜鴻銘、章太炎可謂其中的代表。但總體來説，對傳統的批判與反思是近代社會的主要思潮。近代的諸子學研究就鮮明地體現出這樣

---

① 李鋭：《“六家”、“九流十家”與“百家”》，《中國哲學史》2005 年第 3 期。

一個時代特色。

近代學者大多主張抛棄"諸子出於王官説",其代表人物首推胡適。[①] 這位美國哥倫比亞大學的哲學博士,深受其師實用主義哲學家杜威的影響。回國以後,胡適成爲新文化運動的主將。在學術上,他大力提倡"大膽的假設,小心的求證"的研究方法。該觀點在學術界産生了廣泛影響,一時引領學術研究之潮流。在先秦諸子學研究問題上,胡適認爲"諸子出自王官説""皆屬漢儒附會揣測之辭,其言全無憑據,而後之學者乃奉爲師法,以爲九流果皆出於王官。"[②]"諸子自老聃、孔丘至於韓非,皆憂世之亂而思有以拯濟之;故其學皆應時而生,與王官無涉。"[③]胡適先生的意思是,古代王官之學與諸子之學之間没有必然的學術關聯,諸子學術乃自創,與周代王官之學無關。這種觀點,不但把長期以來居於學術思想統領位置的儒家學派與其他諸子拉平,而且還對長期以來無人質疑的"諸子出於王官説"提出了嚴峻挑戰。

除胡適外,當時錢穆、傅斯年、劉汝霖、馮友蘭、吕思勉、蒙文通、金德建等人均質疑"諸子出於王官説",雖然他們的表述有一定差異,但其設論前提都是建立在對"諸子出於王官説"的批判上。如金德建指出:"《漢志》判分諸子源流爲十個家派,並且認爲每一家都是出於某一種王官……諸子十家便出於十種官。這樣的規定太刻板。除了儒、道兩家外,其他各家便没有一定出於王官的可靠證據可尋。"[④]

錢穆先生在爲《古史辨》第四册所作的序文中,基本贊同胡適的觀點,但與胡適稍有不同,他説:"先秦學派,不出儒墨兩宗,而其得名所由,盡係當時生活之流品,與後起所謂道、法、名、陰陽、縱横、雜、農諸稱絶不類,即此可定《漢志》九流十家之無據。而先秦學派淵源孔門,在前不容復有一爲道家宗之老聃,事亦易見。"[⑤]

胡適批判"諸子出於王官説"的時候,指責章太炎維護傳統説法。他説:"今之治諸子學者,自章太炎先生以下,皆主九流出於王官之説。此説關於諸子學説之根據,不可以不辨也。"[⑥]"太炎先生《國故論衡》之論諸子學,其精闢遠過其'諸子學略説'矣,然終不廢九流出於王官之説。"[⑦]但只要仔細分析章太炎的諸子起源説,不難發現,胡適的指責並没有完全中的。爲了行文的方便,兹録太炎先生諸子起源説

---

① 胡適:《諸子不出於王官論》,載《古史辨》第四册,上海:上海古籍出版社,1982 年,第 1—7 頁。
② 同上,第 2 頁。
③ 同上,第 7 頁。
④ 金德建:《先秦諸子雜考》,開封:中州書畫社,1982 年,第 1 頁。
⑤ 《古史辨》第四册,《錢序》,第 1—2 頁。
⑥ 胡適:《諸子不出於王官論》,載《古史辨》第四册,第 2 頁。
⑦ 同上,第 7 頁。

如下:

> 《藝文志》云:儒家出於司徒之官。此特以《周官》司徒掌邦教,而儒者主
> 於明教化,故知其源流如此。又云道家出於史官者,老子固嘗爲柱下史,伊
> 尹、太公、管子,則皆非史也;唯管子下令如流水之原,令順民心,論卑而易
> 行,此誠合於道家南面之術耳。又云墨家出於清廟之守者,墨家祖尹佚,《洛
> 誥》言:"蒸祭文王、武王,逸祝册。"逸固清廟之守也。又《吕覽》云:"魯惠公
> 使宰讓請郊廟之禮於天子,桓王使史角往,惠公止之,其後在於魯,墨子學
> 焉。"是尤爲墨學出於清廟之確證。又云,名家出於禮官。此特就名位禮數
> 推論而知之。又云法家出於理官者,理官莫尚於皋陶。皋陶曰:"余未有知,
> 思曰贊贊襄哉!"此頗近道家言矣。贊者,老子所稱輔萬物之自然而不敢爲
> 也;襄者,因也,即老子所稱"聖人無常心,以百姓心爲心"也。莊子稱"慎到
> 無用賢聖、塊不失道",此即理官引律斷案之法矣。然《藝文志》法家首列李
> 悝,以悝作《法經》,爲後來法律之根本。自昔夏刑三千,周刑二千五百,皆當
> 有其書,子産亦鑄刑書,今悉不可見。獨《法經》六篇,蕭何廣之爲九章,遂爲
> 歷代刑法所祖述。後世律書,有名例,本於曹魏之刑名法例,其原即《法經》
> 九章之具律也。持法最重名例,故法家必與名家相依。又云:陰陽家出於羲
> 和之官。今案,管子稱述陰陽之言頗多,《左傳》載萇弘之語,亦陰陽家言也。
> 又云:農家出於農稷之官。此自不足深論。又云縱橫家出於行人之官者,此
> 非必行人著書傳之後代,特外交成案,有可稽考者爾。《張儀傳》稱儀與蘇秦
> 俱事鬼谷先生學術。《風俗通》云:"鬼谷先生,六國時縱橫家。"更不知鬼谷
> 之學何從受之。又云雜家出於議官者,漢官有議郎,即所謂議官也,於古無
> 徵。又云小説家出於稗官者,如淳曰:"王者欲知閭巷風俗,故立稗官,使稱
> 説之。"是稗官爲小官近民者。"①

從以上引文可見,章太炎對《漢志》"諸子出於王官説"的述評並没有完全讚同《漢
志》的説法。他雖然讚同儒、墨兩家出於王官的説法,但對於其他諸子的起源卻有自
己的獨到見解。如對法家起源問題,他説:"《藝文志》稱法家者流,蓋出於理官。余謂
此語僅及其半。法家有兩派:一派以法爲主,商鞅是也;一派以術爲主,申不害、慎到
是也。惟韓非兼善兩者,而亦偏重於術。出於理官者,任法一派則然,而非所可語於

---

① 章炳麟:《國學講演録》,南京:鳳凰出版社,2008年,第169—170頁。按:太炎先生關於諸子起源的觀
點,不僅見於《諸子學略説》和《國故論衡》,又見於《國學講演録》,而《國學講演録》爲太炎先生晚年所講,
應視爲定論。而對於諸子起源的觀點,前後一貫。故本文引録後書爲證。

任術一流。"①對於名家,章太炎則曰:"《漢書·藝文志》:'名家者流,出於禮官。古者名位不同,禮亦異數。'余謂此乃局於一部之言,非可以概論名家也。《荀子·正名篇》舉刑名、爵名、文名、散名四項。刑名、爵名、文名,皆有關於政治,而散名則普及社會一切事務,與政治無大關係。《藝文志》之説,僅及爵名,而名家多以散名爲主。荀子因孔子正名之言,作《正名》篇,然言散名者多,言刑名、爵名者少。《墨子·經》上、下以及惠施、公孫龍輩,皆論散名,故名家不全出於禮官也。"②

可見,章太炎並不是持完全意義上的"諸子出於王官説"。這也就意味著胡適對章太炎的批評並未切中肯綮。

當時,也有學者在胡適與章太炎的觀點之外尋求新的答案。呂思勉先生試圖對以往兩種説法採取折中的態度:"諸子之學,《漢志》謂皆出於王官,《淮南要略》則認爲起於救時之弊,蓋一言其因,一言其緣也。"③劉汝霖指出,諸子的起因絕不是簡單的幾句話所能説明的,大約有三個原因:"前代文化的結果,時代的需要,地理的關係。"④"前代文化的結果"指諸子學與王官學之間的聯繫,"時代的需要"指現實需要對諸子學的刺激,"地理的因素"指地域文化對諸子學的影響。相比以往的説法,劉汝霖增加了對地理因素的關注。

從民國時期對於"諸子出於王官説"問題的爭論看,無論是完全否定還是部分否定傳統説法,都説明諸子起源問題已經到了重新檢討的時候。傾向於傳統説法的學者,其思想中往往帶有濃厚的歷史文化優先意識,重視中國歷史文化的積累與延續,關注學術發展的延續性;主張完全否定傳統説法的學者,在近代以來中西方文化衝突的背景下,以批判的眼光審視中國古代的傳統學術文化,試圖以"斷裂式"的方式重建中國文化。無論哪種説法均無法擺脱時代的制約,或懷念舊學,或嚮往新學,均打上了深深的轉型期時代的烙印。

吳高歌先生對諸子學與王官學之間的關係作了細緻的梳理,他認爲:"從學術根源上説,諸子出於王官合乎歷史事實。但所謂'諸子'中也有時代先後,後者之學術很可能受到前者之影響。諸子學的形成和發展既有對王官學繼承的成分,也有子學之間互相淘評的作用。"⑤"諸子學之淵源多與周代王官有關,尤其在戰國時期以學術影

---

① 章炳麟:《國學講演錄》,南京:鳳凰出版社,2008 年,第 223 頁。
② 同上,第 230 頁。
③ 呂思勉:《先秦學術概論》,昆明:雲南人民出版社,2005 年,第 16 頁。
④ 劉汝霖:《周秦諸子考》,北京:北平文化學社,1929 年,第 4 頁。
⑤ 吳高歌:《〈周禮·春官〉研究——兼論周代王官與諸子淵源》,北京師範大學博士學位論文,2003 年,第 187 頁。

響到政治與社會的諸子,多與《周禮·春官》系統的職官發生關係。陰陽家之源近於大史系統之'馮相氏'、'保章氏'。墨家之源近於巫祝之官,此二者都具有天官性質。道家之源則近於史官中職掌典册文書者,側重在於民事。法家既與職掌刑法的理官,即《周禮》的司寇相關,又與職掌'邦國之六典'的大史以及主司'八柄'的内史之官有關。名家則可以上溯到禮官,相當於《周禮》中的宗伯……毫無疑問,諸子學中都包含著王官學的因數。"①吴高歌的觀點不僅把王官學視爲諸子學的文化基因(這一點與吕思勉把王官學視爲諸子學之"因"的説法有共同的旨趣),而且還注意到諸子之間的相互影響,這對於進一步探討諸子學的起源有一定的啟示意義。

二、諸子學興起的兩個因素：古代 文化資源與現實生存境域

英國歷史學家柯林伍德(R. G. Collingwood)有一個重要論點：一切歷史都是思想史。他説："除了思想之外,任何事物都不可能有歷史。"②"一切歷史都是思想的歷史。"③義大利歷史學家克羅齊認爲,歷史是精神的歷史,而精神就是價值,在歷史學家的意識中,精神顯現爲思想,於是支撐歷史學的價值就是思想價值。④ 兩位西方歷史學家對思想史在歷史學中的價值與地位特別重視。思想的傳承必定有一定的載體,其主體就是古代文獻。今天我們研究古代思想史,其依據主要也是古代歷史文獻。中國自古以來,就非常重視文獻的記載與保存。後人對文獻的傳流與解讀也就構成了對古代思想的理解與詮釋。

從編排方式上看,《漢志》繼承了劉歆的《七略》。"七略"除了《輯略》外,其他"六略"爲《六藝略》、《諸子略》、《詩賦略》、《兵書略》、《術數略》、《方技略》。顏師古注曰："'六藝',《六經》也。"但《六藝略》除著錄"《易》、《書》、《詩》、《禮》、《樂》、《春秋》"外,還著錄了"《論語》、《孝經》、《小學》",共九種。(《漢書·藝文志》)《諸子略》按照先後順序,著錄了儒家、道家、陰陽家、法家、名家、墨家、縱橫家、雜家、農家、小説家,共"諸子十家",諸子百八十九家。(《漢書·藝文志》)此外,先秦漢代著作還有其他"詩賦"、"兵書"、"術數"、"方技"等四大類。從《漢志》的分類標準來看,《六藝略》與《諸子略》

---

① 　吴高歌：《〈周禮·春官〉——兼論周代王官與諸子淵源》,第 187 頁。

② 　柯林伍德著,何兆武、張文傑譯：《歷史的觀念》,北京：商務印書館,1997 年,第 417 頁。

③ 　同上,第 435 頁。

④ 　克羅齊著,田時綱譯：《歷史學的理論和歷史》,北京：中國社會科學出版社,2005 年,第 24 頁。

似乎是平行的科目。也就是説,儒家與其他學派處於同等地位。但《六藝略》中,除了《六經》,又有《論語》、《孝經》等明確屬於儒家學派的文獻。所以,《漢志》對於儒家著作的分類態度與其他諸子實際上並不一致。這一點,從以下記載也可以進一步得到證實。

《漢志》曰:"儒家者流,蓋出於司徒之官,助人君順陰陽明教化者也。游文於六經之中,留意於仁義之際,祖述堯舜,憲章文武,宗師仲尼,以重其言,於道最爲高。"(《漢書·藝文志》)《周禮·地官·司徒》:"立地官司徒,使帥其屬而掌邦教。以佐王安擾邦國。教官之屬。"①周代司徒官的職責與儒家的使命非常相似,皆以助人君、明教化爲任。儒家教化的文本依據是"六經","游文於六經之中",正是儒家學派的特質。《漢志》又曰:"(諸子)今異家者各報所長,窮知究慮,以明其指,雖有蔽短,合其要歸,亦六經之支與流裔。"(《漢書·藝文志》)這樣,"六藝"與"諸子學"的地位就有了主次之分,六藝是主流,諸子學是六藝之分支與流裔。如果把儒家也視爲諸子學之一種,那麼,儒家也是六藝之流裔。這就與"儒家游文於六經之中"、"儒者以《六藝》爲法"(《史記·自序》)相矛盾。那麼,我們應該如何理解《漢志》記載的這個矛盾呢?

《漢志》首先以"六經"爲儒家標識,而"六經"是諸子學共有的文化資源。但是在諸子學派中,只有儒家具有傳承"六經"的文化自覺,這就使得儒家在學術資源的起點優先於其他諸子。但《漢志》又把儒家視爲諸子之一。這種矛盾的説法,其背後正隱藏著儒家與諸子學術淵源的真正秘密。

"六經"是古代主要的學術文化資源,而儒家又與"六經"有密切關係,這顯示出作爲諸子學之一的儒家並不是與其他諸子處於同等的文化地位。儒家在與古代歷史文化的淵源要比其他諸子更密切。在新舊制度的轉換時期,孔子在傳承古代文化的同時,又結合時代需求,對古代文化進行了創造性的價值轉換。所以,儒家既與古代之"六經"有不解之緣,又與其後的諸子學一樣,以一個學派的身份投身社會思潮中。但儒家畢竟與其他學派産生的時代不同。在"九流十家"中,儒家無疑是最早出現的學派。② 就此而論,《漢志》對儒家的定位非但不矛盾,而且顯得十分準確。雖然在"獨尊儒術"的漢代,《漢志》把《論語》、《孝經》置於"六藝"中,多少顯示了漢代重視儒術的痕跡,但同時,《漢志》追溯了儒家與古代學術思想的關係,又把儒家視爲諸子學派之一,就學術思想史而言,這不能不説還是較爲公允地還原了歷史真面目。

---

① 《周禮注疏》,《十三經注疏》,第 697 頁。

② 歷史上雖有孔子問禮於老聃的説法,但道家作爲一個有影響的學派,並不是一個學術共同體,而是因爲老子、楊朱、莊子等人的思想有共同的主旨,並且與其他諸子有明顯的思想邊界,而確立了道家學派的風格。所以,最早的諸子學派應該是孔子開創的儒家學派。

　　值得注意的是,《漢志》在論述"諸子出於王官説"的同時,並没有忽視諸子的生存境域與時代背景,其曰:"諸子十家,其可觀者九家而已。皆起於王道既微,諸侯力政,時君世主好惡殊方,是以九家之術蜂出並作。"(《漢書·藝文志》)可見,《漢志》並没有單純强調"諸子出於王官説"。"諸子出於王官説"只是後人對《七略》與《漢志》的總結。《漢志》有關諸子學起源的説法本身就包含兩個方面,一是諸子的古代學術資源,二是現實的生存境域。而這兩個方面又可以分别追溯至《莊子》與《淮南子》。

　　《莊子·天下》篇認爲古代道術尚未分裂之前的狀態可謂之"一"。道術的載體即《詩》、《書》、《禮》、《樂》等古代文化典籍。傳承這些古代文化典籍的正是"鄒魯之士、搢紳先生",即儒家諸子。《莊子·天下》篇又謂:"《詩》以道志,《書》以道事,《禮》以道行,《樂》以道和,《易》以道陰陽,《春秋》以道名分。其數散於天下而設於中國者,百家之學時或稱而道之。"當"六經"分離之時,即百家學産生之際。"天下大亂,賢聖不明,道德不一","百家往而不反","道術將爲天下裂。"①可見,《莊子·天下》篇把"六藝"作爲古代學術文化"共同體"來看待。古代學術共同體解體之後,"六藝"散落民間,成爲諸子百家共有的古代文化資源。②《天下》篇接著説墨子、宋鈃、尹文、彭蒙、田駢、慎到、關尹、老聃、惠施、桓團、公孫龍等人各得道術之一,並没有述略儒家的問題。在春秋戰國之際,天下大亂,"六經"散於天下,"百家之學時或稱而道之。"我們可以把《莊子·天下》篇對諸子起源的論述概括爲,儒家秉承了古代學術共同體的主體——"六藝",其他諸子則繼承了"六藝"之流裔。

　　《淮南子·要略》篇論古代學術的興起多從時代需要處著眼,對大禹、周公,及管仲、晏子、申不害、商鞅思想的發生皆從現實需要尋找原因。胡適認爲《淮南子·要略》篇的諸子起源説是"起於救世之弊,應時而興"。③ 但《淮南子·要略》篇在論述儒、墨兩家的時候,卻與其他學術之緣起稍有差異,"周公受封於魯,以此移風易俗。孔子修成、康之道,述周公之訓,以教七十子,使服其衣冠,修其篇籍,故儒者之學生焉。墨子學儒者之業,受孔子之術,以爲其禮煩擾而不説,厚葬靡財而貧民,服傷生而害事,故背周道而用夏政。"④儒家誕生在具有濃郁周代文化的魯國,有濃厚的地域文化與古代文化共同體(周代禮樂)的色彩。墨家的出現正逢儒家勢力興盛期。墨子起初學於

---

① 《莊子》,諸子集成本,上海:上海書店,1986年,第461—462頁。
② 時下論"六經"者流行一種論點,即六經不是儒家獨有的文化資源,而是先秦時期諸子共用的教材。就普遍的諸子學來説,這種觀點不能算錯。但這種觀點很容易引起人們的誤解,即認爲六經原來就是諸子的共有資源,後來儒家把六經作爲教材。這樣,就混淆了諸子起源的先後順序。
③ 胡適:《諸子不出於王官論》,載《古史辨》第四册,第2頁。
④ 《淮南子》,諸子集成本,上海:上海書店,1986年,第375頁。

儒家,但對儒家宣導周代禮樂的做法非常不滿,遂創立新説。可見,在儒家起源問題上,古代學術對儒家的影響要遠遠大於對其他諸子的影響。儒家既繼承了古代文化共同體,又受魯國地域文化的影響。而墨家的出現似乎就是爲了批評儒家而生的。這種批評更多的來自墨家現實的救世需要。

從以上分析,我們知道《莊子·天下》與《淮南子·要略》對諸子起源的論述分別從古代學術共同體與現實需要兩個方面著眼,但比較而言,《莊子》更强調古代諸子對古代學術共同體的繼承方面,《淮南子》重點論述了現實社會對諸子思想的需求因素。但《天下》與《要略》這兩篇文獻在儒家起源問題上,都認爲諸子中唯有儒家在古代學術傳承與典籍傳授方面起到了重要的作用。而儒家傳授古代文化與典籍的行爲,必然有儒家認爲的現實需要的理由。這一點,對於我們理解儒家與諸子的起源問題,有著不可忽視的啟示意義。

近代以來對"諸子出於王官説"的反思,無論是跳出周代王官的束縛,重新尋求新的古代學術資源,還是從春秋戰國的經濟政治變革、諸子的地理分佈入手,均不離古代學術資源與現實社會需要的這兩個諸子學起源的關鍵因素,只是論者的側重點有所不同而已。

"以禮爲宗"的《經解》思想分析

——與傳世文獻及戰國簡文相驗證

林素英

一、前　　言

　　二戴《禮記》乃戴聖、戴德因教學所需，各自抉取古文《記》之內容編輯而成，故而其內容多非一人一時之作，甚至還有雜抄成篇而前後文義不相連屬者，且因成書較晚，以致多有被疑爲漢儒所作者。根據孔穎達《禮記正義》於每篇篇題下引用鄭玄之《禮記目錄》所載，劉向之《別錄》已將《經解》以下連續八篇歸爲"通論類"，可見《禮記》之編輯亦有其體例考量，並非雜亂無章之叢編而已。考察此八篇之內容，又可以再細分爲前後兩類，前四篇以《經解》爲首，後四篇則以《坊記》爲首；然而其中除卻《中庸》之外，其餘各篇歷來均不受重視，其主因，殆與其被視爲漢儒所作有關。然而自郭店出土大量簡文中包含許多有關禮的資料，不但多有與二戴《禮記》相近者，甚或還有幾乎重同之處，導致過去被疑爲漢儒所作之篇章，不但需要重新加以檢視，其思想地位更應被詳加探討。

　　例如以《坊記》領銜之後四篇，近來因爲不少出土資料顯示其內容與子思學派關係密切，於是相關問題再度引起學界討論。[①] 然而以《經解》領銜之前四篇中，已出現上博簡之《民之父母》幾乎全見於《孔子閒居》，且又見於《孔子家語·論禮》的情形，雖也曾因此引發學者一陣討論，然而討論之範圍始終相當有限，大體都以"五至與三無"

---

①　分別見於唐魏徵、長孫無忌等撰《隋書·音樂志上》（北京：中華書局，1962 年）第 288 頁所載梁散騎常侍、尚書僕射沈約奏答梁武帝之說；《經籍志·子》，第 997 頁。沈約以爲《坊記》與《中庸》、《表記》、《緇衣》四篇，"皆取《子思子》"，且《隋書·經籍志》以爲子思所撰，卻受到疑古者所懷疑，認爲應屬漢儒偽托。然而由於郭店以及上博簡之關係，《中庸》以及《緇衣》之相關問題，早已引起學界之熱烈討論，《坊記》與《表記》雖不如前者熱門，間亦有學者從事討論。

爲主,即使對於與"五至"、"三無"緊鄰的"五起"之討論已經嫌少,至於討論同屬《孔子閒居》之"三無私"議題者更是罕見,而遑論其他篇章。① 相對於《坊記》等四篇因爲牽涉子思學派之緣故而討論熱烈,對於以《經解》爲首的四篇之學術屬性問題,學界之反應始終冷淡,尤其是《經解》之內容雖與"六經"密切相關,卻始終未得到應有的注意,相關義理之抉發更付諸闕如。

然而綜觀目前出土之戰國簡文中,郭店簡中有多處篇章提及"六經"之相關記載,其中更多言以禮治國之重要,而上博簡《民之父母》也明言以禮治國乃爲政之根本,且深究其內容,更有可與《經解》相提並論者。基於與《經解》有關之新資料出現,故而《經解》之內容亟需被詳加討論,且以《經解》爲首之四篇是否爲漢人僞託,也應重新加以檢證。職此之故,本文乃選擇"以禮爲宗"爲核心,而打破傳統對於《經解》之分章方式,且以"此之謂也"作爲分章之標誌,對《經解》進行思想分析。由於記錄孔子對"六經"之教的看法,因而全文在概述爲文之動機後,略論孔子與"六經"(六藝)之相關問題;然後重新區分《經解》之章節以進行全篇之思想分析;稍後,則將《經解》之內容分別與傳世文獻及戰國簡文相驗證;最後,提出記錄《經解》者,可能與記錄《孔子閒居》屬於同一系統,且與子夏一系有關。

二、孔子與"六經"(六藝)之相關問題

孔子與"六經"之關係,固然學界都同意應該非常密切,但是切實狀況如何,卻也因爲有其詳難徵之窘,故而學者尚有爭論。其中,孔子與《詩》、《書》、禮、樂的關係,由於從《論語》中之諸多記載已顯而易見,②故而歷來較無疑問;但是"禮"與"樂"之屬性,究竟是否爲"六經"中的兩部經典,或者指涉與"禮"、"樂"相關之各種活動,

---

① 有鑑於學界忽略《孔子閒居》與《民之父母》共同擁有中之"五起"問題,又忽略《孔子閒居》中之"三無私"問題,林素英遂先後於《上博簡〈民之父母〉思想探微——兼論其與〈孔子閒居〉的關係》以及《〈仲尼燕居〉、〈孔子閒居〉與〈論禮〉纂輯之比較——以〈民之父母〉爲討論中介》兩篇文章中,擴大層面地討論出土資料與《孔子閒居》有關的問題。前者見於臺灣師範大學國文學系《中國學術年刊》第 25 期,2004 年 3 月,第 37—60 頁;並轉載於大阪大學《中國研究集刊》第 36 號特集號"戰國楚簡與中國思想史研究"。後者見於丁四新主編《楚地簡帛思想研究(三)》,武漢:湖北教育出版社,2007 年,第 284—315 頁。

② "子所雅言:《詩》、《書》、執禮,皆雅言也。"(《論語·述而》)"不學《詩》,無以言。……不學禮,無以立!"(《論語·季氏》)"樂其可知也:始作,翕如也;從之,純如也,皦如也,繹如也,以成。"(《論語·八佾》)子曰:"小子!何莫學夫《詩》?《詩》可以興,可以觀,可以羣,可以怨。邇之事父,遠之事君。多識于鳥獸草木之名。"(《論語·陽貨》)子曰:"《書》云:'孝乎!惟孝,友于兄弟,施于有政。'是亦爲政,奚其爲爲政?"(《論語·爲政》)

則尚有可詳加討論之空間。其次,有關孔子與《春秋》之關係,則從孔子最後幾年之間,手不停於筆削《春秋》,且高門弟子不能置一辭之狀況,可見其用志之專、用力之勤,而其褒貶諸侯之志實已昭然若揭。《孟子》引述孔子曰:"知我者,其惟《春秋》乎! 罪我者,其惟《春秋》乎!"(《孟子·滕文公下》)《孝經鈎命決》也記載"孔子云:'欲觀我褒貶諸侯之志,在《春秋》;崇人倫之行,在《孝經》。'"[1]故知孔子與《春秋》之關係,向來也較無疑問。至於孔子與《易》之關係,雖然《論語》也明載子曰:"加我數年,五十以學《易》,可以無大過矣。"(《論語·述而》)不過此處之"易",歷來多有以之爲"亦"的異説,而不信孔子喜《易》之説。然而在長沙馬王堆漢墓帛書出土之後,由於當中有六篇與《易》有關之資料,且《要》更明載"夫子老而好《易》,居則在席,行則在囊"之説,更記載孔子與弟子子貢等對於《易》之討論,[2]因此廖名春已有《論六經並稱的時代及疑古説的方法論問題》一文重作討論,從對照郭店楚墓竹簡中出現"六經"之相關資料,對於孔子與《易》以及"六經"之關係,重作一番詳細之論證,認爲先秦時期《周易》已與《詩》、《書》、《禮》、《樂》、《春秋》並列,進入儒家羣經之中,[3]十分值得參考。

　　倘若不受制於今古文學派對於孔子認知之影響,也不受疑古思想之制約,而能客觀對待太史公所作孔子編定"六經"之記載,將可發現其説已相當詳盡有理。[4]《孔子世家》指出當時周室已衰微,以致禮、樂廢,《詩》、《書》缺,孔子遂"追跡三代之禮,序書傳,上紀唐虞之際,下至秦繆,編次其事",因而"書傳、禮記自孔氏"。又言孔子"自衛反魯,然後樂正,雅頌各得其所",且取詩之可施於禮義者,於是"上採契后稷,中述殷周之盛,至幽厲之缺",而孔子對於三百五篇皆能"弦歌之,以求合韶武雅頌之音",故而"禮樂自此可得而述,以備王道,成六藝"。因此太史公即以"孔子以《詩》、《書》、禮、樂教,弟子蓋三千焉,身通六藝者七十有二人"。概括孔子之教育大業,認爲"自天子王侯,中國言六藝者折中於夫子,可謂至聖矣!"又稱"孔子晚而喜《易》,序《彖》、《繫》、

---

① ［日］安居香山、中村璋八輯《緯書集成》中册,石家莊:河北人民出版社,1994年,第1010頁。另外,唐玄宗御注、宋·邢昺疏《孝經正義》《孝經注疏序》,收入《十三經注疏(附清·阮元校勘記)》,臺北:藝文印書館,1985年,第3頁,也引此資料出自《孝經緯》。

② 其詳參見湖南長沙馬王堆漢墓帛書。

③ 廖名春:《論六經並稱的時代及疑古説的方法論問題》,《孔子研究》2000年第1期,第47—58頁。

④ 《史記·孔子世家》爲第一篇對孔子之一生作傳記,影響兩千年來大家對孔子之理解。然而何定生《定生論學集——詩經與孔學研究》(臺北:幼獅文化公司,1978年)第149—155頁則以《世家》所載多有與史事相出入者,再加上漢代以降,今古文學派對於孔子與六經關係之認定不同,因而認爲《孔子世家》乃開漢人僞托孔子與六經關係之先河,兩千年來經傳僞托之學,皆《世家》啓之。然而詳考何氏之説,主要緣於對撰寫傳記文學所應抱持態度之認定不同,以致對《世家》之評價也不同;不過若能從"寫實"與"寫意"之不同角度的"實錄"寫法探索之,其實還有另一番可供思考辯證之處。

《象》、《説卦》、《文言》。讀《易》,韋編三絶。曰:'假我數年,若是,我於《易》則彬彬矣。'"此外,又指出緣於"君子病没世而名不稱焉"之故,孔子遂在"吾道不行矣,吾何以自見於後世哉"之擔憂下,"乃因史記作《春秋》,上至隱公,下訖哀公十四年,十二公,據魯,親周,故殷,運之三代。"①可見太史公已將孔子重整"六經"之文化大業作扼要之論述。

繼《史記》之後,另有《漢書》續言:

> 古之儒者,博學乎"六藝"之文。"六藝"者,王教之典籍,先聖所以明天道,正人倫,致至治之成法也。周道既衰,壞於幽厲,禮樂征伐自諸侯出,陵夷二百餘年,而孔子興。……究觀古今之篇籍,乃稱……《書》則斷《堯典》,稱"樂"則法韶舞,論《詩》則首《周南》,綴周之"禮",因魯《春秋》,舉十二公行事,繩之以文武之道,成一王法,至獲麟而止。蓋晚而好《易》,讀之韋編三絶,而爲之傳。皆因近聖之事,以立先王之教,故曰:"述而不作,信而好古","下學而上達,知我者其天乎!"(《漢書·儒林傳》)

此處班固所言,不能僅僅將其視爲簡單抄錄《史記》之陳説,而應是經由重要史家嚴格覆校後之認可。班固有鑒於太史公所述之内容無違於《論語》所載,於是更引孔子自言之語作結束,自有認證之意存焉。由此可見孔子一生所整理、弘揚之"六經",乃是上有所承,而下有所傳者,將原本屬於貴族專有之"六藝"學習内容,經由孔子之教學,而將其内容傳與平民之有志於學者。

雖然透過上述《史記》與《漢書》所載,已大體可認定孔子編定"六經"之問題,且廖名春也已針對疑古者之説提出駁斥,其論證也值得參考,然而其中恐怕還牽涉一些重要問題不能不再作仔細考慮。此即屬於典籍之"六經",與屬於技藝之"六藝"爲何可互通、互換之問題,尤其是《禮》、《樂》與"六藝"中之"禮"、"樂",雖然同樣都書寫爲禮、樂,但是二者是否可以完全等同,實爲重要問題。蓋因最早將此《詩》、《書》、《禮》、《樂》、《易》、《春秋》六種典籍合稱"六藝"者,雖見於賈誼《新書》之"是故内法六法,外體六行,以與《書》、《詩》、《易》、《春秋》、《禮》、《樂》六者之術以爲大義,謂之六藝,令人緣之以自修,修成,則得之行矣!"②然而六部典籍與六種技藝之間,何以能進行"代換",無論《新書》、《史記》與《漢書》都未見其詳,仍須另求他解。

---

① 其詳參見《史記·孔子世家》,見於日本瀧川龜太郎《史記會注考證》,臺北:洪氏出版社,1977 年,第 759—762 頁。
② 漢賈誼《新書》卷八《六術》,收入景印《文淵閣四庫全書》第 695 册,臺北:臺灣商務印書館,1986 年,第 441—442 頁。

三、《經解》之思想解析

雖然"六經"與"六藝"之間如何進行互通,在上述三書之間並無解説;不過,在《經解》一篇中,卻可發現與此問題有關,而頗值得今人深思與探討之處。因爲按照目前通俗之區分章節法,第一節依序記載《詩》、《書》、《樂》、《易》、《禮》與《春秋》對人之教化,而鄭玄之《禮記目錄》即云:"《經解》者,以其記六藝(孔疏誤作"義",依同頁陸德明所載改之。)政教之得失也。"①可見鄭玄也明顯將"六經"與"六藝"作極其重要之"類比",甚至於可能也是順承《新書》以"六經"爲"六藝"之説法,而有渾同二者之現象。倘若再往前追溯賈誼(200—168 B. C.)《新書》之性質,則必然要返回到先秦時期的學術流傳狀況。由於《新書》乃繼荀子(313—238 B. C.)之後,再另外開展出的儒學系統,因而該書所見以"六經"爲"六藝"之狀況,只能説至遲在賈誼以前,以"六經"爲"六藝"之説法應已成爲當時之共識,因而當《新書》提到該説法時,可以不必再作具體論述,也無需補充説明。再追究其何以如此,當然應與"六經"、"六藝"所屬內涵有關,其尤要者,又應以二者之交集在於"禮"、"樂"有關,倘若能釐清"禮"、"樂"與"六經"、"六藝"之關係,②即可提綱挈領地合理説明原本隸屬"六經"與"六藝"兩套不同系統之內容,何以竟能產生互通之現象。

《經解》雖然篇幅極短,卻已牽涉"六經"與"六藝"之聯繫線索。固然從該篇仍不能完全解決二者之聯繫途徑,不過確已透露一些蛛絲馬跡,可惜過去最多僅僅注重其言"六經"之教的得與失,而視其餘爲蕪雜之拼湊,以致對全文之內容不僅未曾加以理會,更未給予應有的重視。然而若重新檢視全篇內容,即可發現全篇有三處"此之謂也",③具有相當特別的"章法形式"特徵,不應被視而不見。倘若據此而將全文重新區

---

① 《禮記·經解》,見於漢鄭玄注、唐孔穎達等正義《禮記正義》,收入《十三經注疏(附清·阮元校勘記)》,臺北:藝文印書館,1985 年,第 845 頁。

② 要全面論述"六經"與"六藝"之關係,必須將此兩部分作全面性的探討,並非一偏單篇論文可以完全解決,本文僅以《經解》爲本,附帶提及《孔子閒居》之相關論點,以説明"禮"與"樂"之性質,其餘,則有待日後專題討論之。

③ 學者對此篇之分章,可以清孫希旦《禮記集解》(臺北:文史哲出版社,1990 年)第 1254 頁所載爲代表:"此篇凡爲三段:首論'六經'教人之得失,次言天子之德,終言禮之正國,其義各不相蒙,蓋記者雜採衆篇而錄之者也。"孫氏以後,學者説解此篇多據此而論,然而"其義不相蒙"之缺失,顯然已因"記者雜採衆篇而錄之"之故,遂成爲不必深究其義是否果不相蒙的"合理化"理由,而消解問題於無形。徐復觀能注意到"此之謂也"爲《經解》篇中的特殊章法形式,誠屬慧眼獨具,然而他卻囿於上述傳統説法,仍保留傳統所言"六經"之教爲第一段,而將剩下的部分,依"此之謂也"爲分段點,遂將全文分爲四段。 （转下页）

分章節,則全篇即可成爲意義連貫、主旨明確之段落組合。今嘗試按照此一新式分章法,而將全文之思想脈絡闡述於下:

(一) 天子應深入"六經"之教而"以禮爲宗"

依據傳統之分章法,《經解》之第一章向來只有"孔子曰"一段,且學者又僅獨重文中從正反兩面陳述"六經"教人之得失處,能關照到後半段内容,進而言能"深"擁"六經"教人之得而無其失者,已經相當罕見。至於對"孔子曰"之下,冒頭而起的"入其國,其教可知也"總提下文之標誌,更視而不見。在雙重局限下,於是只能得出"首論'六經'教人之得失"的全段宗旨。然而如此説法,其實是相當以偏概全的。若能真正重視全篇之文本,則從其起首"入其國,其教可知也"所總提之下文,則可確知孔子所言,乃針對天子在施行各種政治教化後,即可透過各諸侯國國内政治風尚之所趨以及國人人倫道德表現之得失,而知各國之國君是否已能"深"得"六經"之教的精髓。因此前半所言正反論説,其實只爲後半作鋪陳之準備,僅爲論説之配角;至於"孔子曰"之真正涵義,還在於力陳爲政者應該先能"深"得"六經"之教而無其失,方可遵行"六經"之教以化成其國,卒使國人亦能真得"六經"教人之善,而成就人倫美善之社會風尚。

然而"孔子曰"之内容,也只是爲其下文作鋪墊,仍然尚非論述之主體。"孔子曰"乃爲自"天子者"起,以至於"此之謂也"止之一小節,作重要之引論而已。正以天子之德能配天地,而與天地相參,遂能兼利萬物,而不遺微小。唯其能不遺微小,故能"深"入"六經"之臟腑,而得"六經"之教的精髓。唯其能"深"得"六經"之教的精髓,故能無論是處於朝廷之上,抑或退而燕處以居,凡所舉手投足,皆能據禮而行。唯其能據於禮而行,遂能進退有度,任用百官皆能得其宜,處理萬事則能得其序。有此後半之内容,方能與孔子開頭所言"入其國,其教可知也"相比配,達到前後相呼應之效果;否則,"入其國,其教可知也"不僅突兀,且純屬累贅,而卒使傳統所分之首段與次段間成

(接上頁)然而如此分段,仍無法化解第一段與後三段無法聯繫之問題,實有美中不足之處。徐氏之言見於氏著《中國經學史的基礎》(臺北:學生書局,1982年,第48頁)。其後,黄志傑《〈禮記·經解〉篇"六經歸禮"説析義》(《孔孟月刊》第42卷第2期,2003年10月,第9—13頁)則提出新説,指出各段段旨應有連貫之論點,且注意到孔穎達對於"深"字之看重,而將首段之段旨提爲"深六經之教",是其見解優於前人之處。然而該説未能考慮"深六經之教"之主體爲誰,致使"深六經之教"、"禮之安上"、"禮之治國"、"禮之教化"之四段文義,充其量僅能以"虛理"之方式連貫,而無法落實與凸顯行爲主體之能動性,以展現"禮"注重實踐之特質,則不免爲其所失。日本學者井上了《〈禮記〉經解篇的時期及其在思想史的位置》(《種智院大學研究紀要》第5號,2004年,第51—58頁)將《經解》之結構分爲五部分:a."孔子曰"至"深於春秋者也"。b."天子者"至"正是四國此之謂也"。c."發號出令"至"則不成"。d."禮之於正國也"至"莫善於禮此之謂也"。e."故朝覲之禮"至"繆以千里此之謂也"。井上了與其他學者不同之處,在於其多區分出c.部分,認爲該部分是相當特别的。此説之利弊得失,將於後文相關處討論之。

爲語義不相連貫之雜湊資料彙編。

由此可知首段既已一一論説天子應該"深"得"六經"之教的重要,因而接續後半"天子者"如何舉措之論説,則其前後不但可以相互貫串呼應,且也已經明顯展示"六經"具有"以禮爲宗"之特性。同時爲證明天子應"以禮爲宗"之主體思想正確無誤,遂於段末引用《鳲鳩》一詩爲證,説明爲政之君子由於能遵禮而行,因而心志專一,行爲端莊無差錯,故而能爲全天下之典範。

全篇以"此之謂也"區分段落,且於各段之末,或引《詩》,或引孔子之言,或引《易》以爲證,章法結構不但相當整齊一致,且均能緊扣"禮"之核心,以遵禮而行爲"六經"之教的準據。固然《禮記》中的確有前後不必相聯屬之資料彙編,然而在重新整編之後,若能不加穿鑿即可建立全篇之理序,則没有理由排斥其篇章可以是完整無缺,且其章旨又可以相互連貫,以整合成全篇大義之可能與事實。

(二)安邦治國當以禮最爲切要

繼承首章主從理論層面以倡言天子應"深"入"六經"之教而"以禮爲宗",將可藉此以長養其德而爲臣民之表率,庶幾可達到"以正四國"之功效;次章,則進而偏向論説長養"六經"之德的君子,如何在實際施政時隆禮、由禮,而以禮正國。前後兩章之意義彼此相連貫,而且互相夾輔以發明以禮治國之義。

全章又分爲三小節:第一小節,言有德之人君必須操持和、仁、信、義四器以治民,方可成就治國之大業。第二小節,言以禮正國之作用,猶如衡之於輕重,繩墨之於曲直,規矩之於方圓,都必須以合適之渠道建立評量之基準,一旦能審禮以度行,則一切奸詐欺僞之事將可遁形。[①] 第三小節,順承前節君子審禮正國之重要再進一步,亟言隆禮、由禮乃爲政之方,且應以踐履敬讓之道爲進階之基礎。至於敬讓之道的養成,則必從敬奉宗廟始,若能以敬奉宗廟的恭敬之心而外發爲有禮之行,則居處室家之内而父子兄弟相和以親,出於鄉里之間則長幼有序,入於朝廷之上則能貴賤有位,各得

---

① 《荀子·禮論》,見王先謙《荀子集解》(臺北:藝文印書館,1988年,第596—597頁)載:"故繩墨誠陳矣,則不可欺以曲直;衡誠縣矣,則不可欺以輕重;規矩誠設矣,則不可欺以方圓;君子審於禮,則不可欺以詐僞。故繩者直之至,衡者平之至,規矩者方圓之至,禮者,人道之極也。然而不法禮,不足禮,謂之無方之民;法禮,足禮,謂之有方之士。"與《經解》此一小節"禮之於正國也:猶衡之於輕重也,繩墨之於曲直也,規矩之於方圓也。故衡誠縣,不可欺以輕重;繩墨誠陳,不可欺以曲直;規矩誠設,不可欺以方圓;君子審禮,不可誣以奸詐。是故,隆禮由禮,謂之有方之士;不隆禮、不由禮,謂之無方之民"之內容與意義均近似,只不過二者之間頗多異文。另外,《王霸》云:"國無禮則不正。禮之所以正國也,譬之猶衡之於輕重也,猶繩墨之於曲直也,猶規矩之於方圓也,既錯之而人莫之能誣也。《詩》云:'如霜雪之將將,如日月之光明,爲之則存,不爲則亡。'此之謂也。"《大略》云:"禮之於正國家也,如權衡之於輕重也,如繩墨之於曲直也。故人無禮不生,事無禮不成,國家無禮不寧。"由於《荀子》有三處記載與《經解》此節文句相近,故而過去多有學者認爲《經解》乃漢初研究荀子學者所作。

其分而不蹟等。在此第三小節之後，更引孔子"安上治民，莫善於禮"之言以總結全章文意，再次強調安邦治國當以行禮最爲迫切需要。

井上了以爲此章第一小節"霸王之器"中的"霸王"用例，乃《禮記》中絶無僅有的，並引《孟子·告子下》"五霸者，三王之罪人也"以及《梁惠王上》"仲尼之徒無道桓、文之事者"以證儒家對於"王"與"霸"似有不相容之觀念。他還認爲荀子始將"王霸"連用，殆至戰國末期以降之文獻，則多有"霸王"用例，其中尤以《左傳·閔公元年》"親有禮，因重固，間攜貳，覆昏亂，霸王之器也"所提"霸王之器"與《經解》相同，因而推論《經解》成於戰國末期之後之可能性較高。[①]《經解》成立之時代是否如井上了所論，應在戰國末期之後始成，仍有待商榷，因其涉及古籍成書年代與其内容未必同步之重要問題，在此不擬多談。不過，其所引證之"王"與"霸"分立，"王霸"連用，"霸王之器"詞例之出現，則攸關其真確涵義之認定，尚有待進行辯證，不可簡單地純以文字表象一樣，即認定其所屬相同，而應深入其内涵，理解當時之語境；但重要的是井上了已注意到"霸王之器"在此章節中的重要地位。

詳究《經解》中的"霸王之器"，若整合上下文義而言，其義應承上而下，對於人君必須操持的和、仁、信、義四器進行歸納，於是得出"義與信，和與仁，霸王之器也"之結論。此處之"霸王之器"，猶如"義與信，和與仁"，實爲"霸者與王者之器"的涵義；然爲避免語式呆板、語詞多所重複，又要顧慮語氣之完結，遂簡省之，使成爲"霸王之器"，且以"霸"與"王"兩者爲並列式之結合。若以較精準之句讀標示，實應將"霸"與"王"之間點開，則文義即可豁然開朗，其義當指"義與信"爲"霸"者之器，而"和與仁"則爲"王"者之器。不過，其尤要者，則爲"霸"與"王"之兩兩相對關係，乃共同成就上下相親之和諧關係，呈現上有所發號出令而下民悦之之現象，且明君所行，已能充分考慮民之所欲，而無須下民刻意營求，還能在政策上順應四時之化，以免除天地之害，因而不論"義與信"以及"和與仁"，都是達到民治之必要渠道，並非矛盾對立之衝突關係。然而上引《左傳》"霸王之器"中之"霸王"，則爲偏義複詞，所重在於齊國如何適時掌握魯國國内離心離德、内政陷入昏亂之時機，以成全齊國霸業之策略，因而在"霸"與"王"之間不可點開，二者顯然不同。

至於《孟子》"五霸者，三王之罪人也"以及"仲尼之徒無道桓、文之事者"之説法，驟看之，似有"霸"與"王"不相容受之跡象，然而詳論其事，則多有不然。若詳加檢視"五霸三王"該章，則知孟子所言乃是區分爲政等級之不同，而非指兩相對立衝突而彼此互不相容之狀況。"無道桓、文之事"章，乃孟子針對齊宣王詢問齊桓、晉文之事，所

① 其詳參見井上了《〈禮記〉經解篇的時期及其在思想史的位置》，第54頁。

給予的當頭棒喝,不可僅以字面義視之。因爲事實相當明顯,《盡心上》載孟子曰:"霸者之民,驩虞如也;王者之民,皞皞如也。殺之而不怨,利之而不庸,民日遷善而不知爲之者。夫君子所過者化,所存者神,上下與天地同流,豈曰小補之哉!"這一段話,即可瞭然孟子對王與霸之真正概念。此外,更重要的,則是《論語》記載孔子言齊桓、晉文之事的次數固然並非極多,然而對其"霸諸侯,一匡天下,民到于今受其賜"之事功,其實多有肯定。① 由此可見"霸道"雖非"王道",然而要成就真正的"霸道"也絕非易事,若能"霸"而有"道",亦可造福天下百姓,使其民"驩虞如也",故而不必鄙薄之。進而言之,《經解》"霸王之器"的"霸"與"王"之分,應如孔子所云"齊一變,至於魯;魯一變,至於道"(《论语·雍也》)之別,由於階層不同之層次發展,故而所賴以成之之"器",即隨而不同,並非本質上彼此對立、矛盾衝突之兩造。

至於荀子直接以"王霸"合論,則有鑒於戰國局勢之發展,故而特別講求務實之道,而不徒託空言,且認爲徒善不足以爲政,而須有具體合宜的爲政之道,遂在孟子注重"仁義"之外,再提出兼主知與仁之重要,且還更多言"禮義",並以"禮義"爲決事之標準,期勉凡有所行,皆能合乎"禮義",庶幾可以日臻於"王霸"之境。此從《君道》與《王霸》所載,即可略窺其旨義。例如於《君道》中,荀子即主張治國之道,重在"慎取相",則"道莫徑是矣";至於取相之標準,則是"知而不仁,不可;仁而不知,亦不可",而必須是"既知且仁"者,方能爲人主之寶,而爲王霸之佐。《王霸》中,荀子更主張明主用國,應清楚理解"義立而王,信立而霸,權謀立而亡"等三者不同行徑,足以造成差異極大之結果,因而應謹慎選擇,務使"挈國以呼禮義而無以害之,行一不義,殺一無罪,而得天下,仁者不爲也。擽然扶持心國,且若是其固也。"換言之,明主乃透過舉義士、行義法,以貫徹義之志的方式,卒能"誠義乎志意,加義乎身行,著之言語,濟之日,不隱乎天下,名垂乎後世"。概括言之,即"以國齊義,一日而白",如湯武之類,故知其以"義立而王"爲明主之典型。可見自孔孟以來,以湯武爲聖主明君之觀念,荀子並未曾更易之,只不過因時勢所趨,而更加強調應以"義"行之,庶幾可歸於"王"之理想,並非棄"仁"不顧而僅僅專言"義"。

總而言之,君王治國若要能產生良好之績效,實應透過諸多具體法令制度之實地推行,且還必須有適當的配套措施,準備適時進行糾舉之道;必要時,尤須以義裁斷

① 《論語·憲問》之中,即有四則相關談論,分別是:1. 或問子產。⋯⋯問管仲。曰:"人也。奪伯氏駢邑三百,飯疏食,沒齒無怨言。"2. 子曰:"晉文公譎而不正,齊桓公正而不譎。"3. 子路曰:"桓公殺公子糾,召忽死之,管仲不死。曰:未仁乎?"子曰:"桓公九合諸侯,不以兵車,管仲之力也。如其仁! 如其仁!"4. 子貢曰:"管仲非仁者與? 桓公殺公子糾,不能死,又相之。"子曰:"管仲相桓公,霸諸侯,一匡天下,民到于今受其賜。微管仲,吾其被髮左衽矣! 豈若匹夫匹婦之爲諒也,自經於溝瀆而莫之知也。"

之,不可優柔寡斷以壞事,始可達到安邦治國之實際效能。故而繼此之後,再以第三章各種禮儀制度之作用與功能接續之。

(三)禮具有實際社會政治功能而爲"六經"之歸宗

要使"禮"在實際社會中發揮其建立社會秩序,保證國家政治上軌道,進而達到天下大治之功能,則不能徒託空言,而必須有規畫嚴整、取義周全之成套行政制度之實施。因此在《經解》第三章中,即可看到有待施政者長期踐行的諸多禮儀制度。

全章分爲三小節:第一小節,先言朝覲、聘問、喪祭、鄉飲酒、昏姻之禮的設置意義;①然後簡言禮之設立,乃緣於禁亂之所由生;再其後,則引壞舊坊而招致水敗之實例,論説去舊禮則必有亂患之來。第二小節,則從反面論説,且以倒敘之方式,説明倘若前節所述之禮廢而不興,則有相應之亂患接踵而來。② 第三小節,則爲總結前兩小節之正反立論,而得到"禮之教化也微,其止邪也於未形,使人日徙善遠罪而不自知也。是以先王隆之也"的結論。然而此之所謂"禮之教化也微",乃與"止邪於未形"相對成文,意謂禮之作用,經由世人在日常生活中的實地踐履,已可涵詠禮的理序觀念以及人文精神,且深入於世人幽微的潛意識中,即使無具體的形象,也能微妙地在無形之中化解邪惡之産生。禮具有如此幽微,卻又微妙宏大的功能,然而一般人並無法理解其深入人心之後的内化作用,遂以其爲無用;僅有聖明之先王由於能"知幾",遂能明察其關鍵所在,故而大力倡導隆禮爲施政之重心。言盡於此,更引《易緯》"君子慎始。差若豪氂,繆以千里"以説明"慎始"之重要。最後,再以相同形式的"此之謂也"置於章末以結束全篇。

綜觀《經解》全篇,乃透過前後三章彼此相承一貫之論述,以表達"以禮爲宗"之篇旨。首章,先言天子應"深"入"六經"之臟腑,而得"六經"之教的精髓,其中又以"禮"爲關鍵的結穴點。次章,繼而又言已得"六經"之教精髓的君王,必須操持和、仁、信、義四器,方可成就安邦治國之大業。末章,明列各種禮儀制度之興廢與國家治亂之相對關係,而以有道之先王均知隆禮之妙功而重禮之行,以收束全文。全篇文理井然,

---

① 此章所論重要禮儀制度,除"冠禮"之外,其餘皆已在前兩節中以正反立説、先後順序錯置之方式一一論列之。推究唯獨不見"冠禮"之原因,當以"冠禮"之特性乃爲"禮之始"有關。換言之,此處論列各種禮儀制度時,應預設"冠禮"必已先行;因爲倘若"冠禮"未行,則其他繼起之禮亦無以繼而行之。同時,章末所引《易緯》之言,正以"君子慎始"總其義,又應有微指謹慎於"禮之始"的雙重意義存焉。

② 《大戴禮記·禮察》(清王聘珍《大戴禮記解詁》,北京:中華書局,1983 年,第 21 頁)云:"故以舊防爲無用而壞之者,必有水敗;以舊禮爲無用而去之者,必有亂患。故昏姻之禮廢,……而倍死忘生之禮衆矣。"大體與《經解》此處第一節末至第二節前半相同,不過稍有異文。同時,《禮察》作"倍死忘生之'禮'衆矣"而《經解》作"倍死忘生之'者'衆矣",揆諸文義,顯然應以《經解》作"者"爲確。

義理連貫,總以"六經歸禮",而凡有舉措皆能"以禮爲宗"爲義理所在。如此"六經歸禮"之義,乃指聖明之君王若欲安邦定國以平治天下,則須吸收"六經"的精髓,而將其精義落實爲各種禮儀制度,使其能切實執行於社會之中。因而爲求理想國度之實踐,當不能僅以停留在虛理之開悟爲滿足,而是應與《儀禮》中的各項禮儀制度之具體落實有關,且與禮儀背後之禮義存在更密切之關係,同時還與《周禮》(《周官》)中各種王官職司之内容,及其相關職掌者之搭配執行密切相關。由於真正的"禮"必須擁有圓滿的理論建構與有效的實踐細節,遂與强調技藝實學的"六藝",達到彼此"互通"之渠道。基於此特點,遂將包含《禮》在内的"六經",與以"禮"掛帥之"六藝"相連結,卒使"六藝"之系統,可以包含原本的禮、樂、射、御、書、數之"六藝"一系,也可有包含《詩》、《書》、《禮》、《樂》、《易》、《春秋》之"六經"一系。《經解》中"六經歸禮"的主旨,正隱約點出"六經"與"六藝"的"互通"之理。

四、《經解》與相關傳世文獻相驗證

《經解》中"以禮爲宗"的義旨,在傳世文獻中不在少數,舉例言之,《禮記》之中屬於"通論"一類之篇章,即不乏此類資料,最明顯之例,應屬《禮運》所載最爲中肯扼要,説明禮本於天地而生,乃人之所以自别於禽獸之根本,不可時刻無之:"夫禮,先王以承天之道,以治人之情。故失之者死,得之者生。《詩》曰:'相鼠有體,人而無禮;人而無禮,胡不遄死?'是故夫禮,必本於天,殽於地,列於鬼神,達於喪祭、射御、冠昏、朝聘。故聖人以禮示之,故天下國家可得而正也。"(《禮記·禮運》)至於其他篇章,以禮爲行事之核心者亦所在多有。以下即以《經解》爲首的四篇(其他依序爲《哀公問》、《仲尼燕居》、《孔子閒居》)爲例以驗證之,然後再旁及其他與此四篇内容相近似之其他文獻以輔證之。不過,此處主要先指出傳世文獻可以與《經解》"以禮爲宗"思想呼應之處,且僅略言其理,至於詳細之義理探究,則另待專文爲之。

《經解》之内容與其他傳世文獻相近之處,除卻上引"繩墨曲直"一段與《荀子·禮論》頗爲類似外,《勸學》處人努力爲學,主張"始乎誦經,終乎讀禮",亦明顯以禮爲諸多經典所宗。因爲諸多經典雖然各有其特質,但由於禮可以成就法之大分與類之綱紀,正是維持人間秩序、建立社會道德最重要之法寶,因而極力主張力學應"終乎讀禮"。此從其所云"《書》者,政事之紀也;《詩》者,中聲之所止也;《禮》者,法之大分、類之綱紀也。故學至乎禮而止矣,夫是之謂道德之極。《禮》之敬文也,《樂》之中和也,

《詩》、《書》之博也,《春秋》之微也,在天地之間者畢矣",^①可以明其要。

此外,《經解》之内容亦與《孔子家語》所收録者有關。例如《問玉》分别由三小段組成:首段記載子貢問玉於孔子一事;次段主要爲《經解》傳統分章之第一章部分,有可能因爲所引《詩》之内容有關天子教化之緣故,故編纂者將《孔子閒居》"天有四時,春夏秋冬,……《詩》云:'明明天子,令聞不已。'三代之德也"一段拼湊爲第二小段;第三段則下接《仲尼燕居》子張問聖人之教(政)之内容,説明所謂"禮"者,乃明王聖人用以分别長幼貴賤、正男女内外、序親疏遠近之利器。細查《問玉》三小段之内容,其實僅有第一小段之内容與"問玉"一事有關,其餘兩段明顯與"玉"無關,屬於雜鈔附入者。究其内容,子貢問玉一事,今本《禮記》或者即因爲使者乃執持特定之玉以行使聘禮,故將其編入《聘義》該篇,而反觀《孔子家語·問玉》之收録,則顯然較爲雜亂無章。雖然《問玉》之成篇缺乏特定之義理相貫串,不過從其附入之内容分别隸屬於今本《禮記》之《經解》、《孔子閒居》以及《仲尼燕居》各篇之片段的微妙現象,又可見其相當值得玩味之處,其中尤以次段之拼合《經解》、《孔子閒居》最值得注意。

若對照《問玉》第二小段的拼合内容與《孔子閒居》相對處之文獻記載,將可發現《問玉》直接將《經解》言"六經"之教的第一章,與《孔子閒居》的一部分拼裝組合。雖然如此拼合不免有圓鑿方枘前後極難銜接之處,不過,該種勉强拼合之方式卻足可引發另外一條值得探索的思路。亦即若非編纂者已經確定此兩則資料來自同源,或者編纂者明知該兩則資料者出自同一學派系統,實不必將此兩則資料勉强拼湊在一處。有此懷疑,再深入《問玉》之"有物將至,其兆必先"與《孔子閒居》之"嗜欲將至,有開必先"之前後文,則發現此兩處文獻存在較多異文,值得取之相互對校會勘以綜合其義。同時,《問玉》尚有"是故,天地之教與聖人相參"之小結;此雖爲《孔子閒居》所無者,然而卻接近《經解》"天子者與天地參,故德配天地,兼利萬物,與日月並明,明照四海而不遺微小"之記載。此兩處小結語,都旨在説明聖主明君由於能深入"六經"之教,故能深入體會天地造化之教,而得與日月並明,且兼利萬物。經過疏通上述兩處之文義後,又可發現《問玉》之拼合《經解》與《孔子閒居》之兩片段,雖然銜接有欠通暢,不過至少還可以從"六經"之教尋找其串聯之線索,也並非完全無關之兩段記載。同時由於《孔子閒居》此段話,已明載爲子夏所言,因而又可以此反推,《經解》或者亦與子夏或子夏學派有關。

---

① 其詳參見《荀子·勸學》。較值得注意的,則是《勸學》全篇並未提及《易》,或許與其注重具體之學有關,因而對於涉及變化之"幾"的《易》,並非一般學子可以學而得其要者,故略而不提。

《哀公問》記載哀公所問有二,其一爲問禮,其二爲問政。其中問禮之部分與《經解》第二章第三節以及第三章尤爲接近,其文云:

> 民之所由生,禮爲大。非禮,無以節事天地之神也;非禮,無以辨君臣、上下、長幼之位也;非禮,無以别男女、父子、兄弟之親,昏姻、疏數之交也;君子以此之爲尊敬然。然後以其所能教百姓,不廢其會節。有成事,然後治其雕鏤、文章、黼黻以嗣。其順之,然後言其喪算,備其鼎、俎,設其豕、腊,修其宗廟,歲時以敬祭祀,以序宗族。即安其居,節醜其衣服,卑其宫室,車不雕幾,器不刻鏤,食不貳味,以與民同利。昔之君子之行禮者如此。(《禮記·哀公問》)①

此段之内容,與《經解》所載"敬讓之道"的培養乃從侍奉宗廟起,二者實可以相通。其旨在於説明凡事皆能以恭敬之心行禮讓之道,並將此行爲模式擴而充之者,即可由近及遠,以成就人倫義理之常態。

《仲尼燕居》則記載子張、子貢、言游侍孔子,而縱言至於禮之情形,如:

> 敬而不中禮,謂之野;恭而不中禮,謂之給;勇而不中禮,謂之逆。
>
> 禮乎禮! 夫禮所以制中也。
>
> 郊社之義,所以仁鬼神也;嘗禘之禮,所以仁昭穆也;饋奠之禮,所以仁死喪也;射鄉之禮,所以仁鄉黨也;食饗之禮,所以仁賓客也。
>
> 兩君相見,揖讓而入門,入門而縣興;揖讓而升堂,升堂而樂闋。下管《象》、《武》,《夏》、《籥》序興。陳其薦俎,序其禮樂,備其百官。如此,而后君子知仁焉。行中規,還中矩,和鸞中《采齊》,客出以《雍》,徹以《振羽》。是故,君子無物而不在禮矣。入門而金作,示情也。升歌《清廟》,示德也。下而管《象》,示事也。是故古之君子,不必親相與言也,以禮樂相示而已。
>
> 禮也者,理也;樂也者,節也。君子無理不動,無節不作。不能《詩》,於禮繆;不能樂,於禮素;薄於德,於禮虛。
>
> 制度在禮,文爲在禮,行之,其在人乎!

上述列舉與《經解》有關之禮,除卻繼續闡述禮之施行乃透過人之依理制節以爲度,且使人之所行能達於中和之道外,最特别的,則爲對於大饗之禮的紀録。從大饗之禮的過程中,更顯現禮樂相隨之本色,同時還以《詩》與之相配爲一體。此外,更由

---

① 《孔子家語》則將此部分歸入《問禮》之前半部。

於以《詩》相配,故而相應之史事亦一併隨之呈現,如此一來,則由《書》所傳達之事與觀念,亦可存乎參與典禮者之心中。由此又可見以禮、樂串起“六經”與“六藝”之相關事例。

當《仲尼燕居》之後半論及禮、樂與《詩》相伴而行之禮儀活動後,《孔子閒居》更進而追問身爲“民之父母”者如何通達禮樂之原理,然後將禮樂之道施於政事,而以“五至”與“三無”分別從積極詮釋與消極詮釋之方式,呈現爲政之形上原理,並且再藉由“五起”之説闡述“三無”之另一層意義,以增强“三無”在施政上之價值。最後,則提出三王的“三無私”之德,具體落實爲政者應該取法之人王典範。①

此外,由於孔子一生志在謀求禮樂社會之復興,因而在“志在《春秋》,而行在《孝經》”之大前提下,希望爲政者以德義行天下,而推崇人倫之發展即成爲其努力之目標。因此安邦治國以禮爲要之説法,在《孝經》中載有孔子更完整之説法,其文云:

> 教民親愛,莫善於孝;教民禮順,莫善於悌;移風易俗,莫善於樂;安上治民,莫善於禮。禮者,敬而已矣。故敬其父則子悦,敬其兄則弟悦,敬其君則臣悦,敬一人而千萬人悦。所敬者寡,而悦者衆,此之謂要道也。(《孝經·廣要道》)

經由此章可以清楚展現若欲打造幸福安樂之社會,則爲政者應以教化人民懂得孝悌親愛爲本,且以自上至下推動禮敬之行爲最爲重要,然後再輔以樂之親和作用,而達到移風易俗,使民日漸於善之狀態。

五、《經解》與相關戰國簡文相驗證

《經解》談論“六經歸禮”,且主張以禮爲政治教化之核心內容者,在簡文中也可以得到相應之説明。雖然郭店簡《語叢一》的簡 44 殘泐難辨,不過從整理者對於簡 36 至 44 的簡序安排,以及學界也認同裘錫圭以簡 44 爲《書》之殘簡之情形,②應可説明大約

---

① 其詳參見林素英《上博簡〈民之父母〉思想探微——兼論其與〈孔子閒居〉的關係》,臺灣師範大學國文學系《中國學術年刊》第 25 期,2004 年 3 月,第 37—60 頁。

② 《郭店楚墓竹簡·語叢一》,北京:文物出版社,1998 年,第 194—195 頁;《易》所以會天道、人道。(簡 37)《詩》所以會古含(今)之恃(志)也者。(簡 38—39)《春秋》所以會古含(今)之事也。(簡 40—41)豊(禮),交之行述也。(簡 42)樂,或生或教者也。(簡 43)【《書》,□□□□】者也。(簡 44)

在戰國中期以前,已有"六經"並列之現象。然而在此一套"六經"並列之簡文中,對於有關"禮"與"樂"之描述句式,顯然又與其他四經不同,故而廖名春即因此而不將其採入他論"六經"並稱之文章中進行討論。① 對於廖名春將《語叢一》談論"六經"之簡文,採取或取或捨之相異態度,雖然不能不感到遺憾,然而至少説明其已經注意到該現象特別。吾人倘若重新檢視《郭店楚墓竹簡》之所有内容,將可發現其全部簡文中,不論言及"六經"之處,或者僅並稱《詩》、《書》、禮、樂之處,極可能都屬類似之狀況,並非僅爲《語叢一》中的單一現象而已。郭店簡文所論述之内容,是否將"禮"與"樂"視爲典籍,是應該被重視而詳加探討的,而非簡單地將其排除在外。

此外,《上博二·民之父母》幾乎重見於《禮記·孔子閒居》,其中心主旨乃主政君子應以"禮"、"樂"之教爲其政治教化之中心思想,該狀況又應可説明此明君施政以推動"禮"、"樂"教化爲主,並非僅僅出現在單一經典之特殊現象,而是因爲古代學在王官,且在官師合一之歷史進程中,《王制》即載有"樂正崇四術,立四教,順先王《詩》、《書》、禮、樂以造士。春、秋教以禮、樂,冬、夏教以《詩》、《書》"(《禮記·王制》)之整體安排。《詩》、《書》固然有其特定之典籍資料,不過亦會要求學習者能學以致用,而實際運用於相關政事活動中;至於有關禮、樂之部分,則由於必須牽涉到整套禮儀活動的具體繁雜内容,以致更需要各相關部門人員長期的技藝養成與相互協調合作,所以技藝之純熟與精進是相當重要的。基於此緣故,故而可明見其特別注重"以術爲教"之現象,而此一現象即與《經解》之説法相互發揮。

以下即分別從相關之郭店簡文以及上博簡文論述之:

(一) 郭店簡文中的"六經"之教仍以禮樂爲重

總計郭店簡文中,除《語叢一》之外,尚有《六德》在言及夫婦、父子、君臣等六位各行其職,因以成就六德,而使獄訟無由作之後,即接續而言"觀諸《詩》、《書》則亦在矣,觀諸《禮》、《樂》則亦在矣,觀諸《易》、《春秋》則亦在矣"。② 此處"六經"之排列順序,實與《莊子·天運》所載"丘治《詩》、《書》、《禮》、《樂》、《易》、《春秋》六經,自以爲久矣,孰知其故矣"相同,同時又與《天下》"《詩》以道志,《書》以道事,《禮》以道行,《樂》以道和,《易》以道陰陽,《春秋》以道名分"之順序相同,因而推測此處之《豐》(禮)、《樂》應也是指稱典籍。然而緊接在簡 26、27,又以"仁,内也。義,外也。禮樂,共也。内立父、子、夫也,外立君、臣、婦也"③點出秉持仁義之精神以實踐"禮樂"之道,乃不論内

---

① 　其詳參見廖名春《論六經並稱的時代及疑古説的方法論問題》,第 50 頁。
② 　《郭店楚墓竹簡·六德》,第 188 頁,簡 24、25。(因不作字形討論,故以通用字表示,並加標《》符號以方便與傳世文獻對照,以下同此。)
③ 　《郭店楚墓竹簡·六德》,第 188 頁,簡 26、27。

位之父、子、夫,抑或外位之君、臣、婦,都是六位所必須共同努力之行爲。由此可見郭店簡文中的"六經"之教仍以禮樂爲重,且隱約標示其因爲力求實踐而特重"術"之部分。

至於更明顯强調"禮樂"之實踐性者,則又以《性自命出》所載爲然:

> 《詩》、《書》、《禮》、《樂》,其始出皆生於人。《詩》,有爲爲之也。《書》,有爲言之也。禮、樂,有爲舉之也。聖人比其類而論會之,觀其先後而逆順之,體其義而節文之,理其情而出入之,然後復以教。教所以生德於中者也。禮作於情,或興之也,當事因方而制之。其先後之序則宜道也。又序爲之節,則文也。致容貌所以文,節也。君子美其情,貴【其義】,善其節,好其容,樂其道,悦其教,是以敬焉。

> 凡聲,其出於情也信,然後其入拔人之心也厚。聞笑聲,則鮮如也斯喜。聞歌謠,則陶如也斯奮。聽琴瑟之聲,則悸如也斯歎。觀〈賚〉、〈武〉,則齊如也斯作。觀〈韶〉、〈夏〉,則勉如也斯斂。詠思而動心,菁如也。其居次也舊,其反善復始也慎,其出入也順,始其德也。①

從上引資料中,雖然説明《詩》、《書》、《禮》、《樂》其始皆本於人心之需要,然而與實際社會人生關係最密切者,則又應以能體義而節文,理情以出入者爲然。由於體義而節文,乃"禮"之無尚表現,而理情以出入者,又是"樂"之深入人情,且能達於中和者之對外發用,故而如何使禮樂深入人心,已成爲盡性之教的最重要核心,且要求禮樂之教能在具體的言行動作、容貌舉止中實踐無誤。因此《性自命出》既而又云:

> 君子執志必有夫廣廣之心,出言必有夫柬柬之信,賓客之禮必有夫齊齊之容,祭祀之禮必有夫齊齊之敬,居喪必有夫戀戀之哀。君子身以爲主心。②

由於禮樂之中,尤以禮之特性實與人之實際行爲關係最爲密切,且從上述之論説,又知其已將禮與樂之實踐重點再收攝到"以禮爲宗"的最後核心,故而在誠敬主於心、禮容發於外的内外相輔情況下,卒致身心合一而歸於禮。如此以禮樂爲重,而卒又歸於禮的君子施政之教,在《尊德義》之中另有相關記載如下:

---

① 此部分内容較長,因爲李零不同之分節與隸定有助於理解,因而採用之。李零:《郭店楚簡校讀記·性自命出》(增訂本),北京:北京大學出版社,2002 年,第 106 頁。原釋文可參考《郭店楚墓竹簡·性自命出》,第 179—180 頁,簡 15—27。

② 李零:《郭店楚簡校讀記·性自命出》(增訂本),第 108 頁。原釋文可參考《郭店楚墓竹簡·性自命出》,第 181 頁,簡 65—67。

爲古率民向方者,唯德可。德之流,速乎置郵而傳命。其載也無厚焉,交矣而弗知也,亡。德者,且莫大乎禮樂焉。治樂和哀,民不可惑也。反之此,枉矣。

尊仁、親忠、敬莊、歸禮,行矣而無違,養心於子諒,忠信日益而不自知也。

君民者治民復禮,民除害智,急勞之匈也。爲邦而不以禮,猶竢之無優也。非禮而民悦哉,此小人矣。非倫而民服,世此亂矣。治民非還生而已也,不以嗜欲害其義。

教以禮,則民果以勁。教以禮,則民……先之以德,則民進善焉。①

由於《尊德義》全篇之章旨在於論説爲政者應隨時以德義爲尊而自勉,且努力實踐禮樂之道,庶幾可以明人倫而使百姓相和親,因而上述四段所見,即相當明顯地將治民之道指向"禮",認爲若非"禮"能大行於天下,則無以治其民於合乎義理之方。

(二)上博《民之父母》特重禮樂且以"三王"爲依歸

《上博二》的《民之父母》從一開始,即明確表示其全文之旨,在於彰顯"民之父母"的爲政者必先達於禮樂之原,而後方可遵行"物至—志至—禮至—樂至—哀至"之"五至",而後能行"無聲之樂、無體之禮、無服之喪"之"三無",然後再以"五起"展現政治理想。不過,爲政者在掌握"五至"與"三無"之外,終究還必須有《孔子閒居》的"三無私"典型,以使"氣志既起"的極盛狀態,得以落實於爲政應有"三無私"的"三王"人王範式。② 至於三代人王之德,其根本核心即在於"禮",此從《禮運》所載"小康"之局可以清楚得知,其文云:

今大道既隱,天下爲家,各親其親,各子其子,貨力爲己,大人世及以爲禮。城郭溝池以爲固,禮義以爲紀;以正君臣,以篤父子,以睦兄弟,以和夫婦,以設制度,以立田里,以賢勇知,以功爲己。故謀用是作,而兵由此起。禹、湯、文、武、成王、周公,由此其選也。此六君子者,未有不謹於禮者也。以著其義,以考其信,著有過,刑仁講讓,示民有常。如有不由此者,在勢者去,衆以爲殃,是謂小康。(《禮記·禮運》)

透過《民之父母》與《禮運》上述之重要記載,可知爲政之要,固然在於能達於禮樂之

---

① 上述四段資料分別見於李零《郭店楚簡校讀記·尊德義》(增訂本),第139—140頁。原釋文可參考《郭店楚墓竹簡·尊德義》,第174頁,簡28—30;第173—174頁,簡20—21;第174頁,簡23—26;第173頁,簡13—16。

② 其詳參見林素英《上博簡〈民之父母〉思想探微——兼論其與〈孔子閒居〉的關係》,第37—60頁。

原,然而在禮與樂之間,又必須以禮爲根本中的根本,因而《孔子家語》即將《仲尼燕居》以及《孔子閒居》一併歸入《論禮》之中,明顯以“禮”之核心概念貫串今本《禮記》中的相鄰兩篇。①

六、結 論

經由上述之討論,可見今本《禮記》自《經解》以下的《哀公問》、《仲尼燕居》、《孔子閒居》的四篇,雖然文中與孔子進行問答的對象各有不同,然而其共同議題都在於論述“禮”爲治國之根本,因而今本《禮記》將其歸入同一系列,而劉向將其歸屬於“通論”一類,應是相當恰當的。細而分之,主要由於此四篇之主要核心思想相同,其中,《經解》之内容因爲具有前導性質,所以位居四篇之首;《哀公問》因爲與孔子談論之對象爲魯哀公,所以與“以禮治國”之實踐具有最直接之關係,故而居次;《仲尼燕居》與《孔子閒居》則同屬孔子與弟子閒談“以禮治國”之記載,故而再居其次,遂成爲今本《禮記》自《經解》以下四篇,其主題極爲集中之同一系列篇章。至於《仲尼燕居》與《孔子閒居》之先後順序,則因前者之談論對象包含子張、子貢、子游三位弟子,在尊重多數之考量下,所以列在僅有與子夏對談之《孔子閒居》前面。换言之,《經解》乃以其第一章(自“孔子曰”,經“天子者”,以至“此之謂也”之部分)建立此四篇之共同主旨,强調天子應該深入“六經”之教,努力推動禮樂之教,且還應“以禮爲宗”。故而全篇以形式相當整齊的三章“此之謂也”之内容,論述治國應以“禮”爲重之原因,而成爲《哀公問》以下後來三篇論述之前導。

如此“以禮爲宗”之思想,不僅在今本《禮記》之其他篇章中時常可見,即使在《大戴禮記》、《孔子家語》、《荀子》等傳世文獻中,亦多可探而尋之。不僅在傳世文獻中時常可見,即使在郭店楚簡以及上博楚簡等戰國簡文中,亦不乏其數。故而本文透過上述之簡文資料,一方面説明爲政者應該深於“六經”之教,且應以“禮樂”思想爲重,同時更由於“禮”具有注重實踐之特性,且强調應内秉誠敬之心,再外發爲進退合宜之舉止,遂在核心地位的“禮樂”之中,又成爲核心中的核心,成爲治國之最終根本。如此以經典之學乃以生活實踐爲核心之取向,遂有六經總歸於禮之特質;且以“以禮爲宗”之緣故,而將理論與實踐鎔於一爐,產生“六經”與“六藝”可以

---

① 有關此數篇所包含篇章之分合優劣情形,可參考林素英《〈仲尼燕居〉、〈孔子閒居〉與〈論禮〉纂輯之比較——以〈民之父母〉爲討論中介》,第284—315頁。

互通之現象。從目前出土之簡文來看,"六經"與"六藝"互通之現象,至遲在戰國以前應已形成。

此外,由於《經解》所載,乃自論述《六經》之特性開始,故而應與孔子之後傳經一派弟子之歸納整理有關。追溯孔子之後最重要之傳經弟子,又應以子夏最爲重要,推究其故,則與子夏具有篤實好學、好結交賢者、執德弘毅、信道篤敬的人格特質有關。① 其實孔子也早已預卜自己死後,"商也日益,賜也日損",因爲"商也,好與賢己者處;賜也,好悅不若己者處。……與善人居,如入芝蘭之室,久而不聞其香,即與之化矣。與不善人居,如入鮑魚之肆,久而不聞其臭,亦與之化矣。"(《孔子家語·六本》)事實果如孔子所料,子夏在孔子去世以後,講學於西河,爲魏文侯師,其弟子多人並爲王者師,不但具有輔佐政治之政績,對於傳經之功,也遠非其他儒者所及。《後漢書》即已謂之:"《詩》、《書》、《禮》、《樂》,定自孔子;發明章句,始於子夏。"(《後漢書·徐防傳》)《容齋隨筆》也載:"孔子弟子惟子夏於諸經獨有書,雖傳記雜言未可盡信,然要爲與他人不同矣。於《易》則有傳,於《詩》則有序,而《毛詩》之學,一云子夏授高行子,四傳而至小毛公;一云子夏傳曾申,五傳至大毛公。於《禮》則有《儀禮·喪服》一篇,馬融、王肅諸儒多爲之訓説。於《春秋》,所云不能贊一辭,蓋亦嘗從事於斯矣。公羊高實受之於子夏。穀梁赤者,《風俗通》亦云子夏門人。於《論語》,則鄭康成以爲仲弓、子夏等所撰定也。"② 以如此斑斑可考的傳經紀錄,子夏於六經之學的傳播居於首功應無疑問,而高明先生推原子夏傳經之功則更切盡情理,其文云:

> 諸弟子之通六藝,在乎成德爲政,身體力行,而不在乎文字之間,故其學多不傳。子夏既列名文學之科,而博學於文,其以六藝教人也,自必出其所長,而留意於文字之間,此章句之所以發明,而其學之所以獨傳也。蓋道託文字而傳,文字賴章句而明;章句不明,則經義不顯,而道亦無由傳。後世緣經以窺道,捨章句又何由哉! 然則子夏之功大矣!③

經由上述所載,可見孔子卒後,子夏居西河講學傳經,爲魏文侯師,聲勢浩大。當其時,魏文侯好禮,十分敬重子夏之弟子段干木,過其閭,則未嘗不軾;請見,則立倦而不

---

① 僅以《論語·子張》爲例,即記載數則子夏之重要談話,都可以彰顯其個人特質:"可者與之,其不可者拒之!"(談交友)"雖小道,必有可觀者焉;致遠恐泥,是以君子不爲也。""日知其所亡,月無忘其所能,可謂好學也已矣!""博學而篤志,切問而近思,仁在其中矣!""百工居肆以成其事,君子學以致其道。""君子信而後勞其民,未信則以爲厲己也;信而後諫,未信則以爲謗己也。""仕而優則學,學而優則仕。""無欲速,無見小利。欲速則不達,見小利則大事不成。"
② 宋洪邁《容齋隨筆·子夏經學》,收入《筆記小説大觀續編》,臺北:新興書局,1962 年,第 1967 頁。
③ 高明先生《高明文輯·子夏學案》,臺北:黎明文化圖書公司,1978 年,第 480 頁。

敢息。① 因此梁啓超(1873—1929)即認爲當孔子之世，儒學並未見重於時君，而魏文侯接受子夏所傳經藝之後，初爲設置博士官，以國力推行孔學，儒教始大盛於西河，誠爲儒教第一功臣。②

倘若再檢視《孔子閒居》之内容，則見該篇與孔子進行問答之主角即是子夏，其討論内容乃圍繞在治國應本禮樂之教爲核心，不但多引《詩》以爲證，其中更多議及三王之史事，且又言及大化流行、庶物滋生之理，實已關乎易道變化之事，而最終以“三代之德”爲後世君王宗法之對象，則又與孔子志在《春秋》之微言大義差可比擬。基於上述原因，因而懷疑《經解》一篇之記錄者，應與子夏學派有關。又由於《經解》與《孔子閒居》之關係密切，因而此兩篇之記錄者也極可能屬於同一系列，且極可能都與子夏學派有關。

---

① 其詳參見《吕氏春秋・慎大覽》，見於陳奇猷《吕氏春秋校釋》(上海：學林出版社，1995 年)第 880 頁：魏文侯見段干木，立倦而不敢息。《離俗覽》，第 1310 頁：文侯師子夏，友田子方，敬段干木，此名之所以過桓公也。《開春論》，第 1447 頁：魏文侯過段干木之閭而軾之，其僕曰：“君胡爲軾?”曰：“段干木蓋賢者也。……段干木光乎德，寡人光乎地；段干木富乎義，寡人富乎財。”《史記・魏世家》，第 172 頁：文侯受子夏經藝，客段干木，過其閭，未嘗不軾也。

② 其詳參見梁啓超《中國學術思想變遷之大勢》，臺北：華正書局，1981 年，第 42 頁。

儒家的大中至正之道及其結構規模

——《中庸》與《大學》合論

陳　贇

《中庸》、《大學》被收入在戴德所編輯的《禮記》中，根據傳統説法，前者是戰國時代子思（孔子的孫子）所作，後者是曾參所作，皆不可考，大體來説是戰國中後期儒家的作品。宋代程顥、程頤將二者從《禮記》抽出，加以編次，朱熹亦對之進行整理，並納入《四書》，影響甚大。就二者的旨趣而言，《中庸》涉及儒家以"中"爲主題詞的道統授受的內容，它表達了儒家所探求的大中至正之道，實即以誠爲樞紐貫通天人的"大學"（"大人之學"）的基本精神，《大學》則涉及這種大人之學的綱領與規模。

一、中庸以誠爲樞紐的天人之學

魯《論語》的最後一篇爲《堯曰》，該篇只有一條，內容則爲孔子追溯堯、舜、禹三帝之間的授受，而此授受的內容則是"中"。這一記述被編排在《論語》的最後，體現了某種"終篇之意"。這一現象與傳自孔子的《尚書》"斷自堯舜"的事實形成某種呼應，它表明孔子深入理解夏商周三代文化的同時又上出三代而思考中國文化更高的可能性——堯舜之道。以"中"來統攝堯舜之道與夏商周三代之道，則是孔子晚年述作六經的重心。按照鄭玄的理解，《中庸》的目的在於追溯聖祖孔子之德，在《中庸》裏，"祖述堯舜、憲章文武"乃是孔子的心志，意在對五帝與三代政教在理念上進行總結。在這個意義上，晚年編訂"六經"、述作《春秋》的孔子，雖然一方面還在春秋末年的時空世界，但那個時空世界已經被視爲"賓客"，而他在另一個方面則通過總結成爲歷史的堯舜三王之道而進入未來的時空，爲未來的世代而開展自己最後的工作，這項工作的性質在《中庸》的深層結構裏被理解爲一種"中庸"的活動。

"中庸"的"庸"本義爲"用"，"中庸"則是强調在運用的過程中"執中"、"持中"、"守中"。原先由帝王主持的"用中"的實踐,在"天之歷數"轉移的情況下,不得不以六經之文教的確立這一方式來展開。這是時代性的變化,但"用中"的實踐卻因此而得以繼續,其實踐的主體也因此而得以擴展。《中庸》直承中國之爲中國、中華之爲中華的中國性或中華性,被後世理解爲華夏文明歷代聖賢傳承的道統的精神內容,並非偶然。《中庸》這個文本,直承"中"的傳統,試圖全面地闡述如何"用中",即實踐中道。

但《中庸》並沒有將"中"視爲形而上學意義上的現成"中體",而是將它的內涵展示在命、性、道、教四者的相互貫通之中。從《説文》的理解來看,"中"本身就是上下通達的意思,因而《中庸》對"中"的理解,不是概念的規定或範疇的界定,而是在命、性、道、教四個架構性要素之間的相互通達,這種通達被視爲美好而正當的政教生活的基礎。從這個層面看,《中庸》開篇所説的"天命之謂性,率性之謂道,修道之謂教",實際上簡明扼要地闡述了中庸之道的根本綱領。宋代學者黎立武説:"性也,道也,教也,內外相成之道,是三者得之,然後爲中庸之道"(《中庸指歸》),"首章言命、性、道、教,此以下專以道言,舉一以該三也(《中庸分章》)"。這的確切中中庸基本綱領的實質。

在這個綱領中,性的根源被引向具有超越意義的天命,但回應天命的方式卻是保守此人之所以爲人、但同時也是天賦予人的作爲精神本質的"性";回復人的精神本質之路,並沒有被引向內在體驗的個人隱修方向,相反,它導向修道之教與率性之道之間的辯證關聯。修道的過程其實是內在本性呈露的過程,也就是率循精神本質的過程,這個過程無論是對他人還是對當下的修道者而言,都具有教的意義,在這個意義上,修道活動本身就是立教,不管是自覺還是自發,不管是在主觀還是客觀的層次上;但另一方面,任何個人的修道都不是孤獨的內在體驗,而是循教而入道,因而他人,尤其是前人所修之道對於自己而言就是所循之教,因而向他人,尤其是向前代的聖賢學習就是由教以入道的方式。通過性、道、教三者關係的辯證,《中庸》將當下對天命的回應與對本性的理解引入到由前代修道的聖賢與後來的待教者,通過性、道、教的實踐關聯所成就的"德"與"文"的脈絡,歷史與文化在此獲得了根本性的位置。德與文是互體的,形於中謂之德,見於外謂之文,通過有文之德或有德之文。作爲天地之子的人,反過來又可以參贊天地、化育萬物,與天地並列爲三才,這樣的精神與文化的實踐在《中庸》中被概括爲"配天"。"配天"表明了人在宇宙中不同於其他存在者的特殊地位,同時也表明了天本身並不是全能的,而是需要人的配合與補充;換言之,在天人之間的交互作用中,二者可以通過與對方的溝通與互補而達到彼此更爲充實的狀態,這無論對天還是對人都是一種提陞。這裏所包含的對天的理解乃是中國文化的一貫之義,"女媧補天"的故事可以視爲這一思想的通俗表達:天自身並不完美,需要人的修補配合。《中庸》提出:"天地之大也,人猶有所憾",就意在表明這一點。

《中庸》强調，"喜、怒、哀、樂之未發，謂之中。發而皆中節，謂之和。中也者，天下之大本也。和也者，天下之達道也。"這意味著，在性、道、教三者之中，性乃是實踐的主體根據，它與天命作爲實踐的客觀根據形成對應關係；甚至可以説，性與命，一如天與人一樣，乃是必然的相關物、對應物。喜怒哀樂之情未發時，性在人的生命之中自發地作爲天命的"被給予狀態"而在人的生命中流行，在《中庸》裏，這被理解爲"天下之大本"，這個大本固然落實在人性之中，但更多的卻是天命的發用；而當感性意義上的喜、怒、哀、樂之情發動，並與心、性本身的秩序達到高度的和諧時，這被理解爲"天下之達道"，也就是對天下之人、一切個人而言，構成在原則上人人可行的通達道路。"致中和，天地位焉，萬物育焉。"（《中庸》）在這裏，作爲致和的達道被作爲實踐的構成原則，而致中的大本則構成實踐的調節性原則。就"和"被理解爲"達道"、"中"被理解爲"大本"而言，實際的功夫實踐被歸結爲積極的"致和"而不是"致中"，而所謂的"致中"，其實是"不致之致"，即以人特有的方式（致和）等待、保守天命的大本。就此而言，"喜怒哀樂之未發"並不是被作爲一個積極追求或被要求的目標，相反它對於"發而中節"的實踐更多地具有調節性的意義，而不是構成性的意義。但作爲調節性的原則，致中與致和的一貫卻保證了性與命的溝通，因爲性説到底乃是天命之性。

《中庸》順著"致和"實踐展開的根據，提出了"三達德"的問題。中庸是否可能的問題，雖然在開篇的綱領中，被理解爲命、性、道、教四者之間是否能夠貫通，但其切實的入手處與主體根據卻在此"三達德"，即仁、智、勇。《中庸》以"舜其大知"章，例示何謂真正的智；以顏回爲例探討何謂仁；以子路問强爲例思考什麼是真正的勇。在《論語·爲政》中，孔子説過："知之爲知之，不知爲不知，是知也。"大智與其説是"知之"之"知"，毋寧説是"不知之知"；所有的"有知之知"都有其局限，只有將自己置於不知之地，別人的知纔會爲我所用，故而真正的智之德在於如何集合、綜合眾人的智慧，從而獲得在具體情境中"擇善"的判斷力。顏回之所以體現了仁的典範，就在於他的生命實踐傳達了擇善之後拳拳"固執"而不失的根據，這就是仁之德。而在子路與孔子關於强的對話中，《中庸》告訴人們真正的勇，既不是南方之强，也不是北方之强，二者俱是風俗習氣的作用，因而更多的是氣質之勇，而不是人性中的德性的展開，只有據於德，纔有真正"和而不流，中立而不倚"的德義之勇。仁、智、勇的相互貫通、相互支持，提供了一條走上中庸之道（它開端於君子之道，而大成於聖人之道）的通道。

如果説君子之道的主體根據是智仁勇之德，那麼中庸之道的實現則必須在人倫、家庭、國族、社會、天下、鬼神等構築的精神客觀化的脈絡裏，這一脈絡包含三個環節：修身、治人、治天下國家。修身立足於智、仁、勇三達德，治人則須遵循"五達道"（君臣、父子、夫婦、昆弟、朋友之交），治天下國家則須遵循"九經"（修身、尊賢、親親、敬大臣、體羣臣、子庶民、來百工、柔遠人、懷諸侯）。由於修身構成了後二者的基礎，所以智仁勇不僅僅是修身，同時也是治人、治天下國家的主體根據。仁、智、勇三者作爲達德的基礎，也就是説，它們内在地具有相互通達的可能性，繫於誠；誠一旦缺失，三者就很難貫通。反過來，"誠"作爲人的道德實踐，其内容就是"誠此智"、"誠此仁"、"誠此勇"。如果説仁、智、勇是直接關聯著人的心性與知行活動（事）、知行活動的對應關聯物（物），那麼誠的實踐對應者卻不是展示在身體中的知行活動（事）及其關聯物（物），而僅僅是對應於内在的德，在"誠此智"、"誠此仁"、"誠其勇"之外，並不存在其他的可以命名爲"誠"的道德實踐。在這個意義上，誠既構成進德（智仁勇三達德）的根據，也構成九經、五達道所以可能的根據。

不僅如此，誠還是貫通天人的樞紐，也就是貫通命、性、道、教的根據。"誠者天之道，誠之者人之道。"（《中庸》）天道之誠貴在"爲物不貳"、"生物不測"，真實而不虛妄，但這種誠是在自然層次上的非意志性的、合目的過程；人道的"誠之"則是人自覺地追求努力地活動過程及其結果，這一自覺的方式有兩種：自明誠（由教而入道）與自誠明（由道而立教），二者雖然在一定意義上區分了君子之道與聖人之道，但其實在終極意義上，二者殊途同歸，即指向成己、成人與成物，也就是自己、他人與萬物的各正性命，天地萬物之各正性命乃是天道之誠的體現，而人自覺地成己、成人、成物，使三者各正性命，則是人道之誠。"唯天下之至誠，爲能盡其性，能盡其性，則能盡人之性，能盡人之性，則能盡物之性，能盡物之性，則可以贊天地之化育，可以贊天地之化育，則可以與天地參矣。"（《中庸》）由"終日乾乾"的君子之道上出至"純亦不已"的聖人之道，體現了人性的更高的可能性，"純亦不已"的聖人之道與"至誠不息"的天地之道，是一致或者説相配的。只有命、性、道、教相互貫通的原則纔提供了成己、成人、成物的實踐的統一性，而只有連接著天人之道的誠，纔最終提供命、性、道、教四者貫通的可能性，提供了天人合一的最終根據。

總而言之，《中庸》論述了命、性、道、教相互貫通的"中庸總綱"，修道者性中的"智仁勇"三達德，乃是修率性之道而爲教之本；推知、仁、勇爲行道之德，而一本於誠，於以見自子臣弟友，五達道，九經，其所修之者唯誠之德而已。最後通過對誠的論述，最終表明致中和、位天地、育萬物之本，一繫於誠。

二、《大學》的"三綱八目"與儒學的架構規模

就篇名的意義而言，大學與小學相對，在三代的教育體制中，小學學習的是禮、

樂、射、御、書、數,大學的課程則爲《詩》、《書》、《禮》、《樂》(後來加上《易》、《春秋》);小學的目標是基本的日常禮儀與倫理的教育,大學則以培養大人或君子爲目的。但《大學》這一文本不是對三代大學制度的追敘,而是總結大學的理念與原則,即所謂三綱八目,而這一總結,乃是立足於政教人文總體的層次與高度,因而頗值得注意。

《大學》的内容被總結爲“三綱八目”,所謂三綱領,指的是大學開篇所謂“大學之道,在明明德,在親民,在止於至善。”所謂八條目,指的是正心、誠意、格物、致知、修身、齊家、治國、平天下。三綱領是對大學之道的根本原則或理念的總括,八條目則是對具體實踐方式的揭示。

明明德、親民、止於至善三個原則彼此獨立,構成互補的關係,但明德更具有基礎上的意義。“明明德”中的第一個“明”是動詞,明與知不同,《道德經》33 章說“自知曰明”,如果說明也可以視爲一種知的話,那麼,其所知的不僅僅是知的對象,而且是知的活動本身;明之所以區別於“知”,因爲它不再與“行”對立,而是將行納入自身之中,因而與明聯繫在一起的不是一個將要達成的目標,而其本身就是一種正在將所明的内容實現著的存在狀態。一旦明瞭,所明者就不僅僅是外在於明的主體之外的對象,而是主體自身的存在方式。比如瞭解吸煙有害健康但依然抽煙,就是知而不明;瞭解吸煙對身體的危害,而且真正戒煙了,再也不抽甚至不想抽了,這就是真正明白了抽煙有害健康。明比知更上一層樓頭,乃是一種由知而德的上出。故而《大學》中的“明德”乃是“明”的“對象”,絕非偶然。就明德自身的内涵而言,明德乃是本有自明之德,朱熹編次的《大學》傳之首章引用了《尚書》來闡發明德的内涵,最終的結論乃是“皆自明也”。這意味著,明德作爲光明的德性,在人那裏,即便受到壓抑、抑制會隱晦不明,但它仍然具有不可遏制地綻放自身的可能性。所謂“百姓日用而不知”,即便在不知不覺中,明德亦會自發地呈露自身。因爲,它得之於天,是天之所以與人而人之所以爲德者。至於將其具體化爲仁義禮智信五常之性德,乃是後出的解釋,雖然在邏輯上可以視爲明德概念的題中應有之義,但卻將明德的内涵相對固化了。明德的自我呈現,若在完全繫之於天的情況下,只能滯留在自發的、偶然的層面,換言之,它與主體的關聯只能維繫在“遇”的微弱連結中。“明明德”則是基於主體的自覺努力與修養,將明德的呈現從出於天轉換到繫於人、以人而繼天的狀態。《大學》所謂的正心、誠意、格物、致知、修身,都是明明德的具體功夫。

“親民”自二程後作“新民”。簡單地説,新民乃是使民自新,但使民自新的方式卻是君子自身之明明德。日新之謂盛德,明明德本身恰恰是生命存在之自身的時時自我更新,故而《大學》用“苟日新,日日新,又日新”、“作新民”、“周雖舊邦,其命維新”來進一步闡發“新民”,其中包含的邏輯在於,一方面君子自身的明明德,乃不斷超越揚棄因現成化、固態化、外力習氣推動而形成的慣性生活方式,而使得自身的生命處於日新的不斷有所獲"得"(德)的狀態,另一方面君子的這種存在方式又具有移風易俗的作用,化育、引導民衆之自我更新,甚至進一步影響到一國一族的自我更新。而這種自我更新既是回應天命的大中至正之途徑,也正是明德本身的内在要求。

"止於至善"則爲大學之道設立了一個邊界,這就是至善。所謂至善,並不是與惡相對的善,而是超越善惡對立的原善。至是極的意思,至善也就是至極之善,《大學》以"君子無所不用其極"以明對至善的追求。《大學》引用《詩經》意圖表明無一物不得其所,萬物之各正性命,就是至善。但就具體的功夫落實而言,一事一物之善落實在事物的自身,就形成位分之德,《大學》舉例説:"爲人君,止於仁;爲人臣,止於敬;爲人子,止於孝;爲人父,止于慈;與國人交,止於信。"在這裏,君臣子父友,是所止之處,而仁敬孝慈信,則是所止之德,此所止之德就是善,善必在德上然後見。當這些具體的位分之善,形成一個諸善並行不悖、相生相濟的秩序整體時,止於至善也就在裏面了。

明明德可以有不同的層次,只在一人之身、既在一人之身又能化身邊之民、能化一國引導其民自明其德、超出一國而引導天下之人自明其德。當其超出了僅在一人之身的狀態時,明明德已經同時是新民的活動了,而明明德於天下時,就已達到新民的最大化,這也就是止於至善。可見明明德,乃是新民、止於至善的基礎,若沒有明明德可據,則新民、止於至善也就是空言。但新民對於明明德與止於至善的意義,則在於提供了一種連接二者的橋樑,不僅如此,它更將明明德的事業擴展到一人、一家、一國之外。沒有明德新民,也就很難理解止於至善;反過來,止於至善這個表述,也爲明德新民的事業確立了鵠的。三綱領雖然是明德爲基,但彼此相互支撐,而共同構築了大學之道的結構總體。由這個總體來看,大學之道的目的並不是一己的自修與解脱,而是塑造明德新民、以止於至善爲目的的政教主體——君子。

八條目意味著三綱領的具體實施方式,具體包括正心、誠意、格物、致知、修身、齊家、治國、平天下,其中修身居於樞紐的地位,它聯通了正心、誠意、格物、致知(通常被概括爲内聖的功夫)與齊家、治國、平天下(通常被概括爲外王的功夫),既屬於前一個系列的終點,也構成後一個系列的起點,而明德、新民、止於至善的基礎便在修身。《大學》説"德潤身",所謂修身,就是以在己之明德滋潤身體,使明德在身上明起來。《大學》主張功夫實踐的先後本末之序,所謂"物有本末,事有終始,知所先後,則近道矣。"《大學》具體地闡發了八條目的始終之序:(1)"古之欲明明德於天下者,先治其國,欲治其國者,先齊其家;欲齊其家者,先修其身;欲修其身者,先正其心;欲正其心者,先誠其意;欲誠其意者,先致其知,致知在格物。"(2)"物格而後知至,知至而後意誠,意誠而後心正,心正而後身修,身修而後家齊,家齊而後國治,國治而後天下平。"

其中,(1) 爲功夫所始之序,(2) 爲所終之序。而在八條目中,"自天子以至於庶人,壹是皆以修身爲本",則是《大學》八目的樞紐,這意味著修身乃是齊家、治國、平天下的根本,齊家、治國、平天下最終不過是人之身修,也就是以天賦的明德潤身,以對越天命本身。

　　《大學》分別闡發了齊家在先修身、治國在先齊家、平天下在先治國,既在一定意義上釐定修身、齊家、治國、平天下的各自邊界,同時又展示了它們之間的連續性。其討論的重點在於"平天下在治其國"。在此它提出了"絜矩之道":"所惡於上,毋以使下;所惡於下,毋以事上;所惡於前,毋以先後;所惡於後,毋以從前;所惡於右,毋以交於左;所惡於左,毋以交於右,此之謂絜矩之道。"簡單地説,絜矩之道就是"己所不欲、勿施於人"的恕道。從恕道進一步推廣,可上達其積極的層面,即"己欲立而立人,己欲達而達人"——合此兩個層面則是"仁道"。《大學》認爲與民同其好惡,就是仁道的具體展開,而仁道在大學之道的脈絡裏也正是得天下的根據所在。"民之所好好之,民之所惡惡之,此之謂民之父母。"(《大學》)一方面,在《大學》論述的深層邏輯中,平天下的主體並不是治國者這一主體之外另有一個主體,而就是這一既有主體的擴展形式,其重言"國不以利爲利,以義爲利",即是以國爲基礎贏獲天下的重要條件;另一方面,所謂的民之好惡,在更深的意義中,隱藏著天命的消息,《大學》引用《詩經》"殷之未喪師,克配上帝,儀監于殷,峻命不易"與《尚書》"唯命不于常"就意在表明,民心之向背,實即天命之轉移。君師乃民之父母,其主養;正與天乃民之父母,其主生,形成深層的對應。在這個意義上,大學之道最終乃是配天之道,而其主觀根據則在人人皆有的根源於天的明德。

　　值得注意的是,《大學》所提供的對以修身爲本的大學之道的理念性概括,同時也是一個政教社會的理念模型,甚至一個理想的文明社會的結構性理念。無論是後來的文官制度、自然經濟、科舉選士制度,還是士農工商的社會層級、耕讀傳家的生活方式,以至於整個中國文化的構造,在一定意義上都可以視爲大學之道的具體化,即在倫理上導向人人相生互養,盡其位分,而在道德上各盡其心,修身爲本,向內用力,以使人居於自得之地。

德性與知識的融通

——孔子"君子不器"思想辨析

董衛國

《論語·爲政》載孔子曰："君子不器。"這一句話由於沒有上下文的語境,在後世的解説與理解中存在著很多分歧。其實,根據詮釋學的視野,孔子"君子不器"思想具有諸多的理論層次和深刻的理論内涵,只是歷來學者多從道德修養與知識技能之關係來辨析"君子不器",其觀點亦往往失之偏頗;並且,道德修養與知識技能之關係只是理解"君子不器"思想的理論視角之一,未必能夠由此而窺見其深層含義。我們認爲必須上陞到儒家道德形上學的高度,方可深入理解"君子不器"的思想。

一

對孔子"君子不器"思想的理解歷來存在兩種偏頗:一種理解認爲,"君子不器"思想强調學生應該以博學多才、無所不通爲志向,不應該只守一才一藝;另一種理解認爲,孔子重視德行修養,輕視知識、技能的學習,並且認爲"君子不器"是導致中國傳統社會科學落後的思想根源。這兩種解釋都存在不同程度的誤解。

何晏《集解》在對《爲政》這一句話進行訓解時引包咸注曰:"器者各周其用,至於君子,無所不施。"而邢昺之疏曰:"此章明君子之德也。器者,物象之名。形器既成,各周其用。若舟楫以濟川,車輿以行陸,反之則不能。君子之德,則不如器物,各守一用,言見幾而作,無所不施也。"[①]皇侃《論語義疏》對這句話的理解與此大致相同:"器

---

① 何晏、邢昺:《論語注疏》卷二,《十三經注疏》,北京:中華書局,1980 年,第 2462 頁。

以名可繫其用,賢以才可濟其業。業無常分,故不守一名。用有定施,故舟車殊功也。"①按漢魏古注,"君子不器"意在强調君子博學多才的重要性。器即器皿,特定的器皿只能符合特定的用途,比如車被用作陸地交通工具,船被用作水上交通工具,兩者適用的環境不能對換。孔子强調君子不器,是説作爲一個君子應該博學多才,不能僅僅擁有某種特定的才能、技藝,否則就好像器皿一樣只具有固定的用途了。如果一個人博學多才——用今天的話來説就是通才——幾乎無所不通,無所不能,就超越了環境的限制,能夠做到"無所不施"了。這種理解在《論語》解釋史上影響甚廣,現代學者如楊伯峻先生等也持類似觀點。② 這種理解確有一定的合理性。孔子本身非常博學,甚至因此被時人視爲聖人。《孔子家語·辯物》、《史記·孔子世家》也都記載了很多孔子博學多聞的事蹟。但是博學多才,無所不能,是否就是孔子所謂的"君子不器"的根本含義,尚需進一步辨析。

《論語·子罕》載:

> 大宰問於子貢曰:"夫子聖者與? 何其多能也?"子貢曰:"固天縱之將聖,又多能也。"子聞之,曰:"大宰知我乎! 吾少也賤,故多能鄙事。君子多乎哉? 不多也。"

時人因孔子博學多能而目之爲聖人,孔子則以自己貧寒的家庭出身來解釋自己所以多才多藝的原因。有的注解認爲此是夫子"謙謙之意"。③ 其實這句話道出了孔子幼年生活的實情,絶非僅僅出於謙虛而已。孔子雖是貴族出身,但是因早年喪父,家道衰落,不得不早早地自謀生計,《孟子·萬章上》記載"(孔子)嘗爲委吏矣,曰會計當而已矣。嘗爲乘田矣,曰牛羊茁壯長而已矣",委吏、乘田都是卑微的官職,孔子早年爲生計所迫,從事各種各樣的行業,有機會接觸到當時多個領域的知識技能,但是並不以學習這些技能爲用心。因此,這句話乃是要提醒學生不要刻意以老師的博學多能爲學習目的。

顯然,僅僅把"君子不器"理解爲君子應博學多才,無所不能,並不符合孔子的思想。孔子反復教育學生"志於道"、"志於仁",孔子之學根本上重在道德人格的培養,而並非以成就知識技能爲目的。"器"即器皿,"君子不器"顯然是一個比喻性的表達。器是比喻某些特殊的知識、技能,所謂"君子不器",恰是反對學生僅僅以某種特殊的知識、技能爲用心,哪怕是立志成爲無所不知、無所不能的所謂"通才",依然也還是不

---

① 　程樹德:《論語集釋》引皇疏,北京:中華書局,1990 年,第 96 頁。
② 　楊伯峻:《論語譯注》,北京:中華書局,1980 年,第 17 頁。
③ 　何晏、邢昺:《論語注疏》卷二,《十三經注疏》,第 2490 頁。

能脱離"器"的層次。一種理想的人格與器皿的根本區别,顯然不在於這個人比器皿多幾種用途。這一點前人已有所發明,清儒李光地《論語劄記》説:"器者,以一能成名之謂。如子路之治賦,冉有之爲宰,公西華之治賓客,以至子貢之瑚璉皆是也。君子之學,德成而上,藝成而下,行成而先,事成而後。顔子視聽言動之間,曾子容貌辭氣顔色之際,而臯、夔、契、伊、傅、周、召之功勳德業在焉,此之謂不器。若以無所不知無所不能爲不器,是猶未離乎器者矣。"①顯然,君子不器乃是强調德性修養的重要性。

《論語·泰伯》中記有孔子説:"如有周公之才之美,使驕且吝,其餘不足觀也已。"專業的知識技能本身只具有工具性,就像器皿一樣,本身並無價值取向,必須在道德倫理的規範下纔能得到正確的運用。《學而》中載孔子曰:"弟子入則孝,出則悌,謹而信,泛愛衆,而親仁。行有餘力,則以學文。"《論語集解》引馬融説:"文,古之遺文。"邢昺疏曰:"此章明人以德爲本,學爲末。"②孔門四科,以德行爲首,也是强調德行是本,才藝爲末。"君子不器"的表述是通過知識與德行的比較來凸顯德行修養在學習中的重要性,普遍的人文教養必須貫徹於各种知识、技能的學習中去,以作爲其内在的價值基礎和價值取向。因此,我們可以看到朱子的解釋確實切中此意。《朱子語類》載:問"君子不器"之旨。曰:"人心至靈,均具萬理,是以無所往而不知。然而仁義禮智之性,苟以學力充之,則無所施而不通,謂之不器可也。至於人之才具,分明是各局於氣稟,有能有不能。"③人必要經過人文教養充實其内在的道德理性,形成正確的人生觀、價值觀,再因其天生的資質和環境來發展其特殊技能,惟有如此,其知識技能纔能獲得正確的運用。否則,一個人生觀、價值觀存在偏差的人,其技藝和能力未必能夠給他人甚至包括他自己帶來真正的福利。

二

在儒家看來,道德修養的重要性優先於知識技能的學習,知識、技能必須融攝於道德人格的養成。這種强調道德優先性的人才觀卻引起了很多誤解。例如德國著名的社會學家馬克斯·韋伯就認爲儒家"君子不器"思想導致儒士輕視專業知識的學習,從而與職業分工爲主要特徵的現代社會存在根本衝突。④ 美國學者列文森受其影

---

① 參見程樹德《論語集釋》,第 97 頁所引。
② 何晏、邢昺:《論語注疏》卷二,《十三經注疏》,第 2458 頁。
③ 黎靖德:《朱子語類》卷第二十四,北京:中華書局,1986 年,第 578 頁。
④ 馬克斯·韋伯著,王容芬譯:《儒教與道教》,桂林:廣西師範大學出版社,2008 年,第 198—199 頁。

響,甚至認爲這是以人文精神爲追求目標的所有古代智慧在現代社會的根本宿命。①其實,孔子並非輕視專業知識和技能的培養,儒家也能夠正確地對待社會分工,"君子不器"的人文精神並非與現代職業社會存在根本衝突。相反,由於現代社會分工所帶來的人格異化,卻恰恰需要儒家"君子不器"的人文通性來醫治。

孔子不僅不反對學生的特殊才能,而且對學生的特長很欣賞。孔子重視因材施教,他清楚地瞭解自己學生的性格稟賦,比如"柴也愚,參也魯,師也辟,由也喭"。(《先進》)針對學生不同的稟賦和性格,採用不同的教學方式,把學生培養成有各自專長的人,並且向當權者推薦他們各自的專長。《公冶長》記載:

> 孟武伯問:"子路仁乎?"子曰:"不知也。"又問。子曰:"由也,千乘之國,可使治其賦也,不知其仁也。""求也何如?"子曰:"求也,千室之邑,百乘之家,可使爲之宰也,不知其仁也。""赤也何如?"子曰:"赤也,束帶立於朝,可使與賓客言也,不知其仁也。"

這段話裏孔子對學生的鑒定可謂實事求是,既不埋没學生的專長,也並不輕易稱讚他們的仁德。孔子自己任用人才也是因其才器而任之,並不求備於一人,孔子説:"君子易事而難説也。説之不以道,不説也;及其使人也,器之。小人難事而易説也。説之雖不以道,説也;及其使人也,求備焉。"(《子路》)在孔子看來,人具有不同的性情和稟賦,後天所經歷的生活環境也各有差異,所以教育的過程中必須尊重學生的個性,發展學生的特長。同時,就現實社會的分工來講,人必然要從事某個專門的行業或職業,否則將難以在社會中立足。"器"——專業分工——是人無法避免的現實生存境遇,所以學習某些專門的知識技能是必須的。孔子本身的博學便是很好的證明。

孔子自稱"十有五而志於學",一生好學不倦,直至晚年一如既往,晚而好《易》,韋編三絶,自稱"發憤忘食,樂以忘憂,不知老之將至云爾"。史載孔子向郯子學官制、向師襄學琴、向萇弘學樂、向老子問禮等等,正如《子張》篇所謂"夫子焉不學,而亦何常師之有?"《子罕》載:

> 子曰:"賜也,女以予爲多學而識之者與?"對曰:"然,非與?"曰:"非也,予一以貫之。"

子貢誤以爲孔子是以博學多識爲用心者,其實孔子雖博學,但好學的動機並不在博學本身,故特以一貫之道點化之。誠如宋儒謝良佐所説:"聖人之道大矣,人不能遍

---

① 參見杜維明《現代精神與儒家傳統》,北京:生活·讀書·新知三聯書店,1997年,第302頁引。

觀而盡識，宜其以爲多學而識之也。然聖人豈務博者哉？ 如天之於衆形，匪物物刻而雕之也。故曰：'予一以貫之。'①這裏的"一以貫之"是什麼意思？ 據《里仁》載：

> 子曰："參乎！ 吾道一以貫之。"曾子曰："唯。"子出，門人問曰："何謂也？"曾子曰："夫子之道，忠恕而已矣。"

按照曾子的理解，孔子所謂"一以貫之"之道乃是"忠恕"。此處"一以貫之"者當然也是忠恕之道。那麼顯然忠恕之道與多學多識之間應該存在一定關係。

忠恕之道在《論語》中有不同的表述方式，如"能近取譬，可謂仁之方"，或者"己所不欲，勿施於人"，無論哪種表述，忠恕之道的核心精神是從自己切身的慾望、要求和意願出發，通過推己及人的踐履工夫，達到内/外、人/己、物/我的一體相通之仁。② 忠恕是學者踐行仁道的途徑，所謂"能近取譬，可謂仁之方也已"。朱子説："盡己之謂忠，推己及人之謂恕。"③《朱子語類》又載："主於内爲忠，見於外爲恕。忠是無一毫自欺處，恕是'稱物平施'處。"④忠偏重強調内心的誠敬，恕則側重指對外在價值事實的應對。唯有保持内心善念的誠實，纔能對外在的價值事實做出正確判斷。一種意念的善，當然無需有客觀知識技能的支撐。但是現實生活中無有懸空的價值之善，價值總是存在於具體事實之中。善念發而爲善行，必然通過具體的知識技能纔能得到落實。所以，忠恕之道以價值追求爲主導方向，在此過程中自然地融入了知識技能。孟子所謂"反身而誠，樂莫大焉；強恕而行，求仁莫近焉"（《孟子・盡心上》），講的也是由忠恕而求仁的道理。唯有通過"反身而誠"的功夫，纔能保持"善念"在人心靈中的真實無妄，此善良本心不被遮蔽；唯獨有此"強恕而行"的功夫，仁心纔不至於停留於一種愛的衝動，而是擴散出去，落實爲愛人、愛物的善行。《禮記・中庸》載孔子言曰："忠恕違道不遠。"以忠恕之精神作爲行爲的一貫原則，從而在本原上爲知識提供了價值基礎，保證了知識技能之正確的價值方向。儒學以此人文精神貫通於一切知識技能之中，把具體的知識技能融攝於道德人格之养成。

宋明儒常以"與天地萬物一體"言仁，⑤此固孔子仁學本有之精神。但是與宋明儒者偏重於從精神體驗來理解仁道之超越的普遍性不同，先秦儒家特別重視對天地萬物尤其是人類社會之無限的道德責任和愛人利物的現實功業。因此，孔子贊許"博施

---

① 朱熹：《四書章句集注》卷八，北京：中華書局，1983 年，第 161 頁引。
② 李景林：《知止、忠恕與人格培養》，《長春市委黨校學報》2009 年 6 期。
③ 朱熹：《四書章句集注》卷二，第 72 頁。
④ 黎靖德：《朱子語類》卷第二十七，第 671 頁。
⑤ 程顥、程頤：《二程集》上，北京：中華書局，1981 年，第 16 頁；王陽明《大學問》，《王陽明全集》卷第二十六，上海：上海古籍出版社，1992 年，第 967 頁。

於民而能濟衆"者"何事於仁,必也聖乎!"(《雍也》)雖批評管仲之器小,但承認其功業符合仁道之精神,故曰:"管仲相桓公,九合諸侯,不以兵車,管仲之力也。如其仁! 如其仁!"(《憲問》)從儒家無限的道德責任感和功業理想來説,他們並不輕視知識技能,相反,對於知識技能的追求恰是其内心道德責任感之"不容已"。

由此看來,在儒家"君子不器"的思想視域中,並不把德行修養和知識技能的學習放到平行並列的層面來思考。否則,兩者必然是處於一種非此即彼的矛盾關係中。借用儒學常用的範疇,兩者是"本/末"、"體/用"關係。德爲才本,才爲德用,道德非知識不能落實,知識非道德不能致福。孔子説:"志於道,據於德,依於仁,游於藝。"(《述而》)孔子之好學乃是以成德爲根本志向,孔子本人是"君子不器"的最好榜樣。他雖然充分承認知識技能的重要性,但是他也認識到知識技能本身的局限性:一方面,知識技能本身並無價值取向,未必能給個人和社會帶來福祉;同時,知識技能的學習無法實現生命的超越價值,因此,不能把追求知識作爲人安身立命之基。唯獨以求道爲根本志向,在求道、行道的過程中,融攝知識技能於道德人格之中,方能成就德才兼備的君子,實現成己成物、下學上達的人生理想。

三

所謂德本才末,乃是强調道德人格對於實現人之生命價值的決定性地位和本源性意義。《孟子·盡心上》説:"盡其心者,知其性也;知其性,則知天矣。存其心,養其性,所以事天也。殀壽不貳,修身以俟之,所以立命也。"本此,儒家的修身養性之學常常被人稱爲安身立命之道。人要安身立命,把握住人生之積極的價值方向,就必須從成就道德人格來設定生命的終極目的。"君子不器"思想也必須從這個層面來理解。工具性是器皿的一個特點。人製造器皿並非爲了其本身獨立的價值,器皿的使用必須符合人爲之設定的目的。簡言之,器皿自身只具有工具性而無所謂目的也。仔細體會"君子不器"這四個字,也是在强調樹立道德人格本身之目的性。在孔子看來,儒者汲汲以學,目的是爲了立身行道,而並非是爲了换取功名利禄。所以,作爲一個君子,不可以工具性的態度對待德性修養,而應該在其中找到安身立命之基。

有的學者也認識到了"君子不器"包含有"人作爲目的"思想内涵,①這大概受到康德實踐哲學的啟發,但是這裏的目的性問題卻需要有所分辨。康德實踐哲學有所謂

---

① 王大慶:《"君子不器"辨析》,《北京師範大學學報》2007 年第 2 期。

目的性命令的道德律,即:"你的行動,要把你自己人身中的人性和其他人身中的人性,在任何時候都同樣看作是目的,永遠不能只看作是手段。"①這條道德律令常常被簡稱爲"人是目的"。但是如果脫離康德實踐哲學的思想體系,"人是目的"的表述卻容易在現代語境中被含混地理解。人的生命存在雖然是一個整體,但是也不得不承認其具有多重生存面向。"人是目的"是否可以理解爲以滿足人的自然慾求爲目的呢?顯然不能。按康德之意,此目的乃是由人的實踐理性所設定的絕對目的,有別於源於人的自然傾向性的偶然目的(或稱相對目的)。其實康德並非無視人的自然慾求,而是強調此偶然目的之實現必須以道德理性所設定的最終目的爲歸趨。儒家"君子不器"思想與此義相通。

朱子説:"義利之説乃儒者第一義。"②儒者之學特重義利之辨。孔子説:"君子喻於義,小人喻於利。"(《里仁》)在義利之辨中,儒家特別突出"義"的重要性和絕對性,但是也並非無視人對"利"的需要,因爲人對"利"的需要乃是根源於人自然生命存在的事實。不過,如果逐利而不返,完全以物慾享受爲人生目的,則恰恰是把人的生命當成了感官享受的工具,恰恰是失掉了真正的人生目的。相反,人必須由道義而把定生命的方向,人的生命實存纔可獲得其正面的價值。所以,"君子不器"思想特別重視對於人生道義之無條件的擔當,孔子説:"君子之於天下也,無適也,無莫也,義之與比。"(《里仁》)子路説:"君子之仕也,行其義也,道之不行,已知之矣。"(《微子》)踐行道義本身即是儒者的目的,並非於此外還有其他功利性的目的,甚至也不以行爲之效果來衡量其道德價值。

孔子並不反對學生去做官,但是學習和做官的目的都是爲了行道。他並不認爲權力名位本身應該是人生最終的志向,孔子説:"三年學,不至於穀,不易得也。"(《泰伯》)又説:"君子憂道不憂貧……謀道不謀食。"(《衛靈公》)由此,儒學常常被稱爲"爲己之學"。《論語》中孔子強調"爲己"而學的語句出現頻率最高。子曰:"不患人之不己知,患不知人也。"(《學而》)子曰:"不患無位,患所以立。不患莫己知,求爲可知也。"(《里仁》)子曰:"不患人之不己知,患其不能也。"(《憲問》)子曰:"君子病無能焉,不病人之不己知也。"(《衛靈公》)子曰:"古之學者爲己,今之學者爲人。"(《憲問》)此處所謂"爲己",顯然不是爲了一己之私利,而是強調修身立德乃是人之爲人必須承當的義務,也是強調德行修養和人格完善本身就是目的,而並非工具。梁漱溟先生詮釋

---

① 康德著,苗力田譯:《道德形而上學奠基》,上海:世紀出版集團,2005 年,第 48 頁。
② 朱熹:《與延平李先生書》,《晦庵朱文公先生文集》(貳),《朱子全書》(修訂本)第 21 册,上海:上海古籍出版社,合肥:安徽教育出版社,2010 年,第 1082 頁。

孔子仁的精神時説,仁就是要讓人過一種"無所爲而爲的生活","不是計算的生活。"①
梁先生的這一表述指明了儒家爲己之學的鮮明性格。所謂"計算"即總是以工具理性
的態度來對待生命,總是把生命本身當成工具,如此,生命的價值和意義必傾倚於外,
必將導致人生意義的迷失。

因此,依孔子"君子不器"思想,人必須由"志道據德"來確立其人生的終極目的,
立志以求道,奉行終身,所謂"顛沛必於是,造次必於是"(《里仁》),所謂"篤信好學,守
死善道"(《泰伯》),纔能實現其生命的終極價值。

四

知識技能的學習本身不堪作爲人生的終極目標,人更不可由自然慾求出發而設
定生命價值。唯獨以道德人格的挺立作爲人生在世的安身立命之基,纔能超越人生
之局限而獲得其無限意義。牟宗三先生匯通康德實踐哲學將傳統儒學的核心詮釋爲
"道德的形上學"。依儒家道德形上學的觀念,人必須由道德實踐纔可通達於自由、無
限的本體界,從而實現人生的超越性價值。②"君子不器"亦是理解儒家道德形上學的
關鍵所在。

如前所述,"君子不器"本身是個比喻性的表達,因此"不器"一詞含義甚廣。《易
傳·繫辭上》云:"形而上者謂之道,形而下者謂之器。"《禮記·學記》云:"大道不器。"
器與無形抽象的道相對而言時,應該泛指一切有形的具體事物。所謂不器則是指超
越的形上本體——道(或説天道)。因此,所謂"君子不器"就其終極的境界意義來説,
則是要求學者法天道而行,下學上達,進而體悟天道。

朱子説:"道,兼體、用,該隱、費而爲言也。"③道是形而上的宇宙本體,是無限的大
全,故不是語言可以直接描述的對象,孔子亦不注重正面闡述天道性命之理,所以,子
貢説:"夫子之文章可得而聞也,夫子之言性與天道不可得而聞也。"(《公冶長》)但是
這並不意味著孔子對人性與天道之形上內涵無所領悟。孔子説:"朝聞道,夕死可
矣。"(《里仁》)又對子貢感慨道:"莫我知也夫!""不怨天,不尤人,下學而上達,知我者
其天乎!"(《憲問》)孔子下學於人事而上達於天命,在形下的世俗世界中領悟了形上

---

① 梁漱溟:《東西文化及其哲學》,北京:商務印書館,2005 年,第 139 頁。
② 參見牟宗三《心體與性體》上册,上海:上海古籍出版社,1999 年,第 98—162 頁。
③ 黎靖德:《朱子語類》卷第六,第 99 頁。

真理,使得其生命獲得無限的意義和徹底的自由,其"從心所欲不踰矩"的人生境界只有從這個意義上纔能得到合理的理解。

然而,與西方哲學本體/現象判然分離的主流思想不同,傳統儒學所謂道器雖有形上/形下之分,但是卻以道器合一、體用不二爲基本精神。《大戴禮記·本命》曰:"分於道謂之命,形於一謂之性。"命是就天道賦予人物而言,性是自人物稟受天命以爲本性而言,所言角度不同,内涵則一。天道本身是超越的創生本體,但是此本體並非懸絶於萬物而獨立存在,而是即萬物之中而爲其體。對人來説,天道貫注於人身之時,又内在於人而爲人的性。[①] 此天命之性即是人道德實踐之動力和根據,亦是道德價值之源泉。仁則是天道性命相貫通的實際内容。人在現實的人倫世界中踐行仁道,充實内在的道德生命以達"盡心知性"之境界,則能遙契天命本體,[②]從而實現生命的内在超越。此與西方哲學傳統中偏重以邏輯理性把握本體又有不同。因此,所謂"志於道",並非是抽象地思維一個超越世間萬事萬物的本體,對於道的追求恰恰就是在道德實踐之中。道必須是在追求它的過程中,在不斷地踐行它的道路上,纔能不斷地向我們敞開其真實意義。孔子本此強烈的形上關懷,下學人事而上達天命,其所昭示的人格理想及其仁道精神藴含了儒家道德形上學的全部内涵。

綜上,"君子不器"思想具有豐富而深刻的理論内涵。現代工業化社會以來,知識與價值的分化成爲人類文明發展的大趨勢。保持兩者之間的相對獨立性本無可厚非,但是判然將兩者分離,完全執著於對知識的追求而不知反歸於人内心的道德性,則勢必造成知識對人性的異化。一方面,失去價值基礎和導向的知識,未必能夠給人類帶來福利;另一方面,人心執著於知識技能的追求,忽略了人生之超越價值的實現,則不能讓人之内在道德生命得以充實。"君子不器"強調個人修養過程中德性與知識的統一性,以本原於"於穆不已"之道德理性的人文精神貫通於知識技能的學習,以價值統攝知識,既保證了道德人格的整全性,又充分承認知識技能的現實必要性。尤其在現代思想視野中,這爲緩解價值與知識的緊張關係提供了重要的哲學思路。從根本上説,傳統儒學並不以平行並列、非此即彼的思維方式看待道德修養與知識技能之間的關係。人生必須從道德人格的養成來確立人生的終極目的,只有如此,知識技能和人的自然生命纔能獲得積極正面的價值。人必須以超越的仁道爲志向,纔能突破形下世界的局限,實現人生的超越性意義。

---

① 牟宗三:《中國哲學的特質》,上海:上海古籍出版社,2007年,第20頁。
② 參見牟宗三《中國哲學的特質》第五講"孔子的仁與'性與天道'",第25—30頁。

儒家文化的世界意義

安樂哲　田辰山

編者按：2011 年 7 月 28 日上午，我院主辦的春秋講壇 2011 年第五講（總第二十講）在孔子研究院儒學會堂隆重舉行。美國夏威夷大學安樂哲教授應邀作學術講演、北京外國語大學田辰山教授親任翻譯。安先生貫通中西，思想深邃，其演講精彩迭出，爲聽衆奉獻了一場文化盛宴。今將演講稿全文整理刊發於此，以饗同好。

一、重新走向世界的中國文化

我感到非常高興，也非常榮幸有機會與大家進行交流。目前我們在尼山聖源書院籌辦了一個項目，邀請了美國的 15 個教授和中國的 15 個年輕學者共同探討中西比較哲學的方向，這是中西文化比較研究的一個起點。就像貝多芬的音樂不僅是德國的，也是全世界的一樣，孔子的思想不僅是中國的，更是全世界的。

將中國優秀的文化傳播到外國去，大家的責任不一樣，中國優秀學者的任務是好好分析自己的傳統文化，以建設美好的未來。而我們的責任是把中國哲學作爲哲學，清晰地介紹到外國去，使之國際化。但是我們現在面臨著一個交流上的障礙，原因在於中國思想最初是由西方傳教士傳播到國外去的，其目的是向中國人介紹自己的宗教，於是把中國觀念納入了西方基督教的話語體系。譬如他們把漢語的"天"翻譯成首字母大寫的"Heaven"，把仁義的"義"翻譯成"righteousness"，把"道"翻譯成"the way"，進而把中國傳統思想看作第二等的基督教，這使得中國儒家文化不能列入西方哲學的範疇。

所以，現在在外國，如果要學習中國哲學，不是到哲學系去，而是需要到亞洲系或者到宗教系；在國外的書店如果想買一本《論語》或《易經》或《中庸》，不能到哲學門類去找,而需要到東方宗教標識下去找。外國人把東方文化看作神秘主義,沒有哲學。另一方面,東方的學者們也追隨西方,把哲學作爲西方的範疇,認爲它專屬歐美,而與東方沒有關係。現在存在著一個全球性的對哲學誤解的障礙。如果到北京大學學習哲學,最重要的哲學家不是孔子而是海德格爾;如果到東京去學習日本哲學,最重要的哲學家是康德;如果到印度學習印度哲學,在德里大學最重要的哲學家是維特根斯坦;如果到美國波士頓大學,最重要的哲學家不是本土的杜威,而是歐洲的康德。所以,我們需要多瞭解中國,讓中國講述自己。

目前中國現在正處於一個大轉折的時期,這是好的跡象。1985 年我第一次來中國大陸,那時候中國最高的大樓是上海的和平飯店,而現在僅上海就有 1 500 多座摩天大樓,多於美國的紐約,這是中國的重大發展。在經濟方面,中國經濟發展迅速,名列全球第二。其政治地位,也隨經濟的發展而逐步提高。原來的 G8(group of eight,八國集團)變成了現在的 G20(group of twenty,二十國集團),這二十個國家的領導人合影時,中國的領導人胡錦濤主席位居中間,突出顯示了隨著經濟的崛起中國在世界上所具有的重要政治地位。但是與政治、經濟的影響力相比,中國文化的影響還很微弱。

北京的圓明園懸掛著"勿忘國恥"的牌子,提醒中國人勿忘中國落後挨打的恥辱。近代 150 多年來,中國飽受帝國主義的欺凌,簽訂了一系列不平等條約。今非昔比,中國經濟長足發展,政治地位越來越高,中國人在文化上也越來越自信。在國內出現了"國學熱",很多大學都建立了自己的國學院研究傳統文化,如山東大學啟動了"子海"的項目,意在研究發展子部。在國外,10 多年來中國建立了很多所孔子學院,宣傳中國文化。夏威夷大學與北京外國語大學合作建立了全球第三所孔子學院,當時籌建孔子學院時,我是夏威夷大學中國研究中心的主任,《紐約時報》的記者給我打電話,說:"孔子學院是中國政府辦的項目,他們要利用你的名聲、地位建立學院,傳播自己的思想文化。"我回答說:"我們美國也在做同樣的事情。我自己就是富布萊特專案的學者,下個月將到中國武漢去講學。美國每年有兩千四百多個學者去其他國家講學,以便使世界人民瞭解美國文化。另外很多國家像德國、法國、韓國、日本也都有這樣項目。"夏威夷大學與中國合作建立了第三所孔子學院,而當時美國比較著名的學校如伯克利大學、斯坦福大學等都拒絕籌辦。而今天僅美國就有 70 多所孔子學院,全世界有 300 多,從現在的眼光看,夏威夷大學起了好頭。夏威夷大學的中國研究中心現在有 57 位教授在不同的領域專門研究中國文化。另外,中華民國第一任總統孫中山、與現任的美國總統奧巴馬,還有我的兩個兒子,都畢業於夏威夷的同一個學校——普納荷學校,所以,夏威夷在與中國的文化交流方面走在全美國的前列。

二、儒家文化是解決世界難題的重要資源

今天談中國傳統思想的重要性,是因爲目前世界存在著很多比較難解決的問題,如全球變暖、食品安全、環境污染,國際恐怖分子等等。這些問題都來源於現代的人類,需要大家共同面對。而解決這些問題也沒有國家界限和隔閡,且這些問題相互關聯,一個問題的解決也依賴另一個問題的解決。面對這些問題,我們要思考人類有沒有解決這些問題的文化資源。這些問題造成了我們目前的困境,要走出困境需要改變我們的價值觀。基於對有限遊戲和無限遊戲兩個概念的理解,我們認爲儒家思想是可資利用的解決世界難題的重要文化資源。

有限遊戲與無限遊戲是美國哲學家 James P. Carse 提出的兩個概念。有限遊戲,是指在有限的規則下、有限的時間内,兩個人同時玩遊戲,取得的結果是一個人全輸一個人全贏。它是基於個人主義哲學理念的。個人主義是一種重要的思想,它在一定歷史時間内對西方現代思想的發展發揮了積極作用,具體表現在 17 到 20 世紀在法國和美國發生的革命,使一些沒有權利的人們獲得了解放。個人主義在歷史上曾有積極作用,而在今天特別是從美國的現實看,它發揮積極作用的時代已經過去了。在美國,個人主義在經濟上表現爲每個人都使用信用卡不停地買東西,大公司就利用人们的這種消費心態賺取利潤,導致了金融危機的發生。美國金融危機的爆發以及近來對伊拉克等一些中東國家的侵略,都反映了個人主義走向了另一個極端。這致使美國出現了經濟危機、銀行體制的崩潰、政府在使用資金上出現困難、兩黨在發起戰爭問題上產生僵局等一系列問題,這些問題用個人主義已經没法解決。因爲個人主義自我的意義有自我矛盾性,它強調個人的利益,但過度追逐個人利益,走到極端反而會與個人利益產生矛盾。相對於有限遊戲,無限遊戲講的是雙方的關係,沒有贏也沒有輸,並且爲了解決越來越複雜的問題要加強關係。它的理念是維護雙方的密切關係,實現雙贏,唯一的目標是繼續遊戲。

基於對有限遊戲和無限遊戲的理解,我們提出了儒學角色倫理學這一概念。要解決世界面臨的問題,實現價值觀念的轉變,儒家思想是可資利用的文化資源。因爲從倫理學角度看,儒家注重的是人與人的關係。重視個人與重視關係這兩種不同出發點在語言上有不同表達方式,比如說我進來時,用中文講"請大家站起來",用英文説是"Everybody please stand up"。兩句意思相同的話,表達了兩個很不同的理念,中文説的是大家,英文説的是 everybody,每一個個體。從語言上我們也可以看出中西

不同的思維方式,而不同的思維方式又表達了不同的世界觀。在中國有種現象西方沒有,但很發人深省,如中國學校老師和學生的互相稱呼,同學之間互稱學姐、學妹,把老師的老師稱爲師爺,還有師母等,這充分説明了中國人之間所有的角色關係十分親密。

我們提出儒學角色倫理學概念的目的是爲了與西方的倫理學區別開來,以糾正長期以來中西文化比較中不對稱的問題。因爲西方學者一直習慣用西方的觀念、理論講中國的哲學,從而産生了很多誤解,造成了西方在上、中國在下的不對稱現象。過去西方學者看待中西方的思想,總用一種簡單的比較,比如説我們會問中國墨子的思想是不是等同於英國功利主義思想家約翰・斯圖爾特・米爾(John Stuart Mill)的思想? 但是相反的,卻很少思考米爾的思想是不是屬於墨家的? 還有一種現象就是人們經常用西方亞里斯多德倫理學的標準看待中國的儒學。這就等於我們非要用鞋拔子把中國的腳(中國哲學)放進西方的鞋(西方哲學的框架)裏。

中國重視關係的倫理思想與西方重視個人的思想在今天需要區別開來。西方的個人主義可追溯到古希臘畢達哥拉斯靈魂永存的思想,靈魂的概念即含有個體、獨立的意思。個人主義有很長的發展歷史,從古希臘的柏拉圖到啟蒙運動思想家洛克、再到弗洛伊德、尼采,一直延續到現在,很多思想家的思想中都含有非常濃厚的個人主義意識。而中國傳統的"已欲立而立人,已欲達而達人"的思想強調的是人與人之間的互相發展。譬如老師與學生的關係,老師好,學生越好,學生越好更能突顯老師的好,這是一種彼此依靠的關係。我們還可以借助中醫的思想來進行理解。在西方,從醫學角度看,心臟拿出來三十秒鐘後就是一塊死肉。而中醫診治疾病時,則要觀察五官、要號脈,要分析身體出現的現象與各種因素的關係,找出癥結所在。中醫的心受内在和外在因素兩方面的影響,與外在的空氣、陽光、食物、水等密不可分,所以我們可以説它是一個"無限"範疇的集中點(focus/field)。從生理學角度看,如果心的功能没有障礙,那麼身體就是健康的。但是從中醫角度,心不僅僅是個物質器官,還是思考和感覺的中心。中醫大夫診治時一開始要和你聊天,詢問你近日的家庭情況、與同事的關係、睡眠、飲食等各方面問題,這是從整個環境來瞭解心這一注意力的焦點的。因此從中國人看待事物的方法,可知心與人都是關係性的。我們不會問心本身是什麼,而主要是看它與内外因素的關係是不是合適、平衡?

在我們看來,儒學作爲一種整體哲學,它有三個特點:一是互相關係的結構,二是道德的上陞力,三是以人爲中心的宗教感。我們都知道孔子曾以"述而不作"評價自己,説自己只是個傳述者,不過他創造了"仁"的概念。孔子之前,"仁"字很少看到,且没有特别的含義。從"仁"字本身我們就可以發現孔子思想是講人與人的關係,它左邊是"人"右邊是"二"字。新出考古資料中的"仁"字有不同的寫法,上面是"身",下面是"心"。甲骨文、金文中的"仁",上面的"身"是一個腹部隆凸的人形,帶有懷孕的意思。這些寫法也表達了人與人的關係,且是密切的關係性。儒學翻譯成英文是"Confucianism",是以孔子進行定義的。其實這是西方的思想定義的方式,有點像基督教(Christianity)以基督(Christ)爲核心定義,或柏拉圖主義(Platonism)以柏拉圖(Plato)爲核心定義。但是儒可追溯到商朝,他們是一輩在政治、文化等方面有很大影響的社會精英。發展到周朝,禮由概念逐漸變成了社會體制,儒也有了很大發展。所以儒學是什麼?是"人能弘道,非道弘人",它包含了一個發展過程,所表現出來的是每一個時代的人繼承上一代的思想,反思自己時代的問題,闡述自己的思想,傳給下一代的一種延續。而我們實際是通過"禮"和"體"傳承儒家思想的,即通過自己的身體實行禮的儀式來延續思想。身體是一個很妙的概念,具有智慧性,這可從出土竹簡中的"體"字寫法中看出來。竹簡中的"體"字,有的是骨字旁,有的是身字旁,有的是肉字旁。肉字旁表達肉身的意思;身字旁從裏面表達對外界感知、反映;骨字旁表達是體會人的生命,將之抽繹、理論化、範疇化。

儒學中有一個獨特的字——"孝",英文中没有。"孝"字由老字和子字組成,就包含了兩個時代的關係。涉及到孝,實際也包含老一代對下一代的呵護、關注,而這種關照呵護最大程度上表現爲對下一代身體的關注。《論語·學而》中有子說"本立而道生",本即是孝,是仁的來源。由於仁是孔子所創造的概念,孔子知道弟子們對此可能有所困惑和歧義。《荀子·子道》中記載,孔子分别問三個弟子"仁者若何"。子路對曰:"仁者使人愛己。"子貢對曰:"仁者愛人。"顏淵對曰:"仁者自愛。"這裏顏回的"自愛"不是排他性的只愛自己,而是包括性的自愛,含有愛與別人的關係,愛自己與妻子的關係、與鄰居的關係、與學生的關係,等等。

通過上面的闡述,我們就很容易理解儒家最基本的問題——道德是什麼。如果某一行爲是擴大關係的,則是道德性的;如果某一行爲是減少關係的,則是非道德的。孔子將"忠"、"恕"作爲儒家倫理的表達方法,其中的恕即是把自己放在別人的位置上看待問題。所以要理解儒學的倫理學,禮是非常重要的,要從別人的立場看待禮儀,選擇最有效的行爲。而西方談到倫理學的時候,特別注重的是理性,即你選擇最有效的原則,並好好地遵守執行。它注重的不是關係而是原則。從語言學角度上看,人的英文是 human being,being 本身表達了人是客觀的、有靈魂的存在。可是從儒學視角,我們可以發明一個詞 human becoming,即變成人,做人的過程。在這種語境中理解儒家思想中的人,即是成人的意思。成爲人是一個過程,人一出生並不即是一個"人",而依靠密切的社會關係、家庭關係,慢慢變成別人承認、贊成、佩服的人。這說明儒家的人與他周圍的環境都是分不開的。

如果將儒學與古希臘的理念主義對比,在古希臘的理念主義視角下,橡樹和橡果關係是橡果能變成橡樹,雞蛋和雞的關係是雞蛋能變成雞,它注重的是事物本身所存在的潛力。從理論上講,橡果、雞蛋具有這種潛力。而實際上,有 100 萬顆橡果,可能只有一顆生成橡樹,其他的很多被松鼠吃掉;100 萬顆雞蛋可能只有一顆變成了雞,其他多多少少變成了早餐。

如何區分儒學的人的概念與西方的差別?我們認爲差別在於儒學中人的概念是過程,西方是本質的、不變的、個體的。儒學中的人,他的存在首先與家庭有密切關係。我是夏威夷大學的一個老師,在那裏已經任教 35 年。我個人認爲夏威夷大學是一所非常好的大學,但是如果我的家庭需要我的時間、我的金錢,或者我身體的一部分,我會回家奉獻自己。從此我們也可以知道儒學將家庭作爲最基本的單位,人是否有道德,與家庭有著重要關係,這是合理的。我們所提出的儒家角色倫理學這一概念,其中的角色是具有道德性的,並且角色是最基本的,道德的原則、價值觀都由它產生。所以此處"角色"是作動詞講,即做好自己的角色。故而可以説儒學是以關係爲主,闡述人的思想。基於此,我們再回頭看剛纔所談的有限遊戲與無限遊戲,今天儒學對世界的意義,即是讓全世界的人們由有限遊戲的價值觀轉變成無限遊戲的價值觀。如果將此運用到中國與美國的關係中,兩國之間需要的是互相幫助,解決我們共同面對的各種各樣影響世界、影響人類的問題。如果中國與美國能夠相互理解,從互相關係的角度思考、處理兩國間的問題,這將對整個世界産生很大的積極影響。

三、儒家思想與實用主義

就中美文化交流而言,中國的儒家思想與美國的實用主義有很多共鳴的地方。美國實用主義思想家杜威 1919 年來訪中國,在中國待了 26 個月多,深受中國傳統思想的影響。當時蔡元培是北京大學的校長,他曾授予杜威北京大學名譽博士學位,稱譽杜威爲"第二個孔子"。近二十年,我在北京大學、武漢大學、人民大學、北京外國語大學等不同的學校講學,經常提到杜威思想與中國儒學有相近之處。然而中國人把杜威的思想翻譯成實用主義,我認爲這不恰當,因爲這並不是杜威思想本身所表達的意思,它本身帶有實驗的意義和性質,應稱爲實驗主義。近來我讀了李嵐清先生的著作《突圍——國門初開的歲月》,其中有一章《借雞下蛋》,還有一篇《在游泳中學習》,這些文字説明了中國傳統思想也具有實驗性,與杜威思想有相通之處。並且從儒家所講的"人能弘道,非道弘人"的角度看,儒學在每個時代的創造性的延續也極具有實驗性。

　　復旦大學有一個杜威研究中心,明年他們將把杜威所有的 37 本作品翻譯成中文。我與北京外國語大學的孫有中教授、北京大學的彭國祥教授合作,將編輯一套杜威叢書,由北京大學出版社出版,將在中國全面介紹杜威思想。兩年前,我們召集了國內外研究杜威思想的學者在北京外國語大學召開了"杜威研究"會議,非常成功。我們的目標是什麼? 我們是想依靠中國的儒學與美國的實用主義,建立中美文化溝通的管道,加強兩個大國的關係。在 21 世紀,如果中美兩個大國能夠互相信任,能認識到彼此間互相依賴的關係,那麼 20 世紀遺留下來的很多問題即可解決。所以,現在我們要轉變爲無限遊戲中重視關係的思維方式和價值觀念。

(陳以鳳整理)

從《毛詩》風教看中國
研究的範式危機①

方朝暉

本文提出這樣的問題：一百多年來，中國人引進西方人文社會科學話語分析中國社會方面，一再發生錯位和失誤，這是否因爲中國社會有自己獨特的文化習性，及以此爲基礎的整合之道，因而不一定完全適用於西方社會科學的範式？ 也許，中國社會科學研究需要在西方社會科學理論之外，擁有一套"中國式"的理論預設或概念系統；這套中國式的概念系統的建立，需要通過分析中國文化的習性來發現。本文通過對《毛詩序》的分析來説明當代中國社會科學研究的範式（paradigm，又譯典範）危機。

一、從《毛詩》看"風化政治學"

《毛詩序》從《國風》第一篇《關雎》出發，系統地論述了"國風"之"風"的深刻政治含義，及其與儒家政治學説的内在關聯，可以説是一篇最經典的"風的政治學"：

> 《關雎》，后妃之德也，風之始也，所以風天下而正夫婦也。故用之鄉人焉，用之邦國焉。風，風也，教也。風以動之，教以化之……先王以是經夫婦，成孝敬，厚人倫，美教化，移風俗。故詩有六義焉：一曰風，二曰賦，三曰比，四曰興，五曰雅，六曰頌。上以風化下，下以風刺上，主文而譎諫，言之者

---

① 本文在作者的先前兩篇文章的基礎上改編而成，即《"風"與中國文化中的社會科學》（原載《天津社會科學》2003年第6期）和《中國文化的習性與中國人文社會科學建構》（原載《開放時代》1997年第6期）。這裏是改編後首次在内地正式發表。本文所謂"中國研究"，指中國人文——社會科學中以中國的有關問題爲對象的研究。

無罪,聞之者足以戒,故曰風。至於王道衰,禮義廢,政教失,國異政,家殊俗,而變風、變雅作矣。國史明乎得失之跡,傷人倫之廢,哀刑政之苛,吟詠情性,以風其上,達於事變而懷其舊俗也。故變風發乎情,止乎禮義。發乎情,民之性也;止乎禮義,先王之澤也。是以一國之事,繫一人之本,謂之風;言天下之事,形四方之風,謂之雅。

上面這段話的核心關鍵字是一個"風"字。所謂"風",与今日所謂"風氣"相近。本段可以看成是儒家對於"風"與政治關係的經典論述,它大體包含三方面內容:首先,"風"的狀況是衡量一個社會治亂好壞的重要標誌;其次,"風"的倡導是決定一個社會治亂好壞的重要因素;最後,"風"的表達是引導一個社會治亂好壞的重要手段。但《毛詩序》裏所說的"風"有好幾種類型:

從起因上說,既有自然形成的"風",也有人爲倡導的"風";

從內容上看,既有規範意義上的"風",也有現實意義上的"風";

從形態上說,既有正風,也有變風;

從空間上看,或流行於民間,或唱和於廟堂;

從方向上說,或從上向下吹,或自下往上刮。

"風"的重要功能是"化"。儒家常常用"風"來比喻政令,①用"化"來形容王道政治的成就,並謂"聖人久於其道而天下化成"(《周易·恒·彖》)。《說文解字》從字源上告訴我們,"風"的本義之中就包含著"化",因爲"風"是形聲字,從蟲凡聲:

風動蟲生,故蟲八日而化。(《說文解字·風》)②

儒家王道政治思想的重要觀點之一是,最成功的政教不是通過強行灌輸來改變人民,而是"潛移默化"。所謂"化",就是讓人們在不知不覺中被感化而向善,即孟子"民日遷善而不知爲之者"(《孟子·盡心上》)之義。

鄭玄《周禮·春官·大師》注稱:

風,言賢聖治道之遺化也。

孔穎達《毛詩正義》在疏《毛詩序》時,則從另一個角度解釋了"風"與"化"的關係:

風訓諷也,教也……言王者施化,先依違諷諭以動之,民漸開悟,乃後明

---

① 以"風"比喻政令,在《周易》中多見,《周易·姤·象》曰:"天下有風,姤;后以施命誥四方。"《周易·巽·象》曰:"隨風,巽,君子以申命行事。"

② 另見《大戴禮記·易本命》:"八主風,風主蟲,故蟲八月化也。"

教命以化之。風之所吹，無物不扇；化之所被，無往不沾。

鄭玄所論爲"已成之風"，作爲聖王治理之歷史遺留；孔穎達所述爲"所運之風"，作爲聖王治理之現實方略。在儒家政治學説中，這是同一個事物的兩個方面；但它們均與"化"有關，體現了儒家對於理想政治的理解。

基於上述，我認爲《毛詩序》表達了一種儒家政治學説，我稱之爲"風化政治學"。

（一）"風"在儒家政治學説中的地位

"風"成爲儒家政治學説中的一個重要概念，並非起於《毛詩》，而起於孔子：

> 季康子問政于孔子曰："如殺無道，以就有道，何如？"孔子對曰："子爲政，焉用殺？子欲善，而民善矣！君子之德，風；小人之德，草；草上之風，必偃。"（《論語·顏淵》）

孔子用"風"與"草"之間的關係來形容上對下的影響力，暗示我們政治是否清明體現在它所導致的"社會風氣"之上，而社會風氣又是由"官場"所決定的，取決於官場中最有影響力的人。

"風"在儒家政治學説中的特殊含義，可以從以下幾個方面看出來：

"風"與"民"

衡量政局好壞的主要標準之一，是"民風"。一個好的政治家應該學會"觀風"、"辨風"、"省風"。"觀民風"是治政的開始：

> 天子五年一巡守……命大師陳詩以觀民風。（《禮記·王制》）
> 風行地上，觀；先王以省方觀民設教。（《周易·觀·象》）
> 天子省風以作樂。（《左傳·昭公廿一年》）
> 天子學樂辨風。（《大戴禮記·小辨》）

"風"與"令"

"改變民風"是治理國家的重要任務之一。"改變民風"的工作可以稱爲"治風"；爲了改變"民風"，需要"樹新風"，這也被稱爲"樹之風聲"：

> 帝曰："俾予從欲以治，四方風動，惟乃之休。"（《尚書·大禹謨》）
> 天下有風，姤；后以施命誥四方。（《周易·姤·象》）[1]
> 古之王者知命之不長，是以並建聖哲，樹之風聲。（《左傳·文公六年》）

---

[1] 這是《周易》"姤"卦的"象辭"。按：姤的卦體是巽下乾上，八卦中"巽"卦卦象爲"風"，乾卦卦象爲"天"，故曰"天下有風"，本卦以"風"説明"施命"（參孔穎達《周易正義·姤》）。

旌別淑慝,表厥宅里,彰善癉惡,樹之風聲……商俗靡靡,利口惟賢,餘風未殄,公其念哉!(《尚書·畢命》)

"風"與"德"

但是,由於"風"總是從最上層刮起的,而最上面的人能夠影響一個社會的"風"的東西,主要是他的"德"。只有最上面的人"修德",纔能真正改變一個社會的"不良風氣":

王曰:"嗚呼!説!四海之内,咸仰朕德,時乃風。"(《尚書·説命下》)

君子之道:淡而不厭,簡而文,温而理,知遠之近,知風之自,知微之顯,可與入德矣。(《中庸》第 33 章)

伊尹乃明言烈祖之成德,以訓于王,曰:"嗚呼!……敢有恒舞于宫、酣歌于室,時謂巫風;敢有殉于貨色、恒于游畋,時謂淫風;敢有侮聖言、逆忠直、遠耆德、比頑童,時謂亂風。惟兹三風十愆,卿士有一于身,家必喪;邦君有一于身,國必亡。"(《尚書·伊訓》)

"風"與"教"

由於"風"的形成不是一朝一夕之事,不能指望在一夜之間改變它;除了國君要修德之外,還有一項改造社會的持久工程,就是"教"。在儒家所推行的"教"之中,尤其重要的是"樂教"。儒家認爲,通過"樂教"可以改變一個社會的風氣,達到移"風"易俗的效果:

樂也者,聖人之所樂也,而可以善民心,其感人深,其移風易俗,故先王著其教焉……故樂行而倫清,耳目聰明,血氣和平,移風易俗,天下皆寧。(《禮記·樂記》)

移風易俗,莫善于樂。(《孝經·廣要道》)

(二)"風"與中國文化的習性

現在我們可以一起來思考的一個問題是,爲什麼在儒家政治學説中,"風"會成爲一個極其重要的概念?這一概念的提出和產生背後,有没有什麼重要的文化心理因素在起作用?"風"這一概念是否反映了中國文化的某種習性?仔細想想也許可以發現,在目前人類各民族當中,也許没有哪個民族像中華民族那樣容易受到"風(氣)"的影響。在我們的國度裏,幾乎無論在哪個時期,都盛行著某種"風氣",50 年代的"大躍進熱",60 年代的"紅衛兵熱",70 年代的"參軍熱",以及 80 年代以來的"出國熱"、"下海熱",等等,無不代表著一系列特定時代的特定社會風氣。儘管在一種"風氣"過去之後，人們常常會嘲笑當時人們爲何會那麼愚蠢，盲目地熱衷於某個並不值得他們熱衷的事物，近乎瘋狂地崇拜某種並不值得崇拜的對象；然而他們卻時常忘記了另外一個極其重要的事實，那就是在他們嘲笑前人的同時，他們自己現在可能又正沈浸在崇拜或熱衷於另外一個事物的風氣之中。這種新的崇拜或熱衷與前者的唯一不同也許僅僅是對象發生了變化。與前人的盲目崇拜或熱衷相比，他們今天的崇拜或熱衷在盲目性上似乎並不比前人低。例如，今天的人總是嘲笑當初中國人爲什麼會那麼愚蠢，竟然那麼崇拜一個"偉大領袖"，把他當成了"神"，居然不知道"金無足赤、人無完人"的簡單道理；然而仔細想一想則會發現，他們今天對於"出國"和"錢財"的崇拜，難道不同樣是盲目的嗎？想想他們今天把"西方"或"金錢"當作了"完美無缺的神"，這與把某個人當成"完美無缺的神"，二者在荒謬的程度上真的有本質區別嗎？

問題的關鍵在於：究竟是什麼原因導致了各種社會風氣的流行？稍加思考即可發現，正如今天的人對於"出國"的崇拜主要是由於一種盲從心理在作怪一樣，前人對於一些其他事物的崇拜也多半出於盲從。這種盲從心理從何而來？試問一個人爲什么現在異常迫切地想出國？他可能會告訴你説，現在別人都在忙著出國，自己如果不出國，顯得自己沒能耐。所以問題並不在於"出國"這件事本身是否合理，而在於這件事現在是否成爲一件公衆嚮往、從而在公衆心目中有價值的一件事。

這就涉及到一個中國人的盲從心理從何而來的問題。"風"的事實暗示我們，在中國社會有這樣一種特殊的民族文化心理，即人與人之間在心理上的相互模倣、相互攀比、相互依賴的思維方式；這種心理或思維方式導致那些比較突出的人的所作所爲，容易對其他人的行爲方式產生强大的示範效應。因此我們可以初步得出，導致"風"的産生以及"風"成爲中國文化的一根"神經"的主要原因是，中國人的一種以人與人之間的相互攀比、相互依賴、相互追隨爲主要特徵的心理活動。這種心理活動我們把它稱爲中國文化中的"人際本位心理"。這種人際本位的文化心理，我們稱之爲中國文化的習性。所謂人際本位，是相對於西方的個人本位提出來的，其重要含義之一是指，中國人在他們的日常生活中，普遍有一種不自覺的心理傾向，即把自己在他人心目中的地位或形象當作衡量自身存在價值的主要準繩之一。

比如説，中國人所謂"功成名就"、"出人頭地"、"人圖名聲樹圖蔭"、"光宗耀祖"、"比上不足，比下有餘"、"丟人現眼"、"死要面子活受罪"等一類話語，就是這種心理活動的典型體現。很多時候，正由於人們都很在乎他人的認可，故而會不自覺地追隨社會潮流。因此當一種東西在某個地方變得很有影響時，往往會成爲他人爭相效倣的對象，由此引發的往往是一種時髦或風氣。當一種社會潮流形成時，它所産生的效應也是"馬太式"的。這就是説，正是一種"人際本位"的文化心理在起作用，纔會導致中國社會在任何時期總會流行一些不同的"風",極大地影響著中國人的日常生活。人們之所以會盲目地"從風",往往是因爲覺得現代社會人們都認同它,只有追隨它,他們的内心纔會得到平衡,這種心理平衡對於他們把握自身的存在價值至關重要。有時風氣的影響力過分强大,達到了扼殺人的個性的程度,因爲"不從風"會因此而遭到世人嘲笑、輕蔑,而不會因此被視爲"有個性"。

"從風心理"並不是中國文化中獨有的。的確,即使在基督教影響下的西方文化中,仍然會有從衆心理,會有"社會風氣",也會有人們對領袖人物的倣效效應。可是要知道,在人類其他文化中,"風"也許從來没有像在中國文化中那樣,對於人們的日常生活、對於政治制度的建設、對於國家的安寧等等發揮著如此巨大的作用。我們可以設想,西方人在基督教文化的影響下,把人理解爲同一個至高無上的"上帝"的子民,從這種意義上,不是人對人的依賴,而是人對上帝的依賴纔最關鍵。許多學者早已指出,個人主義、自由主義在西方的興起,是與基督教傳統有關的。① 這也使我們理解爲什麽西方式的個人主義和自由主義在東方文化中一直没有大行其道。

通過對"風"背後的文化心理機制的揭示,我們就能理解儒家的一系列政治思想是如何提出來的。比如儒家的"德治"思想,"用人惟賢"思想,"重教化"思想之所以提出來,顯然是因爲認識到中國社會人與人之間的相互影響對這個社會的自我整合有著至關重要的作用,以及認識到中國人普遍的從風心理決定了改變這個社會最有效的措施莫過於改變大多數人的心理狀態特别是他們的心理傾向,因此,最重要的工作不是放在制度建設上(儘管制度建設總是必不可少的),而是放在影響大衆的心理活動狀態上,並通過這種影響進一步影響整個社會。用儒家的話來説就是:"正人心而後正天下。"(陳亮語)在這一過程中,有三件最重要的事情,就是:

(1) 針對現在流行的不好的"風氣",制定相關的政策措施扭轉之。這叫作"治四方風動";

(2) 利用大衆的從風心理,把德行俱佳的人放到政府部門的最上層("用人惟賢"),通過他們的言行將會影響一大批人的心理取向,從而極大地帶動整個社會風氣的改變。這叫作"樹之風聲";

(3) 由於"從風"的心理帶有極大的盲目性,要讓人們從這種盲目性中走出來,只

---

① 參 Samuel P. Huntington, The Third Wave: Democratization in the Late Twentieth Century, Norman and London: University of Oklahoma Press, 1991, pp. 72-85;杜威,《人的問題》,上海:上海人民出版社,1965 年,第102—104,108 頁等。亨廷頓强調了基督教對個人獨立性的强調對民主化的影響,杜威提到了 18 世紀末以來由基督教所加强的人道主義和慈善主義對自由主義的促進,以及教會對信仰自由的强調。

有提高全民的道德素質。因此,對一個社會、一個國家真正具有長遠意義的工程是
"教"和"化"的工作。"教"是教育,"化"是改變。

(三)"風"與中國社會科學

現代中國學者在引進西方社會科學理論時,最容易犯的錯誤之一就是不考慮中
國社會的文化特徵,企圖將西方的理論直接應用於中國社會的研究中,期望從中得出
有益的結論。實際上,凡是這樣做的人,往往最容易忽略這樣一個問題,即那些西方
社會科學理論很可能非常好,但是應用它們來研究中國社會時,不容易使人把握到中
國社會的"神經"。換言之,人們難於從中找到什麼是中國社會中最有決定性意義的
因素;西方社會科學理論確實有一整套完備的方法系統,但是在運用它們來研究中國
社會時,人們卻時常會失去"感覺"。當然,有一種觀點認為這是由於對西方社會科學
方法運用得不好的緣故,但是事實上在運用西方社會科學理論研究中國社會時,有時
人們找不到"感覺"確實是由於他們未能抓住對於理解中國社會現象來說最關鍵的因
素,從而使他們找不到"駕馭自己的研究對象"的感覺。

"風"代表中國文化以及中國社會中的一根"神經"。我的意思只是說,有很多時
候我們確實可以從各種"風"——社會風氣,官場風氣,地方風氣,部門風氣,學校風
氣,行業風氣等等——中找到理解中國社會問題的途徑及解決中國社會問題的辦法。
這一點我們往往可以從政府部門所謂"狠剎歪風邪氣","消除行業不正之風","糾正
校風"、"狠抓學風建設"、"淨化社會風氣"等一類政策性宣言中看出。嚴格說來,這些
政府部門的政策宣言往往不是從科學研究或應用西方某個社會科學理論中得出的,
而更像是一種直觀、素樸的經驗總結。相反,如果真的應用西方社會科學思維來理解
中國問題的話,很可能得不出上述政策性宣言來,乃至於根本不能為診斷或解決中國
的現實問題提供有意義的方案。儘管"風氣"的興起或流行有許多原因,有時經常是
一個當時當地最有影響的人的鼓吹或煽動的結果,也可以是其他一些偶然的原因激
發了公眾的興趣所致,但是它一旦形成,就可能對人心造成強大的力量,就可以讓成
千上萬的人"聞風而動",甚至許多政策、法規、權威都會因它而變化,它成為這個社會
中最大的"權威"。

顯然,並不是中國社會中的一切都與"風"有關,或者由"風"決定的。但是更重要
的,我們以"風"為案例來研究,本來就不是想以"風"來解釋中國社會中的"一切",而
更主要的則是想說明為什麼"風"會成為中國社會的"一根"神經? 我們的觀點是,導
致"風"成為中國社會的一根神經的東西,是某種特殊的中國文化心理——"人際本
位"的中國文化心理,或稱之為中國文化的習性。從中國文化的習性出發,可以解釋
中國社會很多現象。例如,"文化大革命"中"紅衛兵運動"對"人權"的踐踏,我們如果

從今天的"法制"的角度來理解是很困難的。爲什麼法制會在一夜之間成爲一紙空文? 我們要知道,儘管"紅衛兵運動"確實可能出於政治家別有用心的利用,但是當時許多紅衛兵做事情確實出於自願,他們往往是"義正辭嚴"甚至"義憤填膺"地做那些事情的。這體現出中國文化中某種對個人人格尊嚴具有毀滅性的力量。但是這種毀滅卻不能用"極權專制"一語簡單地加以解釋,因爲是人民羣衆"自覺自願地"踐踏人權的。這種情況只有從中國文化的習性的角度纔能得到恰當的理解。後者決定了在中國文化中有時"風(氣)"的力量會表現得十分强大,會在某些地方對人們的行爲方式產生强制作用,從而達到了扼殺人性、踐踏人權的程度。

我們還可以想一想,爲什麼"辛亥革命"會失敗,20 世紀以來中國社會的各種改革,特別是那些激進的變革爲什麼往往失敗? 是不是因爲那些改革者不瞭解引進一項制度很容易,但是改變人卻是一項持久、宏大的系統工程,而改變一種文化則更是難上加難。包括"辛亥革命"在內的多次中國革命之所以失敗,一方面有某種超越中國文化的普遍因素的作用,另一方面也有與中國文化習性相關的特殊因素的作用。中國文化的習性決定了,中國文化中真正起作用的力量不是制度而是人,人際關係的力量,特別是人與人之間、人羣與人羣之間實力的對比與懸殊,纔是決定這個社會的當下走向以及一切制度變革成敗的關鍵。那些指望在不改變人羣狀況及其實力對比關係的情況下,在一夜之間建立一種嶄新的制度,把中國建成現代化,這種理想注定了要化成泡影。即使法治、民主制度在中國的建立,本身也要遵循中國文化內在習性的要求,按照中國人的習慣或胃口、循序漸進地進行纔能有所成效。

仔細想想可以發現,正因爲在中國社會中,最具有決定性力量的東西有時不是"法律",而是"人際關係"和"社會風氣",因此改變這個社會最重要的途徑往往是改變人、改變人羣關係。比如你發明一個好的制度,他可以運用人與人的關係來瓦解這種制度的效能。這就是中國文化的習性。中國歷史上的儒家通過他們樸素的經驗觀察,發現了這一事實,因此他們把這條經驗作爲一種政治理論,用之於治國、平天下的政治實踐中:

> 季康子問政於孔子。孔子對曰:"政者,正也。子帥以正,孰敢不正?" (《論語·顏淵》)

> 子曰:"苟正其身矣,於從政乎何有? 不能正其身,如正人何!"(《論語·子路》)

> 君仁莫不仁,君義莫不義,君正莫不正,一正君而國定矣。(《孟子·離婁上》)

　　人際本位的中國文化習性,是不是可以解釋中國社會的一切? 當然不是。我們必須承認,中國社會發生的很多事情,還由其他許多歷史與現實的因素、普遍與特殊的因素、個性與共性的因素、經濟與政治的因素等等在起作用,不能都歸之於這裏所謂的"中國文化習性"。但是,文化習性因素毫無疑問是影響中國社會的主要因素之一,惟其如此,我們今天要開展中國社會科學研究,就不能回避它;對中國文化習性的發現與思考,至少可以幫助我們建構一套新的理解和解釋中國社會現象的途徑,從而對於建立起一套有效的理解和解釋中國問題的社會科學的理論預設、概念體系乃至方法論起到決定性的作用。

二、從現代學科看"風化政治學"

　　迄今爲止,中國的人文社會科學建立在這樣一些前提上,即東西方社會是按照同樣的邏輯和理路構成的,因而也適合於用同樣的方式方法來分析思考。然而,對於中國人文社會科學學科的終極價值、意義基礎和方法特徵,迄今爲止未必受到人們真正深刻的思考和探索。比如説,我們今天大學裏多個不同學科如政治學、經濟學、法學、社會學、歷史學、哲學等等的設置,完全是照搬西方而來的,並與此相應形成了一系列相關的教科書,但是對於這一設置背後的一系列問題卻從未搞清,比如爲什麼要設置這麼多學科? 這些學科中的每一個存在的根據和理由是什麼? 這些學科中所學的東西對於解決現實社會中發生的問題有什麼作用? 這些不同的學科在面對共同的社會問題時彼此關係如何? 我們隨便翻開一本教科書,如某大學編的《行政學原理》教材,按照行政學的對象、方法、功能、作用、目的等一系列範疇分成若干章節填補進相應的內容。然而學了這本書的人對於他們處理實際行政事務也許没多大作用,一個大學政治學系的教授在處理中國國際行政事務方面的經驗和能力也許比一個基層的農村村長還差,後者比前者具有更豐富的處理人際關係的能力,協調人際心理的經驗⋯⋯這一切都是在教科書上根本學不到的,但恰恰正是它們纏構成了中國政治學的全部秘密所在。一個不懂得中國現實社會之極其複雜的人際關係、人際心理、人際矛盾及相應的處理這些關係、矛盾的經驗和毅力的人,可能是大學政治學系的教授。他可能對西方政治學十分熟悉,並在把西方政治學説應用於分析中國政治方面出了不少專著。這一事實説明了什麼?

　　究竟問題出在哪里? 爲什麼我們的人文科學和社會科學話語在生活的現實面前如此蒼白無力,面對盛行於今日中國且已十分嚴重的精神價值危機不但不能給予一個令人信服的圓滿答案,反而陷入自相矛盾的無休止爭吵中去? 這個問題又進一步促使我們思考另一個更重要的問題: 即"五四"以來從西方引進的人文、社會科學迄今爲止究竟有沒有在中國這片天地獲得自己的定位? 它們究竟有沒有在中華民族的文化土壤裏找到自身存在的根基?

（一）一個現實的案例

讓我們從一個人所共知的今日中國社會現實説起,即當代中國人的精神價值危機問題。最近三十年來,中國社會進行了一場空前未有的變革,從一個以政治、意識形態爲核心的時代到一個以經濟利益爲核心的時代。這一偉大轉折及其成就舉世皆知,也受到過無數學者知識分子的肯定,但是今天我們卻出乎意料地發現我們——乃至我們整個民族——似乎都正陷入了一場可怕的精神價值危機中去了。正如我在一項未出版的調查報告中所描述的:

> 金錢、利益、物質成爲時代的口號,道義、廉恥、良知爲人們所不恥。一切的計較和考慮,一切的盤算和目標,都建立在個人對自身前途命運和狹隘的利害得失的認真計算之上。

> 幾乎整個社會各行各業都同時陷入於一場普遍的腐敗和墮落之中。銀行、稅務、警察等政府機構成爲自己職工創收的渠道,文化成爲商業謀生的手段,企業成爲廠長經理私人撈腰包的場所,學校爲了多發獎金則開始亂收費。

> 貪污、吃回扣、亂攤派、亂收費、坑蒙拐騙、假冒僞劣司空見慣,見怪不怪。在政府腐敗的同時,難道社會文化生活不也已經腐敗到了不堪設想的地步了嗎?

> 道德的崩潰、精神的空虛、文化的墮落、生活的腐敗、信仰的喪失……這一切事實上已成爲衡量我們這個時代的時代病的重要指標。

這一空前的文化價值問題即精神價值危機在當前中國政治、經濟、法律社會、教育、文化、商業……乃至幾乎所有領域正像瘟疫一樣蔓延,摧殘著我們這個民族的肌體,如不能治理則可能會陷入一場不能自拔的深淵,近年來它引起了國內各界特別是學術界的普遍關注和熱烈爭論。只要仔細看看近年來國內學者圍繞著有關上述問題進行爭論的方式方法和內容特徵,就足以發現,當今中國的人文——社會科學研究正處在一場多麼深刻的話語危機之中: 人文科學工作者傾向於把它理解爲一個倫理道德、文化教育、人文精神和宗教關懷方面的問題,社會科學工作者則傾向於把它理解爲政治、法律、制度、經濟等器物因素導致的問題,真可謂"公説公有理,婆説婆有理"。

於是,誰都説得有道理,又都没有道理,誰也説服不了誰,誰也不能拿出一個大家都能接受的、令人信服的圓滿答案。

(二)無用的學科循環鏈

爲了進一步搞清上述問題,1995年2月,筆者在安徽省樅陽縣開展了一次有關農村經濟文化現狀的實地調查。本次調查中我所關心的問題是:如何站在現代人文或社會科學的立場上給予當今普遍盛行的精神價值危機(道德崩潰、精神崩潰、腐敗盛行、良知喪失、信仰瓦解……)以一個恰當的解釋。結果,在實地調查中,我比任何時候都更加强烈地感受到:現有的人文——社會科學理論在解釋我們所遇到的問題時根本缺乏力量和有效性。相反,唯一的出路就是從舊的思維框框和理論範式中徹底地走出來,按照全新的範式來思考問題——即直接認爲我們所遭遇的現實是一個本質上與西方社會(或人類其他文明形式)迥然不同的社會,它有自己獨特的人際心理、文化習性、整合之道等等。對於這一社會所具有的問題真正有效的解釋和解答,建立在對於上述文化習性及該文化習性所決定的,特有的社會整合之道的把握之上。具體説來,筆者感受最深的有以下幾方面:

首先,當今所謂的精神道德危機既不是倫理道德領域的事,也不是政治、經濟、法律、教育、社會等某一個領域的事情,它是整個社會作爲一個有機整體的事情,這個有機整體是上述諸多領域按某種特定方式共同構成的。如果在調查文化價值問題時僅僅局限於文化、道德等現象本身,而不考慮其他社會領域,其結果必然發現能夠調查的材料太有限,以致於到後來很難再調查下去,因爲每一個精神道德問題,幾乎都同時不是這個問題本身,而是與它之外的某社會因素緊密相聯;可是一旦你的調查涉及到文化價值某一項因素,比如政治因素,你就必須同時涉及文化價值之外其他各種因素,包括法律、經濟、教育等等因素,因爲所有這些因素都只有在共在的系統中相互依存,共生共長;哪一個因素都不能被抽離出來單獨研究。比如説一些農民進城坑蒙拐騙這一不道德行爲不僅僅是由於道德境界問題,也不僅僅是由於政府管制不嚴,而可能與其家庭經濟情況有關,也同時與其文化素質低及法制不健全、社會風氣敗壞等一系列因素都密切關聯,難以明確區分。結果素質、教育、法制、世風等一切因素之間究竟誰的作用大,誰纔是最根本的因素,根本無法分辨。

結果,爲了使自己的調查能夠進行下去,我發現必須把調查對象——樅陽縣義津鎮這個方圓數10里、人口4萬多人的小鎮——當作一個有機整體來對待,搞清同時包含上述諸多不同領域的、“五臟俱全”的有機整體(義津鎮)內部是怎樣運作的,在運作過程中它的各個環節是如何組合起來的,然後再來思考我們所關心的精神道德問題又是如何與該有機整體相關。也就是説,我必須假設:所謂的精神道德危機不是某個具體領域所單獨造成的,而是整個社會作爲一個有機整體在運行過程中出了故障,結果必然表現爲精神道德問題,如果不從前述人文社會科學研究中那種學科分割的範式中走出來,至多只能得出社會各不同領域同時對之負責任的結論來,而缺乏整體的眼光。在對義津鎮的調查中,我試圖不是從局部的因果關係,而是從整體運作規律的角度來説明導致當前的精神價值危機的根源。

其次,社會風氣像一隻"看不見的手"一樣對人們的生活方式和行爲產生著强大的支配作用。本來,社會風氣是由人造成的,只有大量的同類行爲聚合起來纔能成爲風氣,然而本來作爲結果的東西卻反而成爲支配人們行爲的動因。這確實是一個不可思議卻又十分明顯的事實。

在調查中,筆者接觸了當地各種不同層次的人物,有普通農民、村鎮幹部、學校教師和領導等等,這些人無論是近年來撈到好處的還是沒有撈到好處的,幾乎無一例外地牢騷滿腹,哪怕是那些靠改革開放政策發了大財的人同樣是怨聲載道,情緒不滿,幾乎所有的人都對當前社會的道德風氣十分不滿,另一方面卻又都以社會風氣做擋箭牌來爲自己正在幹的不道德、不負責行爲辯護。指責社會風氣不好和自己幹不道德行爲成了相得益彰、相互支持的兩個方面。人們指責社會風氣的情緒背後可能暗含著兩種心理因素:一是對自身處境不理想的埋怨和不滿心理,二是對自己當下正在幹的不道德的勾當構成一種解釋——既然人人都不講道德,既然社會風氣如此,所以我也只有這樣了。老百姓覺得自己吃了虧,政府官員也覺得心裏有委屈,沒有人覺得滿意,也沒有人認爲自己有什麼責任,社會風氣這隻"看不見的手"卻似乎可以成爲一切罪惡行爲的最後淵源。老百姓怪學校亂收費,學校怪地方政府腐敗,地方政府怪社會風氣不好以致難以治理……是誰把社會風氣搞壞的? 許多人説這是由於政府部門官員私心太重、腐敗墮落、執法犯法導致。可是如果你去譴責你所接觸的任何一位腐敗官員,他都會發自心底地感到不服,他心裏事實上確實很委屈,因爲現在也並不是他一個人那樣做,現在社會風氣就是這個樣子,人人都在腐敗,都想通過當官發財,你若不那樣做反而顯得不正常、不被人理解了。他會説,"既然別人這麼幹可以,我爲什麼不可以這樣幹呢? 比我腐敗的人多得是,你爲什麼不去譴責他們,偏要來譴責我呢?"

也許讀者要説:儘管社會風氣的作用如此之大,但是事實上很難把它當作衡量社會狀況、導致一系列社會問題產生的一個獨立變量。因爲社會風氣只是一個表面現象,一個推卸個人的社會責任的託辭,在任何一種社會風氣背後都存在導致它產生的具體原因,比如:政府官員腐敗是因爲他收入太低,農民進城是因爲經濟負擔重,學校亂收費成風是因爲教育經費不足等等。然而這一推論也經不起推敲。具體説來:對於把上述一系列因素當作某些社會風氣產生原因的說法,就每一個具體說法而言,我們總是能找出相反的例證來。比如有人會説在50年代、在3年經濟困難時期,政府官員收入比現在還低,爲什麼那時不貪污成風呢? 爲什麼那時學校不亂收費呢? 社會風氣並不僅僅是人們從事某項違背道德和法律的行爲的一個託辭,而且恰恰是一個實實在在的原因。更有趣的是,我們時常看到這樣一種現象,即一種行爲一旦流行成風,就在很大程度上對個人產生一種強制作用;如果你不接受流行的做法,你就得不到別人的理解,受到孤立,甚至被當作不可理喻的怪物。

在本次調查中發現,村與村的區別常常大於同村內部村民之間的差別。由於農村家庭負擔過重,幾乎家家戶戶勞力都把外出進城當作掙錢的主要管道。一方面,常常是一個村子裏幾乎家家戶戶一齊出動做同一種生意。比如前些年在義津鎮一部分村莊家家戶戶勞力都出動銷售飲料添加劑,在有的村則多數出去做建築工人。而且常常是一種掙錢方法發明之後同村乃至周圍幾十里地的大批農戶蜂擁加入,形成強大的認同效應;另一方面,有時候兩個村子雖然相鄰,但卻有天壤之別。在一個村子,幾乎人人都出去銷售飲料添加劑,而在另一個村子卻家家都出動做建築工人。儘管兩個村子相鄰,但有時貧富差距有天壤之別。有時在一個村幾乎家家戶戶都入不敷出、蓋樓的農戶不到十分之一,而其相鄰的一個村卻可能家家戶戶都蓋樓房。在富村農民嘲笑窮村人無能之時,窮村裏的人則可能説他們是通過"坑蒙拐騙"賺錢而不屑一顧,更不願意去效做。但如果你卻因此認爲是道德境界的差異而導致兩村懸殊就大錯特錯了。

幾乎沒有什麼理由能使我們相信,這兩個教育程度、文化素質及其他有關背景因素無甚區別的村子,人們之間道德的境界水準會有什麼本質區別。唯一的解釋是:某種在一個村子裏流行的掙錢方法,在另一個村子裏由於某些偶然因素未能流行起來。在多數情況下我們發現:一種社會風氣常常容易在比較密切的同類人中間流行起來,而且在同一個交際圈子裏它對個人的行爲往往具有強制作用。

其三,社會本身的散漫、游離、紊亂、缺乏自組織能力和自治能力,是本次調查中遇到的又一個重要事實。義津鎮在解放前是個家族性很強的地方,同姓之家聚族而居,設立祖宗牌位、祠堂、族長等,那裏的家族在社會整合方面的自治功能是很強的,不僅負責本族的生產、祭祀、教育等活動,而且凡是本族成員犯有違背社會公德、進行詐騙犯罪活動的都可由家族內部自行解決。

解放後,不僅舊的家族勢力已被徹底摧毀,而且家庭也日益走向小型化,連過去那種祖孫三代同堂都已基本不可能,一般兒子一結婚(甚至沒有結婚)就會分家,父子之間、兄弟之間很少有過密切的經濟往來。血緣紐帶已經從過去的積極的社會整合功能變成消極的捍衛、防禦功能(指村民之間發生打殺鬥毆之時)。在集體時代,取代家族勢力在基層承擔社會整合、自治功能的主要角色是村級行政組織(那時稱爲"大隊")。自從實行聯產承包責任制以後,村級行政組織的地方整合功能已大爲削弱,幾乎陷入半癱瘓狀態。首先,它除了執行國家政策對村民徵收各項費用(農業稅、統籌費、超生撫育費)之外,已很少進行過去那種大規模的政治動員、政治宣傳活動。事實上,它有時唯一所能做的一項政治工作——發展部分農民入黨——也已少人問津。其次,由於一切田地、山林乃至農業設備均已分配、承包下去,農民(指勞動力)獲得自由之後幾乎95%都外出打工掙錢,它連最起碼的農田水利建設都難以組織起來。

在這種情況下農村社會出現了這樣一種高度分散、游離和無序的面貌:1. 人多地少的農戶家庭負擔日益加重,現在幾乎95%的農業勞動力都把外出掙錢當作維持家計的唯一出路,但是由於他們文化素質低下、缺乏知識和專門技術,在城市裏又无任何根基,只能幹那些低下的活,結果常會幹出偷盜、搶劫、坑蒙拐騙的事情來。2. 他們通常是以親戚、朋友和相識爲紐帶結夥進城,一旦發現某個掙錢渠道,則往往帶動村周圍幾十里地的成百上千人一起效做,羣體性極其明顯。3. 農民內部的自組織能力極差,他們進城做生意或打工常常三個一羣、五個一幫;但不同幫、羣在同一個城市相遇時常常發生由於糾紛和生意上的磨擦等而打架鬥毆、致人傷殘事件。正因如此,往往很難形成3—5個以上合夥、共同籌集資金投資做生意的例子。4. 家庭的分散化、細胞化這一事實客觀上也使那些富村幾乎無人想到共同集資辦企業的。一般掙錢多的一年幾萬、十幾萬,少的幾百、幾千,掙了錢的農民第一件事想到蓋新房,其次就是用錢改善家庭生活條件。我問過很多人有沒有想到用掙來的錢來集資辦企業或搞其他副業規模經營,他們多認爲那樣風險太大,再者來說不如到城市裏搞錢來得快、有把握。也有個別農戶辦了企業而倒閉的,甚至有的想到搞高產優質作物,但均難以實施。5. 在城裏掙錢回來的農民在農村裏逐漸助長了一種誇富競奢、競相模倣城市生活、千方百計脫離農村生活方式的風氣。他們有了錢不是想到長遠規劃,而是好慕虛榮,抽高檔煙,喝高檔酒,添置豪華傢俱,蓋高級樓房,其投入是無止境的,也使農村農民消費狀況被他們拔到了不適當的高度,近年來在本地形成了一股買戶口到城市、徹底脫離農村的風氣……在這裏我們看到,在義津鎮這樣落後的農村地區,以極大傷害農業生產爲代價的進城掙錢活動,並沒有給當地農村經濟的發展帶來一個光明、正當、健康、符合當地絕大多數人的長遠利益的效果,最多只能使部分農民家庭的生活水準有所提高而已。儘管很多人是通過坑蒙拐騙等冒險方式致富的,但是他們在致富之後依然想不到集資開闢一條正當的農村致富之路。它背後無疑存在著某種值得檢討的深刻問題。

其四,政府的腐敗墮落事實在某種程度上是社會腐敗墮落的一個產物。儘管人們常常傾向於認爲現在的社會腐敗——指社會風氣不好、社會道德水準低下等——是由於政府官員腐敗墮落引起的,然而只要你深入仔細地調查,就會發現相反的事實:每一個政府官員的腐敗都是由於某種社會原因而不是由於政府本身的原因造成的。他可能是因爲自己父母家人人情關係的引誘而犯法,可能是由於受同窗好友的影響而去貪污,可能是出於某種出人頭地的虛榮而搞腐敗……總之,這些社會因素正是促使他腐敗墮落的主觀原因、直接動因。在他的精神世界裏,在他的心靈深處,他恰恰首先是把他自己當作一個社會成員,一個生活在自己的父母家人、親戚朋友、鄰里同窗、師長師妹等社會共同體圈子裏的成員,而不首先把自己當作一個政府官員,因此當"社會共同體"的需求和政府法規相違背時,他常常首先滿足來自社會力量的需求。

儘管在部分老百姓心目中,把對腐敗行爲的仇恨昇華爲對當地政府本身的怨恨,不適當地將政府本身似乎也當成了一個敵對的實體時,政府本身內部的官員卻從來沒有把政府當成一個實體,而是把它當作自己人情關係網中的存在,當成了自己的社會共同體存在一個支撐點,當成實現個人社會需求的一個手段、一個工具。每個人都生活在社會中,沒有人生活在政府中。在普通百姓把自己和政府對立與政府官員以權謀私、貪污腐化這兩種相反的行爲背後,包含著的恰恰是同一種心理(心態):二者都是把自己當作一個社會的成員、一個有私人需求的個人來面對政府的;政府官員對妨礙其私人需要的黨紀國法的蔑視與一個普通百姓對於政府腐敗行爲的仇視,本質上是一碼事:都是爲了服務於他人所在的那些社會共同體的需要。官員的腐敗行爲雖然從國家法律法規的角度看是應受譴責和懲罰的,如果你站在遵紀守法、"爲人民服務"等官方話語的角度來譴責你的家人當官腐敗,反而使你自己變得不可思議。這裏官方話語和私人話語處於格格不入的狀態。最有效的解釋決不是如何把政府行爲納入法制的軌道,而是在政府行爲背後站著一個特殊的"社會":一方面,它高度分散、游離、難以自發地組織聚合形成有效的社會機體;另一方面,它又是極其強大的,它以血緣關係爲紐帶,帶有鮮明的羣際心理、人際矛盾和人情面子特徵,幾乎每一個政府腐敗行爲都是它造成的。一個農民雖然對於政府腐敗恨之入骨,但一旦自己需要辦事時還是不得不請客送禮走後門,因爲他不可能在短時期內聚集起一股足以剷除政府不合理行爲的社會力量來。

在社會腐敗之時,出現這樣兩個現象:一是每增加一個治理腐敗的部門,就等於增加了一個可能更加腐敗的部門,一個監督政府官員行爲的監督機構可能很快因爲其手中權力比其他部門更大而成爲一個更加腐敗的機構;每增加一道新的管理措施,農民的負擔可能反而因此而加重。比如一些村爲了管理農民進城的混亂局面,實行收費登記,結果成了只關心收費多少而不能治理混亂、令老百姓更加厭惡的政策;鎮裏爲管理各村辦建築隊而成立鎮建築公司,將村建築隊納入其中以便統一管理,結果成了只顧向村建築隊收費勒索而不進行任何實質管理和服務的新"婆婆"。

二是政府的腐敗行爲不斷被發現、被治理,也不斷可能以更加惡劣的形式重現。一旦發現政府中某位要員是腐化分子,羣衆一開始都滿心歡喜,仿佛心中出一口惡氣。但是很快他們可能又發現新的替換他的官員並不是真的關心反腐這件事本身,而是借此來鞏固自己的位置,腐化現象屢禁不絕乃至愈演愈烈。

這兩種現象都説明一個問題:腐敗的根源之一是强大的、在中國文化中有著根深蒂固影響的社會力量、社會紐帶;這個社會若不能根治,似乎一切法制、民主、監督、舉報等等制度性安排和措施都是空談。政府儘管在下層百姓看來似乎是一個"實體"存在,但實際上從來不是,它内部的官員、職員不這麼認爲,它也不具有實體的意志、統一集中的整體力量,組成這個"實體"的成員從他的社會紐帶出發可能會自己和它對立起來,但它的生命力卻極其頑强,一批人被換掉了,新一批人還會以同樣方式工作下去、腐敗下去。

(三)文化的邏輯與學科

前面討論的四個方面究竟説明了什麼? 它們是否反映了中國農村乃至中國社會所特有的文化習性以及由此文化習性決定的中國特有的社會整合之道? 如果回答是肯定的話,無疑足以説明中國現有的人文——社會科學由於長期一直在用西方人文——社會科學的範式來探討和思考中國的問題,因而對中國社會當下的運作和問題缺乏有效的解釋力。如果答案是否定的話,則另當別論。現在就讓我們圍繞著上一部分提出的四個方面的問題進一步展開分析:

首先,關於社會有機整體問題。把精神道德問題歸結爲精神道德以外的其他社會領域,以及從社會有機整體角度來探討和理解道德等問題的做法在西方早已有之。前者有實用倫理學、功利主義等倫理學説,後者有功能主義、結構主義等一些哲學或社會學學派。這些學説或思想都包含著這樣一個思路:即精神、道德狀況和社會其他領域是密不可分的。然而,問題的複雜性在於,沿著這樣一種西方人文——社會科學思路出發,至多只能得出這樣的結論,即:當今的精神道德危機與政治、經濟、教育、法律、社會、文化等一系列領域都密切相關,或者説是它們共同作爲一個整體發生作用的産物,解決問題的辦法只在於這一系列領域同時綜合治理。這樣一種結論並沒有擺脱學科分割式的思維方式。

進一步探討使我們發現,在我們所研究的精神道德危機面前,政治、經濟、法律、教育、社會、文化等一系列社會領域既表現了自己存在的獨立性又表現得没有獨立性。它們存在的獨立性在於：作爲解釋導致精神道德危機的原因而言，它們之中每一個都獨立存在，似乎都能夠作爲上述危機的原因；然而，一旦回到實際操作過程中，它們又都於瞬間喪失了獨立性：當你試圖解決政治方面的問題時，你立即發現每一個政治問題都與上述精神問題一樣不再是該問題本身，而是它之外的社會領域諸如道德、文化、法律、經濟、教育、社會等共同造成的；當你試圖解決經濟方面的問題時，你又立即發現每一個經濟問題的解決，都要歸結到法律、政治、道德、教育等方面的問題；解決其他問題的情形也完全一樣。如此一來就出現了這樣一種非常滑稽的理論循环：道德問題的解決要依賴於政治問題的解決，而政治問題的解決又要依賴於道德問題的解決；其他各社會領域的問題也是如此。不僅是我們探討的精神道德問題，而且幾乎每一個社會問題、社會領域都可以歸結爲其他領域的問題，歸結爲不是它自身的問題。這也等於是對每一個社會領域獨立性的否認和取消。

聰明的人當然會説，各個社會領域之間雖相互依賴，但這不等於其獨立作用不存在。但問題在於：承認社會領域各自的獨立性及其相互關聯性，並不能解決什麼問題。按照這樣的觀點，只有教育、政治、經濟、法律等領域的問題都已完全解決，纔會根本扭轉現有的精神道德問題，而那一天什麼時候到來誰也不知道。與此相反，地方上的有識之士則提出了一個在他們看來能夠很快扭轉現狀的有效方案，而不必去一個一個問題地綜合解決。與那些咬文嚼字的學者們的觀點相反的是，凡是對地方事務非常熟悉的地方人幾乎都異口同聲地認爲，只有把那些腐化、坑蒙詐騙分子中爲首的抓起來乃至槍斃一部分，纔是扭轉當地社會風氣敗壞及道德精神狀況的根本出路，而決不會提出在教育、政治、法律、經濟等方面綜合治理來克服當前的精神道德危機的觀點。

我們能從地方人士的觀點中得到什麼啟示呢？啟示在於：上述不同社會領域之間互相關聯的方式是中國式的，中國社會獨有的，和中國文化習性密切相關的。貫穿著所有不同社會領域的一條紅線，或者説作爲所有這些不同的社會領域構成的有機整體的"心臟"是中國社會的人心狀態或人心取向，這個人心狀態或取向是超越於一切具體社會領域、又在其中具有强大支配作用、能反映中國社會整合特點的一個因素。這種觀點認爲，正因爲人心不正，纔導致歪風邪氣愈演愈烈，若不處決那些罪大惡極的壞分子，則根本不可能扭轉人心不正的現狀。正人心纔能正天下。這是由中國文化習性、中國社會整合規律決定的，解決精神道德危機應當從正名、正人心開始，這是我在義津鎮調查過程中許多地方人士的共同看法。可見孔子提出的正名思想之所以兩千多年行之有效，是因爲它符合中國社會的特色。

其次,關於社會風氣問題。只要深入地研究一下社會風氣背後的民族文化心理,你就不得不驚訝社會風氣和中國社會文化習性的内在關聯,並由此承認社會風氣在中國社會影響之大而應把它當作中國人文社會科學研究的一個獨立變量。儘管任何一個國家和民族都可能在某個時期或某個地域有某種社會風氣,但是幾乎沒有哪個民族像中國人這樣把社會風氣,或更準確地説,把支撐社會風氣的那種心態心理直接當成了中國人的基本生存方式。這種心態和心理就是幾千年來中國人生活在一種相互認同、相互攀比、相互懾服的文化世界中,由於缺乏超驗的外在上帝,在日常生活中個人總是把他們的存在價值建立於與他人的比照關係中,像“人圖名聲樹圖蔭”、“人爭一口氣,佛爭一爐香”、“比上不足比下有餘”等等反映的正是這種心理。這是一種高度人際化的文化,而絶不是西方那種個人本位的文化;在這種文化中,人與人之間的競爭不是以外在利益大小爲標準,而以心理、人格上的相互折服爲標準。幾千年來,中國人的一切面子心理、人際鬥爭、家族歷史、政治角逐和其他較量都是建立在這種人際文化心理之上的,我們可以據此來解釋中國人之間的窩裏鬥、怕出風頭等特異心理,而且可以據此認爲,在世俗社會裏社會風氣幾乎成爲普通中國人的基本生存方式。一方面是“風水輪流轉”,從 20 世紀 50 年代、60 年代、70 年代、80 年代一直到 90 年代,在不同的歷史時期社會之風氣都大不相同,乃至截然相反,生活在某一時期的人們總是對該時期的社會風氣樂此不彼;另一方面,人們對於社會風氣的參預並不是真能做到以此一風氣好壞與否爲評價標準,相反,他們參預它主要是因爲此一風氣是現行潮流且自己周圍絶大多數人都以此爲準來衡量一個人。

例如,今天的人多半注重“實惠”,以物質財富衡量一個人的標準,而在 70 年代曾有一段時期以當解放軍爲榮,50、60 年代相當長時期對於毛澤東的崇拜心理等等社會風氣也已爲今天的人所不恥了,似乎那些現象都没有道理、荒唐可笑,然而他們卻忘了一個重要的事實,即當初沈浸於這些風氣之中的時候,他們曾是那麼真誠、那麼投入、那麼自豪地鄙視不能參預其中的人們(如“黑五類”)。

不管風氣是怎樣形成的,它可能是由於宣傳媒介的鼓動,可能由於政治意識形態的倡導,可能由於佔主導地位的某種社會力量的推動,可能甚至因爲某個偶然的因素,總之,它一旦形成,就並不是由於它在理論上有充分的道理可以成立,而僅僅是由於人人都這麼做,這麼認爲,由於它已是風氣而被人積極參預之。

這裏所反映的正是構成中國人的生存方式的一種文化心理:個人正是把他的價值、歸宿和生命意義在很大程度上寄託於別人對於他的認同、攀比和對照關係之上。因此如果別人都那麼做,且以此爲擇偶、擇業及衡量一個人的標準,你不這樣做,那麼你可能就很難在你周圍的人際圈中生存下去。

正是中國人特有的文化心理致使社會風氣在這個社會具有巨大的强制作用。據此我們可以理解，爲什麽改革開放以來，黨提出的"讓一部分人先富起來"的口號主要是針對一部分農民、個體户、私營企業，而不是針對政府機關及教育等諸多非營利性部門的，然而卻很快在全社會形成一股"一切向錢看"的社會風氣。許多政府部門利用手中的信用、法律、税收、治安權謀取私利，各社會部門及學校紛紛效做，千方百計搞創收，爲自己的職工多發獎金，一發而不可收。

問題並不在於銀行、信用社、法院、税務所、公安部門、學校等一系列不以營利爲目的的部門搞創收如何不合乎道德，而在於：當一部分人先富起來並受到官方宣傳獎勵之後，全社會隨即刮起來一切向錢看的"社會風氣"，在人人皆把致富當作自己的當務之急的情形之下，這一行爲對個人的意義就不在於它所帶給個人的具體實惠有多大，而在於它與他在其人際圈中的身份、角色、榮譽、價值相關。既然在政府機關和學校工作收入太低，他們又怎麽能夠安心呢？正因如此，不僅應當把研究社會風氣的形成、流行和結果的規律作爲中國人文——社會科學研究的重要課題，而且我認爲更重要的在於認識到：鑒於社會風氣已構成中國社會内部整合的一個重要的獨立變量，對它的解剖無疑涉及到中國社會科學作爲一門真正的學術在中國能否確立起來的問題。

其次，關於社會凝聚力問題。任何一個社會要前進、要發展，任何一個民族要富强，從而走向現代化，幾乎都少不了一個重要的前提條件：具有高度的内部凝聚力和運作效率的社會組織的形成。正像一支組織紀律渙散的軍隊必定要打敗仗一樣，一個民族要富强、要實現現代化，而它的内部機體鬆弛渙散、一盤散沙，簡直是不可思議。在我們對義津鎮進行的調查中發現，在家族力量和地方政府整合功能均大大削弱的今天，地方社會呈現紊亂無序的一盤散沙局面，農民們以分散的個人形式進城賺到的錢再多，也難以形成"有效率的經濟組織"，形成具有强大後勁和巨大潛力的"現代企業"。

深入思考可以發現，以人際關係、人際依賴、人際攀比、人際認同爲特徵的中國文化的習性，必然地決定了中國社會某些地方會出現這樣一種紊亂的、永遠形不成有效率的經濟組織和社會組織的局面。因爲一羣人聚集一起形成一種有效的行動組織，一個有機的整體，前提是他們必須共同服從某個共同權威，由該權威頒佈命令和規則，遇到問題或違反集體利益的内部行爲時，由該權威出面來協調、應變和解決。

這種權威在以個人爲本位的西方文化中是契約型的和以法治爲基礎的，而在中國則表現爲家族式、等級化和以德性爲本。儒家家國一體、注重賢才的王道政治理想正是體現了這一思想。具體來説：在中國文化中，家庭幾乎是生活在此文化中人精神上的最後避難所和避風港,在相互依賴、相互攀比、相互嫉妒、相互認同的人際關係中,人與人之間的話語交流充滿了各種猜忌、面子和禁區,每個人幾乎都覺得自己活得很累,但一回到"家"中就不一樣了。"家"幾乎是唯一可以敞開心懷、一吐心聲的場所,"家"在中國文化中的重要性幾乎超過了它在任何其他文化中的位置。"家"的這種天然保護傘和避風港的地位決定了家族能成爲這一文化中最强有力的社會整合力量。

基於中國文化習性,在家族的力量之外,能夠對社會成員發揮有效的整合和治理功能的力量幾乎就只有兩種了:一是道德性的權威,二是等級秩序的威力。須知,相互攀比和相互依賴的人際文化是很難把"平等"當作它的社會原則的,因爲在這種依賴和攀比中,每一個人都可能沈醉於人格上的征服、心理上的優勢,他們機關算盡、相互爭吵、誰也不服誰;"平等"一旦作爲一種能夠讓人人自由爭吵的法規確定下來,就必然導致無休止的爭論,甚至釀成殘酷的互相殺戮。德性之所以能成爲相互爭吵中的權威力量,是因爲有德者常常能以其没有私心而使沈浸在私人計較中的衆人爲之懾服;但如果這種權威不制度化也很難維持,因此就形成了《左傳》中的"明貴賤,辨等列"的思想,即建立一套以德性爲本、以人格完善者(賢人)爲首的等級秩序來治理國家;這種等級秩序當然不倡導平等,但它實際上是主張人格平等,而不平等只是指行使公共事務的權力而言。

這套社會整治方案面臨的主要問題是如何纔能確保德性高尚的人掌權。幾千年來,中國的官方哲學講仁義禮智信,民間的組織講忠孝節義,即使是土匪、山寨王也把自己的總府稱之爲"聚義堂"、"忠義廳"等;這裏面難道不包含著深刻的文化信息嗎?我們難道可以僅僅以儒家哲學有利於維護統治者的統治而一概抹殺嗎?難道上述思想和民主、法治注定是水火不相容的嗎?如果不是的話,那麼,所有的中國學者,無論是人文學者還是社會科學學者是否都應該返本復原,回過頭來重新整理和研究一下中國古代重要經典,從中思考和整理、挖掘出一系列由中國文化決定的中國社會自我整合之道,及不同於西方社會的規律、規則?

最後,關於社會和政府、私人話語和公共話語的問題。從以上對貪污腐化問題的分析中可以看出,造成國家官員貪污腐化的一個重要根源是來自於"社會"的力量,這裏所說的"社會"顯然與西方所謂與國家相對獨立和區分的"市民社會"迥然不同,這裏是指和中國文化習性密切相聯的、人際關係爲紐帶的人際關係共同體(類似於英文中的 community)。在這個"社會"中,居於第一層次的往往是自己的父母家人,然後是親朋好友、是同窗鄰里、同事熟人等等。這個"社會"是以"我"爲中心的,在它之中盛行的是以"我"的利益爲核心的一套私人話語。正是這套私人話語和官方公共話語的對立和格格不入的狀態,纔是導致腐敗行爲的根本原因之一。正如在前面提到過的,每個人都生活在"社會"中,沒有人生活在"政府"中。在實際生活中,人們爲了給自己謀求安全和庇護,總是千方百計不斷擴大自己生活於其中的那個小"社會",於是形成中國文化中特有的山頭主義、幫派主義,由此進一步在官府中相互勾連、官官相護。由於不同人的行爲總是相互影響的,於是在"政府"中形成自己的"社會"風氣。

一種腐敗行爲若不受制約,很容易流行起來成爲某種風氣,成爲政府中他人效做的對象。這個特殊的、反映中國文化習性的"社會",儘管時時表現得與官方話語格格不入,但其力量卻是異常強大的:它幾乎是一切腐化行爲的直接動因。任何一種新的制裁腐化的機構都可能被它拉下水;民主和法制在這裏幾乎不起作用,官官相護的私人"社會"可以很快把它的正面作用瓦解掉。

爲什麼這個"社會"如此強大? 這個問題的背後涉及到非常深刻的中國文化習性方面的問題。這個"社會"是中國文化中的"家庭"的擴大的形式,是中國文化習性的必然產物。中國文化的人際性一方面標誌著人與人之間的人性鬥爭、人際矛盾極其深刻,另一方面也正因爲如此,使每個人都感到活得很累的同時千方百計爲自己尋求庇護之所。家庭無疑是這個庇護所的最初、最保險的形式,從夫妻兩口的小家庭到幾世同堂的大家族是家庭的第一次擴大,而人際交往圈子及官官相護、山頭幫派之類莫不是家庭進一步擴大了的形式。正因爲如此,"家庭",幾乎成爲中國文化的一切秘密的焦點,個人的生生死死、榮辱悲歡、情感真實、胸襟懷抱幾乎無不與"家庭"有關。

由於以"家"爲基礎而形成的中國文化中特有的"社會"極其強大,只要它盛行的私人話語和官方話語是對立的,腐敗及政治低效就不可能剷除。"物格而後知至,知至而後意誠,意誠而後心正,心正而後身修,身修而後家齊,家齊而後國治,國治而後天下平。"(《大學》)這一儒家的《大學》八條目表達的正是這樣一種思想:修身齊家可以使"家"、"社會"中盛行私人話語和官方公共話語相統一,從而是克服腐敗、建立起強而有效的政府制度的唯一根本有效的途徑。

三、小結:重思中國研究的範式

在 20 世紀中國人所做的所有引進"西學"的工作中,"社會科學"可以説是一個全新的事物。這一點,與人文科學相比顯得尤其明顯。人們通常傾向於認爲,像倫理學、哲學等一類西方人文科學學科,在中國傳統學問中並不是不存在;但是,很少有人會説像政治學、經濟學、法學、社會學等一些西方社會科學學科在中國古代也曾存在過。這不是説古人没有研究過社會科學領域的問題,而是説,這種研究在古代學術中没有成爲一門或幾門獨立的學科;毋寧説,在中國古代學問中,社會科學領域的問題幾乎都被當成了倫理道德問題。因此我們可以説,社會科學對於中國人來説是"全新的"。

然而,一個多世紀以來,中國人不僅在很短的時間裏引進了幾乎所有的西方社會科學學科,而且史無前例地建立了一套完整、規範的學科體系,形成了一支龐大的專業研究隊伍。今天,在各個領域社會改革飛速進行、各種社會問題蜂擁而至的特殊時代背景下,人們對中國社會科學的期望可以説是與日俱增。特別是,經過將近一百年的文化運動和思想革命的洗禮,中國人今天似乎更加意識到制度變革的重要性。比起當初的"維新"、"共和"來,只有"改革開放"以來中國社會的制度變革纔真正顯示出其巨大的建設性力量,只有"改革開放"纔開始把中國近代以來千呼萬喚的制度變革落到實處。然而,令人深思的是,中國社會今天所經歷的巨大變革絶不是某種出色的理論的產物,而是出於多年政治動盪的慘痛教訓;在改革從"一波三折"到平穩發展的過程中,中國社會科學似乎也没有提出太多的理論資源來指導它,更加行之有效的原則卻是"摸著石子過河";最有趣的是,在改革帶來了一系列思想、道德及制度的問題之後,似乎没有一個社會科學學説能對之作出真正令人信服的理論解釋,或提出一套行之有效的解決方案。

對於中國社會科學在解釋中國現實問題面前的"蒼白無力",可以找到許多理由來解釋。其中一個重要解釋是,中國社會科學是從西方引進的,它們在中國還太年輕。對於中國人,可能還没有來得及完整地消化它,而只能説引進了一系列新的標籤而已。這種解釋當然很有道理。但是除此之外,似乎還有其他更重要的原因。因爲社會科學畢竟與自然科學有所不同,在對社會科學問題的研究過程中,一個國家的民族性、文化傳統以及國情的因素影響甚大,中國社會的許多現實問題不能像套用數字公式那樣照搬套用西方社會科學理論來理解或解釋。許多人都已認識到,中國社會科學目前採用的研究方式完全是西方式的,在解釋中國社會的現實時未必總是適用。長期以來,人們似乎只是習慣於應用西方社會科學理論來理解或解釋中國的問題。這與中國人文科學諸學科形成了鮮明對照。因爲幾乎所有的中國人文科學工作者,都在強調中國哲學等與西方的不同,儘管"中國特色"在某些人心中已經變成了滿足其民族自尊心的主要途徑,但是需要指出的是,在西方漢學界,經過幾代學者的努力,已有越來越多的西方人承認存在著一種"中國特色"的哲學思維等及其對於現代世界的特別意義。這裏試圖討論的一個問題是,中國社會科學難道真的可以避免討論"中國特色"的問題嗎? 或者,中國社會科學的確立,難道只是意味著將西方社會科學理論直接引進到中國來研究中國問題嗎？爲了開展真正有價值的中國社會科學研究，在西方社會科學理論及方法之外，是否還需要建立一整套新的理論預設、概念系統或方法論？這些正是我們的要點。我們認爲，這個問題沒有解決，正是中國社會科學工作者面對今天的中國自己感到無能爲力的重要原因之一。

鑒於目前沒有找到一種更好的從事中國社會科學研究的理論或方法，我們建議不妨以歷史上曾經出現過的、曾經在理解或把握中國社會現實方面發揮巨大作用的某種學説爲例進行個案研究；這種學説雖然算不上“社會科學”，充其量只能稱爲一種“經驗的總結”，但是它確曾在理解或解釋中國社會現實方面發揮過强大的作用，並且總能在關鍵的時候提出一整套行之有效的解決現實問題的辦法來。我們試圖通過對這種學説的個案研究，看看能不能找到對於今天從事中國社會科學研究有啓發意義的思路。這門學問就是“儒學”（儒家學説）。儘管儒學的歷史作用 20 世紀以來飽受人們批判，但是，一個無法否認的事實是，儒家學説在過去兩千多年的中國歷史上，一直在用自己的一整套理論來解釋中國，包括解釋中國的歷史、文化、社會以及幾乎所有重大的現實問題，並在解釋的同時提出了解決問題的具體方案。不管儒家的解決方式該如何評價，我們不能不承認，儒家對中國社會問題提出的解決方案曾經在很長歷史時期内發揮過無與倫比的巨大作用。它曾經形成了一套相對完善的制度系統，非常有效地整合了中國社會的各階層，使中國的生産力水準和生産關係在相當長時期内佔世界領先地位；它有一整套相對完備的學説體系，它使得中華民族經歷了一次又一次重大的歷史考驗，使中國的歷史、文化和民族性多次免遭分裂和毁滅的命運，對中華文明的興起、發展和保存起到過決定性的作用。儒家對中國社會問題的“解釋”，雖然沒有形成一門“科學”，但是，它對於我們今天從科學的角度來研究中國社會是不是會有借鑒之用呢？

爲了替一種可能是真正的“中國社會科學”尋找起點，我們提出如下幾個假設：

一、一種可稱爲“中國社會科學學説”的東西，不應當是西方迄今所建立起來的既有的社會科學理論在中國的直接應用。相反，中國社會科學的建立需要在西方社會科學理論之外建立起一套獨立的理論預設和方法系統。這種理論和方法要在對中國社會各種複雜因素進行分析和判斷的基礎上，經過一代又一代人的努力纔能形成。中國社會科學與西方社會科學理論既有同質性，又有異質性；它可能是西方社會科學理論的一個“延伸”，二者在研究方法上有相通之處，但是與此同時它又可能包含著自己的獨立的理論前提和方法論；

二、“中國社會科學”之所以有中國特色，可能與中國文化的習性有關。我們的假定是，中國社會的整合規律可能以某種經過幾千年漫長發展積澱起來的特定的民族文化心理爲基礎,這種長久形成的(雖不是一成不變的)文化習性,導致了研究中國社會的現實問題不能不有一套新的理論和方法。因此,任何一種對中國社會發展規律的研究都應關注中國文化的習性,特別是中國文化心理結構與中國社會自我整合規律之間的關係。西方社會科學理論之所以不能直接在中國套用,正因爲它們的理論預設與方法論不是以中國文化的習性爲基礎建立的;

　　三、儒學雖然本身不能被稱爲一門科學,但是作爲一門在解釋中國現實問題有過特殊作用的學問,它的理論觀點可能對於我們從"科學"的角度來研究中國社會有巨大啓發意義。因此,我們把儒家當作一個案例,試圖通過對儒家提出來的若干與社會科學問題相關的範疇的研究,來揭示中國文化的某種"秘密",從而找到解讀中國文化以及中國社會的"鑰匙",以此來尋找"科學地"研究中國文化以及中國社會自我整合和發展規律的合適的出發點,對於建立起中國社會科學的理論和方法提供某種有借鑒意義的思路。

　　正是出於上述思路,本文選取儒家政治學説中的一個重要概念——"風"——爲突破口,在搜集儒家學説中一系列與"風"這一概念相關觀點的基礎上,試圖分析這些政治觀點背後的文化心理基礎,藉此以揭示中國文化的習性,以及中國文化的習性與中國社會自我整合規律之間的關係,從而試圖爲研究中國社會科學問題提供線索。我們在文中提出的所有概念,都是"試探性"的,它們可能在某些"社會問題域"内有一定的解釋力,但是並不是説可以解釋中國社會所有的問題。

　　最後,我想説的是,本文的基本論點——中國社會科學研究需要有自己的範式——其實一點也不新鮮。因爲在國外,類似的觀點已有許多,現略加介紹:

John Clammer:從日本現代性看西方社會科學的範式問題[1]

　　John Clammer 是有名的日本研究專家,他認爲,理解日本社會必須用新的範式。比如,西方社會科學只能把主體當作單數來研究,而日本本土社會科學則不是把個人,而是把共同體,尤其是具體情境當作研究對象。比如 domination(統治)這個範疇,就不如 discipline(訓練)在理解日本社會關係時有用。所謂"訓練",指學會在傳統中、在社會生活實踐中、人與人的互動中生存技能的培養。

　　日本社會給社會科學提出的挑戰有:

　　首先,經濟、文化與政治之間的基本分野不明顯。日本的官僚機構和商業之間緊密相連,但均受制於文化,特別是受制於它們各自的組織文化。經濟是文化的,而社

---

[1]　John Clammer, Difference and Modernity: Social Theory and Contemporary Japanese Society, London and New York: Kegan Paul International, 1995, pp. 111-112, 122-123, 127. etc.

會也是經濟的。由此可見，簡單地套用"經濟"、"社會"等一類概念作爲普遍的學科術語，就將無法充分認識和理解日本社會的一些關係。

其次，日本的社會乃是一個關係網，其中經濟的、社會的、政治的等等範疇並不十分清楚。西方目前分科式的研究在日本可能不適用，對日本必須進行跨學科的研究，否則就無法理解日本。

總之，現代社會學面臨著巨大的方法危機，對自身的政治責任感缺乏明確認識，在觀察社會政治權力方面缺乏合法性，缺乏真正的比較研究視野。日本社會是非常不同的一種社會，它的概念範疇、解釋模式都表現出有限的、人種化的、意識形態的特徵，以及認識論上的地方性。

日本社會在許多方面向社會理論提出了挑戰。

持類似觀點的還有 John P. Arnason[1]，他批評西方理論家囿於自身概念，未能對日本現代性給予足夠的重視。社會理論家在解釋日本時不得不面對一種不同的現代性之路和景觀的問題；艾森斯塔特[2]指出，日本的巨大成就，使得人們對西方文明的最基本觀念產生了疑問。

Louis Dumont：從印度種姓制度看西方社會科學的範式問題[3]

Louis Dumont 在 *Homo Hierarchicus: the Caste System and its Implications* 一書"導言"中，對盛行於西方的個人主義觀念及其後果加以批評，指出在西方社會科學和人文科學研究中，存在著範式的巨大危機，即近代社會科學奠基人（韋伯、杜爾凱姆、馬克思等人）均以西方近代社會爲原型構建了自己的方法論系統，但是它是個人主義假定爲出發點的，必須實現如下轉換：即從個人本位到關係本位和整體本位。這是理解非西方社會特別是印度社會的首要前提。

Cigdem Kagitcibasi：從兒童心理學看西方心理學的範式問題[4]

Kagitcibasi 以兒童的價值觀爲例，對長期佔統治地位的西方心理學提出嚴峻挑

---

[1] John P. Arnason, Social Theory and Japanese Experience: the Dual Civilization, Lodon and New York: Kegan Paul International, 1997.

[2] Shmuel N. Eisenstad, Japanese Civilization: A Comparative View, Chicago and London: The University of Chicago Press, 1996, p. 1.

[3] Louis Dumont, Homo Hierarchicus: the Caste System and its Implications, complete revised English edition, trans. Mark Sainsbury, Louis Dumont, and Basia Gulati, Delhi: Oxford University Press (Bombay, Calcutta, Madras), 1988, pp. 1 - 20(introduction). 法文首版於 1966 年, 英文有 1979、1980 年版等。

[4] Cigdem Kagitcibasi (Bogazici University, Turkey), "Socialization in traditional society: a challenge to psychology," in: Géry D'Ydewalle (ed.), International Journal of Psychology, Amsterdam: North-Holland Publishing Company, vol. 19, 1984, pp. 145 - 157.

戰,作者傾向於認爲,長期以來西方的心理學是以個人主義爲主導的,强調個人獨立自主爲特徵的背景下獲得的,在理論上强調普遍性高於特殊性,理論性高於實踐性,科學性高於應用性,等等。但是這種研究方法顯然不適合於第三世界國家,尤其是一些以强調人與人相互依賴爲特徵的文化或社會。

例如,在西方心理學中,對兒童的研究長期以來毋庸置疑地把兒童當作獨立個體來對待研究,而在傳統社會裏,兒童實際上是家庭—羣區—社會的一個分子,不能獨立看待;又比如,西方心理學在研究家庭時傾向於把家庭當作一個獨立單位,而在傳統的家庭觀裏,家庭乃是宗族或社區的一分子。再比如,在個人主義的西方,在美國社會心理中,自主性(autonomy)是一種核心價值,人們不自覺地把自主性的發展當作人格建立之前提,在大量的研究中均側重於兒童早期獨立性訓練責任感、自給自足、效率、隱私以及成就感方面,然而這些概念或價值如何能適用於以人與人相互依賴爲特徵的生活呢?[1]

許烺光(F. L. K., Hsu):心理機制與中國文化中的"人"[2]

許認爲,中國文化中的"人"(jen)這一概念,比英語中的 personality 更能反映人的真實面貌。即它本身承認人是生活在一系列由内向外的關係網中,而不是一個孤立的、原子式的實體。西方文化中的 personality 一詞,來源於西方文化的個人主義傳統,是對人的含義的扭曲,導致了一系列西方文化中的問題。中國文化或現實中的"人"的概念稱爲"伽俐略式的",而西方的"人"概念則是"柏拉圖式的"。作者認爲,在研究中國文化時,用西方社會科學建立在原子式個人假設之上的範疇來研究是不可行的。他的這一點在人類學、心理學界影響很大,常常被用來作爲論證社會科學本土化的重要根據。

何友暉:心理學的本土化及其範式轉換[3]

香港大學心理學系教授何友暉(David Y. F. Ho)等人批評 Popper K. Watkins 所謂方法論上的個人主義。指出杜爾凱姆(又譯涂爾幹)等人所强調的從社會立場而非個人主義立場出發來研究的重要。很多集體現象不能歸結爲個人現象或個人行爲

---

① Cigdem Kagitcibasi (Bogazici University, Turkey), "Socialization in traditional society: a challenge to psychology," pp. 148 - 149.

② Francis L. K. Hsu, "Psychological Homeostasis and Jen: Conceptual Tools for Advancing Psychological Anthropology," in: American Anthropologist, vol. 73, no. 1 (Feb. 1971), pp. 23 - 44.

③ David Yau-fai Ho & Chi-yue Chiu: "Collective representations as a metaconstruct: an analysis based methodological relationalism," in: Culture & Psychology, vol. 4, no. 3, pp. 349 - 369, SAGE Publications, 1998; David Y. F. Ho, "Interpersonal relationships and relationship dominance: an analysis based on methodological relationalism," in: Asian Journal of Social Psychology, 1998: 1:1 - 16.

之和。他認爲,目前在心理學研究中普遍存在著一個範式的轉換問題,即從以前的個人主義方法論到集體主義方法論。亞洲人的觀念無時無刻不反映著自我和他人的關係,但是關係主義方法論同樣可以應用於西方,馬克思、韋伯、杜爾凱姆都是其例。

提出"亞洲心理學"概念,强調它的主要特徵不是一個知識,而是一種關係主義方法論。這種方法論建立在黑格爾式的辯證法上,即個人從屬於他與別人之間的關係。他認爲亞洲文化中有豐富的跟人際關係相關的概念,這些説明了對於亞洲心理現象,不能用西方建立在原子式個人基礎上的心理學方法論來研究。

Anand C. Paranjpe：走出西方心理學的範式危機[①]

Paranjpe 認爲,心理學在很在程度上是歐美文化的産物。它的兩位創始者,德國的 Wündt 以及美國的 William James,受到英國經驗主義及 19 世紀歐洲生物學、生理學發展的影響,與自然科學在亞洲建立的良好地位相比,社會科學在亞洲卻不然。没有人懷疑牛頓力學在不同文化背景下普遍有效,但是馬克斯·韋伯或佛洛伊德的理論在亞洲的應用有效性就很難保證了。

他回顧了西方心理學在亞洲受批評以及亞洲心理學不同於西方心理學的趨勢,并説從 60 年代開始,西方人開始注意到心理學的東方概念。

作者並從西方思想家中找到了大量資源來支持其所謂多元心理學、從而反對普遍心理學的成分。他不僅舉了馬克斯·舍勒(Max Scheler)、哈貝馬斯、漫海姆、Buss 等人的研究成果,而且依據庫恩的範式學説,認知建構主義及建構替代論、闡釋學等作爲自己的理論武器,來證明不同的文化應當採用不同類型的心理學研究範式。

"五四"以來,我們不僅引進了許多西方人文科學和社會科學領域的思想、學説和學派,而且借用它們的方法、思路或受它們的影響和啓發而建立了許許多多"中國的"人文、社會科學理論。然而在紛繁複雜的中國社會現實問題的挑戰面前,它們卻往往像紙老虎一觸即潰;儘管它們時常給人以耳目一新的感覺,但是在深宏博大、積澱了 5 000 年之久而已形成自己獨特的民族文化心理、文化習性和整合之道的民族性的大地上空,卻往往只能像空中樓閣一樣飄忽不定。多年來,不少學者試圖把西方人文——社會科學某些流派的思想觀點用之於分析中國的問題,然而這些將西方社會科學本土化的努力往往總是由於缺乏對中國文化習性的透徹領悟和把握而顯得力不從心。問題也許在於：5 000 年來中華民族在其生生不息的生存河流中已經逐漸形成了一系列自己民族獨有的文化習性、文化心理、生存方式、人際關係、精神世界、價值

---

① Anand C. Paranjpe, "introduction", in: Anand C. Paranjpe, David Y. F. Ho and Robert W. Rieber (eds.), Asian Contributions to Psychology, New York: Praeger Publishers, 1988. pp. 1 - 18.

認同、民族性格,並由此必然地決定了中華民族社會有著自己獨特的價值趨求和自我整合的規律;今天雖然中國社會在制度和物質層面等方面都發生了空前的巨大變遷,但是無數血的歷史教訓表明:上述這些民族文化的習性及由此決定的價值趨向、自我整合規律未必就發生了本質的變化,這是否纔是導致上文所述的那種人文——社會科學的範式危機的主要原因呢?

由於長期以來我們對上述問題未能引起足夠的重視,給予充分的探討,因而可以說:我們今天雖然可以探討人文科學和社會科學,或站在它們的立場上來思考問題,但是那些可以稱之爲"中國人文科學"和"中國社會科學"的學科迄今爲止並未真正出現,或者説是尚在期待和建構中的事物。當然,我的意思不是説不需要遵守西方人文社會科學中通用的方法,但是我疑問的是,對於中國社會來説,一些西方社會科學的研究範式是否完全適用,長期以來是否受到了我們的忽略?

仁義詮釋的一條獨特進路

——以董仲舒仁義學説爲中心

余治平

　　如果説董仲舒的儒學是天學，那麼，天學的最終目的卻還在人。離開人，天就失去了獨立存在的價值和意義，也就不可能成爲人的信念本體。天學的所有命題、所有結論終歸要一一落實到人的身上。董仲舒在完成了雲山霧水般的天本體建構任務之後，還得回到現實的人的生活世界中來，關注人的道德存在，解決人的實際問題。甚至，惟有日用倫常的生活世界，纔是董學的出發點與歸宿地所在。"道之大原出於天。天不變，道亦不變。"①人從天生，人世生活的倫常法則起源於天道本體，天與人是相統一的。不同於道家把本體性的道融入於純粹的自然，也不同於佛教把本體性的真如消解於絕對的無，整個董仲舒哲學的宗旨以及圍繞這一宗旨所做的一切論證幾乎從來都没有脱離過人。《春秋繁露》一書中，一個極爲常見的現象是，表面上董仲舒是在論説天道、陰陽之序或五行大義，而實質上所關注和所指涉的卻一定是人世的法則和倫常的規範。所有的理論建樹最終都服從、服務於現實的道德需要和政治需要。陰陽五行所要解釋的是人情、人事的發生原理，天道感應所想總結的是國家政治得失的經驗教訓和倫常生活有序與失序的形成原因。

一、董學之"五常"

　　董仲舒之學非常重視對仁、義、禮、智、信即所謂"五常"之道的論證，認爲"五常"是帝王執事和國家政治追求的唯一目標："夫仁、誼、禮、知、信五常之道，王者所當修飭也。五者修飭，故受天之佑，而享鬼神之靈，德施於方外，延及羣生也。"②"五常"的

---

①　班固：《漢書·董仲舒傳》，長沙：岳麓書社，第 1106 頁，1994 年。

②　同上，第 1099 頁。

修飭,不僅直接決定著生民百姓的命運、國家政治的興衰,而且還與天地鬼神以及整個宇宙世界的生命存在都有著某種必然的關聯。實際上,董仲舒不僅強調"五常",而且還突出了"三綱"。三綱對於國家的政治管理和社會管理來說同樣是十分關鍵的,《韓非子》曰:"臣事君,子事父,妻事夫。三者順則天下治,三者逆則天下亂。"①董仲舒從天學的角度論證出三綱的合理性和合法性。

"天子受命於天,諸侯受命於天子,子受命於父,臣受命於君,妻受命於夫。諸所受命者,其尊皆天也。雖謂受命於天,亦可。"②一方面,作爲社會生活的最基本秩序,君臣、父子、夫婦所授與所受的關係是不允許顛倒的。另一方面,更爲重要的是,這種關係是天所定立的,帶有一種神聖和絕對的性質,是人們不得不遵守並予以無條件執行的先驗法則。所以,董仲舒說:"王道之三綱,可求於天。"③

不止於此,董仲舒還用陰陽理論來進行分析論證。"陰者,陽之合。妻者,夫之合;子者,父之合;臣者,君之合。物莫無合,而合各有陰陽。陽兼於陰,陰兼於陽。夫兼於妻,妻兼於夫;父兼於子,子兼於父;君兼於臣,臣兼於君。君臣、父子、夫婦之義,皆取諸陰陽之道。君爲陽,臣爲陰;父爲陽,子爲陰;夫爲陽,妻爲陰。陰陽無所獨行,其始也不得專起,其終也不得分功,有所兼之義。是故,臣兼功於君,子兼功於父,妻兼功於夫。陰兼功於陽,地兼功於天。"④三綱之中,首先是一種"兼"的關係,即互相之間不可分離,彼此依存。同時,也是實質性的方面,因爲"天之任陽不任陰",⑤陰陽之序本身中就有一種主從關係,所以,君臣、父子、夫婦之間也存在尊卑、貴賤之別。延伸開去,就是君權、父權和夫權的天賦性質,是神聖不可動搖和更變的。

仁、義、禮、智、信之"五常"被儒家學者配以"三綱",便形成中國古代社會生活的經典規範和最爲基本的道德要求。宋儒朱熹以爲,"三綱五常"不過是"天理"的一種別稱,"天理只是仁義禮智之總名。仁義禮智便是天理之件數。"⑥同時,朱熹還認爲,天理"其張之爲三綱,紀之爲五常",⑦三綱五常的發生源於天理,始於天理,人世倫常生活的基本律則的根據在天而不在人。並且,"綱常千萬年,磨滅不得。"⑧既然來源於天,就應該具有相對固定、較爲持久的性質,於是,三綱五常就成了永恒不變的"天

---

① 《韓非子·忠孝》,見《百子全書》第二册,長沙:岳麓書社,1993年,第1797頁。
② 董仲舒:《春秋繁露·順命》,聚珍本影印,上海:上海古籍出版社,1989年,第85頁。
③ 同上,第74頁。
④ 董仲舒:《春秋繁露·基義》,第73頁。
⑤ 董仲舒:《春秋繁露·陰陽位》,第70頁。
⑥ 黎靖德編:《朱子語類》卷十三,長沙:岳麓書社,1997年。
⑦ 朱熹:《朱文公文集·讀大紀》,長沙:岳麓書社,1997年。
⑧ 黎靖德編:《朱子語類》卷二十四。

理",任何生活在世的人都不可違拗。

在"五常"之道的具體論述過程中,董仲舒不斷提出了一些十分獨特而又極有意義的哲學、倫理學命題,尤其是把仁詮爲天心,把義訓爲我,強調以仁愛人、以義正我,主張仁外義内,以爲禮乃繼天地、體陰陽,以及正道不謀利、修理不急功的義利觀念等等,頗值得作深入的探究。董仲舒在這裏所作的許多議論都有別具匠心的發明,同時也對中國哲學的許多問題都産生過重要的影響。

二、"天,仁也"與"仁,天心"

仁與義,是中國哲學裏的大問題,歷來都是學者商討和論爭的熱點,著實是一個老生常談的話題。僅孔子《論語》中的仁、義概念就分別無法取得一致性的理解,一向分歧很大,爭議頗多,而莫衷一是。在《春秋繁露》裏,董仲舒把"仁"解爲"天心",並強調"仁在愛人,義在正我",而與先秦以來各家學派的仁學主張形成了鮮明的比照。

關於"仁",在孔子那裏,如,"樊遲問仁。子曰:愛人。"(《論語·顔淵》)"孝弟也者,其爲仁之本與。"(《論語·學而》)"克己復禮爲仁","己所不欲,勿施於人。"(《論語·顔淵》)無論説仁者愛人,還是把孝悌作爲仁之本,其實都已凸現出爲仁之愛的心理特性。到了孟子那裏,則更進一步,把孔子爲仁之愛的心理特性具體地落實爲一種以血緣爲根基的親情。"仁,人心也。"(《孟子·告子上》)"親親,仁也。""親親而仁民,仁民而愛物。""君子所性,仁、義、禮、智根於心。""仁者,無不愛也,急親賢之爲務。"(《孟子·盡心上》)"人皆有所不忍,達之於其所忍,仁也。""仁者,以其所愛,及其所不愛;不仁者,以其所不愛,及其所愛。"(《孟子·盡心下》)在孟子,一方面,仁也被建立在人的心理基礎之上,強調心是仁的根本所在。另一方面,這種心又以人與人之間的血緣化的感性親情爲依託,仁首先被理解爲親親之愛。宋儒朱熹在解釋"仁"時説:"仁者,愛之理,心之德也。"①似乎多出了一個"理"字,比起孔、孟仁學,朱熹的仁要更趨近於理念化、形式化,而失去了孔、孟之仁的那種貼近人、面對人的親切感和内在性。

繼承了孔孟但又不同於孔孟,董仲舒的仁學有著極爲特別的地方。董仲舒説:"爲人者,天也。……人之形體,化天數而成;人之血氣,化天志而仁;人之德行,化天理而義。"②仁的根據不在人自身,也不能在人世生活的既定秩序中去尋找,而毋寧在

---

① 朱熹:《四書章句集注·論語·學而》,北京:中華書局,1983年,第48頁。

② 董仲舒:《春秋繁露·爲人者天》,第64頁。

於天,仁是人的血氣在稟受了天的意志之後而形成的。仁是天的意志與人的血氣相結合的産物。"仁之美者,在於天。天,仁也。天覆育萬物,既化而生之,有養而成之。事功無已,終而復始。凡舉歸之以奉人,察於天之意,無窮極之仁也。人之受命於天也,取仁於天而仁也。是故人之受命、天之尊,父兄子弟之親,有忠信慈惠之心,有禮義廉讓之行,有是非逆順之治。文理燦然而厚,知廣大有而博,唯人道爲可以參天。"①因爲天能夠化生宇宙世界,覆育、養成人間的萬事萬物,並且,這種功能和作用的發揮還是永無止竭、不窮不盡的。從發生邏輯上看,人是受命於天的,人從天那裏領悟了仁、取法了仁,然後纔開始使自身成爲仁。天有陰陽法則、天有四時秩序,於是,人便有父兄子弟之親、忠信慈惠之心、禮義廉讓之行、是非逆順之治。人們可以從天的身上看出仁的最完善狀態,在一定意義上甚至就可以説,天就是仁的化身,就是仁的理想化形式。

　　天之大德,在於"生",即天能夠讓世界萬物都發育生化,這就是最大的仁。"生"應該是仁的最基本的特性,所以,"天"就可以被用來直接指稱"仁",成爲"仁"的代名詞。後世儒者也有直接把"仁"理解爲"生"的,如,北宋周敦頤就曾説過:"生,仁也。"②這在思想實質上,與董仲舒的"天,仁也"有著必然的思想聯繫。而"生"如果要燃起性情之愛,就必須以一定的感性心理爲依託根據,於是董仲舒在學理上就又繼承了孔孟之仁的傳統,而沒有把極富感性特徵的仁人之愛推演、變異成一堆形式化或理念化的知性判斷。但是,董仲舒同時又沒有從孔孟滑入一種神秘的心理主義。孔孟之仁重視人心的感性作用,強調血緣親情根基,如果沒有一定程度上的客觀的、可感知的標準或法則介入其中,仁學極容易走向虛幻飄浮的唯靈論,於是,董仲舒便給出一個"天",試圖讓人們從天道的存在與運行、功能與作用中能夠獲得啟發,從而造就出自身的仁。

　　而從王霸之道的角度看,仁似乎也是作爲天之根本而存在的。"《春秋》之道,大得之則以王,小得之則以霸。故曾子、子石盛美齊侯安諸侯,尊天子。霸王之道,皆本於仁。仁,天心。故次以天心。愛人之大者,莫大於思患而預防之,故蔡得意於吳,魯得意於齊,而《春秋》皆不告。故次以言:怨人不可邇,敵國不可狎,攘竊之國不可使久親,皆防患、爲民除患之意也。不愛民之漸,乃至於死亡,故言楚靈王、晉厲公生弒於位,不仁之所致也。故善宋襄公不厄人。不由其道而勝,不如由其道而敗。"③在董仲

---

①　董仲舒:《春秋繁露·王道通三》,第 67 頁。
②　周敦頤:《通書·誠上》,上海:上海古籍出版社,2000 年,第 36 頁。
③　董仲舒:《春秋繁露·俞序》,第 36 頁。

舒,《春秋》一書的根本宗旨,就在於要人們領會如何施行仁人之政。一個人或一個集團能否成王稱霸,完全取決於仁政實現的效果。施行仁愛之政的最有益的方法就在於:採取積極的措施,預測並杜絕那些容易導致百姓失範、社會無序的隱患發生。愛民即仁人,不愛民則必將自置於死地,春秋歷史上的楚靈王、晉厲公都被生弒於主位之上,直接的原因都來自於他們所施行的不仁之政。所以,王霸成敗,全然維繫於仁與不仁之間。行不仁之政而獲得成功,還不如行仁人之政而最終失敗。仁是天之心,是天所具有的一種本質化的傾向。仁爲天、人所同有,當然也可以成爲溝通天、人的樞紐或中介。通過仁,上天可以感應出人世國家政治的得失和社會秩序的順逆。人生於天,理當取法於天,仁作爲天的根本,當然也就是人的倫常生活所不可抗拒的必然律則。

董仲舒以天釋仁、把仁解作天心,是天學的必然歸宿。孔孟仁學發生以來,關於仁的來源和根據的建構一直局限於人的心理世界裏,仁的把握主要還只是通過一種朦朧的生理性的感覺需要來進行,還不能從外在客觀(如社會性)的普遍法則中尋找到可靠的理性支撐。"是故仁義制度之數,盡取之天。"[①]董仲舒對"仁"(以及"義")所作的別出心裁的理解,實際上,無非是想用天的神聖性和不可侵犯性來展現出仁(或義)所具有的絕對性、權威性和超越意義,以此來限定王權的濫用,並對國主人君的主觀意志作適當、有效地匡正和制約。

三、仁在愛人、義在正我

仁與義的關係,是解讀中國道德哲學所不可逾越的重要據點。董仲舒在仁與義關係的處理上,似乎也有自己的獨到發明。董仲舒一反先秦以來通常所認爲的"仁內、義外"的哲學主張,而強調"仁在愛人,義在正我",從而在中國哲學的仁義學説史上留下了奪目的光彩。

仁、義與仁義作爲哲學範疇出現和被使用是稍有不同的。孔孟儒學重仁與義,但還未將仁義並列同舉。關於"義",孔子也曾作過許多描述,如:"君子義以爲上。"(《論語·陽貨》)"君子義以爲質,禮以行之。"(《論語·衛靈公》)"見得思義。"(《論語·季氏》)"見義不爲,無勇也。"(《論語·爲政》)如果説,仁是一種最高的精神境界,那麽,義則是仁的落實,是仁涉及於存在世界後被具體化了的仁的原則規範。仁與義,在表

① 董仲舒:《春秋繁露·基義》,第74頁。

述形式上基本還處於相分離的狀態。《易傳》曰:"昔者聖人之作《易》也,將以順性命之理。是以立天之道曰陰與陽,立地之道曰柔與剛,立人之道曰仁與義。"①首次將仁與義對舉,並將之視爲人事世界的一般法則和基本規範,但也還没有並稱"仁義"。《禮記·中庸》曰:"仁者,人也,親親爲大;義者,宜也,尊賢爲大。親親之殺,尊賢之等,禮所生也。"②大約在《中庸》以後,"仁義"一詞便開始流行。

孟子對仁與義的概説頗多。如:"仁,人心也;義,人路也。"(《孟子·告子上》)"仁,人之安宅也;義,人之正路也。"(《孟子·離婁上》)"親親,仁也;敬長,義也。""居仁由義,大人之事備矣。"(《孟子·盡心上》)"人皆有所不忍,達之於其所忍,仁也;人皆有所不爲,達之於其所爲,義也。"(《孟子·盡心下》)可見,仁所指涉的是人心内在的本體,而義則是仁向外在社會存在過渡時所生發出的精神規範或道德律令,是人從内在心性領域向實踐世界跨越所走的正道、正路。

董仲舒在仁義關係問題上的特別之處就在於,他提出,一方面,仁人之愛首先針對的不是自己,而是他人,仁人之愛的對象應該主要指主體以外及親情血緣之外的更爲廣大的人羣。另一方面,作爲外在原則規範的義,在要求他人嚴格遵循之前,自己也應該首先無條件地予以接受。

關於"仁"的界定,董仲舒説:"何謂仁? 仁者,憯怛愛人,謹翕不爭,好惡敦倫,無傷惡之心,無隱忌之志,無嫉妒之氣,無感愁之欲,無險詖之事,無辟違之行。故其心舒,其志平,其氣和,其欲節,其事易,其行道,故能平易和理而無爭也,如此者,謂之仁。"③仁,一定是與人的心理之愛相連結的。無論憯怛、謹翕、心舒,還是志平、氣和、欲節,所關注的都是人的感性心意活動。無論平易和理而無爭、好惡敦倫、無傷惡之心、無隱忌之志,還是無嫉妒之氣、無感愁之欲、無險詖之事、無辟違之行,所要求的都與人的性情密切相關。這些都是董仲舒對孔孟的繼承,並無特立之新意。孔孟之後,不乏類似之論。如,《禮記·表記》就曾説過:"中心憯怛,愛人之仁也。"④《中庸》曰:"仁者,人也。"都把仁與人的感性心理之愛作了有機的連結。《白虎通·情性》也説:"仁者,不忍也,施生愛人也。"⑤這些論述在思想實質上都與孔孟有著一脈相承的源流關係。

但是,董仲舒又絕不等同於孔孟經典儒學,經典儒學的仁人之愛,是建立在親情

---

① 《易傳·説卦》,見高亨《周易大傳今注》,濟南:齊魯書社,1979 年,第 609 頁。

② 《周禮·儀禮·禮記》,長沙:岳麓書社,1989 年,第 497 頁。

③ 董仲舒:《春秋繁露·必仁且知》,第 53 頁。

④ 《周禮·儀禮·禮記》,第 503 頁。

⑤ 《白虎通·情性》,見《百子全書》第四册,長沙:岳麓書社,1993 年,第 3560 頁。

之愛基礎之上的，如，孔子的"孝悌也者，其爲仁之本與！"（《論語·學而》），孟子的"愛人不親，反其仁"、"仁之實，事親是也"（《孟子·離婁上》），及《禮記·檀弓》的"仁親以爲寶"，所重視和强調的都是"親爲仁本"，這樣的仁，在董仲舒看來，實際上已把愛的對象牢牢地限定在一個不可能獲得無限擴大的範圍之内了，即仁愛只能在父母、兄弟等親屬之間散播，永遠不可能跳出血緣親情的圈子。而這必然要與人的不斷發展著的交往行爲、不斷實現著的由内向外逐步拓延的社會性相衝突，顯然不符合歷史與社會變化的潮流。在董學，仁應該針對自我以外的他者，而不是相反。

如果説，仁的本質性内容是愛，那麼，愛也應該是有差等、有區别的，至少應該有（1）對個人自身的愛，即"愛我"或"自愛"；（2）對與自我最先、最經常發生情感接觸的人羣的愛，即"親愛"；（3）對最廣大人羣的愛，即"仁愛"；（4）對宇宙萬物的最普遍、最廣泛的愛，即"博愛"。由自愛、親愛，到仁愛、博愛，這是人類之愛的活動從原始走向成熟的過程，也是人類之愛的内容獲得不斷豐富、完善的過程。

關於"義"的規定，董仲舒説："義者，謂宜在我者。宜在我者，而後可以稱義。故言義者，合我與宜以爲一言。以此操之，義之爲言我也。故曰：有爲而得義者，謂之自得。有爲而失義者，謂之自失。人好義者，謂之自好。人不好義者，謂之不自好。以此參之，義，我也，明矣！"①與《管子·心術》"義者，謂各處其宜也"②和《中庸》"義者，宜也"的理解基本相一致，董仲舒也把"義"詮釋爲"宜"，意爲適宜、恰當，是實際生活活動中一切行爲所必須遵守的基本準則。但董仲舒的特别發明在於，他把"義"與"我"作了密切的聯繫。如果説"義"是宜，那麼，它就是針對我而言的適宜、恰當，立足點是我而不是他人。義，只有在我的身上獲得適宜而恰當的安頓之後，纔可以被稱作爲義。

所以，理解"義"，首要的就是應當把"我"與"宜"結合爲一體。我因爲義而得到完善，義因爲我而能夠落實。義與我之間一定存在著某種内在的、密切的關聯。一個人的道德實踐，如果符合義所要求的準繩與律則，那麼就可以看作是"自得"的結果；反之，一個人的道德實踐，如果偏離了義所要求的準繩與律則，則應該是由於"自失"引起的。自得與自失，都是根源於作爲主觀自身的我。一個人如果對義有所喜好，那麼就可以叫作"自好"；同樣，如果對義沒什麼喜好，則就叫作"不自好"。這也完全是自身的原因使然。義與不義、宜與不宜以及自得與自失、自好與不自好，完全取決於我自己的個人因素。義與我不可分，義的落實在很大程度上不得不依賴於人們主觀的

---

① 董仲舒：《春秋繁露·仁義法》，第 52 頁。
② 《管子·心術上》，見《百子全書》第二册，長沙：岳麓書社，1993 年，第 1353 頁。

情感、意志、心理、態度的作用。這樣，義與我的關係就是非常清楚明晰的了。

關於仁義之間的關係，告子曾明確主張："仁，内也，非外也；義，外也，非内也。"（《孟子·告子上》）制約自身所依靠的只是心性修養的追求，而要求他人的則是嚴格的、規範性的義。對仁義的這種規定，在董仲舒看來，似乎不太容易落實出很好的效果。董仲舒可能已經意識到，從春秋到秦漢，中國社會的性質和結構都已發生了根本性的變化，以血緣爲根基的原始氏族集團再也不可能成爲社會進步的新興力量和時代發展的推動因素，仁人之愛如果再局限於自愛或親愛的範圍内，則必然導致利益分配的失衡、異己成分的産生及社會矛盾的激化。因此，作爲統治集團的執政階級必須要爲更廣大範圍的人羣獲得利益而創造條件，惟其如此，纔能鞏固政權，維持社稷的穩定和天下的安寧。《中庸》所奉行的"仁者，人也，親親爲大"的原則，恐怕已經難以與時代要求和社會變化相適應了。

於是，董仲舒便提出自己的仁義法則即爲仁行義的基本路徑："是故《春秋》爲仁義法。仁之法，在愛人，不在愛我；義之法，在正我，不在正人。我不自正，雖能正人，弗予爲義；人不被其愛，雖厚自愛，不予爲仁。昔者，晉靈公殺膳宰以淑飲食，彈大夫以娛其意，非不厚自愛也，然而不得爲淑人者，不愛人也。質於愛民，以下至於鳥獸昆蟲莫不愛。不愛，奚足謂仁？仁者，愛人之名也。以知明先，以仁厚遠，遠而愈賢，近而愈不肖者，愛也。故王者愛及四夷，霸者愛及諸侯，安者愛及封内，危者愛及旁側，亡者愛及獨身。獨身者，雖立天子諸侯之位，一夫之人耳，無臣民之用矣。如此者，莫之亡而自亡也。"①董仲舒大肆宣導和竭力鼓呼的是在《春秋》經中已被闡發、彰顯出來的仁義主張。

董仲舒明確指出，一方面，爲仁之法，在於愛他人，而不在於愛我自己；另一方面，行義之法，首要的應該是匡正我自己，而不應該對他人作嚴格、苛刻的要求。作爲人君國主，如果我對自己還没有能夠予以及時、準確地反省、審查，即使能夠對別人的過失作出糾正，也不應該被看作義之舉；如果別人不能夠蒙受自己的仁愛恩澤，即使對自己有深厚的惜愛，同樣也不能視作仁的表現。春秋諸侯中，晉靈公曾令膳宰煮熊掌，還没等熊掌煮熟，晉靈公即取而食之，發現熊掌未爛，一怒之下，竟殺了膳宰，並且當場肢解了屍體。還是這個晉靈公，曾命令卿大夫都去朝見他，而他卻用彈丸彈射這些大夫，大夫們爲躲避彈擊，不得不在庭上奔跑不已，晉靈公以此而開心取樂。晉靈公的所作所爲，對於他個人來説是一種享受，可以説是符合自愛要求的，但是卻不能稱之爲愛人。仁人之愛，應該具有更爲寬廣的胸襟，必須打破自我中心主義，跳出親

① 董仲舒：《春秋繁露·仁義法》，第51、52頁。

親的窠臼，把仁愛推及羣民衆生，以至於鳥獸蟲魚，這樣纔能有利於博愛情懷的形成。沒有對羣民衆生的愛，就不可能有真正的仁。在一定意義上，仁就是愛或愛人尤其愛他人的別稱。

四、人、我之分與法、義之間

在倫常實踐的操作層面上，仁内、義外最容易導致的禍害就是對自己的要求愈加放鬆，而對他人的要求愈加苛刻，仁義最終演變成一種徹頭徹尾的利己主義。五常之中，智的作用在於幫助人在道德踐履、意志選擇時作出前瞻性的思考，而仁的功能恰恰就體現在可以讓自己身邊之外的人羣接受更多的恩澤。仁愛，施加於不同人羣，所形成的效果也顯然不同。如果只施予親緣眷屬或周圍人羣，就容易產生不肖之徒；而如果足夠地施加在那些親緣眷屬或周圍人羣以外的人的身上，則必然會湧現出無數賢才良士。所以，人君國主施行仁愛時必須慎重地選擇對象，"遠而愈賢，近而愈不肖"，揚棄愛親中心主義、把仁人之愛向更多的人羣中延伸，"推恩者，遠之而大；爲仁者，自然而美。"①，取遠而捨近，這纔是仁愛的基本特徵。

所以，董仲舒總結出，王者，愛及四夷；霸者，愛及諸侯；安者，愛及封内；危者，愛及旁側；亡者，愛及獨身。從王者、霸者、安者，到危者、亡者，仁愛施行的輻射域越來越小、越來越有限。只愛自己的人是獨善其身，這樣的人即使身處天子或諸侯的位置上，也只能是獨夫一人，因爲他已經失去了所有臣子民衆的擁戴。這樣的獨夫，即使沒有人置他於死地，他自己也會自取滅亡。所以，惟有遠，而非近，纔是仁愛施行所應有的基本取向。

在董仲舒，仁與義的關係還不止於對"仁在愛人、義在正我"的强調，他還更爲詳細地指出了仁與義的具體差別。"是義與仁殊：仁謂往，義謂來；仁大遠，義大近；愛在人，謂之仁；義在我，謂之義。仁主人，義主我也。故曰：仁者，人也；義者，我也。此之謂也。君子求仁義之別，以紀人我之間，然後辨乎内外之分，而著於順逆之處也。是故内治反理以正身，據禮以勸福；外治推恩以廣施，寬制以容衆。"②義與仁，無論在性格、特徵、對象、地位、作用、意義、效果等方面都有明顯的不同，表現在："仁"的人、往、遠、外可以分別對應於"義"的我、來、近、内。仁愛所施及的對象，首先應該是他人而

---

① 董仲舒：《春秋繁露·竹林》，第 16 頁。
② 董仲舒：《春秋繁露·仁義法》，第 52 頁。

不是自己。仁是把自己的恩澤盡可能地向外、向更爲廣大的人羣撒播、輸送、推延。遠,而不是近,纔是仁所矢志追求的理想目標。而義則相反,它所要求的是用客觀的、已獲得一定社會認同的準則規範來匡正自己,是要把這些準則規範全部拿來對自己作全面性的檢查和衡量。義是由内而發的,是從我做起、從近處做起。行義,是内治,是從道德實踐主體對自我的反思開始的,義是自我成仁的必要條件。只有在我自身被義所匡正之後,人的倫常生活纔能符合禮的規範,纔能獲取更多的福祉;仁愛是外治,所强調的是推行恩澤,廣施博濟。惟有仁愛纔能實現對衆生存在的寬容。

　　遠近之分,就是仁義之分、往來之分、内外之分,説到底也就是人我之分。董仲舒進一步强調説:"《春秋》之所治,人與我也。所以治人與我者,仁與義也。以仁安人,以義正我。故仁之爲言人也,義之爲言我也,言名以别矣。仁之於人,義之於我者,不可不察也。衆人不察,乃反以仁自裕;而以義設人,詭其處而逆其理,鮮不亂矣。是故人莫欲亂,而大抵常亂,凡以闇於人我之分,而不省仁義之所在也。"[1]仁義之分、人我之别的重要性是很大的,應該引起人們的充分認識和足夠重視。無論大夫君子還是國主帝王,都應該弄清仁與義之間的差别,鼇定人與我之間的異處,這樣纔能徹底辨明愛人對象和規範律則於落實過程中在内、外層次上的不同。也只有這樣纔能讓仁義順逆的基本道理得以進一步地張揚。

　　實際上,董仲舒所主張的仁義之分及仁在愛人、義在正我,在本質上强調的都只是"自律",根本還没有接近於"他律"。[2] 董仲舒不可能走出中國道德哲學的傳統。中國人歷來所追求和注重的是自律,而輕視、忽略甚至鄙夷他律。同時,在主體價值的總體取向上,中國人歷來也只有道德人格,而缺乏甚至壓根就没有法權人格。但問題的實質在於,現代社會的道德實踐中,自律並没有太大的約束力,甚至是靠不住的。道德主體只有在同時又是法權主體的前提下,其所作所爲纔有可能是至善或趨於至善的。

　　義,作爲一種外在規範和客觀法則,所指示的是一種"他律",在一定程度上就已經具有了法(law)的傾向和要求。但在漫長的中國歷史裏,"義"爲什麼始終没有演變、發展成爲"法",個中原由似乎很值得追究。在中國的人文歷史中,法向來是裹在義裏面的,而義向來又裹在仁裏面,最終,仁又是高於、大於義的,那麼,毫無疑問,仁也就高於、大於法了。這樣的情勢下,法與義,便不可能得到充分的發育和豐足的成長。所以,是人治而不是法治,纔始終是古代中國社會管理和政治管理的主要方式。

---

① 董仲舒:《春秋繁露·仁義法》,第51頁。
② 余治平:《唯天爲大:建基於信念本體的董仲舒哲學研究》,北京:商務印書館,2003年,第298頁。

而這恰恰也是當今中國仍然面臨並且必須加以克服與解決的問題。

五、莫近於仁,莫急於智

智或知,所指涉的主要是五常的認知方面。孔子曰:"仁者不憂,知者不惑,勇者不懼。"(《論語·憲問》)中國人注重性情,但對智也格外推崇,智與仁、勇一向被並稱爲"天下之達德"。其實,智也不僅僅是認知過程中的純粹理性方面,它還包括道德、心理、情感、意志、態度等方面的因素,甚至可以説,智中有情,智中有義,智中有仁、智中有信。反之亦然,這是中國思維的基本規則,也是中國哲學概念的普遍特性。董仲舒關於智的論述主要反映在兩個方面,一是把智與仁並舉,主張"必仁且知",另一方面,又從屬性、功能上對仁、智作了具體的分析,而強調仁近智急。

關於"智"的界定,董仲舒説:"智者,見禍福遠,其知利害蚤,物動而知其化,事興而知其歸,見始而知其終,言之而無敢諱,立之而不可廢,取之而不可捨,前後不相悖,終始有類,思之而有復,及之而不可厭。其言寡而足,約而喻,簡而達,省而具,少而不可益,多而不可損。其動中倫,其言當務,如是者,謂之智。"[1]作爲認識論上的智,是"知",主要指人的認識能力,既是主體對事物之理所作的理解和認識,又是對已經掌握的世界客觀必然性的運用。[2] 這種知,能夠在掌握了事物一般規律之後,從事物的發生、運動、變化中看到它的結果、歸宿。這種知,作爲世界的統一性,一旦被人所掌握就會形成一定的心理定勢而不太可能被輕易放棄,知的結果一旦被確立下來就不可能被否定,一旦被表達出來就肯定有相當大的説服力。知,因爲有對必然性的掌握,所以就具有一定的前瞻性或預見性,它可以幫助人們趨近福、利而避除禍、害。董仲舒説:"何謂智?先言而後當。凡人欲舍行爲,皆以其智先規而後爲之。其規是者,其所爲得,其所事當,其行遂,其名榮,其身故利而無患,福及子孫,德加萬民,湯武是也。其規非者,其所爲不得,其所事不當,其行不遂,其名辱,害及其身,絶世無復,殘

---

① 董仲舒:《春秋繁露·必仁且知》,第 53、54 頁。

② 《荀子·解蔽》指出:"凡以知,人之性也;可以知,物之理也。"除了人所理解的事物之理外,似乎在物自身當中還存在著一個真實的、不以人的認識能力而變化的物之理,而人的認識的目的和理想就是人自己所理解的物之理與物自身所固有的物之理的一致,即如《荀子·正名》所説的"所以知之在人者,謂之知。知有所合,謂知智。"這是一種典型的"符合論"認識論觀念,可歎的是,它在今日之中國的學界和民間都還相當流行。其實,這種認識論觀念早在 I. Kant 的哲學那裏就已遭到了深刻的批判,現代哲學解釋學(如 H. Gadamer)也對之做了徹底性的解構。

類滅宗亡國是也。"①因爲知所具有的前瞻性或預見性,所以它就能夠成爲道德實踐的有益工具,輔助仁的落實。

於是,董仲舒就必然要强調"必仁且知"。"仁而不智,則愛而不別也;智而不仁,則知而不爲也。故仁者,所以愛人類也;智者,所以除其害也。"②離開智的仁,是盲目的,必然導致無差等的濫愛;離開仁的智,就失去了路線保證,必然要犯方向性的錯誤。仁如果要實現愛人的根本目的,就得讓智爲其清理出一個明確的基礎。這個基礎包括什麽樣的人值得去愛,什麽樣的實踐行爲屬於仁,仁愛通過什麽樣的途徑纔能得以實施以及如何實施,等等。"故不仁不智而有材能,將以其材能,以輔其邪狂之心,而贊其僻違之行,適足以大其非而甚其惡耳。其强足以覆過,其禦足以犯詐,其慧足以惑愚,其辨足以飾非,其堅足以斷辟,其嚴足以拒諫,此非無材能也,其施之不當而處之不義也。有否心者,不可借便執;其質愚者,不與利器。論之所謂不知人也者,恐不知別此等也。"③這裏所展開的幾乎又是一個德與才、紅與專問題的議論。董仲舒以爲,智如果没有仁爲其把握方向,縱使水準再高,對於人來説也毫無價值、意義可言。因爲智已經被邪狂之心所驅使,已經被用來助紂爲虐、爲虎作倀。

仁與智之間,除了在時間上是"知先仁後"以外,還應該有一種更爲深層的聯繫。早在孔子那裏就已有仁、智與山、水的比德:"知者樂水,仁者樂山。知者動,仁者靜。知者樂,仁者壽。"(《論語·雍也》)知,主動,性趨於水,所以能夠産生心的愉悦;仁,主靜,性近於山,所以能夠體會出宇宙生命的不斷延續。《禮記·中庸》説:"好學近乎知,力行近乎仁,知恥近乎勇。"④智之用在於要爲仁辨明前提、掃清道路,所以,智是作爲落實仁的手段而出現的,這就決定了智在終極實質上的方法論性質。仁是目的,智是工具。目的總要大於工具,這樣,仁就必然是高於智的。從功能性質上看,知,主動,纔能適應變易,所以謂之"急";仁,主靜,纔能直達本體,所以謂之"近"。於是,董仲舒纔説:"莫近于仁,莫急於智。"⑤在仁義論上董仲舒强調仁遠、義我,而在仁智關係上董仲舒則主張仁近、智急。同一個"仁",爲什麽會忽遠忽近? 表面上看似有矛盾抵觸之處,而實際上只是源於所站視角的差別。仁遠義我,立足於施仁行義的對象;而仁近智急則立足於仁智在展開的過程所表現出來的功能特點。

仁與智同舉並提,當始於孔、孟。孔子曰:"未知,焉得仁?"(《論語·公冶長》)知

---

① 董仲舒:《春秋繁露·必仁且知》,第53頁。
② 同上。
③ 同上。
④ 《周禮·儀禮·禮記》,第497頁。
⑤ 董仲舒:《春秋繁露·必仁且知》,第53頁。

先於仁，似乎已經成爲仁的實踐的基本前提。《孟子》一書中子貢曾説過："學不厭，智也；教不倦，仁也。仁且智，夫子既聖矣。"（《公孫丑上》）既有理性的認知，又有博施的情懷，這對常人來説幾乎是不可能的，而惟有聖人纔能夠仁智雙全。

智作爲五常之一，本應與其他四常一樣被强調和重視，但是自孔孟之後的兩千多年，卻總是仁取代智，甚至所謂的仁、義、禮、智、信五常也幾乎一直只是仁而已。儘管間或也有關於知的論述，但是中國哲學裏的知，——要麼被安置在被動、消極的狀態，如張載説："見聞之知，乃物交而知，非德性所知；德性所知，不萌於見聞。"①"見聞之知"因爲還處於與物直接相接觸的階段，感覺的成分勢必比較多，所以就容易被誤導、歪曲。"見聞之知"總是被貶低。而"德性所知"因爲有心靈、理性甚或品格因素的介入和參與，一般不會被感覺認識所蒙蔽。——要麼被引入絕對主觀化的内心世界，如程頤就以爲："知者，吾之所固有。"②朱熹也説："知者，吾心之知。"③以及王陽明所提出的"心之靈明是知"，"知是心之本體"。④ 知等同於心，求知因而只是一己之心的事情，與外物無關、與存在無關，根本無須走出主觀世界一步，這實際上也就等於取消了對客觀世界進行認知的必要性與合法性，因此，對真理的追尋就顯得多餘。

西方哲學的主要特徵是重智，幾千年的延續，訓練了西方人思維的邏輯氣質，醖釀出理性化的科學精神。可是，智在中國哲學自孔孟以後幾乎就一直處於停滯的狀態，極少有人問津，根本就没有取得過任何突破性的進展。仁包容、涵蓋著智，智總被裹在仁、德的裏面，根本就無法獲得獨立的發育。仁高於智，仁大於智，體先於用，道德重於認知，倫理優於真理，又使得智從來都未曾上陞到目的論的層次，而只能作爲一種工具手段而存在。這就從心理和現實的雙重層面上排除並壓制著人們對科學與技術的追求。直到近代，在飽受西方"船堅炮利"的猛烈衝擊之後，先進的中國人纔意識到智的重要，纔開始大聲疾呼要重視智的開發、重視對認識論的研究。於是便有孫中山"行易知難"⑤的哲學命題，便有康有爲"仁智同藏而知爲先"⑥的思想主張。没有經歷過智的充分洗禮的中國思維當然就開拓不出現代科學的知識體系。聞名於世的"李約瑟難題"的解答或可從這裏獲得啓發。

① 張載：《正蒙》卷四《大心》，上海：上海古籍出版社，2000 年，第 144 頁。
② 程顥、程頤：《二程遺書·伊川先生語十一》。
③ 朱熹：《朱子文集·答江德功》，長沙：岳麓書社，1997 年。
④ 王陽明：《傳習錄》卷上陸澄錄、徐愛錄。
⑤ 孫中山：《建國方略·孫文學説·行易知難（心理建設）》，見《孫中山選集》，北京：人民出版社，1981 年，第 115 頁。
⑥ 康有爲：《大同書》，見《康有爲全集》，第六集，上海：上海古籍出版社。

王安石新學派的《禮記》研究

潘　斌　楊　玲

　　北宋時期王安石創立的學派，學術界一般稱之爲"荆公新學"，又簡稱"新學"。從王安石執政直至北宋滅亡前的近六十年裏，新學基本上統治了當時的思想界。新學經學著作，如《三經新義》、《字説》、《易解》、《論語解》、《孟子解》等通行於科舉考場，爲學子所宗。① 學術界也側重於從上述新學著述入手研究新學學術。而通過筆者的考察，新學對儒家經典中的大經《禮記》也多有研究，並有不少詮釋材料保存至今。本文擬對新學之《禮記》學作初步探討，以期更加全面展示新學之經學面貌。

一

　　從目錄書和相關經籍的著錄來看，新學開創者王安石的《禮記》學著作有《禮記要義》和《禮記發明》兩種。南宋趙希弁《郡齋讀書志附志》卷五載王安石有《禮記要義》二卷；此外，南宋衛湜《禮記集説》中的《集説名氏》載王安石有《禮記發明》一卷。趙希弁、衛湜只記書名，並無版刻記載。明代朱睦㮮《授經圖義例》卷二十載王安石有《禮記要義》二卷、《禮記發明》一卷，也不言二書的版刻。清乾隆四十三年（一七七八年），紀昀校閲《禮記集説》時云："《禮記集説》一百六十卷，宋衛湜撰。湜字正叔，吳郡人。其書始作於開禧、嘉定間。自序言'日編月削，幾二十余載而後成'。……紹定辛卯，趙善湘爲鋟板於江東漕院。越九年，湜復加校訂，定爲此本。自作前序、後序，又自作跋尾，述其始末甚詳。蓋首尾閲三十餘載，故採摭羣言最爲賅博，去取亦最爲精審。自鄭《注》而下所取凡一百四十四家，其他書之涉於《禮記》者，所採錄不在此數焉。今

---

① 晁公武：《郡齋讀書志》卷一，《四部叢刊三編》本。

自鄭《注》、孔《疏》而外，原書無一存者。朱彝尊《經義考》採摭亦最爲繁富，而不知其書與不知其人者，凡四十九家，皆賴此書以傳，亦可云禮家之淵海矣！”“採摭最爲繁富”的《經義考》和搜羅天下羣書的《四庫全書》的編者，均未見世間再有王安石《禮記要義》、《禮記發明》二書的刊行，而且斷定衛湜《禮記集説》所取包括王安石《禮記發明》在内的一百四十四家，除鄭《注》、孔《疏》外，“原書無一存者”，可見王安石的《禮記要義》和《禮記發明》散佚已久。由於後人對《禮記要義》無所援引，所以其具體内容已不得而知。所幸的是，衛湜撰《禮記集説》時援引了王安石《禮記發明》中的一些内容，借助於衛湜《禮記集説》，可以管窺王安石《禮記發明》。此外，元人吴澄的《禮記纂言》也於王安石《禮記發明》的内容有所援引。

據《宋史·藝文志》，陸佃有《禮記解》四十卷。此書早已散佚，唯衛湜《禮記集説》於此書多有徵引。衛氏《集説》中保留陸氏《禮記解》945 條，對這些所存留材料的分析，可見陸佃《禮記解》的一些特點。

方愨撰有《禮記解》，陳振孫《直齋書録解題》云：“《禮記解》二十卷，新安方愨性夫撰。政和二年表進，自爲之序。以王氏父子獨無解義，乃取其所撰《三經義》及《字説》，申而明之，著爲此解，由是得上舍出身。其所解文義亦明白。”[1]衛湜在《禮記集説》“集説名氏”中亦云：“方氏、馬氏及山陰陸氏三家，書坊鋟板傳於世。方氏最爲詳悉，有補初學，然雜以《字説》，且多牽合，大爲一書之累，間有與長樂陳氏《講義》同者。方自序亦謂諸家之説，於王氏有合者，悉取而用之，則其説不皆自己出也。馬氏、陸氏皆略，馬氏《大學解》又與藍田吕氏同。”[2]又云：“以上解義，唯嚴陵方氏、廬陵胡氏始末全備，自餘多不過二十篇，或三數篇，或一二篇，或因講説，僅十數章。”[3]由此可見，衛氏在撰《禮記集説》時，將方愨《禮記解》的内容悉數抄録。《經義考》卷一四一云“未見”。此書已佚。衛湜《禮記集説》採方愨《禮記解》1589 條解義。

馬希孟撰有《禮記解》，《直齋書録解題》卷二云：“《禮記解》七十卷，馬希孟彦醇撰。未詳何人，亦宗王氏。”[4]朱熹云：“方、馬二解，合當參考，盡有説好處，不可以其新學而黜之。”[5]衛湜《禮記集説》“集説名氏”云：“方氏、馬氏及山陰陸氏三家，……馬氏、陸氏皆略。”[6]《經義考》卷一四一云“未見”。此書已佚。衛湜《禮記集説》採馬希孟《禮

---

① 陳振孫：《直齋書録解題》卷二，上海：上海古籍出版社，1987 年。

② 衛湜：《禮記集説》卷首，文淵閣《四庫全書》本。

③ 同上。

④ 陳振孫：《直齋書録解題》卷二。

⑤ 黎靖德編：《朱子語類》，北京：中華書局，1986 年，第 2227 頁。

⑥ 衛湜：《禮記集説》卷首。

記解》615 條解義。

二

漢唐經學家秉承"注不駁經"、"疏不破注"的原則,把經書的一些理想化記載當作事實看待,表現出迷信經書的特點。新學學者則從情理出發,對這些理想化的記載進行重新審視和拷問,並提出自己的新見。如《王制》云:"樂事勸功,尊君親上,然後興學。"王安石曰:

> "樂事勸功,尊君親上,然後興學",禮乎? 曰:學者,先王之所以教,有教然後使人能樂事勸功,尊君親上。教成然後立學,似非先王之法也。孔子謂"富而後教之者",民窘於衣食,固不可驅而之善也,故富之者,王道之始。雖然,所以教者未嘗待民以大富足之後乃始興之也,隨其力之厚薄,勢之緩急而爲之禮,皆所以教之也。教不可以一日廢,則學不可一日亡於天下也。①

王安石認爲,"樂事勸功,尊君親上,然後興學"不符合先王之道,不是人們富裕以後纔可以興辦教育,而是要根據力量的大小、情勢的緩急而推行教育,教育不可一日沒有,學習也不可一日荒廢。

又如《王制》:"千里之外設方伯,王國以爲屬,屬有長。十國以爲連,連有帥。三十國以爲卒,卒有正。二百一十國以爲州,州有伯。"王安石曰:

> 千里之外設方伯,方伯連帥,固宜有之。五國,十國,三十國,亦宜或然也;但州必二百一十國,恐不必然也。②

王安石認爲,千里之外設方伯,方伯連帥,五國、十國以及三十國都可能爲事實,但是二百一十國爲州可能並非史實。

此外,新學學者對《禮記》所記名物的理解有時與舊注有異。如《雜記上》:"如筮,則史練冠長衣以筮,占者朝服。"鄭《注》:"長衣,深衣之純以素也。長衣練冠,純凶服也。朝服,純吉服也。大夫士日朝服以朝也。"③陸佃曰:

> 長衣蓋練衣也,練而爲衣,長之,即吉有漸也。知然者以練,練衣黄裏縓

---

① 衛湜:《禮記集説》卷三二。
② 衛湜:《禮記集説》卷二六。
③ 阮元校刻:《十三經注疏(附校勘記)》,北京:中華書局,1980 年,第 1551 頁。

緣，鹿裘衡長袪知之也。鄭氏謂"長衣，深衣之純以素"，非是。①

鄭玄認爲，長衣純爲凶服。陸氏不同意此説，他認爲長衣即練衣，表示由凶而吉，並非純凶服。

新學學者對《禮記》所記禮制的理解有時與舊注有異。如《王制》："天子百里之内以共官，千里之内以爲御。"孔《疏》："百里之内者，謂去王城百里，四面相距則二百里；經云千里之内以爲御者，謂四面相距爲千里，去王城四面五百里。"②並認爲此恐是周禮。王安石不同意孔《疏》，他説：

> 此一説亦不知是何時，於他經亦不見。其有此，恐於事亦難如此，蓋當合王府之財而通其調乃可也已。③

孔穎達推斷此爲周禮，並確信經文的記載爲真。王安石則認爲，既然其他經典於此制度無記載，那麼則尚難斷定此爲何時之制；此外，經文的記載在事實上尚難真正如此。

對《禮記》所蘊禮意的詮釋，新學學者有時與舊注爲異。如《檀弓上》："曾子之喪，浴于爨室。"鄭《注》："見曾元之辭易簀，矯之以謙儉也。禮，死浴於適室。"④孔《疏》曰："此一節論曾子故爲非禮以正其子也。……曾子達禮之人，應須浴於正寢，今乃浴於爨室，明知意有所爲。"⑤王安石則對鄭《注》、孔《疏》提出異議："此自元申失禮，於《記》曾子無遺言，鄭何以知其矯之以謙儉也？"⑥王安石認爲，此失禮之舉是曾子之子曾元自己所爲，並非如鄭《注》孔《疏》所云曾子故意爲之。安石此説對後世影響甚深，如元代陳澔曰："《士喪禮》'浴於適室'，無浴爨室之文。舊説曾子以曾元辭易簀，矯之以謙儉，然反席未安而没，未必有言及此，使果曾子之命，爲人子者亦豈忍從非禮而賤其親乎？此難以臆説斷之，當闕之。"⑦陳澔此説顯然受到了王安石的啟發。明代胡廣修《禮記大全》、清人李光坡撰《禮記述注》、鄂爾泰等奉敕編《欽定禮記義疏》均採陳氏之説。⑧

---

① 衛湜：《禮記集説》卷一〇一。
② 阮元校刻：《十三經注疏（附校勘記）》，第 1325 頁。
③ 衛湜：《禮記集説》卷二六。
④ 阮元校刻：《十三經注疏（附校勘記）》，第 1281 頁。
⑤ 同上。
⑥ 衛湜：《禮記集説》卷一六。
⑦ 陳澔：《禮記集説》卷二。
⑧ 參見胡廣《禮記大全》卷三、鄂爾泰《欽定禮記義疏》卷十、李光坡《禮記述注》卷三。對於《檀弓上》這段經文的理解，各家意見紛紜，尚無定論。如江永、孫希旦認爲曾子所爲並非爲矯子謙儉，此所記必傳聞之誤。可參見孫希旦《禮記集解》第 186 頁、江永《禮記訓義擇言》卷二。李調元仍支持鄭、孔之説。可參見李調元《禮記補注》卷一，《叢書集成初編》本。

鄭《注》簡奧,並非解《禮記》全文。而孔氏《正義》多疏鄭《注》,因此也多不關涉鄭玄所未備。鄭玄以爲當簡易之處,至宋已複雜難明,對鄭、孔所未備之處進行補充,已成爲宋代經學家當務之急。新學學者多對鄭《注》、孔氏《正義》疏漏之處進行補充,使其解義更加詳備。

首先是解鄭《注》、孔《疏》之未解者。如《曲禮上》"鄰有喪,舂不相;里有殯,不巷歌。"鄭《注》:"助哀也。相,謂送杵聲。"①孔氏《正義》於此無解。方慤曰:

> 除喪而後祥,故未祥之前通謂之有喪。啟殯而後葬,故未葬之前通謂之
> 有殯。於鄰言有喪,舂不相,則有殯可知。於里言有殯,不巷歌,則有喪可
> 知。舂猶不相,則不巷歌可知。不巷歌,則容或相舂矣。五家爲鄰,五鄰爲
> 里,鄰近而里遠,鄰寡而里衆,近而寡者其情昵,遠而衆者其情疏,故哀不能
> 無輕重淺深之別焉。②

方氏於此先分別解釋"有喪"、"有殯",然後探討"鄰有喪,舂不相"、"里有殯,不巷歌"的關係。方氏此說啟發了清儒,如孫希旦,孫氏曰:"愚謂方氏之說皆是,惟云'里言有殯,不巷歌,則有喪可知',尚未當。蓋里有殯,不巷歌,則既葬之後,歌或非所禁也。鄰里之哀,非但輕重淺深之不同,而其久暫固有別矣。"③孫氏雖對方氏此解有異議,但卻是由方氏解義引出。

其次是補鄭《注》孔《疏》解義之不詳備者。如《哀公問》:"公曰:'敢問何謂敬身?'孔子對曰:'君子過言則民作辭,過動則民作則。君子言不過辭,動不過則,百姓不命而敬恭。如是則能敬其身。能敬其身,則能成其親矣。'"鄭《注》:"則,法也。民者,化君者也,君之言雖過,民猶稱其辭。君之行雖過,民猶以爲法。"④孔《疏》:"以前經對哀公爲政在於敬身,故此經公問敬身之事,孔子對以敬身之理。'君子過言則民作辭'者,以君爲民表,下之所從。假令過誤出言,民猶法之,稱作其辭。'過動則民作則'者,君子假令過誤舉動,而民作其法則,所以君子出言不得過誤其辭,舉動不得過誤法則。"⑤馬希孟曰:

> 言動者,敬身之所宜慎也。擬之而後言,則無過言;議之而後動,則無過
> 動。過言而民作辭,過動而民作則,以其貴者賤者之所矜式也。上者,人之

---

① 阮元校刻:《十三經注疏(附校勘記)》,第 1249 頁。
② 衛湜:《禮記集說》卷七。
③ 衛湜:《禮記集說》卷八〇。
④ 阮元校刻:《十三經注疏(附校勘記)》,第 1612 頁。
⑤ 同上。

所視效也。言而世爲天下法，動而世爲天下則，不命而民敬恭，能敬身之效
也。能敬其身，則能立其身，能揚其名，以顯父母，故能敬其身，則能成
其親。①

鄭、孔均强調君子“過言”、“過動”而民仍從之原則。而實際上此段經文之重點當在後
半部分，即“言不過辭，動不過則”則民敬恭、敬其身之事。馬氏對此進行解釋，實際上
是對鄭、孔解義所未備之處所作的補充。

　　新學學者對《禮記》經文舊注的辨析頗具啟發意義。如對於《王制》所記制度的懷
疑，王安石就已突破了漢唐時期經學家治經方法的局限。以今人眼光，《王制》記載多
爲理想化的政治模式，其内容並非完全符合史實。王安石以世俗理性的眼光重新審
視《王制》，認爲《王制》有些記載“於人情似不合也”，②“恐於事亦難如此。”③不管是從
經學還是從史學的角度來看，王安石的解義都具一定的合理性。此外，安石弟子在解
《禮記》時亦多補鄭《注》、孔氏《正義》之未備。這些解義語言平正，新見迭出，多有功
於當世及後世學者，如衛湜所云：“方氏、馬氏及山陰陸氏三家，書坊鋟板傳於世，方氏
最爲詳悉，有補初學。”④

<h2 style="text-align:center">三</h2>

　　新學學者通過注釋、解說、議論、引用經書的形式表達自己的思想。首先，他們在
詮釋《禮記》時闡發崇聖復古思想。如王安石在訓釋《禮記》時多使用“先王”一詞，《禮
運》：“後聖有作，然後修火之利，范金合土，以爲臺榭、宫室、牖户，……皆從其朔。”王
安石注：“‘皆從其初’，‘皆從其朔’，或言初，或言朔，何也？初者，一始而不可變；朔則
終而復始。故於始諸飲食則言初，於後聖有作則言朔。蓋先王爲後世所因，乃其所以
爲朔也。”⑤“先王爲後世所因”，即先王當爲後世所效法。又如《王制》：“‘樂事勸功，尊
君親上，然後興學’，禮乎？曰：學者，先王之所以教，有教然後使人能樂事勸功，尊君
親上。教成然後立學，似非先王之法也。”⑥安石於此懷疑經文，而他判斷經文合理與

----

① 衛湜：《禮記集説》卷一〇八。
② 衛湜：《禮記集説》卷二四。
③ 衛湜：《禮記集説》卷二六。
④ 衛湜：《禮記集説》卷首。
⑤ 衛湜：《禮記集説》卷五四。
⑥ 衛湜：《禮記集説》卷三二。

否的依據,則是看其是否符合先王之法。

王安石將《周禮》當作先王遺典,並爲《周禮》作新義,以此作爲變法實踐之理論依據。在王安石爲《禮記》所作解義中,可以明顯地看到他有尊崇周公和周禮的傾向,如《禮運》:"孔子曰:'⋯⋯魯之郊禘,非禮也,周公其衰矣。'"王安石注:"魯有周公之功而用郊,不亦可乎? 魯之郊也,可乎? 曰:有伊尹之心則放其君可也,有湯武之仁則絀其君可也,有周公之功,用郊不亦宜乎?"①郊禮是祭天,在祭祀中最爲重要,王安石認爲,只要魯國有周公之功,則可舉行郊祭,可見王安石尊崇周公之甚。

王安石重視《周禮》的學術取向對其弟子影響頗大,"王昭禹、林之奇、王與之、陳友仁等注《周禮》,頗據其説。"②如方愨在撰《禮記解》時就十分重視以《周禮》經文解《禮記》。據筆者統計,現存於衛湜《禮記集説》中的方愨《禮記解》援引《周禮》多達 140 餘次。

方愨在闡述禮意時,常以《周禮》所記具體的名物禮制爲論據,如《王制》:"用民之力,歲不過三日。田里不粥,墓地不請。"方愨曰:

> 不過三日,所以寬其力,而民無徭役之苦矣。《周官》"豐年旬用三日",則經所言,蓋雖豐,不得過三日之制也。田言野外所耕之地,里言國中所居之地。《周官》墓大夫掌凡墓地域,令國民族葬,則固不在所請矣,請謂求之也。③

《周禮·均人》曰:"豐年旬用三日,中年旬用二日,無年旬用一日。"方氏以此解《王制》"用民之力,歲不過三日",認爲年歲不同,雖然是豐年,用民之力也不得過三日。同時又以《周禮》所記墓大夫之職來説明《王制》所記"墓地不請"。

方氏有時以《周禮》解《禮記》所記名物,如《王制》:"凡執技論力,適四方,裸股肱,決射御。凡執技以事上者,祝、史、射、御、醫、卜及百工。凡執技以事上者,不貳事,不移官,出鄉不與士齒。仕於家者,出鄉不與士齒。"方愨曰:

> 祝若《周官》大祝之類,史若《周官》大史之類,祝史皆事神之官。以其作辭以事神,故曰祝;以其執書以事神,故曰史。射則《周官》之五射,若白矢參連之類;御則《周官》之五御,若鳴和鸞逐禽左之類;醫則醫師之類;卜則卜師之類;百工則土工、木工、金工、石工之類,以其類之非一,故以百言之,以其

---

① 衛湜:《禮記集説》卷五五。
② 紀昀等:《四庫全書總目》卷十九,北京:中華書局,1965 年。
③ 衛湜:《禮記集説》卷三二。

足以興事,故謂之工焉。凡此者,皆執技之名也。①

方氏於此以《周禮》"大祝"、"大史"解《王制》所記之"祝"和史,又以《周禮》"五射"釋《王制》此處之"射",以《周禮》"五御"釋《王制》此處之"御"。方氏以《周禮》解《王制》有會通儒家經典之意。

新學學者重視以《周禮》解《禮記》,彰顯了新學試圖會通禮書的特點。王安石解《禮記》並没有援引《周禮》一書中的内容,其對周禮的重視實際上就是尊崇《周禮》之延伸。新學學者如陸佃、馬希孟、方愨等人解《禮記》時也多以《周禮》爲依據,不過這些學者並非如王安石出於經世致用之目的,而是以會通《周禮》和《禮記》爲出發點。

此外,新學學者還以《禮記》論性情。宋初已有性命之學,胡瑗、晁説之等人已經注意到了《中庸》的心性資源,但是由於其影響不大,故没有受到時人重視。王安石論性命之理的文獻主要有《淮南雜説》、《性情》、《原性》、《性説》、《性論》、《揚孟》、《答王深甫書二》等。當今學者研究王安石性命之説也僅以這些文獻爲據。實際上,王安石的性命之説還見於他對《禮記·中庸》所作的注釋。② 從《禮記發明》保存下來的資料來看,王安石在詮釋《中庸》時從兩個維度闡述了他的性情觀。

首先,王安石從人之心理活動的角度來認識性情,他説:"人之生也,皆有喜、怒、哀、樂之事。當其未發之時謂之中者,性也;能發而中喜、怒、哀、樂之節謂之和者,情也。後世多以爲性爲善而情爲惡,夫性情一也,性善則情亦善,謂情而不善者,説之不當而已,非情之罪也。《禮》曰:'人生而静,天之性也,感物而動,性之欲也。'則是中者,性之在我者之謂中,和者,天下同其所欲之謂和。夫所謂大本也者,性非一人之謂也,自聖人愚夫皆有是性也。達道也者,亦非止乎一人,舉天下皆可以通行。'致中和,天地位焉,萬物育焉',此論中和之極,雖天地之大亦本中和之氣。天位於上,地位於下,陽氣下降,陰氣上蒸,天地之間薰然,春生夏長,而萬物得其生育矣,《易》曰:'天地交而萬物生。'其中和之致也。"③王安石認爲性是"未發",而情是"已發",分别屬於心理活動的不同狀態和階段。性是"當其未發之時謂之中者",情是"能發而中喜怒哀樂之節謂之和者",這與王安石在《性情》中所表述的觀點如出一轍。④ 不僅如此,王安石還對性情之來源作了追溯,他説:"人受天而生,使我有是之謂命,命之在我之謂性。

---

① 衛湜:《禮記集説》卷三三。
② 劉成國《荆公新學研究》第三章第二節以及第五章第三節對王安石的性命之學作了較爲全面的論述。
③ 衛湜:《禮記集説》卷一二四。
④ 王安石在《性情篇》云:"喜怒哀樂好惡欲,未發於外而存於心,性也。喜怒哀樂好惡欲發於外而見於行,情也。"《臨川先生文集》卷六七,《四部叢刊初編》本。

不唯人之受而有是也,至草木、禽獸、昆蟲、魚鱉之類,亦稟天而有性也。"①可見王安石並不滿足於從人的心理活動層面來説明性情的來源,在《中庸》的啟發下,他從更爲廣闊的背景,即從超越的"天"的角度來説明性情之起源。

其次,王安石認爲性有善惡,他説:"蓋君子養性之善,故情亦善;小人養性之惡,故情亦惡。"②王安石受到了孟子性善論的影響,更多地强調性善,③他説:"然性果何物也? 曰:善而已矣。性雖均善,而不能自明,欲明其性,則在人率循而已,率其性不失,則五常之道自明。然人患不能修其五常之道以充其性,能充性而修之,則必以古聖賢之教爲法。而自養其心,不先修道則不可以知命。《易》曰:'窮理盡性以至於命。'《易》何以不先言命,而此何以首之? 蓋天生而有是性命,不修其道,亦不能明其性命也,是《中庸》與《易》之説合。此皆因中人之性言也,故曰'自誠明謂之性,自明誠謂之教'。夫教者在中人,修之則謂之教,至於聖人,則豈俟乎修而至也? 若顏回者,是亦中人之性也,唯能修之不已,故庶幾於聖人也。"④在王安石看來,性中本有善,只要修之不已,就能明其性。其中"修"的一條重要途徑就是教育。聖人之性純全,因此不需要修,而普通人則是"中人之性",只有通過不斷地教化,纔能明天所賦之性。

---

① 衛湜:《禮記集説》卷一二三。
② 《臨川先生文集》卷六七。
③ 王安石學術與《孟子》關係密切,其所著《淮南雜説》就是擬孟之作。
④ 衛湜:《禮記集説》卷一二三。

權者反經、有善乃爲

——宋代《春秋》經解中的經權關係

孫旭紅

經權觀念是中國倫理思想史中一個相當重要的觀念。所謂"經",就是指通常情況下人們必須遵守的原則,這些原則一般具有不可更易的特徵,而"權"指隨機應變、因地、因事制宜的靈活性。① 在《春秋》學中,"經權"主要是指人們既要遵守《春秋》大義的規範,也要在特殊情況下靈活應對。② 宋儒於《春秋》學中也探討經、權關係,如蕭楚云:"聖人之於臣子,有責其守經事者,有予其適變事者,責其守經事者,嚴上下之分也;予其適變事者,通一時之權也。"③趙鵬飛也曾言:"權正不並用,仁義不兩立,權足以濟時,君子舍其正,仁足以安天下,君子不責其義。"④所謂"嚴上下之分"者,依循倫常規範,適於平時,守經也;"通一時之權"者,反於經而合於道也,適於非常之時,通變也。可見,蕭楚與趙鵬飛都是主張君子是可以行權的,但理論上的主張與現實中的運用卻有著巨大差距,因爲就經權問題而言本身非常複雜,涉及面十分廣泛,不少問題並非可以單純的以經或權的含義來斷定。本文即以"宋人執祭仲"與"宋督弒其君與夷及其大夫孔父"等事蹟爲例,來具體分析宋儒於《春秋》學中對"經"、"權"關係的闡發。

---

① 《禮記·中庸》云:"凡爲天下國家有九經",治理國家有九項原則。《孟子·盡心下》曰:"經正則庶民興。"趙岐注云:"經,常也。"孟子説:"夫道二,常之謂經,變之謂權。懷其常道而挾其變權,乃得爲賢。"(漢)韓嬰撰·許維遹校釋:《韓詩外傳集釋》,北京:中華書局,1980年,第34頁。吳付來:《試論儒學經權論的邏輯走向》(《安徽師大學報》(哲學社會科學版)1996年第1期)對儒家經、權觀念的演變作了較爲詳細的論述。

② 這一觀念在春秋末期開始萌芽,經過戰國時期的發展,到西漢景帝初年《公羊傳》的寫定後纔完全成形。張端穗:《〈春秋公羊傳〉經權觀念的緣起》,《東海中文學報》第10期,1992年8月。

③ (宋)蕭楚:《春秋辨疑》卷三,文淵閣《四庫全書》本。

④ (宋)趙鵬飛:《春秋經筌》卷十二,文淵閣《四庫全書》本。

一、宋人執祭仲例

《公羊傳》中有關"權"的看法,是藉由桓公十一年"九月,宋人執祭仲"這條經文提出的。關於此條經文,《公羊傳》認爲:"權者何? 權者反於經,然後有善者也。權之所設,捨死亡無所設。行權有道,自貶損以行權,不害人以行權。殺人以自生,亡人以自存,君子不爲也。"這段話的大意是:權是違反常經的,但行權的結果必須是善的。權只有在君主生死、國家存亡的關鍵時刻纔能實行,除此之外,都不能隨便行權。行權還有一個重要的原則,那就是要損己利人,而不是害人利己。可見,《公羊傳》之論權,以生死爲判准,以義爲斷。若爲"義"則殺人以自生,亡人以自存等行爲亦無不可;苟不義矣,雖有善,得以使亡者存,死者生,亦不可爲。對於經文所書祭仲之事,《公羊傳》評論道:

> 祭仲者何? 鄭相也。何以不名? 賢也。何賢乎祭仲? 以爲知權也。其爲知權奈何? 古者鄭國處於留。先鄭伯有善於鄶公者,通乎夫人,以取其國而遷鄭焉,而野留。莊公死已葬,祭仲將往省于留,塗出於宋,宋人執之。謂之曰:"爲我出忽而立突。"祭仲不從其言,則君必死,國必亡。從其言,則君可以生易死,國可以存易亡。少遼緩之。則突可故出,而忽可故反,是不可得則病,然後有鄭國。古人之有權者,祭仲之權是也。①

《公羊傳》通過對《春秋》大義的分析,高度評價了祭仲"逐君存鄭"的"知權"行爲,指出《春秋》經載此類事時之所以稱祭仲之字而不稱其名(祭仲名足字仲),是因爲祭仲"賢也",以爲他能通權達變。因爲在《公羊傳》看來,若當時祭仲不聽從宋人的意見,國君(指鄭昭公)必定滅亡,鄭國亦將面臨危機;若聽從宋人的意見,國君與國家均可保存。而且暫時答應宋人的意見,可以作爲緩兵之計,等形勢稍定後可以把所立的雍姞子突逐出國,而忽可以依舊回來復位。因此,《春秋》並不以廢嫡立庶、專廢置君的罪名責備祭仲。鄭國在祭仲的權宜處置下依然獲得保存,很顯然,《公羊傳》肯定祭仲的行爲,認爲祭仲可以作爲施行權道的典範。

《左傳》則敍述了該事件原委:

> 初,祭封人仲足有寵于莊公,莊公使爲卿。爲公娶鄧曼,生昭公,故祭仲

---

① 李學勤主編:《十三經注疏·春秋公羊傳注疏》,北京:北京大學出版社,1999 年,第 96—98 頁。

立之。宋雍氏女于鄭莊公，曰雍姞，生厲公。雍氏宗，有寵于宋莊公，故誘祭
仲而執之，曰："不立突，將死。"亦執厲公而求賂焉。祭仲與宋人盟，以厲公
歸而立之。秋九月丁亥，昭公奔衛。己亥，厲公立。

從《左傳》的敍述可知，鄭祭仲於國喪未久，出境經過宋地。宋人因與鄭莊公夫人雍姞
有故遂執祭仲，要求祭仲驅逐太子忽而立雍姞子突，並以其性命相威脅。《左傳》本身
並未對該事件及祭仲等作出評價，[①]後起的《左傳》學者杜預卻評論道：祭仲"不稱行
人，聽迫脅以逐君，罪之也"，又云："祭仲之如宋，非會非聘，見誘而以行人應命。"孔穎
達疏稱：祭仲"不能死節，挾僞以篡其君，故經不稱行人以罪之"。[②] 總之，《左傳》學者
認爲祭仲見誘至宋，聽迫逐君，廢長立少，不能死節，挾僞篡權，罪大惡極。

另外，就《左傳》記事來看還有另一種可能，就是祭仲之所以逐公子忽而立公子
突，其實爲了顧及個人生死，並且違背君臣之義而專廢置君。家鉉翁就認爲《公羊》之
論乃附會之説："宋非方伯連帥而擅執鄭之爲執政者，鄭之執政非其臣屬，而甘於受其
執而不以爲怒，蓋相與爲盜奸，外示執而中則同也……竊以爲仲與莊内外合謀而爲
此，本非執也。仲爲鄭卿，柄其國者也，豈得一旦輕行爲宋所執，又與突俱歸而遂立
之。當是時，立弗立，其權在仲。彼迫脅而爲之盟，又何足以要我。而仲也出君納君
若是之易耶？蓋忽者，鄭莊公嫡子，有功于齊，剛傲自大，祭仲忌之，故與宋莊合謀更
立弱君，爲固位之計。突既篡兄，復不假仲以權，仲又出之而復以忽歸。若仲者，鄭之
大盜，周若有王，誅死而不以赦者也。《春秋》先書宋人執鄭祭仲，繼書突入忽出，著祭
仲謂首惡也。突非祭仲無以遂其篡奪之謀，仲非首惡而何？……有權者，反經合道之
説，誤天下後世豈不甚哉！"[③]依照家鉉翁的分析，《公羊傳》忽略了祭仲假行權以存廢
立君主而保存國家之名，實際上是出於固位之私慾而與宋合謀，此説亦頗值得考究。

無論是上述哪一種可能，《左傳》的看法都與《公羊傳》的解釋相反，[④]且無論是依
據《左傳》的事實，還是後人依據自身時代的倫理觀，《公羊傳》所主張的"祭仲行權"説
都遭到了普遍的反對。連《穀梁傳》也根據君臣名分對祭仲提出嚴厲的批評："祭仲易

① 從《左傳》所記來看，鄭昭公（忽）曾率兵大敗北戎，還堅拒大國的婚姻，是一個有作爲的君主。而鄭厲公
（突）則較爲平庸。而祭仲既是鄭莊公的寵臣，又勸鄭昭公（忽）聯姻於齊，以求大國外援，接著又接受宋
國的誘迫而更立國君，以致使鄭昭公出亡在外，可以看出，祭仲的才能、品德亦實在值得商榷。
② 李學勤主編：《十三經注疏·春秋左傳正義》，北京：北京大學出版社，1999 年，第 193 頁。
③ （宋）家鉉翁：《春秋集傳詳説》卷四，文淵閣《四庫全書》本。
④ 兩傳的解釋不同，原因衆多，古文經學家賈逵認爲，對於君臣關係，關於祭仲等人的評價，"《左氏》義深於
君父，《公羊》多任於權變，其相殊絶，固以甚遠，而冤抑積久，莫肯分明。"（南朝）范曄：《後漢書》，北京：
中華書局，1997 年，第 1236 頁。

其事,權在祭仲也,死君難,臣道也,今立惡而黜正,惡祭仲也。”漢代賈逵於《長義》中論難祭仲之事道:“若令臣子得行,則閉君臣之道,啟篡弑之路。”①賈逵認爲君臣綱紀是社稷安定之根本,若臣以行權而廢立國君則亂臣賊子滋起,天下神器可得而窺也。②杜預也説:“伯仲叔季,固人字之常,然古今亦有意爲名者,而《公羊》守株,專謂祭氏以仲爲字。既謂之字,無辭可以善之,因托以行權。人臣而善其行權逐君,是亂人倫,壞大教也。”③杜預之論也是承賈逵而發揮。可見,三傳名家都對祭仲行權之事,從君臣之義的角度進行攻擊。因此,這不能不使人懷疑《公羊傳》有關“權”的理論。

至宋代,《春秋》學者幾乎一致反對《公羊傳》的“祭仲行權論”,而極力申討祭仲之罪。這其中孫復首開其端,他認爲祭仲“爲鄭大臣,不能死難,聽宋威脅,逐忽立突,惡之大者。況是時忽位既定,以鄭之衆,宋雖無道,亦未能畢制命於鄭。仲能竭其志力於宋,則忽安有見逐失國之事哉!”④孫復的批判實際集中於一點,就是祭仲若能内輔國政,外拒諸侯,則根本不用受制於别國。劉敞亦曰:

> 若祭仲知權者,宜效死勿聽,使宋人知雖殺祭仲,猶不得鄭國,廼可矣。且祭仲謂宋誠能以力殺鄭忽而滅鄭國乎? 則必不待執祭仲而劫之矣;如力不能,而誇爲大言,何故聽之? 且祭仲死焉足矣,又不能,是則若强許焉,還至其國而背之,執突而殺之可矣,何故黜正而立不正以爲行權,亂臣賊子孰不能爲此者乎……若仲之爲者,《春秋》之亂臣也。⑤

劉敞所駁也是責備祭仲未盡力事君,事後又不能死君之難。祭仲此時,既屈以從宋,力足以爲後日逐突以立忽乎? 此則未必。因此,其假權之名以爲僭作之實,是劉敞所謂亂臣也。

黄仲炎與趙鵬飛主要從君臣關係方面反駁《公羊傳》的“祭仲行權論”。黄仲炎認爲“《公羊》之最謬者”之一,便是“以祭仲爲行權”,因爲:

> 祭仲執國之政,受命以奉其嫡子。忽爲君,有死無貳,仲之職也。一旦見執於宋,貪生苟免,遽立突而黜忽,視變易其君不啻如弁髦,雖斧鉞刀鋸猶恐不足以痛懲之,況可許以權乎! 以祭仲爲權,是使世之奸臣賣君賣國以自

① 　李學勤:《十三經注疏·春秋公羊注疏》,第 98 頁。
② 　范寧之論與賈逵相同,他在《穀梁傳序》中説:“《公羊》以祭仲廢君爲行權……以廢君位行權,是神器可得而窺也。”李學勤主編:《十三經注疏·春秋穀梁傳注疏》,北京:北京大學出版社,1999 年,第 9—10 頁。
③ 　(晉) 杜預:《春秋釋例》卷四,文淵閣《四庫全書》本。
④ 　(宋) 孫復:《春秋尊王發微》卷二,文淵閣《四庫全書》本。
⑤ 　(宋) 劉敞:《春秋權衡》卷九,文淵閣《四庫全書》本。

爲利者,皆借權以自解,則天下國家之禍安有已哉！①

如果要後人承認祭仲之舉爲行權,就是給後世"賣君賣國以自利者"肆其所慾的藉口了,如此,則天下國家的禍亂就沒有停息之日了,字裏行間透露出作者對祭仲毫無餘地的批判,黃仲炎並由此下結論,若《公羊》之論"其誤天下後世不淺矣"。② 趙鵬飛十分注重守節之臣對國家的重要性,他認爲"節義之臣,國之治亂繫之。"他認爲祭仲是鄭國的重臣,鄭國之治亂繫于祭仲。即使當"宋莊不義,以突之母爲己出,誘祭仲執之,求出忽而納突。仲於此以義拒之可也,拒而不從死之可也。"但祭仲既寡謀淺慮又被宋國所誘,懦弱不能拒,因此,趙氏認爲祭仲是導致鄭國數世之亂的罪魁禍首。因此,"聖人尤仲不死,故誅其魂於千百載之後以息鄭亂。"③可見,趙氏對祭仲之恨雖時隔千年仍切齒咬牙,對祭仲行權的憤慨可謂溢於言表。

對於《公羊傳》認爲《春秋》稱祭仲字而不名是爲褒意,宋儒也給予了反擊,崔子方之論較爲典型:

> 傳者謂《春秋》書字以爲褒,誤矣。彼獨不因其事以觀之乎？夫突,宋出也。宋人之所欲立,宋以爲不得祭仲則忽不可出而突不得立,故執祭仲以要之,仲不能以己殉國守節而死難,於是廢正立庶,徇人之私,彼其得罪宜矣。④

崔子方認爲以祭仲之行事,獲罪尚且不暇,《春秋》怎麼還會給予褒獎。這些疑問也是經權問題中所涉及的重要部分。胡安國則認爲:

> 祭仲何以不名？命大夫也。命大夫而稱字,非賢之也。乃尊王命,貴正卿,大祭仲之罪以深責之也。其意若曰：以天子命大夫爲諸侯相而執其政柄,事權重矣。固將下庇其身,而上使其君保安富尊榮之位也。今乃至於見執,廢絀其君而立其非所立者,不亦甚乎。任之重者,責之深。祭仲無所逃其罪矣。《春秋》美惡不嫌同辭,突之書名,則本非有,國由祭仲立之也。若忽則以世嫡之正至於見逐不能立乎其位,貴賤之分亡矣。凡此類抑揚其詞,皆仲尼親筆,非國史所能與,而先儒或以從赴告而書者,殊誤矣。⑤

---

① （宋）黃仲炎:《春秋通說》卷二,文淵閣《四庫全書》本。
② 同上。
③ （宋）趙鵬飛:《春秋經筌》卷二,文淵閣《四庫全書》本。
④ （宋）崔子方:《春秋經解》卷二,文淵閣《四庫全書》本。
⑤ （宋）胡安國:《胡氏春秋傳》,杭州：浙江古籍出版社,2010年,第69頁。

胡安國此處否定了《公羊傳》"賢"祭仲的解釋，認爲《春秋》不書祭仲之名，正是要彰顯祭仲之罪以深責之。因爲祭仲身居顯要之職，當輔佐君主安居其位，今逐君、立君咸由己意，其罪在所難逃。張洽不但批評祭仲，他還注意到了《春秋》記"宋公不書爵而稱人"的書法，張洽認爲是"以其徇大夫之私意，干諸侯之正統，使之黜適立庶，貶之也。死難，臣道也。祭仲貪生畏死，爲鄭正卿，背先君之命而立庶孽，故穀梁子曰：'惡祭仲也。'"《春秋》不書宋公之爵而稱"人"，主要是指責宋公肆意干涉別國君位的傳承，使之廢嫡立庶，亂別國之政。而祭仲身爲正卿，不知爲國死節，背棄先君之命而立庶孽，因此，"觀比事屬辭之旨，則宋與祭仲之罪不可勝誅固已甚明。而天子方伯之職不修，以致奸狡強橫肆行而無所忌之實皆可見矣。"①

儘管宋儒從諸多方面反對《公羊》對祭仲的"行權"解釋，但是，早在《論語》、《孟子》的相關內容中已開始有了對"權"的討論。② 這就不僅令人懷疑，是否聖人也肯定通權達變，所以《公羊傳》纔於經解中體現聖人之旨呢？ 在葉夢得看來，這不足以作爲肯定可以行"權"的理由，他説：

> 其説蓋起《公羊》，以祭仲出鄭忽爲知權，而《春秋》賢之者也。故謂："權者反於經，而後有善。"學者雖知其失而斥之，然終不能不以吾聖人言之近似者而惑之也。夫"可與適道，未可與立。可與立，未可與權。"孔子固言之矣。此豈捨常而用權者哉？ 孟子曰："子莫執中，執中爲近之。執中無權，猶執一也。所惡執一者，爲其賊道也，舉一而廢百也。"夫道固有常、變。惟明道者，雖守其常，而變自存乎其間。此君子之所謂權者也。世之知常而不知變，知變而不知常者，皆分乎道，而各蔽於一偏，則孟子所謂執一而賊道者是也。惡睹夫權而議之哉？③

這是《論語》、《孟子》中和經權問題最相近的資料，也對"權"作了初步的討論。在《論語·子罕》中，孔子提到了"權"字，取其"權衡輕重"的用意。但孔子並不認同《公羊傳》以"反經合道"來界定"權"。經過葉夢得的解釋，孟子所謂"執一而賊道者"，其實是指責"知常而不知變"、"知變而不知常"這兩種人，從而突出自己所強調的持守常道的重要性。應當注意的是，葉夢得強調的"守其常，而變自存乎其間"的意思，即是説如果可以"守經"就能應變、"通權"。如此一來，"通權"無異於"守經"了。

---

① （宋）張洽：《春秋集注》卷二，文淵閣《四庫全書》本。
② 如孔子在《論語·子罕》中説："可與共學，未可與適道；可與適道，未可與立；可以立，未可與權。"又如《子罕》篇載："子絕四：毋意，毋必，毋固，毋我。"此"四毋"即爲權，即是孟子"執中無權猶執一"之意。
③ （宋）葉夢得：《春秋考》卷一，文淵閣《四庫全書》本。

　　因此，葉氏强調《論語》此章儘管提到權，卻不教人捨棄常道。① 在這一認識下，葉夢得認爲君臣之義不可動搖，如果承認《公羊傳》允許行權的作法，則是"以亂濟亂"，②他説：

　　　　《春秋》立天下之常道，以垂萬世者也。或者以爲亦有從權者焉，非也。今天下之所以能立者，爲其有君君、臣臣、父父、子子、兄兄、弟弟、夫夫、婦婦，而行之以禮樂政刑，持之以綱紀文章者也。湯武非不仁也，孔子曰："武盡美矣，未盡善也。韶盡美矣，又盡善也。"終不以桀紂而易天下之君臣也。衛輒受命於靈公，而有其國者也……終不以輒而亂天下之父子也。何者？權者，有時而行；而常者，萬世不可改者也。雖大聖人，豈以一時之宜而，廢萬世之正乎？春秋之時，三綱亡，五常絶，凡天下之所以立者，無一而不壞矣。上無道揆，下無法守。明王不作，既無與出而治之者。孔子方將以空言，撥其亂而反其正，舉其所謂常而不可改者，揭而示之天下。使昭然如日月之不可掩其明；屹然如山嶽之不可易其位。幾何而不正乎？若是而通其權，是以亂濟亂也……以祭仲出鄭忽爲知權，而《春秋》賢之者也，故謂："權者反於經，而後有善。"學者雖知其失而斥之，然終不能不以吾聖人言之近似者而惑之也。③

這是葉氏對經權問題最基本的看法。葉氏認爲《春秋》是要"立天下之常道"，這個"常道"，就是禮樂政行綱紀下的君臣、父子、兄弟、夫婦等諸種關係。再者，葉氏引用《論語·八佾》④與《論語·子路》⑤中的説法，證明君臣、父子、兄弟、夫婦間的倫常關係是不可動搖的。在這個前提下，葉氏界定經權關係爲"權者，有時而行；而常者，萬世不可改者也。"聖人不可能因"一時之宜，而廢萬世之正"，這只會造成"上無道揆，下無法守"的混亂局面，從而動搖君臣、父子間應該刻意維持的倫理關係。換言之，若是允許

---

①　學者錢穆解此章的"權"字説："稱物之錘名權。權然後知輕重。《孟子》曰：'男女授受不親，禮也。嫂溺援之以手者，權也。'《論語》曰：'立於禮'，然處非常變局，則待權其事之輕重，而後始得道義之正。但非義精仁熟者，亦不能權。"錢氏强調"必能立乃始能權"，確爲本章之善解。錢穆：《論語新解》，北京：讀書·生活·新知三聯書店，2002 年，第 245—246 頁。

②　吕祖謙也反對"祭仲行權論"，他説："夫以出君爲知權，亂之道也。"見氏著《春秋集解》卷二，文淵閣《四庫全書》本。

③　（宋）葉夢得：《春秋考》卷一，文淵閣《四庫全書》本。

④　《論語·八佾》曰："子謂韶：'盡美矣，又盡善也。'謂武：'盡美矣，未盡善也'。"（宋）朱熹：《四書章句集注》，北京：中華書局，1983 年，第 68 頁。

⑤　《論語·子路》曰："子路曰：'衛君待子而爲政，子將奚先？'子曰：'必也正名乎！'子路曰：'有是哉，子之迂也！奚其正？'子曰：'野哉，由也！君子於其所不知，蓋闕如也。名不正，則言不順；言不順，則事不成；事不成，則禮樂不興；禮樂不興，則刑罰不中；刑罰不中，則民無所措手足！'"（宋）朱熹：《四書章句集注》，北京：中華書局，1983 年，第 141—142 頁。

反經從權,即是"以亂濟亂"。因此,孔子爲求撥亂反正,於是"舉其所謂常而不可改者,揭而示之天下"。藉由樹立常道來挽回世道人心,而不談從權。對比五代倫常敗壞,綱紀蕩然,葉氏刻意强調孔子樹立常道的用心,反映出一定的時代色彩。

二、孔父、仇牧、荀息死君難例

相對於宋儒集中批判背負忘記臣職、擅廢君主、貪生怕死等衆多罪名的祭仲,對於忠君之事、直至死君之難的大臣,宋儒則又不及其餘地予以褒獎。其中,最爲典型的,莫過於孔父、仇牧與荀息三人。

關於此三人的事蹟,分別見於:桓公二年,春,王正月,戊申,宋督弑其君與夷及其大夫孔父。(宋華父督將弑殤公,但他知道只要孔父還活著,他的心願就不可能達成。因此,他先攻孔父嘉。殤公知道孔父一死,他自己生命也不保,因此親自去營救孔父。結果兩人同遭宋督所殺。《公羊傳》認爲《春秋》所以記載孔父之名,是讚揚孔父有賢德。①)莊公十有二年,秋,八月甲午,宋萬弑其君接及其大夫仇牧。(宋國大夫南宮長萬曾被魯莊公俘虜而後獲釋,宋閔公曾譏諷他是莊公的俘虜。宋萬一怒之下扭斷了閔公的脖子。仇牧一聽到君王被殺,就持劍趕來,遇到宋萬,也不逃避,反而怒斥宋萬。結果被殺,死狀甚慘。《公羊傳》認爲經文所以記載仇牧之名,是因爲仇牧有"賢"德:"何賢乎仇牧,仇牧可謂不畏强禦矣。"②)僖公十年,春,王正月……里克弑其君卓,及其大夫荀息。(晉獻公愛寵妃驪姬,欲立她所生的兒子奚齊爲太子,因而殺了世子申生。申生的老師是里克。獻公病危之際,問荀息説:"士何如則可謂之信矣?"荀息回答:"使死者反生,生者不愧乎其言,則可謂信矣。"獻公死後,奚齊即位。里克認爲獻公"殺正而立不正……廢長而立幼",要求荀息表態。荀息以他許諾獻公的話作答。里克知道荀息不會與他同謀,於是就殺了奚齊。荀息又立驪姬的另一兒子卓子爲君,里克又殺了卓子。荀息因此自殺殉國。《公羊傳》描述荀息的事蹟,認爲《春秋》有贊許他爲賢臣之意在:"何賢乎荀息? 荀息可謂不食其言矣。其不食其言奈何? ……荀息可謂不食其言矣。"《公羊傳》認爲荀息之賢在於"不食其言"。)

---

① 《公羊傳》桓公二年:"何賢乎孔父? 孔父可謂義形於色矣。其義形於色奈何? 督將弑殤公,孔父生而存,則殤公不可得而弑也,故於是先攻孔父之間。殤公知孔父死,己必死,趨而救之,皆死焉。孔父正色而立於朝,則人莫敢過而致難於其君者,孔父可謂義形於色矣。"
② 《公羊傳》:"仇牧聞君弑,趨而至,遇之於門,手劍而叱之。萬臂搣仇牧,碎其首,齒著乎門闔。仇牧可謂不畏强禦矣。"

這三段經文中都有一個"及"字,《公羊傳》每次解釋時都説:"及者何? 累也。"意指他們之中的每一個人都是受到弒君行動的牽累而死的,並且傳文在提及此次事件所受到牽累的人名時,還連帶到另外兩人,如:"及者何? 累也。弒君多矣,捨此無累者乎? 孔父、荀息皆累也。"(《公羊傳》莊公十二年)遭到弒君行爲連累而死的大夫很多,爲什麼只有他們三人被經文提出呢? 傳文的解釋也都是相同的——因爲他們有賢德。例如桓公二年的傳文就接著上文説:"捨仇牧、荀息無累者乎? 曰:有。有則此何以書? 賢也。"他們三人都有賢德,但三人賢德的内容卻不一樣。孔父是"義形於色",仇牧是"不畏强禦",荀息是"不食其言"。《公羊傳》認爲這三人雖賢德不同,但卻都是忠君愛國之士,所以爲"亂黨"疾恨,都在弒君行動中遭到牽累而死。《公羊傳》的稱許側重爲臣事君之道,褒揚的是賢臣以生命護衛君主乃至以身殉難的忠誠節義。[①]

宋儒基本贊同《公羊傳》對"及"的解釋,如高閌就認爲"人臣死君難故書'及',以著其節,稱大夫以明不失其官也。夫死者,人之所甚難。而忠臣義士慷慨發難,雖不救而以身死之,世人見其事之不成,從而咎之者衆矣。聖人特著其節,又稱其官以勉進忠義之士,使爲於不可爲之時,救於無可奈何之際。"[②]這段話,可以看作宋儒對《春秋》書"及"最爲詳細的解釋了。受《公羊傳》的影響,宋儒在評價三人中的某一位時,也常常將三人放在一起評論。如孫覺就説:

> 春秋死難之臣,三人而已,孔子書之,無異文也。夫以春秋之時,臣事君不以其道者多也。至逐君以求利,賣君以全身。三人者,立人之朝,食君之禄,君存與之存,君死與之俱死,春秋弒君二十有四,而死君之難者三人而已。若三人者,投萬死以赴君之難,難不果救,以身死之,而又在春秋之時,蓋賢者不可議矣。[③]

春秋之時,"逐君以求利,賣君以全身"之人比比皆是,如孔父、仇牧、荀息三人可以死

---

① 《公羊傳》之後,董仲舒也承此説而肯定"仇牧、孔父、荀息之死節"、"皆執權存國,行正世之義,守惓惓之心,《春秋》嘉氣義焉"。又説:"觀乎魯隱、祭仲、叔武、孔父、荀息、仇牧,吳季子,公子目夷,知忠臣之效。"董仲舒還誇獎荀息的行爲是義舉:"《春秋》之法,君立不宜立,不書,大夫立則書。書之者,弗與大夫之得立不宜立者也。不書,予君之得立之也。君之立不宜立者,非也。既立之,大夫奉之是也,荀息曼姑之所爲得義也。"(漢)董仲舒:《春秋繁露》,北京:中華書局,1975 年,第 88—89 頁。至清代皮錫瑞,也仍然肯定此説:"三大夫皆書'及',褒其皆殉君難。"皮氏還説:"《春秋》同一書法,《公羊》同一褒辭,足以發明大義。"見:(清)皮錫瑞:《經學通論》,北京:中華書局,1954 年,第 27 頁。
② (宋)高閌:《春秋集注》卷四,文淵閣《四庫全書》本。
③ (宋)孫覺:《春秋經解》卷三。

君之難者實在稀少,因此,孔子書之"無異文"。現重點以宋督弒宋萬一事爲重點旁及仇牧、荀息之事,以分析宋儒對"死君之難"大臣的態度。

孫覺認爲在《春秋》的記錄中,爲臣而能與君俱亡者僅有孔父、仇牧、荀息三人。而這三人中又有些許差異:"三人之中,其節最高而不可擬者,孔父也。孔父正色立朝,奸臣逆子威慴而不敢致難於其君。必先殺孔父,而後敢行弒逆,是孔父以一人之身,而捍一國之難。孔子賢之,而特書其字,以別仇牧、荀息徒能死君之難。"①很明顯,孫覺贊許孔父爲"三人之中,其節最高而不可擬者",是因爲仇牧和荀息只能死君之難,於國卻無益。而孔父卻能因"正色而立於朝",使亂臣賊子有顧忌之心,是"以一人之身,而捍一國之難",因此,孔子"書其字"以表彰。②

劉敞則嘉獎孔父"處命不渝"的精神:"孔父之智則衆,孔父之忠則盡矣。托六尺之孤,寄百里之命,知必死而不避,孔父可謂處命不渝矣。"③胡安國繼之,認爲孔父"君弒死於其難,處命不渝,亦可以無愧矣。"有人問:"孔父賢而書名,則曰禮之大節也。今此則名其君於下而字其臣於上,何以異乎?"孔父"賢",《春秋》書其名,祭仲"詭",《春秋》卻不書其名,這中間的差異何在? 胡安國回答道:"《春秋》者,輕重之權衡也。變而不失其正之謂權,常而不過於中之謂正。宋殤、孔父道其常,祭仲、昭公語其變,惟可與權者其知之矣。"④意即《春秋》本爲權衡輕重之書,無論書例如何變化,只要其判斷是非的標準没有失去,是可以做些許變化的。胡安國樂道孔父之難主要還是爲了引申己意:"凡亂臣賊子畜無君之心者,必先窮其所忌而後動於惡,不能窮其所忌則有終其身而不敢動也。華督欲弒君而憚孔父,劉安欲叛漢而憚汲直,曹操欲禪位而憚孔融,此數君子者,義形於色皆足以衛宗社而忤邪心,奸臣之所以憚也。不有君子其能國乎?《春秋》賢孔父,示後世人主崇獎節義之臣乃天下之大閑、有國之急務也。"⑤胡安國藉孔父之例告誡君主務必崇獎節義之臣,只要忠義之臣立於朝,"畜無君之心者"自然有所忌憚。

小結:反經與行權——變相的褒貶書例

孔子曰:"可與共學,未可與適道;可與適道,未可與立;可與立,未可與權。"在孔

---

① (宋)孫覺:《春秋經解》卷二。
② 孫覺言孔父"正色立朝"之説,實依《穀梁》。《公羊》則謂"孔"是氏、"父"是字也是諡號,書字書諡是因爲孔父爲孔子之祖。孫覺認爲書字實因孔父可褒,而非孔子之祖。
③ (宋)劉敞:《春秋傳》卷二,文淵閣《四庫全書》本。
④ (宋)胡安國:《胡氏春秋傳》,第69頁。
⑤ 同上,第45頁。

子看來,實行權比堅持道還要困難。朱熹注引"洪氏曰":"權者,聖人之大用。未能立而言權,猶人未能立而欲行,鮮不僕矣。"不能堅持正道,就談不上行權。臣忠君是常經。君不賢,臣子放之,也是權。但是,如果不能堅持正道,放君就變成了篡位,所以,孟子說:"有伊尹之志,則可;無伊尹之志,則篡也。"①由於社會生活中各種事件發生、發展的複雜性和不可預測性等原因,上述諸位儒家代表人物的經、權關係理論正好爲主體處於道德選擇困境時提供了取捨原則,②具體到《春秋》學中,則由於經文過於簡略,諸多學者所歸納的褒貶之例又多有不可圓通之處,因此,經、權關係更是被廣泛地運用於經解之中。只不過,通過上述簡略的梳理可以發現,經過孟、荀以至董仲舒,基本完成了經、權理論與《春秋》經解的融合,其邏輯合理性的論證也臻於完善,雖至宋儒這裏也很難有新的突破和創見。

由上述所舉祭仲、孔父等人的事例可以看出,宋儒於《公羊傳》的經、權問題上,出現了兩種看似完全對立實則殊途同歸的觀點,仍以孫覺對孔父、仇牧、荀息三人的評論來作爲引子:

> 孔子皇皇乎七十餘國,孟子奔走齊梁之郊,既未嘗遇,亦未嘗死也。然孔子亦不貶此三人者,以爲不得不少進三人者,以激時人之不死者也。然亦不遂褒之者,非吾道之極致。若遂褒之,則若聖人之道,至是而止矣……逐君以求利,賣君以全身,則三人者必不爲,而《春秋》之所善也。"以道事君,不可則止。"則三人者不能也。"既明且哲,以保其身。"又三人者不至也。故取之以《春秋》之時,則三人在可褒之域,格之以聖人之道,則三人猶未備焉。此《春秋》所以進之而無褒,書之而未善也。③

孔孟主張人臣"以道事君,不可則止",是源自先秦社稷之臣的傳統。孔子、孟子都曾周遊列國,但也沒有爲哪個國君盡過死節,最主要的原因是:"既未嘗遇,亦未嘗死也。"由於國君不可能完全信任臣下,因此,臣子要相時而動,不能爲功名利祿所絆,應及時觀察進退,以這種關係事君,君臣關係就不是單向的臣事君以忠,而是還應添入君事臣以信、以禮的雙向互動了,這樣自然也不會有盡忠而死的現象出現。孫覺此論已經完全突破了三傳及衆多前賢的說解,在宋代確實少見。在這種主張的觀照下,孫

---

① （宋）朱熹:《四書章句集注》,第 358 頁。
② 通過本節的論述可以發現,經、權問題的難點實際是面臨道德困境時的選擇,本傑明·艾爾曼對《公羊傳》稱讚祭仲行權的觀點的評論,也揭示了這一點,他說:"《公羊傳》對盲從道德絕對性的譴責,更強調了遵從'權'指示的自主性方面。此種今文政治觀把道德衝突帶進對過去事件的評斷上。"[美] 本傑明·艾爾曼:《經學·科舉·文化史》,北京:中華書局,2010 年,第 24 頁。
③ （宋）孫覺:《春秋經解》卷三。

覺認爲雖然春秋之時孔父、仇牧、荀息三人死君之難罕以得見,但卻仍非孔子"聖人之道"所真正贊許的行爲,所以《春秋》於行文中纔會"進之而無褒,書之而未善也"。可惜的是,在宋代《春秋》學者中,孫覺主張"尊王"並非盲目遵從、效死事君的觀點在宋儒中幾乎及其身而止。在《公羊傳》中,祭仲、孔父等人都是受到稱讚的,孫覺之後的宋儒幾乎用一邊倒的方式嚴責祭仲、褒獎孔父等人。而這就是前述所謂一方面看似宋儒對待祭仲、孔父等人的態度不同,實則一致,就是以事君的態度爲唯一標準。

　　實際上,如果我們細一檢視便會發現,宋儒儘管没有批判《公羊傳》對孔父等三人的評價,但讚揚孔父、仇牧、荀息事蹟的立足點卻與《公羊傳》不同。《公羊傳》稱讚他們三人各自體現了一項普遍的社會倫理:義形於色(孔父)、不畏强禦(仇牧)、不食其言(荀息)。宋儒卻稱讚他們共同體現了特殊的君臣倫理——這一倫理的核心便是"君臣之義"。① 宋儒之所以要用這樣的權道觀來詮釋祭仲、孔父等人的事蹟當另有其用意所在,②這就是凸顯大一統體制下人臣對君王應盡的終極義務——效死。如果用西漢董仲舒的話來概括最爲恰當,董仲舒認爲人臣的主要職責是"其法取象於地……委身致命,事無專制,所以爲忠也……伏節死難,不惜其命,所以救窮也"。③ 董仲舒所要求人臣的"委身致命"、"伏節死難"等觀點,恰好迎合了宋代理學背景下士大夫的君臣倫理觀,這如同胡安國所説:"不避其難,義也……惟此義不行,然後有視棄其君猶土梗、弁髦,曾莫之省而三綱絕矣。"④因此,宋代《春秋》學中的經、權之爭,是變相的褒貶書例,權變的本質落實在"善"與"義",這種"善"與"義"的範圍便在於"禮",其仍然是爲了善善惡惡的褒貶目標。實際上,早在唐代,大儒柳宗元便已經揭示了這一點:

　　　　經也者,常也;權也者,達經者也……經非權則泥,權非經則悖。是二
　　　者强名也。曰當,斯盡之矣。當也者,大中之道也。離而爲名者,大中之器
　　　用也。知經而不知權,不知經者也;知權而不知經,不知權者也。……知經
　　　者不以異物害吾道,知權者不以常人怫吾慮。合之於一者,信於道而已
　　　者也。⑤

可見,柳宗元以"大中"爲最高原則將經、權統一起來,這已經表明權的概念作爲經學

---

① 宋儒通過對荀息等三人事蹟的討論,引申出的"君臣之義"中又側重於爲臣之道,側重於爲賢臣之道。
② 此處説宋儒另有用意,既指上文所提的"效死"觀念,還指宋儒爲了達到褒獎臣子"效死"事君而不及其餘。
③ (漢)董仲舒:《春秋繁露》,北京:中華書局,1975年,第587—588頁。
④ (宋)胡安國:《春秋胡氏傳》,第106頁。
⑤ (唐)柳宗元:《柳宗元集》卷三《斷刑論》下,北京:中華書局,1979年,第891頁。

的究明物件已經被認同，如此，則自由解經的餘地大大拓寬，以自己的理性去解經，從而可以在《春秋》書例允許的解經範圍内遊刃有餘，這自然爲宋代學者所普遍繼承和發揮，體現在《春秋》經解中便是人人將"正例"、"變例"對應於經、權，這與漢代公羊學的經、權理論雖時隔千年仍如出一轍。①

---

① 徐復觀對董仲舒治公羊學的方法總結説，董仲舒"强調權變的觀念而把古與今連上；强調微、微眇的觀念，把史與天連上。這不僅是把《公羊傳》當作構成自己哲學的一種材料，而是把《公羊傳》當作是進入到自己哲學系統中的一塊踏腳石"。徐復觀：《西漢思想史》（第二卷），上海：華東師範大學出版社，2004年，第 206 頁。宋代《春秋》學中的經、權理論，無非也是爲了學者闡發天理觀念的踏腳石而已。

論朱子的知行之辨

江求流

作爲中國哲學史上的重要理論問題之一,知行問題的提出可以向上進行更爲久遠的追溯,並且在不同的哲學流派和哲學家那裏,知行問題都被廣泛地涉及到。[①] 然而正如蒙培元先生指出的那樣:"理學産生以前的歷代哲學家,特別是儒家,從道德實踐的角度,不斷地討論過知行關係的問題。佛教哲學從宗教實踐,如定慧、止觀、戒行等方面討論到這個問題。但他們都沒有就知行關係進行系統的論述。只有理學産生以後,這對範疇纔獲得了更重要的認識論、方法論意義。"[②]由此可見,正是在理學那裏,知行問題成爲哲學思考的主題之一,我們可以把這一現象概括爲知行問題的主題化。

作爲正統理學的集大成者,知行之辨主題化的過程正是在朱子那裏得到真正的完成。[③] 知行之辨在朱子那裏既有其特定的問題意識,又包含著豐富的理論内涵。

一、"知什麽"與"何爲行"

知行之辨以"知什麽"和"何爲行"爲其題中應有之意。就認識論的一般意義而言,"知什麽"的問題涉及到認識對象是什麽的問題。[④] 對於朱子而言,"理"構成了其

---

① 參見蒙培元《理學範疇系統》,北京:人民出版社,1989年,第322頁。

② 蒙培元:《理學範疇系統》,第322頁。當然,後文的分析將表明,對於理學,特別是對於朱子而言,知行範疇包含著比認識論和方法論等更爲深沈的内涵。

③ 這一點從《朱子語類》(以下簡稱《語類》)列有專門的一卷(第九卷)來"論知行"這一現象可以得到較爲充分的説明。當然朱子對於知行問題的討論並不限於此,在《語類》的其他部分,以及《晦庵先生朱文公文集》(以下簡稱《文集》)和其他著作中都有廣泛的涉及。

④ 康德曾經以"我能知道什麽"做爲認識論的基本問題已經表明這一點。

認識論的主要對象:"事事都有個極至之理,便要知得到。"①相應於"理"所包含的"所當然"與"所以然"的兩個層面,②認識的對象具體而言也包含以下兩個方面:"識其事之當然"與"悟其理之所以然"。③ 在這裏我們可以看到,不同於康德等以"實然"即是什麼爲認識論的主要對象,朱子把"當然"和"所以然"作爲主要的關注之點。分析地看,對"實然"即是什麼的關注,成爲人們思考重心的是事物本身自在的、客觀的規定性是什麼。這種對事物本身自在性、客觀性的探究往往導致一種靜觀式的理論思辨,從而構成了科學、特別是自然科學的主要研究方式。在科學那裏事物本身的規定性與人的存在之間的關係往往不爲人們所重視。而後者(人的存在)與人的行爲之間具有密不可分的關係。④ 與此不同的是,在朱子那裏,以"當然"爲主要的關注之點,⑤内在地關聯著人們的實踐活動,即廣義上的行動:"當然"的實質内涵在於告訴人們"應當"如何行動。

對"知什麼"的如上理解已經内在地關聯著對"何爲行"的理解,換言之,在朱子那裏,所謂"行"的實質内涵就在於在知"當然"之後去"行"其所當然,事實上在朱子的如下表述中已經明確表明了這一點:"行者不是泛然而行,乃行其所知之行也。"⑥

這裏似乎有兩個問題需要做進一步的辨析。首先需要注意的是"認識如何可能"的問題。對於如何獲得知識,朱子將其概括爲:"致知在格物"或者"即物而窮其理",⑦對於格物、窮理的具體内涵不是我們這裏討論的重心,這裏關注的是格物致知作爲廣義的人的行爲,在朱子的知行之辨中是屬於"知"還是"行"? 事實上,在理學那裏"行"是在特定的意義上使用的,這種使用排除了將獲得知識的行爲當作"行"。在理學那裏,"行"所關聯的是人的具體的實踐活動;格物、窮理作爲廣義上的認知行爲則不屬於"行"的範疇,而仍然屬於"知"的範疇。⑧ 如前所述,在朱子那裏對於"實然"是什麼的問題並不是其關注的主要之點,以當然爲關注重心,朱子的知行之辨的重心在於

---

① 朱熹:《朱子語類》(一)卷一五,《朱子全書》(十四),上海:上海古籍出版社,合肥:安徽教育出版社,2002年,第461頁。
② "至於天下之物,則必各有所以然之故,與其所當然之則,所謂理也。"《大學或問上》,《朱子全書》(六),第512頁。
③ 《孟子集注·萬章上》,《朱子全書》(六),第378頁。
④ 參見吾師楊國榮《行動的意義》,見《成己與成物·附錄》,北京:北京大學出版社,2011年,第318頁。
⑤ "所以然"是關於"當然"的"所以然",從而區別於關於"實然"的"所以然":"至於天下之物,則必各有所以然之故,與其所當然之則,所謂理也"中的"與其"一詞已經表明這一點。因此,"當然"構成了朱子關注的真正重心。
⑥ 《答張敬夫四十二》,《文集》(二)卷32,《朱子全書》(二十一),第1407頁。
⑦ 《大學章句》,《朱子全書》(六),第20頁。
⑧ 參見陳來《朱子哲學研究》,上海:華東師範大學出版社,2000年,第318頁。

"行"其所當然。相應於此,"知"的實質内涵在於"明理於心"。① 而"行"則是在知當然之後,將其落實或外化爲具體的行動。

另一個值得關注的問題是,在朱子的知行之辨中知行所涉及的實質内涵是否僅僅涉及道德倫理問題。② 事實上,就朱子的哲學視域而言,道德倫理問題固然爲其關注的重心,但又不限於此。與此相關,知行問題固然以道德倫理爲核心關注之點,但在此之外還包含著更爲豐富的内涵。就"知"而言,格物致知構成了"知"的獲得的根本方法,而格物致知的對象既包含著社會領域的"事",也涉及自然領域的"物"。對程頤"一草一木亦皆有理,不可不察",朱子就表示贊同,③而他自己也明確指出"學者須當知夫天如何而能高,地如何而能厚,鬼神如何而能幽顯,山嶽如何而能融結,這方是格物。"④當然,正如前文所指出的那樣,以"當然"爲關注重心,朱子對自然之物的關注固然包含著自然科學的内涵,⑤但這種關注並不以科學認知和理論思辨爲指向。以知行之間的相互關係爲視域,對自然之物的關注所指向的主要還是"知"當然對"行"當然的指導意義:

> 問:"所謂'一草一木亦皆有理',不知當如何格?"曰:"此推而言之,雖草木亦有理存焉。一草一木,豈不可以格。如麻麥稻粱,甚時種,甚時收,地之肥,地之磽,厚薄不同,此宜植某物,亦皆有理。"⑥

草木等作爲自然之物,對其進行考察類似於自然科學的研究。但在朱子那裏,對於草木之理的關注,所關聯的是這種理在人們生產實踐過程中的運用:"甚時種"、"甚時收"、"宜植某物"等都不是純粹的理論探究和思辨,而關聯著人們"行"的當然之則的問題。與此相應,這裏的"行"也就是在掌握了關於自然之物的理,即當然之則之後,對這種當然之則在實際的社會生產實踐中加以運用。

以"知"當然和"行"當然爲主要關注之點,表明朱子的知行理論與認知主義的立場⑦

---

① 《示學者文》,《北溪學案》,《宋元學案》卷68,中華書局,1986年,第2224頁。
② 陳來指出:"朱子講的知先於行,就其所討論的特定問題說,指倫理學上的致知與力行的問題。"(《朱子哲學研究》,第320頁)這裏似乎將朱子的知行之辨做了狹義的理解。
③ 參見《語類》(一)卷一八,《朱子全書》(十四),第609頁。
④ 《語類》(一)卷一八,《朱子全書》(十四),第607頁。
⑤ 朱子對高山上貝殼的關注可以說明這一點。參見《語類》(四)卷94,《朱子全書》(十七),第3118頁。
⑥ 《語類》(一)卷一八,《朱子全書》(十四),第633頁。
⑦ 這裏的認知主義指的是認識主體在對客體進行認識時所採取的如下立場:暫時忘記自己作爲一個"整個的人"而存在,而是採取冷靜客觀的態度,用理智這個"乾燥的光"去同物件打交道(參見馮契:《〈智慧説三篇〉導論》,《馮契文集》(第一卷),上海:華東師範大學出版,1996年,第7—8頁。)認知主義的重要理論後果就在於海德格爾所批評的存在的遺忘。

具有重要的理論差異。從效果歷史的角度看,如果説後者導致了海德格爾等存在主義者所批評的存在的遺忘,那麼前者一方面在一定意義上既避免了類似的理論後果,另一方面又可以在一定意義上爲反思和超越認知主義提供獨特的理論視角。

二、"論先後,知爲先"

　　知行之辨以"知什麼"和"何爲行"爲内在的首要問題,與此相應,知行之間誰在先、誰在後的問題構成了其邏輯上的基本内涵。對於這一點,朱子明確説:"夫泛論知行之理,而就一事之中以觀之,則知之爲先,行之爲後,無可疑者。"①換言之,就知行之間的先後關係而言,知先於行是不容質疑的。可見,"知之爲先,行之爲後"構成了朱子知行先後問題的基本理路。

　　如前文所一再指出的那樣,朱子知行説以"知當然"爲核心關注之點。在朱子那裏"當然"的另一種表達方式即"當然之則"。就其實質的内涵看,"當然之則"所指向的是行爲或行動的規範問題。以規範爲實質内涵,當然之則内在地包含著"應當"或"應該",而後者既涉及到"做什麼"也關涉"如何做"。②

　　"做什麼"的問題涉及到"行"的目標和方向等問題。對於朱子而言,作爲格物致知的結果,"知當然"的首要内涵在於明確什麼是當行之事:"知有至未至,意有誠未誠。知至矣,雖驅使爲不善,亦不爲。知未至,雖軋勒使不爲,此意終迸出來。故貴於見得透,則心意勉勉循循,自不能已矣。"③略去這裏所涉及的善惡等道德倫理問題不談,這裏所涉及的實質内涵在於"知"對於"行"所具有的引導和限制的雙重作用:知道什麼是當行的然後纔會去行,知道什麼是不當行的然後纔會不去行。正是有見於"知"對"行"所具有的規範意義,當陸九淵去世後,朱子對前來問學的陸九淵弟子包顯道説:"而今與公鄉里平日説不同處,只是爭個讀書與不讀書、講義理與不講義理,如某便謂須當先知得方始行得。"④"先知得方始行得"既以"知"對"行"的規範爲實質内涵,也表明朱子之所以要強調"知"先於"行"的問題意識所在:以"行"當然爲指向,"行"的展開的可能性必須建立在"知"當然的前提之下。在這一前提下,知先於行就成爲朱子知行之辨的内在要求。

---

① 《答吳晦叔九》,《文集》(三)卷四二,《朱子全書》(二十二),第 1914 頁。
② 參見楊國榮《行動的意義》,《成己與成物·附錄》,第 332 頁。
③ 《語類》(二)卷三一,《朱子全書》(十五),第 1112 頁。
④ 《語類》(五)卷一一九,《朱子全書》(十八),第 3758 頁。

如前所述,以規範爲實質内涵,當然之則所涉及的另一個方面是"如何做"。邏輯地看,在明確"做什麽"後,對"如何做"的確認也是其題中應有之意。就"知"對"行"的規範意義而言,"如何做"涉及的實質問題是以什麽作爲行的根據,而明確行的根據是什麽無疑首先在於"知當然":

> 王子充問:"某在湖南,見一先生只教人踐履。"曰:"義理不明,如何踐履?"曰:"他說:'行得便見得。'"曰:"如人行路,不見,便如何行。今人多教人踐履,皆是自立標致去教人。"①

"義理"所指向的即是"當然之則",而"踐履"的實質内涵即是"行",與此相應"義理不明,如何踐履"便意味著如果"如何做"的問題没有解決,那麽"行"的展開就仍然缺乏基本的前提。

當然,從社會生活的現實情景看,在許多人那裏,"行"往往是在還没有確認"如何做"的背景下就開始進行了。但在朱子看來,這樣做並不符合行爲或行動展開的合理秩序:"實欲求仁,故莫若力行爲近,但不學以明之,則有摛埴冥行之患,故其蔽愚。若主敬致知交相爲助,則自無此蔽矣。"②"求仁"在朱子那裏所指向的主要是道德實踐,"力行"則表現爲實踐行爲的具體展開。在他看來,道德實踐固然需要以實際道德行爲的展開爲落脚點,但如果不明確道德行爲的具體展開方式即不知道"如何做",那麽這種行爲即便展開了也是盲目的:"摛埴冥行"的實質内涵即在於行爲展開缺乏基本的根據而表現爲盲目性。

分析地看,盲目性具有兩種表現形態:一種是根本不知道"如何做",行動或行爲的展開表現爲一種缺乏明確的觀念指導的狀態;另一種盲目性表現爲行動的展開雖然具有明確的觀念指導,但這種觀念本身並不具有普遍性,而是表現爲一種僅僅出於個人意願的形態。③ 以對後一種情況的反思和批判爲重要關注之點,從儒家的立場出發,朱子一再强調"學文"的重要性:"愚謂力行而不學文,則無以考聖賢之成法,識事理之當然,而所行或出於私意,非但失之於野而已。"④這裏的"事理之當然"的"當然"所涉及的主要是"如何做"的問題。在他看來,"聖賢之成法"、"事理之當然"構成了儒家道德實踐展開的重要根據並具有普遍性的基本特點,只有通過對古代經典("文")

---

① 《語類》(一)卷九,《朱子全書》(十四),第303頁。
② 《答張敬夫十六》,《文集》(二)卷三二,《朱子全書》(二十一),第1334頁。
③ 行爲的展開以"當然"爲基本根據,以規範爲實質内涵,"當然"的重要特點就在於它不以個人的内在意願爲標準而具有普遍性。參見楊國榮《道論》,北京:北京大學出版社,2011年,第77頁。
④ 《論語集注·學而》,《朱子全書》(六),第70頁。

的學習纔能夠明確地把握這種具有普遍意義的規範,從而避免道德實踐僅僅是出於個人的一廂情願:"私意"即表現爲缺乏普遍意義的個人的内在意願。

以確認"做什麽"和"如何做"爲前提,"知"構成了"行"的基本前提:知"做什麽"爲行的展開確定了明確的目標和方向,知"如何做"則爲目標的實現提供方式、方法上的擔保。由此可見,"知之爲先,行之爲後"確實具有"無可疑"的理論深度。

三、"論輕重,行爲重"

在朱子那裹,知先行後内在地包含著對"知"的獨立價值的確認,如他説:"見,不可謂之虛見。見無虛實,行有虛實。見只是見,見了後卻有行,有不行。若不見後,只要硬做,便所成者窄狹。"[1]"見"以"知"爲實質内涵,"見無虛實"、"見只是見"等都意在確認"知"的獨立價值。但值得特別關注的是,對朱子而言,"行"纔具有更爲根本的價值:"論先後,知爲先;論輕重,行爲重。"[2]這裹的輕重意在表明,知、行二者在知行關係中的分量:以行爲重便表明行具有更爲根本的意義。事實上,以行爲重,對朱子而言,既與他所堅持的儒家道德實踐優先的立場密不可分,又在其知行之辨中具有内在的邏輯必然性。如前所述,在朱子那裹,知行之辨以"知當然"爲基本前提,而"當然"内在地關聯著人的"行",就"行"所包含的"做什麽"和"如何做"的兩重内涵而言,都要落實到行動或行爲的具體展開上。

然而,相對於"知爲先"所包含的具有普遍意義的哲學内涵而言,"行爲重"的觀念更多地以道德實踐爲主要關注之點。就道德哲學而言,道德認知固然具有相對獨立的價值並且構成了道德實踐的基本前提(這一點也是朱子"知先行後"説的題中應有之意),但正如吾師楊國榮先生所指出的那樣:"作爲實踐理性的體現,道德認識所追求的,主要不是思辨興趣的滿足。"[3]道德認知的内在指向在於道德實踐的落實,換言之,知以行爲根本歸宿,從而表明在道德領域中,行具有比知更爲根本的地位和意義。對朱子而言:"既致知,又須力行。苟致知而不力行,與不知同。"[4]換言之,道德認知如果沒有落實到具體的道德實踐,則雖然知卻如同不知。這裹雖然似乎包含著否認道德認知的獨立價值的傾向,但這種極端的表達方式所要傳達的實質内容即在於道德

---

[1] 《語類》(一)卷九,《朱子全書》(十四),第304頁。

[2] 同上,第298頁。

[3] 楊國榮:《倫理與存在》,北京:北京大學出版社,2011年,第202頁。

[4] 《語類》(五)卷一一五,《朱子全書》(十八),第3638頁。

實踐所具有的根本地位。正是在這個意義上，朱子説："夫學問豈以他求，不過欲明此理，而力行之耳。"①

就道德哲學而言，道德實踐之所以具有比道德認知更爲根本的地位，在於道德認知雖然具有"明理於心"的功能和意義，但這只是道德觀念的内化。通過這種内化，外在的道德規範固然可以内化爲人的德性，但這種德性尚且只具有本然的性質，②德性只有轉化爲德行纔能夠化本然形態爲明覺的形態。德性的明覺形態在朱子那裏表現爲一種在身性③："善在那裏，自家卻去行它。行之久，則與自家爲一；爲一則得之在我。未能行，善自善，我自我。"④從化作爲本然之善(作爲内化形態的道德認知)的德性爲善的明覺形態的德行，也從一個方面表明了行對於知的意義。

就化内在的德性爲外在的德行而言，行對知的意義在道德領域具有明確的内涵。就更一般的意義而言，行對知的意義還在於通過實踐過程的展開，知可以得到深化："方其知之而行未及之，則知尚淺。既親歷其域，則知之益明，非前日之意味。"⑤"親歷其域"表現爲實踐活動的現實展開，"非前日之意味"則意在表明伴隨著實踐的展開主體對於知有了更爲深入的體認。朱子曾經用比喻的方式指出："須是與他嚼破，便見滋味。"⑥

四、知 行 相 須

衆所周知，朱子的知行之辨曾經被王陽明等批評爲"離行之知"：

> 今人卻就將知行分作兩件去做，以爲必先知了然後能行，我如今且去講習討論做知的工夫，待知得真了方去做行的工夫，故遂終身不行，亦遂終身不知。⑦

---

① 《答郭希呂》，《文集》(四)卷五四，《朱子全書》(二十三)，第 2566 頁。
② 當然，對於朱子而言，以"心具衆理"爲理論前提，道德知識似乎具有先驗的性質。從而"明理於心"只不過是明心中之理。對於這一問題的理解涉及到朱子哲學中較爲複雜的理論問題，需要另文闡釋。在這裏我們姑且先做簡單化的處理。
③ 參見楊國榮《道論》，第 224 頁。
④ 《語類》(一)卷一三，《朱子全書》(十四)，第 386 頁。
⑤ 《語類》(一)卷九，《朱子全書》(十四)，第 298 頁。
⑥ 《語類》(一)卷八，《朱子全書》(十四)，第 294 頁。
⑦ 《傳習錄上》，《王陽明全集》，上海：上海古籍出版社，1992 年，第 4—5 頁。

但事實上，在朱子那裏，以"行爲重"爲根本指向，使得其知行學説並非如王陽明等人所批評的那樣：一方面，朱子明確反對"待知得真了方去做行的工夫"的做法：

> 汪德輔問："須是先知，然後行?"曰："不成未明理，便都不持守了！且如曾點與曾子，便是兩個樣子：曾點便是理會得底，而行有不揜；曾子便是合下持守，旋旋明理，到一唯處。"①

"未明理，便都不持守"是"待知得真了方去做行的工夫"的等價命題。對於朱子而言，即便理有未明，但灑掃應對、入孝出悌等仍然是日用常行中所不可須臾離的；另一方面，以知行相須爲基本原則，知行之間表現爲互動的形態："知、行常相須，如目無足不行，足無目不見。"②"足無目不見"的實質内涵即在於知當然對行當然的指導意義，與此相應，"目無足不行"就道德領域而言，即在於通過道德踐履而化内在的德性爲外在的德行，從而使德性得以外化和展開。在這裏可以看到，知行之間具有互動的形態。

知行之間的互動在朱子那裏的另一種表現形式是二者之間的相互成就："涵養中自有窮理工夫，窮其所養之理；窮理中自有涵養工夫，養其所窮之理，兩項都不相離。才見成兩處，便不得。"③"涵養"作爲德性的成就方式之一，是行的一種特殊表現形式，與此相對，"窮理"則表現爲知的獲得。在朱子看來，涵養和窮理之間"工夫"的相互含攝則體現了二者的相互促進、相互成就。而二者的相互成就的前提則是建立在二者工夫的不可偏廢的前提之下的，而後者構成了知行相須的第三種表現形態：

> 涵養、窮索，二者不可廢一，如車兩輪，如鳥兩翼。④
> 致知、力行，用功不可偏。偏過一邊，則一邊受病。⑤

"致知"與"窮索"主要涉及"知"的獲得，即"知當然"；"力行"和"涵養"則涉及廣義的道德實踐。在朱子那裏，二者既表現爲不可偏廢，同時，這種不可偏廢又内在地包含著不可偏重："偏過一邊"，即是片面地强調某一方面，而"偏過一邊，則一邊受病"則意在强調對某一方面的偏重將對另一方面造成負面的影響。

以反對"未明理，便都不持守"爲基本規定，以知行相須爲基本原則，使得朱子的知行之辨具有從理論上避免沈浸於理論的思辨（知）而消解實踐（行，特别是道德實踐）的可能性。

---

① 《語類》（一）卷九，《朱子全書》（十四），第 299 頁。
② 同上，第 298 頁。
③ 同上，第 300 頁。
④ 同上。
⑤ 同上，第 299 頁。

五、真　知

　　然而就道德實踐的實際情況而言,知與行的分離往往是較爲普遍的現象。從朱子的知行之辨來看,以知當然和行當然爲内涵,知行的分離具體表現爲知道應該"做什麼"但實際上並不去做或者不情願去做。就其實質的内涵而言,這裏涉及的是道德認知能否轉化爲道德實踐的問題。而在朱子那裏,這一問題主要涉及到對"真知"的理解:

　　　　周震亨問知至、意誠,云:"有知其如此,而行又不如此者,是如何?"曰:
　　"此只是知之未至。"①

以"應當"爲知的内涵,知其如此而行不如此,其實質就在於知道應當"做什麼"但實際上並没有這樣做。而"知之未至"的實質内涵即在於這種知還不是真正意義上的知,即"真知":

　　　　致知者,須是知得盡,尤要親切。尋常只將"知至"之"至"作"盡"字説,
　　近來看得合作"切至"之"至"。知之者切,然後貫通得誠意底意思,如程先生
　　所謂真知者是也。②

換言之,在朱子看來,道德認知能否轉化爲道德實踐,其關鍵在於這種知是否是"真知"。所謂真知,其根本的特徵就在於道德主體對這種知是否具有切身的體會。他曾經一再引用伊川關於爲虎所傷然後談虎色變的例子來説明何爲切身之知。③ 在朱子看來,對真正的道德認知必然能夠轉化爲實際的道德實踐,因爲,作爲切身之知,道德主體對道德知識不再僅僅停留在思辨的理解上,而是實有所得、實有所見,因此,這種知能夠真正地"貫通得誠意":所謂"誠意"即是對"當然之則"心悦誠服地踐行。另一方面,能否心悦誠服地踐行當然之則又構成了檢驗是否爲真知的根據:"欲知知之真不真,意之誠不誠,只看作不做如何。真個如此做底,便是知至、意誠。"④在這裏,知行之間的相須與互動又得到進一步的體現。

───────────

① 《語類》(一)卷一五,《朱子全書》(十四),第 484 頁。
② 《語類》(一)卷九,《朱子全書》(十四),第 481 頁。
③ 參見《語類》(一)卷一五,《朱子全書》(十四),第 493 頁。
④ 《語類》(一)卷一五,《朱子全書》(十四),第 485 頁。

以心悦誠服地進行道德踐履爲實質内涵，真知超越了一般意義上的當然而具有自然的特點。這裏的自然表現爲當然不再成爲對道德主體的外在强制和約束，而轉化爲道德主體的自覺自願的行爲："除非燭理明，則自然樂循理。"①所謂"燭理明"即意味著獲得真知，而"樂循理"則表明對當然之則的遵循成爲一種自覺自願的行爲而超越了勉强的性質。在這裏真知也表現爲當然向自然轉化，這種轉化的實質在於化規範爲德性。當規範還僅僅是一種對主體的强制時就還表現爲外在性，而規範向德性的轉化也就使得外在的規範得以内化爲德性。德性作爲穩定的精神結構，具有自然向善的特點。② 以德性爲根據，德行的展開獲得了主體的内在根據，從而也具有了自然的特點。

以化規範爲德性爲實質内涵，真知的獲得仍然以格物致知爲基本方法："若不格物、致知，那個誠意、正心，方是捺在這裏，不是自然。若是格物、致知，便自然不用强捺。"③在未格物致知之前，誠意、正心都是對外在規範的勉强遵循，而格物致知之後，這種具有外在性的規範便轉化爲内在的德性，這時的誠意、正心便以心悦誠服的自然的特點展現出來。朱子曾經用比喻的形式形象地説道："且如今人被些子燈花落手，便説痛。到灼艾時，因甚不以爲痛？只緣知道自家病當灼艾，出於情願，自不以爲痛也。"④出於"情願"也就是心悦誠服、自覺自願。以内在德性爲根據，真知爲道德認知向道德行爲的轉化提供了根本的根據。

---

① 此爲伊川語，爲朱子所一再道及。參見陳榮捷《近思録詳注集評》，上海：華東師範大學出版社，2007 年，第 105 頁。
② 參見楊國榮《倫理與存在》，北京：北京大學出版社，2011 年，第 165 頁。
③ 《語類》（一）卷一五，《朱子全書》（十四），第 476 頁。
④ 《語類》（一）卷二二，《朱子全書》（十四），第 760 頁。

圖書在版編目(CIP)數據

孔子學刊.第3輯/楊朝明主編.—上海：上海古籍出版社，
2012.9
ISBN 978-7-5325-6613-6

Ⅰ.①孔…　Ⅱ.①楊…　Ⅲ.①儒家—叢刊　Ⅳ.①B222-55

中國版本圖書館 CIP 數據核字(2012)第 187832 號

孔子學刊(第三輯)

楊朝明　主編

上海世紀出版股份有限公司
上 海 古 籍 出 版 社　出版
(上海瑞金二路272號　郵政編碼200020)
(1)網址：www.guji.com.cn
(2)E-mail：gujil@guji.com.cn
(3)易文網網址：www.ewen.cc
上海世紀出版股份有限公司發行中心發行經銷
上海展强印刷有限公司印刷

開本787×1092　1/16　印張16.5　插頁2　字數304,000
2012年9月第1版　2012年9月第1次印刷
印數：1—2,000
ISBN 978-7-5325-6613-6
————————————
B·792　定價：48.00元
如有質量問題，請與承印公司聯係